国家社科基金项目

《庄子》动词配价研究

殷国光 著

2009年·北京

图书在版编目(CIP)数据

《庄子》动词配价研究/殷国光著. —北京：
商务印书馆,2009
ISBN 978-7-100-06270-1

I. 庄⋯ II. 殷⋯ III. 庄子－动词－研究
IV. B223.55 H141

中国版本图书馆 CIP 数据核字(2008)第 196274 号

所有权利保留。
未经许可,不得以任何方式使用。

ZHUĀNGZǏ DÒNGCÍ PÈIJIÀ YÁNJIŪ
《庄子》动词配价研究
殷国光 著

商 务 印 书 馆 出 版
(北京王府井大街36号 邮政编码100710)
商 务 印 书 馆 发 行
北京市白帆印务有限公司印刷
ISBN 978-7-100-06270-1

2009年9月第1版　　开本 850×1168　1/32
2009年9月北京第1次印刷　印张 18¾
定价：36.00 元

目 录

序一 ·· 胡明扬 1
序二 ·· 陆俭明 4

上编:《庄子》动词配价研究 ·· 1
一 《庄子》动词配价研究概说 ·· 1
  1. 配价研究综述 ·· 1
    1.1 配价语法和格语法 ·· 1
    1.2 现代汉语配价语法研究 ···································· 4
  2. 配价的基本概念 ·· 8
    2.1 语义角色 ·· 9
    2.2 动词的语义特征 ··· 14
    2.3 动词的配价 ··· 17
    2.4 词项 ··· 26
    2.5 关于《庄子》动词配价的描写 ····························· 30
二 《庄子》一价动词及其相关句式 ·································· 31
  1. 引言 ··· 31
  2.《庄子》一价动作动词及其相关句式 ···························· 34
    2.1 概说 ··· 34
    2.2 一价动作动词的句式分布 ································· 36
    2.3 一价动作动词的再分类 ··································· 37

2.4 一价动作动词及其非配价语义角色 …………… 38
  2.5 句式转换 ……………………………………… 41
 3.《庄子》一价状态动词及其相关句式 ………………… 43
  3.1 概说 …………………………………………… 43
  3.2 一价状态动词的句式分布 …………………… 46
  3.3 一价状态动词的再分类 ……………………… 48
  3.4 句式转换 ……………………………………… 48
 4. 一价动作动词与一价状态动词的差异 ……………… 49
  4.1 语义特征及配价语义角色的差异 …………… 49
  4.2 与非配价语义角色联系的差异 ……………… 49
  4.3 派生句式的差异 ……………………………… 49
  4.4 介词标记的差异 ……………………………… 50
 5. 一价动词的临时增价 ………………………………… 50
 附 录 ………………………………………………………… 52
   一价动作动词(词项)词表(264个) …………… 52
   一价状态动词(词项)词表(231个) …………… 53
三 《庄子》二价动词及其相关句式 …………………………… 55
(一)《庄子》二价单向动作动词及其相关句式 ……………… 55
 1. 引言 …………………………………………………… 55
 2. "处置"类动词 ………………………………………… 55
 3. "涉及"类动词 ………………………………………… 56
 4. "浮舍"类动词 ………………………………………… 62
 5. "沉徙"类动词 ………………………………………… 63
 6. "注"类动词 …………………………………………… 64
 7. 结语 …………………………………………………… 65

（二）《庄子》二价双向动作动词及其相关句式 …………… 70

1. 引言 ………………………………………………… 70
2. "处置"类动词 ……………………………………… 70
3. "涉及"类动词 ……………………………………… 86
4. "致使"类动词 ……………………………………… 90
5. "意使"类动词 ……………………………………… 92
6. "居止"类动词 ……………………………………… 94
7. "位移"类动词 ……………………………………… 96
8. 结语 ………………………………………………… 100

（三）《庄子》二价状态动词及其相关句式 …………… 106

1. 引言 ………………………………………………… 106
2. 《庄子》二价单向状态动词及其相关句式 ………… 107
3. 《庄子》二价双向状态动词及其相关句式 ………… 119
4. 结语 ………………………………………………… 128

（四）《庄子》关系动词及其相关句式 …………………… 129

1. 引言 ………………………………………………… 129
2. 相似动词 …………………………………………… 130
3. 判断动词 …………………………………………… 135
4. 存在动词 …………………………………………… 138
5. 结语 ………………………………………………… 144

附　录 ……………………………………………………… 145

《庄子》二价单向动作动词（词项）词表（66个）……… 145
《庄子》二价双向动作动词（词项）词表（900个）……… 145
《庄子》二价单向状态动词（词项）词表（48个）……… 148

《庄子》二价双向状态动词(词项)词表(70个)·········· 148
《庄子》关系动词(词项)词表(9个)················· 148
四 《庄子》三价动词及其相关句式···················· 150
(一)《庄子》"转让"类动词及其相关句式··············· 150
　　1. 引言·································· 150
　　2. 外向转移动词·························· 150
　　3. 内向转移动词·························· 160
　　4. 外向转移动词与内向转移动词的比较········ 163
　　5. 余论·································· 167
(二)《庄子》三价非"转让"类动词及其相关句式········· 169
　　1. 引言·································· 169
　　2. "称呼"类动词·························· 170
　　3. "放置"类动词·························· 172
　　4. "协同"类动词·························· 174
　　5. "比较"类动词·························· 177
　　6. "以为"类动词·························· 179
　　7. "变成"类动词·························· 181
　　8. "致使"类动词·························· 182
　　9. 结语·································· 183
　　附　录································· 186
　　　三价转让类动词(词项)词表(44个)·········· 186
　　　三价非转让类动词(词项)词表(22个)········ 186
五 《庄子》准价动词及其相关句式···················· 187
　　1. 准价与准价动词························ 187

  1.1 准价与真价的界定 …………………………… 188
  1.2 准价动词价数的确定 …………………………… 191
 2. 准一价动词 ……………………………………………… 192
 3. 准二价动词 ……………………………………………… 195
  3.1 他类词临时转类 ………………………………… 195
  3.2 一价动词临时增价 ……………………………… 196
  3.3 二价动词临时增价 ……………………………… 196
 4. 准三价动词 ……………………………………………… 201
  4.1 准双向动词 ……………………………………… 201
  4.2 准三向动词 ……………………………………… 202
 5. 结语 ……………………………………………………… 203
 附 录 ……………………………………………………… 207
  准一价动词(词项)词表(14个) …………………… 207
  准二价动词(词项)词表(177个) ………………… 208
  准三价动词(词项)词表(14个) …………………… 208

六 《庄子》"所"字结构的转指对象与动词配价 ……… 209

 1. 引言 ……………………………………………………… 209
 2.《庄子》"所"字结构的考察 …………………………… 210
  2.1 一价动词构成的"所"字结构 ………………… 210
  2.2 二价动词构成的"所"字结构 ………………… 212
  2.3 三价动词构成的"所"字结构 ………………… 216
  2.4 小结 ……………………………………………… 219
 3. 问题与思考 ……………………………………………… 220
  3.1 影响"所"字结构转指对象的因素 …………… 220
  3.2 "所"字结构有标记指称形式与无标记
    指称形式的转换 ……………………………… 223

3.3 "所"字结构转指主事的原因 ………………… 225
3.4 "所"仅仅是提取宾语的吗 …………………… 227
4. 结语 …………………………………………………… 228
七 《庄子》动词配价研究总结 ……………………………… 230
1. 《庄子》动词概况 …………………………………… 230
2. 动词的语义特征与配价 ……………………………… 231
2.1 动词的语义特征和配价语义角色的类型 …… 231
2.2 动词的语义特征和配价语义角色的数量 …… 232
3. 动词的配价与句式 …………………………………… 233
3.1 动词的配价与基本句式 ……………………… 233
3.2 动词的配价与派生句式 ……………………… 235
4. 语义角色的常规句法配位规则 ……………………… 243
4.1 小句空位和动词配价 ………………………… 244
4.2 动词对小句空位模式的选择 ………………… 245
5. 准价动词与临时配价 ………………………………… 246
6. 余论 …………………………………………………… 248

下编:《庄子》动词配价词典 ……………………………………… 251
一 凡例 ………………………………………………………… 251
二 正文 ………………………………………………………… 255

表格索引 ………………………………………………………… 557
主要参考文献 …………………………………………………… 559
英文目录 ………………………………………………………… 561
后记 ……………………………………………………………… 567

序 一

语法研究一直是我国语言研究的重点和热门,但是从1898年马建忠的《马氏文通》问世以来,历经一百多年无数先辈和时贤的努力直到今天,汉语语法却始终众说纷纭,始终没有一种多数人能认可的、经得起实践检验的语法理论和语法体系,这实在是非常令人遗憾的现实。我国语言学界的前辈一直恪守乾嘉朴学传统,重视语言事实的描写,这应该说是十分正确的,因为任何研究,对事实的观察和描写都是不可或缺的第一步;但是由于历史的原因,在理论、方法和体系方面,从一开始就不得不借鉴西方语言学的成果。前人借鉴西方的语法理论、方法、体系,都不是简单的模仿、抄袭、照搬,而总是在不同程度上有所修正、调整,甚至改造;今人也一样,因为西方语法理论和体系是在有形态的西方语言的基础上形成的,而汉语则是典型的非形态语言,无法拿过来就用。因此,汉语语法之所以至今还没有一个多数人能认可、经得起实践检验的体系,也是因为我们至今参考的语法理论、分析方法和体系都是有形态标志的语言的语言理论、方法和体系。西方语法学家学派众多,过几年就出现一种新的理论和体系,但是正由于有明确的形态标志,所以在句法的根本分析问题上从来就意见比较一致,从来不发生哪是主语、哪是宾语意见不一致的问题。汉语语法研究则相反,理论观点的争论不多，但是具体到分析一个句子的主语、宾语问题时就永远争论不休，就是因为什么是主语、宾语缺乏明确无误的形态标志。这样看来，我们大概必须根据汉语的特点探索新的路子。近年来不少人对语义研究有了新的看法，改变了过去一段时间里语法研究只强调形式而忽视语义的偏向，加强了语义方面的研究；但是偏重语义而忽视形式的偏向又有所抬头。因为不论是从形式到语义，还是从语义到形式的研究应该都是可以的，不是只有一种研究才是唯一科学、唯一正确的。但是，从形式着手，应该在语义上求证；从语义着手，应该从形式上求证。至于什么是形式，也应该解放思想，显性的语法形态是语法形式，隐性的分布特征也是一种语法形式。

任何一种语法理论都必须经受实践的验证，遗憾的是，不少语法学家的理论并没有在实际运用中加以检验，而只满足于用个人精心挑选的一个例证来说服他人，因此他人可以随手找出无数反证来加以否定；当然，同意这种观点的人也还可以随手找出同样无数的、正面的例证来肯定这种观点而否定那些持否定观点的人的论点。这就是我们多年来面临的尴尬局面。因此，用一种理论和方法，对一定的真实语料进行穷尽的分析，看看可行还是不可行，有没有难以一以贯之的地方，有没有形式和语义无法对应的地方，借此来检验这种理论和方法，看来是十分必要的。可惜很少有人愿意做这样的烦琐而似乎不讨好的事情。据我所知，只有黎锦熙先生用他的语法穷尽地分析了《矛盾论》《实践论》，别人似乎都没有这么做过。不过，对一定数量的语料进行穷尽的分析还只是验证有关语法理论和方法的第一步，接下来还需要从形式和语义两方面来加以一一求证。

配价语法是近年来新引进的一种西方语法理论,但是国内语法学界对这种语法理论的理解并不一致,而且还有不少我们自己添加的新见解。这不是坏事,既然是借鉴,就应该允许我们对国外的理论根据汉语的特点各取所需,也可以加以改造,关键是要通过实践来加以验证是否适用于汉语这样一种没有显性语法形态标志的语言。国光同志为了探索一种适用于古汉语研究的语法框架,下大工夫运用配价语法的理论穷尽地分析了《庄子》全文,这非常难得。他的成果给验证配价语法对汉语语法的适用程度提供了实际语言材料的例证和统计数据,并且有了这样经过初步分析的语料,古汉语语法学界进一步的探讨就有了比较扎实的基础,有实实在在的语言事实摆在那里,可以相互切磋,深入探讨。因此,不管最后的结果是什么,下这样的工夫是值得的,也是符合中国语言学的务实、求真的优秀传统的。如果有更多的人来做这样的事情,那么那种"公说公有理,婆说婆有理"的尴尬局面也许就可以终结,汉语语法研究就可以有突破性的重大收获。

胡明扬

2008 年 5 月 16 日

序 二

几年前,国光跟我说,想用配价语法理论来研究《庄子》里的动词,问我是否可行。"是否可行?"我一时说不上来,因为从朱德熙先生用配价语法理论来研究现代汉语里的"动词性成分+'的'"所形成的"的"字结构(可用符号表示为"VP 的"),并由此建立起了歧义指数公式以来的一系列研究成果表明,配价语法理论是有用的,可以用来解释现代汉语中先前的语法理论所没法解释的语法现象,但是能否用于古代汉语语法研究,能否用来研究一部先秦专书里的动词,我就不知道了,因为用配价语法理论来研究现代汉语动词,语料很丰富,而且研究者还可以根据需要随时进行口语调查,以充实语料;而研究先秦一部专著的动词,语料有限,并且研究者不能自己造句。不过,可以试试,或许可以;即使日后的研究得出了否定的结论,也可以给后人树立一块"此路不通"的警示牌——这也是很有价值的研究成果。于是,我回答说:"你不妨试试。"

几年来,国光潜心研究,终于获得了可喜的成果,完成了《〈庄子〉动词配价研究》的专著。

据作者统计,《庄子》全书动词词项共 1657 个(即按义项统计),用例共 14196 例。他在运用配价语法理论对这 1657 个动词进行具体研究分析之前,先着手做了两件事。一件事,对动词进行了合理的、多层面的分类,这是对动词进行配价研究的基础性工作。具体说,对动词进行了三个层面的分类:一是根据动词的语义特征,将动词分为动作动词、状态动词、关系动词三类;二是根据动词的语义价,即根据动词在由它所构成的语义结构中所能支配的不同类型的语义角色的数量,将动词分为一价动词、二价动词、三价动词;三是根据动词在以它为述谓中心的基础结构中不借助于介词所能关联的处于主宾语位置上的不同类型的语义角色的数量,将动词分为单向动词、二向动词、三向动词。综合上述三种分类法,将《庄子》里的动词划分为九类,诸如一价单向动作动词、一价单向状态动词、二价单向动作动词、二价双向动作动词……等。另一件事,对以动词为核心的句式进行了质的分类,分为基本句式和派生句式。这也是对动词进行配价研究的基础性工作。按生成语法的观点,将动词及其支配的成分所组成的最小的、意义自足的、静态的主谓结构定位基本句式;将由基本句式通过增添、省略、移位等语法手段而产生的句式称为派生句式。作者做了上面两件事以后,就对《庄子》一书内的动词逐个进行配价分析,获得了很有价值的成果和结论。

一、作者根据动词的价、向的不同情况,根据动词不同的语义特征(是表示动作?还是表示状态?还是表示关系?),根据动词实际的配价结构状况和实际的语料,对《庄子》里以动词为核心的句式共确立了 22 个基本句式。

二、作者研究概括了《庄子》一书中由基本句式派生为派生句式的四种派生手段,这四种派生手段分别是配价语义角色省略、配价语义角色移位、配价语义角色介词标记的添加与省略、非配价语义角色的增添；具体统计、深入分析了这四种不同派生手段的运用概率，并发现动词语义特征的不同、动词语义价的不同、动词句法向的不同，都会造成基本句式派生能力的差异，而其中又有一定的规律性。

三、作者通过对不同语义价、不同句法向的动词的基本句式派生为派生句式的过程的细致研究与分析，不仅抽象总结出了一价、二价、三价动词各自的语义角色的句法配位规则，更进一步总结概括出了五条各类动词语义角色的句法总配位规则——语义角色共现的数量限制规则、语义角色共现的语序限制规则、语义角色共现的形式限制规则、语义角色共现的位置限制规则、语义角色共现的移位限制规则。

以上研究成果都是建筑在扎实的语料分析和研究的基础上的，很有创见，值得我们重视。这些研究成果不仅为研究其他先秦专著的动词及其句式起了开路的作用，并有助于解释先秦以后汉语中出现的一些语法现象，而对现代汉语动词和句式的研究都有一定的参考价值。这也表明，国光的研究是有成效的。

作者在运用配价语法理论来研究《庄子》动词的过程中，也发现了配价语法理论的某些局限，并在书中给一一指出来了。他的意见是对的，虽然先前也已有学者谈到，但这是根据对《庄子》动词的研究所得出的看法，进一步印证了配价语法理论确有某些局限。

我在看了《〈庄子〉动词配价研究》之后，也有一点不明白之处，那就是为什么将"Ne+V"和"V+Ne"都看成基本句式，而不把它们处理为其中一个是基本句式，另一个是在某种条件下由那一个派生出来的?[1]

《〈庄子〉动词配价研究》的出版证明,配价语法理论也可以用来研究古代汉语动词。本书虽然是研究古代汉语的专著,事实上对所有研究汉语的人,特别是研究汉语语法的人,不管是研究古代汉语的还是研究现代汉语的,都有参考价值。是为序。

陆俭明

2007 年 9 月 17 日

于北京大学

---

[1] 拙著在出版时已采纳陆先生的意见,将一价状态动词的"V+Ne"式视为派生式,相关部分的数据统计和分析论述也都做了相应的调整。

上编:《庄子》动词配价研究

一 《庄子》动词配价研究概说

《〈庄子〉动词配价研究》采用和改造了泰尼埃尔(Lucien Tesnière)的配价语法理论,吸收了菲尔墨(C. J. Fillmore)格语法的合理内核,以词项为单位,对《庄子》中的动词进行了全面的、量化的描写和分析;并以配价为基础,对《庄子》中的动词进行分类,研究各类动词的语义特征、配价结构、基本句式、派生句式,探讨它们之间的相互关系,撰写出《〈庄子〉动词配价词典》;在此基础上,最终归纳出各类动词及其语义角色的句法配位格式和配位规则。

1. 配价研究综述

1.1 配价语法和格语法

1.1.1 配价语法

"价"(Valence)最早是一个化学术语,用以描述一种元素的原子和其他元素的原子相互化合的能力。语言学借用这个术语,主要用来描述动词和名词性成分之间的组配关系,其中:动词居于核心地位,是支配性成分,名词依附于动词,是从属性成分。一个动词能支配几个名词性成分,就说这个动词是几价动词。

配价语法的创立者是法国语言学家泰尼埃尔（Lucien Tesnière）。他在1959年出版的《结构句法基础》中，系统地提出了配价理论。他认为：句子的结构表现为各个构成成分之间一层层递进的从属关系，顺着这种从属关系向上推演，句子的结构顶端就成为一个支配所有成分的"中心结"。这个"中心结"大多由动词充当，即动词是句子的中心，其他的名词性成分都为动词所支配。配价语法的目的就在于揭示动词对名词性成分的支配能力。

1.1.2 格语法

为了揭示动词对名词性成分的支配能力，不仅要对动词本身的语义特征进行深入考察，还应该描写动词跟它所支配的名词性成分之间的语义关系，揭示从属于动词的各个名词性成分的语义角色。特别是汉语这种缺乏"形态格"的语言，更是需要引进语义格来细化配价研究。在这方面，我们借鉴了菲尔墨（C. J. Fillmore）的格语法。

在《"格"辨》（1968）中，菲尔墨建构了这样一个体系：句子包含情态（modality）和命题（proposition）两部分，前者指否定、时、体、式等跟整个句子相关的成分，后者则由一个动词和一个或几个名词短语组成，每一个名词短语以一定的格关系跟动词发生联系。常见的格有：施事格（Agentive）、工具格（Instrumental）、与事格（Dative）、使成格（Factitive）、处所格（Location）、客体格（Objective）。后来，菲尔墨对自己的理论进行了修正和改进，格不再被看作是取决于动词意义的论元—谓词关系，而是看作在说话人心目中参与事件的各个要素之间的关系。他认为，句子描述的是场景（scene），场景中的各参与成分承担格角色。最终出现在场景中的参与成分有哪几个,由说话人的透视域(perspective)决定。随着透视域中的核心动词发生变化,参与成分的地位也相应改变。决定什么样的参与者应该进入透视域的是显要层级(saliency hierarchy)之类的原则;而决定怎样给置于前景(即置于透视域)中的名词短语分派语法功能的是格层级那样的原则。[1]

需要指出的是,在格理论中,语义格的界定、提取和数量,一直是最基本的问题,也是争议最多的问题。目前,国外学界主要有两种解决办法。

一种是把词项看作是一个结构体,即所谓的词汇－概念结构(lexical-conceptual structure),题元角色根据这些结构上的不同位置派生而来。比如,杰肯道夫把动词的语义概括成 BE(存在)、CHANGE(变化)、CAUSE(使)等几大类,每一类动词都要求一定的主目,在句中起到类似函数的作用,可以称为语义函数(semantic function)。这样,题元就可以作为函数概念而非初始概念来定义,施事就是 CAUSE 类谓词的个体词,主体就是 CHANGE 类谓词的个体词。其他诸如对域内论元、域外论元、论旨阶层、论元结构的讨论都属于这一研究方向。

另一种解决办法是把格或题元看作某些语义特征的丛集(cluster),并通过有关特征的组合来派生传统的格或论元角色,

---

[1] 菲尔墨的格理论实际上走的是一种生成语义学的思路,他的很多研究成果后来被纳入到了生成语法的题元理论中。关于题元理论与配价理论的关系,徐烈炯、沈阳《题元理论与汉语配价问题》(《当代语言学》1998 年第 3 期)有详细分析,兹不赘述。

以道蒂(Dowty)1991年的《题元的原型角色和论元的选择》为代表文献。他认为,只需两个论元角色——原型施事(proto-agent)和原型受事(proto-patient)就足以清楚描述论元选择。两者分别由一些蕴含特征组成。原型施事的蕴含特征包括:自主性(volition)、感知性(sentience/perception)、使动性(causation)、移位性(movement)、自立性(independent)。原型受事的蕴含特征包括:变化性(change of state)、渐成性(incremental theme)、受动性(causally affected)、静态性(stationary)、附庸性(existence not independent of event)。通常所说的题元角色是原型蕴含特征不同组合的结果,如,施事可以是"自主+使动+感知+移位+自立"、"自主+使动"、"自主"或"使动",感事是"感知+自立"等。在述谓结构中,包含原型施事特征最多的论元作主语,包含原型受事特征最多的论元作直接宾语。

1.2 现代汉语配价语法研究

采用配价理论来研究现代汉语可以追溯到上个世纪70年代。第一位明确使用配价语法研究汉语语法问题的是朱德熙先生。他在1978年发表的《"的"字结构和判断句》[1]中,用动词配价理论分析了"VP的"结构的歧义指数问题。从此以后,配价理论日益引起语法学界的关注,迅速成为现代汉语语法研究的热点之一。

综观现代汉语配价语法研究,我们不难发现,各家各派用力

---

[1] 朱德熙:《"的"字结构和判断句》,载《中国语文》1978年第1、2期。

最多而分歧最大的不外乎两方面:一是配价的性质和基础,二是价的确定标准和测试方法。

1.2.1 配价的性质和基础

对配价的性质和基础,汉语语法学界主要有三种看法,即:配价是一种语义范畴;配价是一种句法范畴;配价是一种句法－语义范畴。

(1) 配价是一种语义范畴

以廖秋忠(1984)、范晓(1991)[1]为代表的学者认为,动词配价属于语义层面,动核结构是一种语义结构,而动词的"价(向)"则根据动词在一个动核结构中所联系的强制性语义成分的数目来决定。不过,这些学者虽然强调配价的语义基础,但也指出动词配价结构需要在句法结构中得到验证。

(2) 配价是一种句法范畴

以袁毓林(1987)、文炼、袁杰(1990)[2]为代表的学者认为,"价(向)"是一种建立在句法基础上的语法范畴,是动词的组合功能的数量表征。他们虽然也承认动词"价(向)"有相当的语义基础,但认为这些语义要求一定要在句法结构中实现,才能计

---

[1] 廖秋忠:《现代汉语中动词支配成分的省略》,载《中国语文》1984年第4期。
范晓:《动词的配价与句子的生成》,载《汉语学习》1996年第1期。
[2] 袁毓林:《准双向动词研究》,杭州大学硕士论文,1987年;全文作为附录收于《现代汉语祈使句研究》,北京大学出版社,1993年。
文炼、袁杰:《谈谈动词的"向"》,载《汉语论丛》,华东师范大学出版社,1990年。

入"价(向)"的指数。因此,句法概念的"价(向)"不同于数理逻辑中谓词的"元",与作为语义概念的动作所涉及的个体的数量也无对应关系。

(3) 配价是一种句法一语义范畴

以吴为章(1993)、邵敬敏(1996)[1]为代表的学者认为,逻辑一语义的"价(向)"是认知层面概念,接近于深层"格";而不和语义相联系的纯形式的句法"价(向)"是不存在的。因此,任何句法的"价(向)"都是"形式一意义"的结合体,是逻辑一语义的"价(向)"在具体语言结构中的实现。语法学既然引入"价(向)"来说明动词的支配功能及语义句法之间的复杂关系,那么所谓"价(向)"就应该是"句法一语义"层面的概念。

1.2.2 价的确定标准和测试方法

在确定价数的具体操作上,学界的主要分歧在于:(1)应该以何种句法框架作为提取价的基础结构;(2)用什么方法确定配价成分。

(1) 关于提取价的句法框架

袁毓林(1987)主张选取与动词同现的名词性成分最多的句法结构,从中来提取向的指数。吴为章(1993)则正好相反,认为应该在简单句(即最小主谓结构)中提取价数,并指出能在句中占据主语、宾语位置,跟动词有显性语法关系和语义关系的必有

---

[1] 吴为章:《动词的"向"札记》,载《中国语文》1993年第3期。
邵敬敏:《"语义价""句法向"及其相互关系》,载《汉语学习》1996年第4期。

成分才可计入价的指数。

与提取价的句法框架密切相关的一个问题是,以介词引入的必有成分要不要计入价的指数。朱景松(1992)[1]、吴为章(1993)等认为动词的价指形式上就是跟这个动词直接组合的名词性成分的数目,因此将借助介词引入的必有成分排除在外。而袁毓林(1987)则把那些一定要用介词引入的必有成分也算作价,但称为准价,以区别于不用介词引入的必有成分。

(2) 关于确定配价成分的测试方法

文炼、袁杰(1990)把跟动词关联的从属成分区分为必有行动元、可有行动元、自由说明语三种,认为决定动词"向"的是必有行动元和可有行动元。他们主张用消元法(根据能够省略)来区分必有行动元和可有行动元,用蕴含法(与动词在语义上的结合是否紧密)来区分可有行动元和自由说明语。可事实上,由于汉语句子中句法成分的省略有较大的自由性,因而消元法的使用在实施过程中不容易把握;至于蕴含法,因为难以界定"结合紧密"的标准,所以在实施上更缺少可操作性。

范晓(1991)则从形式入手,提出根据动元标记(介词)和提问形式来为动词定价,但适用面都很有限。而周国光(1995)[2]延续朱德熙(1978)的思路,提出以"VP 的"转指时的歧义指数来确定动词的价数。但这种办法也有很多句法、语义上的限制,

---

[1] 朱景松:《与工具成分有关的几种句法格式》,载《安徽师大学报》1992年第3期。

[2] 周国光:《确定配价的原则与方法》,载《现代汉语配价语法研究》,北京大学出版社,1995年。

能被它提取的只是动词从属成分的一部分,而且这种方法会把某些动词的从属成分也排除出去。

2. 配价的基本概念

迄今为止,在古代汉语语法研究领域几乎见不到谈论配价的文章。[1] 当然,这与古代汉语的性质有关。古代汉语是一种已经死去了的古代文献语言。众所周知,研究古代汉语不像研究现代汉语那样,可以采用"内省"的方式,自由地构拟例句,并采用移位、添加、删略、替代等规则作各种各样的变换,研究古代汉语只能根据文献语言已经实现的分布进行归纳;同时,由于同一时代的语言材料极其有限,这就给古代汉语的配价研究带来了相当的难度。

用配价语法理论研究《庄子》的动词,面临着一系列问题,如:语义角色的界定,语义特征的界定、配价的性质、确定配价的框架、词项的确定,等等。这里既有理论问题,也有具体操作问题。下面分别就以上基本概念及相关问题予以说明。

为了便于描写,文中使用了以下符号(凡未注出英语术语者,均取相应汉语术语的首字母):

(1) 词类(包括短语)

名词—N(noun)、动词—V(verb)、介词短语—PN(prepositional phrase)[2]、动作动词—V_D、状态动词—V_Z、关系动词—V_G;

---

[1] 笔者目前仅见陈克炯《〈左传〉单音动词的"向"及其句式》,载《中南民族大学学报》(人文社会科学版)1986年第3期。

[2] 在配价语法的视角下,介词短语和名词短语都是动词的配价成分。为了体现这种共性,本文用"PN"来表示介词短语,而不用"PP"。另外,介词短语一般都是"介词+名词语",所以用"PN"来表示,也可以体现这一内部构造。

(2) 语义角色[1]

施事－a(agent)、当事－e(experiencer)、系事－th(theme)、受事－p(patient)、成事－r(resultive)、对象－d(dative)、表事－rh(rheme)、使事－c(causative)、意事－y、工具－i(instrumental)、处所－pl(place)、源点/目标－l(source or goal)、时间－t(time)、度量－m(metric)、主事－z、客事－k、补事－b；

另，Na 表示句法层面的施事成分，Nk 表示句法层面的客事成分，其他语义角色仿此。Na/p、Ne/d 表示两个语义角色共同占据一个句法位置。

(3) 价向

"V"左边上标表示向数，右边上标表示价数，例如：二价单向动词－$^1V^2$、三价双向动词－$^2V^3$。

(4) 句式

基本句式－S(basic sentence pattern)、派生句式－S'(derivational sentence pattern)。[2]

2.1 语义角色

2.1.1 语义角色的确定

---

[1] 本书对已发表的关于"《庄子》动词配价研究"系列论文中的语义角色的符号系统做了调整，除"主事"、"客事"、"补事"、"意事"外，其他语义角色的符号都取相应英文单词的首字母，以期在术语符号上尽可能接近于国际使用的惯例。

[2] "S"取"sentence pattern"的首字母。为了符合一字母一术语的原则，本文用"S"和"S'"来分别表示基本句式和派生句式，而不采用"BS(basic sentence pattern)"和"DS(derivational sentence pattern)"。

语义角色指在语义层面上与动词联系的语义成分。上古汉语中，与动词相联系的语义角色究竟有多少种类型？或者换句话说，上古汉语中，与动词相联系的语义角色的数量确定为多少为宜？这个问题尚需另作专门的探讨。

本文确定语义角色的基本原则是：不同类型的语义角色在句法层面当或多或少地表现出某些差异；而且这种差异在《庄子》的语言材料中一般都能找到根据。如果两个语义角色的差异仅仅表现在语义层面上，本文将其视为同一类型。以"凿"为例："日凿一窍"（应帝王）、"凿隧入井"（天地）中的"窍"、"隧"，在现代汉语语义分析中一般都视为"结果"，而区别于"受事"；因为"结果"因动作而生，具有渐成性，而"受事"在动作发生之前即已存在，具有自立性。[1] 但考察《庄子》，未见"凿一窍"、"凿隧"与"凿木为机"（天地）中的"凿木"在句法层面有何差异[2]，因此，本文把"凿"所支配的"窍"和"隧"，一律都归入"受事"。

2.1.2 语义角色的类别

根据《庄子》的语言材料，本文将语义角色确定为三大类14小类，即：(1) 主体语义角色（亦简称"主事"，包括施事、当事、系

---

[1] 袁毓林《汉语动词的配价研究》（江西教育出版社，1998年，116—117页）在分析"吃了一个苹果"、"挖了一个菜窖"时说："'苹果'是受事(patient)，其语义特点是自立性、变化性和受动性……'菜窖'是结果(result)，其语义特点是变化性、受动性和渐成性。"

[2] 严格说来，差异还是有的，如："凿一窍"、"凿隧"之后不能再后附表示结果的"为N"，而"凿木"之后可以后附"为机"，构成连谓结构，表示动作结果。只不过这一差异尚不足以为之单列一种语义角色。

事);(2) 客体语义角色(亦简称"客事",包括表事、受事、对象、使事、意事、成事、源点/目标);(3) 背景语义角色(亦简称"补事",包括工具、处所、时间、度量)。分述如下:

(1) 主体语义角色

① 施事:是一种广义的施事概念,指发出动作或发生变化的主体。施事具有使动性、感知性。施事发出的动作或发生的变化可以是自主的,也可以是非自主的。如:

夫<u>爱</u>马者以筐盛矢(人间世)　汝<u>恶</u>之乎(大宗师)

叶公子高将<u>使</u>于齐(人间世)

② 当事:与某一状态或某一变化相联系的主体。如:

捉衿而<u>肘</u>见(让王)　<u>泉涸</u>(大宗师)

③ 系事:与某种关系相联系的主体。如:

南方<u>有</u>倚人焉(天下)　民<u>如</u>野鹿(天地)

其<u>名曰</u>意怠(山木)

(2) 客体语义角色

① 表事:与某种关系相联系的客体。如:

其名曰<u>意怠</u>(山木)　民如<u>野鹿</u>(天地)

② 受事:是一种广义的受事概念,指动作的承受者。如:

夫爱<u>马</u>者以筐盛矢(人间世)　汝恶<u>之</u>乎(大宗师)

儒以诗礼发<u>冢</u>(外物)　幸矣子之先生遇<u>我</u>也(应帝王)

③ 对象:指动作、状态所涉及的事物。如:

尧让天下<u>于许由</u>(逍遥游)　吾惊怖<u>其言</u>(逍遥游)

④ 使事:指动作的致使对象,是具有[致使]语义特征的动词所联系的客体。如:

大败越人(逍遥游)　罢兵休卒(盗跖)

⑤ 意事:指动作的意使对象,是具有[意使]语义特征的动词所联系的客体。如:

华子闻而丑之(则阳)　圣人羞之(天地)

⑥ 成事:指变化形成的结果。如:

乌足之根为蛴螬,其叶为胡蝶(至乐)

禽兽成群(马蹄)

⑦ 源点/目标:指位移动作的源点或终点。如:

风起北方(天运)　夫子出于山(山木)

而飞于北海(秋水)　孔子适楚(人间世)

(3) 背景语义角色

① 工具:指实现动作行为的方式、方法、途径以及藉以实现动作行为的工具、材料、手段等。如:

以水救水(人间世)　不以旬数也(应帝王)

青黄而文之(天地)按,成玄英疏:又加青黄文饰。(453页)[1]

② 处所:是一种广义的概念,指动作、状态、关系发生的空间位置。如:

人生天地之间(知北游)　先生居山林(徐无鬼)

③ 时间:指动作、状态、关系发生的时点或持续的时段。如:

---

[1] 成玄英疏以及下文的郭象注、《释文》、郭嵩焘语、俞樾曰等均转引自郭庆藩《庄子集释》(中华书局,1961年)。

适千里者三月聚粮(逍遥游)　冬与越人水战(逍遥游)
④ 度量:指动作、状态涉及的计量结果。如:

絜之百围(人间世)　行三十里而后愈(天地)

2.1.3　支配语义角色与说明语义角色

(1) 支配语义角色

支配语义角色(配价语义角色)直接参与动词所表示的动作、状态、关系,是意义自足的语义结构不可缺少的语义成分。主事都是支配语义角色;客事中的止事、受事、使事、意事、成事都是支配语义角色。

至于对象是否是支配语义角色,则因动词的词义而定。例如:动词"交"。《庄子·齐物论》中有"麋与鹿交"句,"交"是"雌雄交合"的意思。在"交(雌雄交合义)"所激活的语义场景中,必须要有交合的双方,即句中的"麋"与"鹿","麋"是施事,"鹿"是对象,缺一不可;因此,对于"交(雌雄交合义)"来说,对象是支配语义角色。但对于动词"入"来说,情况则不然。《庄子·达生》中有"与齐俱入,与汩偕出"句。动词"入"所激活的语义场景中,不可缺少的语义角色是施事与目标(即"谁"入、入"哪儿"),至于句中的对象"齐"只是个可有可无的语义角色。[1]

(2) 说明语义角色

说明语义角色(非配价语义角色)是用以说明动作、状态发生的时间、空间背景或方式的语义成分,不受动作支配,是非配

---

[1] 这里说的是"入¹"。《庄子》中"入¹"出现 71 例,对象与"入¹"共现者仅文中所引 1 例。

价语义角色。补事一般都是说明语义角色。工具、处所、源点/目标只在部分动词中是必有语义成分,属于支配语义角色。详见二价状态动词和二价动作动词,兹不赘述。[1]

(3) 复合语义角色

两种语义角色复合在一起,我们称之为复合语义角色。上文所设的"使事"、"意事"都是复合语义角色。例如:"大败越人"(逍遥游),"越人"既是具有[致使]语义特征的动作"败"的"受事",同时又是"败"的"当事";同样,"华子闻而丑之"(则阳),"之"也是"受事"兼"当事"。我们之所以设"使事"、"意事",一是因为它们与"受事"在句法层面表现不同,"受事"投射到句法层面上,可以省略,"使事"、"意事"则不然,它们投射到句法层面上以后,如果没有特殊的标记(如:能愿动词、结构助词"所"等),一般不能省略;二是因为它们投射到句法层面上显示为一个句法成分,设一个语义角色便于描写说明。

2.2 动词的语义特征

2.2.1 语义特征的系统性

动词的语义特征是指对动词的词汇意义进行分解后得到的抽象性和概括性的范畴意义。它对动词的聚合和组合(包括配价情况)等功能起到制约的作用。动词的语义特征不同,配价情况相应也会有差异。

---

[1] 根据上文的分析,绝大多数客事是配价语义角色,而绝大多数补事是非配价语义角色。下文为了行文方便,"客事"一般指除主事以外的所有配价语义角色,"补事"则专指非配价语义角色。

语义特征本身以一个系统的形式存在着,其中包含了一个个具体的语义特征要素,这些要素的作用范围有大有小,在系统中所处的地位也不相同,具有一种层次性。范围大的语义特征决定动词(词项)的大类,范围小的语义特征决定动词(词项)的小类。语义特征的层次决定了动词系统的层次。比如,在[＋动作]这个一级语义特征之下,还含有[＋具体]、[－具体]、[＋自主]、[－自主]等次一级的语义特征。例如描写"走"的语义特征,可以描写为[＋动作、＋自主、＋具体、＋位移、－致使……]。我们对《庄子》动词语义特征的描写,一般只描写一级语义特征。例如"走",只描写至[＋动作]为止,至于次一级的语义特征,则在必要时予以说明。

2.2.2 一级语义特征及动词的分类

根据动词的一级语义特征,我们将《庄子》中的动词分为三大类:动作动词、状态动词和关系动词。[1]

(1) 动作动词

动作动词表示的"动作"是一种广义上的概念,既包括人或事物的具体动作,如:哭、走、视、避等;也包括抽象动作,如:爱、哀、好(喜好义)等。既包括人或事物自主发出的动作,如:飞、割、登、射等;也包括人或事物在非自主的情况下发出的动作,如:失(丧失)、醉、遇等。总之,[＋动作]表明该类动词具有动态特征。

---

[1] 动词中还有一类"情态动词"(即一般语法著作所说的"助动词"),表示参与者对言及的事件所持的态度。情态动词在语义层面所联系的语义成分是什么? 在句法层面上又处于何种地位? 至今众说纷纭,莫衷一是。关于情态动词的配价问题笔者拟做专门研究,本文暂不讨论。

在《庄子》中,一些表示心理活动的动词既可以表示心理动作,又可以表示心理状态,如:"人类悲之"(知北游),从整个句义来看,"悲"更多地表达的是一种心理动作,因此我们将这类动词归入动作动词。

(2) 状态动词

状态动词表示的是某种静止的或持续的状态,如:定(平定义)、当(符合义)、尽、共等。[+状态]表明该类动词具有静态特征。

(3) 关系动词

关系动词表示的是参与者之间的存在关系或类同关系,又可细分为存现动词和类同动词两个小类。存现动词表示人或事物存在与否;类同动词表示人或事物之间类似或同一的关系。《庄子》中存现动词有"有(存在)"和"无"两个。类同动词又可细分为两小类:一类表示类似关系,如:如(像义)、若等;一类表示同一关系,如:为(是、算是义)、曰(称作义)等。类同动词所联系的语义成分在句法层面既可以是体词性的,也可以是谓词性的。[+关系]表明该类动词具有关系特征。

2.2.3 语义特征的临时变化

一般地说,动词的语义特征是动词自身所固有的,但在具体的语言环境中,动词的语义特征有时也可以发生某些变化。以"死"为例:

  老聃<u>死</u>(养生主) "死"[+动作、—自主、—致使]
  伯夷<u>死</u>名于首阳之下(骈拇)"死"[+动作、+自主、—致使]
  勇不足以<u>死</u>寇(让王) "死"[+动作、+自主、+致使]

当动词的语义特征发生变化时,还会引起配价情况的相应变化,详见 2.3.4。

2.3 动词的配价

2.3.1 配价的性质:语义价与语法向

"价"(Valence),有的语法著作称作"向"。关于"价"(或"向")的性质,众说纷纭,莫衷一是。如上所述,以廖秋忠、范晓为代表的学者认为"价"应该属于"语义平面";以朱德熙、袁毓林为代表的学者认为"价"应该属于"句法平面";以吴为章为代表的学者认为"价"应该属于"语义—句法层面";还有一些学者认为"价"属于认知范畴。[1]

我们认为,动词的配价涉及语义、句法两个层面,因而赞同邵敬敏(1996)将"价"区分为"语义价"和"句法向"两个层级的主张。所谓"语义价"是指,在语义层面上,一个动词在以该动词为核心的语义结构中所能支配的、不同类型的语义角色。所谓"句法向"是指,在句法层面上,一个动词在以该动词为述谓中心词的基本句式中,不借助介词所能关联的、处在主宾语位置上的、不同类型的语义角色。[2] 语义角色主要体现为名词性成分,但也可以是非名词性成分。

根据价数和向数的差异,我们把《庄子》中的动词分为一价

---

[1] 陆俭明:《〈现代汉语配价语法研究(第二辑)〉序》,北京大学出版社,1998年。

[2] 换句话说,句法向就是语义价中能不借助介词直接投射为主宾语的那部分,即通常所言的"直接价";而剩余的那部分语义价就是通常所言的"间接价"。

一向动词($^1V^1$)、二价单向动词($^1V^2$)、二价双向动词($^2V^2$)、三价双向动词($^2V^3$)、三价三向动词($^3V^3$)等。例如：

退（后退）$^1V^1$：黄帝退（在宥）

苦（对……感到劳苦）$^1V^2$：苦于山林之劳（徐无鬼）

乘（驾驭）$^2V^2$：子贡乘大马（让王）

贷（借入）$^2V^3$：故往贷粟于监河侯（外物）

与（给与）$^3V^3$：尧与许由天下（外物）

语义价反映了动词在语义层面的配价能力，句法向反映了动词在句法层面上可实现的配价结构。二者既有联系，又有区别。举例如下：

让（转让义）：尧以天下让许由（让王）Na＋PNp＋V＋Nd

尧让天下于许由（逍遥游）Na＋V＋Np＋PNd

考察《庄子》，"让（转让义）"支配施事、受事、对象三个语义角色，是一个三价动词，但在句法层面上，在没有介词引入的条件下，这三个语义角色不能共现，或受事，或对象，必须有一个靠介词引入句法结构。因此，《庄子》中的"让（转让义）"是一个三价二向动词。

谋（谋划义）：儵与忽谋报浑沌之德（应帝王）

汤又因务光而谋（让王）

后之伐桀也谋乎我（让王）

考察《庄子》，"谋（谋划义）"也是一个三价二向动词，其与"让（转让义）"不同的是，"让（转让义）"的受事、对象都可以直接出现在宾语的位置上，只是不能共现罢了；而"谋（谋划义）"只有受事才可以直接出现在宾语的位置上，而其对象则必须靠介词来引入句法结构。

上述例词表明:(1)当动核结构投射到句法层面上时,要受到句法层面的制约;由此而产生出语义价与句法向不一致的现象。(2)句法向以语义价为基础,句法向所涉及的语义角色不能超出语义价的范围,即语义价的指数 $\geqslant$ 句法向的指数。(3)一个动词所能构成的全部句式(包括基本句式和派生句式)都取决于它的语义价和句法向。

2.3.2 配价结构的确定

(1) 动核结构

语义层面的基本结构是动核结构,它以动词为核心,由动词和它所联系着的语义成分(语义角色)组成。诚如上文所述,动词所联系的语义成分主要有支配成分和说明成分两种。在动核结构中,支配成分直接参与动词的行为,并受动词的支配;说明成分则说明动作发生的背景,不受动词的支配。

支配成分和动词所共同构成的最小的、意义自足的动核结构是我们提取"语义价"指数的框架。如:

麋与鹿交(齐物论)

动词"交(雌雄交合义)"所激活的语义场景中,必须要有交合的雌雄双方"麋"和"鹿",缺一则不可,因此,与"交"联系的两个语义成分都是支配角色。换句话说,由动词"交(雌雄交合义)"构成的最小的、意义自足的动核结构即:V(a,d)。因此,"交(雌雄交合义)"是二价动词。又如:

儒以诗礼发冢(外物)

动词"发(打开义)"所激活的语义场景中有三个语义角色:"发"

者(施事)、被"发"者(受事)、工具。其中,"发"者与被"发"者是不可缺少的,是支配语义角色,而工具则是说明语义角色。因此,动词"发(打开义)"也是二价动词,其动核结构为:$V(a,p)$。至于说明角色的有无及其类型则放在动词价分类之下的层面上描写。

(2) 配价结构的确定

如果说在现代汉语中,可以采用内省的方式来确定动词的配价结构,并采用演绎的方法来推演出动词所能构成的句式;那么在古汉语研究中,则只能采用归纳的方法,从语料中已经实现的句式来确定动词的配价结构,并用它来解释动词已经实现的句式分布。

正因为如此,我们在确定动词配价结构时,需要严格地从语料出发,详尽地描写每个动词的各种句式,然后根据动词的语义以及各种句式的量化统计,确定该动词的配价结构和基本句式,并用它来解释已实现的各种句式。从理论上讲,如果某一配价结构能够简明而又合理地解释该动词所实现的全部句式,那么这一配价结构就是该动词最合理的配价结构。下面结合"之"、"往"二词,具体说明确定动词配价的基本方法和步骤。

"之(到……去)"在《庄子》中共出现23例,处在非典型位置上5例,其余18例的句式分布如下:

S_1:Na+V+Nl(9)匠石之齐(人间世)

S_2:Na+Npl+V+Nl(3)谆芒将东之大壑(天地)

S_3:Na+Nl+V(4)子将奚之(徐无鬼)

S_4:V+Nl(2)所以之天也(列御寇)按,成玄英疏:故诣

于自然之境。(1046页)

根据其句式表现,和"之"共现的语义角色只有三个,即:"a(施事)"、"pl(方向)"和"l(目标)"。由于"之"是趋向动词,所以"a"自然是必有语义角色;而"pl"和"l"是否是必有语义角色,则需要视其与"之"共现的情况来确定。在句法层面上,"l"出现在"之"的所有典型用例中,并且一旦删除,句意就不完整;而"pl"与"之"共现只有3例,并且在这3例中,"pl"又都是可以删除的。这表明,在"之"所构成的最小的主谓结构中,如果没有"l",则语义不能自足,而"pl"则是可有可无的。因此,"l"是必有语义角色。动词"之"支配"a"、"l"两个必有语义角色,是二价动词。由于"l"在句法层面只以"Nl"形式出现,而未见"PNl",因此,"之"是双向动词。综上所述,我们把"之"确定为二价双向动词,其配价结构为:$^2V^2(a,l)$。

"往(前往)"在《庄子》中共出现70例,处在非典型位置上9例,其余61例分布如下:

S_1:Na+V(51)子往矣(天地)

S_2:Na+PNd+V(6)彼往则我与之往(寓言)按,后"往"。

S_3:Na+Nl+V(2)恶往而不暇(达生)

S_4:Na+PNl+V(2)道恶乎往而不存(齐物论)

根据其句式表现和语义,我们按照"之"的分析步骤,可以很容易确定"a"是必有语义角色,"d(对象)"是非必有语义角色,剩下的"l"则有些棘手,可以有三种处理方案,即:

方案序号　　标注的配价结构　　拟定的基本句式　　实现的基本
　　　　　　　　　　　　　　　　　　　　　　　　句式[1]

　　(1)　　　　$^2V^2(a,l)$　　　　Na＋往＋Nl　　　2例
　　(2)　　　　$^1V^2(a,l)$　　　　Na＋往＋PNl　　2例
　　(3)　　　　$^1V^1(a)$　　　　　Na＋往　　　　　51例

一般来说，某动词的基本句式，同时也是该动词比较常见的句式。对比以上三种方案，显然方案(3)的验证能力最强，因为它所拟定的基本句式有51例实例。相比之下，方案(1)(2)拟定的基本式均只有2例实例。

为了进一步验证方案(3)，我们扩大考察范围，统计了《孟子》、《荀子》、《韩非子》、《吕氏春秋》等四部战国中后期的文献("往"在非典型位置不计)，结果如下：

文献＼句式	Na＋往＋Nl	Na＋往＋PNl	Na＋往
《孟子》	0例	5例	25例
《荀子》	0例	0例	5例
《韩非子》	0例	1例	41例
《吕氏春秋》	0例	0例	74例
合计	0例	6例	145例

上述统计表明，方案(3)拟定的基本句式有145个实例，而方案(2)只有6例实例，方案(1)却1例都没有。因此，根据语料来看，只有方案(3)得到了文献语料的验证，它能解释为何"l"绝大多数情况下都不和"往"共现；而方案(1)(2)则不能解释为何

---

　　[1] 包括以派生句式的方式实现的基本句式。

"Na+往"最为常见。而且采用方案(3),将"往"的配价结构确定为:$^1V^1(a)$,亦能很好地解释:"之"与"往"都是前往某处的意思,为何在句法层面的表现会有那样大的差异?其原因就在于它们的配价不同。

2.3.3 基本句式和派生句式

(1) 基本句式

从生成的角度看,语义层面上的动核结构通过一定的语法手段生成显性的句法结构;但换一个角度看,动核结构的确定还要借助于句法层面的基本结构。

句法层面的基本结构是动词作谓语(或谓语中心词)的主谓结构。动核结构中的支配成分和说明成分投射到句法平面就表现为主谓结构中的各种句法成分。投射到主宾语位置上,不借助虚词的支配成分就是必有成分。

必有成分和谓语动词所构成的最小的、意义自足的、静态的主谓结构就是基本句式。"最小的"是指该主谓结构只包含动词和受动词支配的、处在主宾语位置上的支配成分;"意义自足的"是指该主谓结构的意义必须完整;"静态的"是指该主谓结构应当处在远离语境的状态之下。基本句式是提取"句法向"指数的框架。如上文提及的"交(雌雄交合义)",其两个支配角色在句法层面上只有一个与动词直接组合,处在主语位置上,而另一个必须靠介词引入,其基本句式为:Na+PNd+V。[1] 因此,"交

---

[1] 动词"交(雌雄交合义)"的雌雄双方有时在主语位置上重合,如《吕氏春秋·仲冬》:"虎始交。"其句式记为:Na/d+V。

(雌雄交合义)"是一向动词。同理,"发(打开义)"是二向动词,其基本句式为:Na＋V＋Np。

基本句式应当是自由的(或比较自由的)。在一定的语法条件下,句法成分移位的句式,如通常所说的宾语前置句,不是基本句式。

基本句式应当包括谓语动词所支配的全部语义角色。如上文"交(雌雄交合义)"的基本式。又如:

与(给予义):尧<u>与</u>许由天下(外物)

汤<u>与</u>务光(外物)

动词"与(给予义)"所支配的语义角色共有三个:一个是施事(给予者"尧"、"汤"),一个是受事(所予之物"天下"),一个是客事(所予之人"许由"、"务光")。《外物》前例的句式是基本句式,《外物》后例缺少一个支配语义角色,离开语境意义不能自足,不是基本句式。

基本句式只有一个谓语中心词。对于多核心的复杂句式,如并列谓语句、连动句、兼语句等,需要将其分解成多个单核心的基本句式,然后根据基本句式为动词定"向"。如:

休:夫子休就舍（说剑）

⟶ 夫子休

⟶ 夫子就舍

命:王命相者趋射之（徐无鬼）

⟶ 王命相者

⟶ 相者趋射之

如果研究"休"的配价,就以"夫子休"为基本句式,如果研究"就"

的配价,就以"夫子就舍"为基本句式。《徐无鬼》例同。

(2) 派生句式

派生句式是由基本句式通过增添、省略、移位等方式而产生出来的句式。其中:只出现配价语义角色的派生句式为一级派生句式;出现非配价语义角色的派生句式则为二级派生句式。以"见(看见,拜见)"为例:

"见"为二价双向动词,其配价结构为 V(a,p),其基本句式为 Na+V+Np。

其一级派生句式,如:

Np+V:道不可见(知北游)

Na+V:王子庆忌见而问焉(山木)

Na+V+PNp:故乃肯见于寡人(徐无鬼)

其二级派生句式,如:

Na+V+Np+PNpl:黄帝将见大隗乎具茨之山(徐无鬼)

Na+PNd+V+Np:列子与之见壶子(应帝王)

Na+Nt+PNpl+V+Np:吾乃今于是乎见龙(天运)

2.3.4 准价和准向

一般地说,动词的语义特征是由动词的词义所决定的,是动词自身所固有的。但诚如上文所述,在具体语境中,有的语义特征可以临时附加在动词(包括由他类词临时转类的动词)之上,从而导致该词语义、语法功能的变化。

例如上文所举的动词"死"。"死"本是非自主的行为,是瞬间完成的动作。在语义层面上,"死"只支配一个语义角色,即"施事";在句法层面上不带宾语,如:

老聃死(养生主)

但"死"在特定的语境下,又可临时附加上[自主]语义特征,从而成为自主的行为,如:

伯夷死名于首阳之下(骈拇)

"死名"即为名而死的意思。附加上[自主]语义特征的"死"在语义层面上支配二个语义角色,即"施事"和"对象";在句法层面上带一个宾语。此外,"死"还可临时附加上[致使]语义特征,如:

勇不足以死寇(让王)

"死寇"即使寇死的意思,是述宾结构。其中附加上[致使]语义特征的"死"自然是自主行为,支配"施事"和"使事"二个语义角色。同一动词附加的语义特征不同,语义角色的类型亦有差异。

本文把这种临时增加的支配语义角色称之为准语义价(简称"准价"),临时增加的宾语称之为准句法向(简称"准向"),以区别该词固有的语义价和句法向。上述动词"死"的差异可描写如下:

死[−自主]:一价:V(a)

　　　　一向:基本句式:Na+V

死[+自主]:准二价:V(a,d)

　　　　准二向:基本句式:Na+V+Nd

死[+致使]:准二价:V(a,c)

　　　　准二向:基本句式:Na+V+Nc

2.4　词项

2.4.1　词项的界说

由于词义的演变和发展,在先秦汉语中,一词多义是很普遍的现象。对于多义动词来说,不同的词汇意义往往会直接影响其联系语义成分的功能;如"雌雄交合"义的"交"与"交错"义的"交","转让"义的"让"与"谦让"义的"让",其联系语义成分的功能显然不同。因此,不能笼统地以词为单位研究动词的配价。为了体现动词的词汇意义对其语义功能、句法功能的制约作用,寻找它们之间的对应关系,有必要引入"词项"的概念。[1]

词项不是一般意义上根据词汇意义的不同划分出来的义项,词项是词汇意义相近、语义功能、句法功能相同的义项的聚合。在这个聚合中可能包括多个义项,也可能和义项对等。词项是对动词进行配价研究的基础。

2.4.2 词项的确定

确定词项首先当以《庄子》中的全部语言材料为依据,并参考前人的注释,对《庄子》中的动词,逐个进行考察,概括出每个动词在《庄子》中的所有音项及义项;其次,在同一音项之下,根据 A. 词汇意义相近(可由引申得出)、B. 语义功能相同、C. 句法功能相同,将义项合并为词项。

同一动词不同音项下的义项当分属不同的词项。以动词"见"为例,它在《庄子》中共有三个义项,分属在两个音项之下:

(1) 元部,见母[2]

① 看见,见到。妇人见之(德充符)　　Na+V+Np

---

[1] 参见王宁:《先秦汉语实词的词汇意义与语法分类》,载《第一届国际先秦汉语语法研讨会论文集》。

[2] 词的音项标注为上古声韵,上古声韵系统依王力先生《汉语语音史》先秦音系(战国)。

② 拜见,会见。徐无鬼见武侯(徐无鬼) Na+V+Np
(2) 元部,匣母
　　③ 出现。　　捉衿而肘见(让王)　　　Ne+V
义项③与义项①②分属在两个音项之下,所以分属不同的词项。义项①②在同一音项之下,均支配施事和受事两个语义角色,具有相同的基本句式。[1] 因此,可以把它们合并为一个词项。这样,《庄子》中动词"见"包括两个词项:①见^1,看见,拜见;②见^2,出现。

　　"词汇意义相近"是一个带有主观色彩的标准,义项的分合往往见仁见智。即以"见"为例,《王力古汉语字典》将"看见"、"拜见"分为两个义项(1246页),而张双棣等《古代汉语字典》则将"看见"、"拜见"合为一个义项(358页)。鉴于此项标准的不确定性,我们在确定词项的时候,更重视"语义功能、句法功能相同"的标准。

　　所谓"语义功能相同",是指配价结构相同。它包括两层意思:一是动词支配语义角色的指数(价数)相同,二是动词支配语义角色的类型(价质)相同。所谓"句法功能相同",是指基本句式相同。如果符合上述条件,则参照其词汇意义的相近程度,决定二者的分与合。在本课题研究中,我们基本上本着从分不从合的原则,对那些语感模糊、分合两可的义项以分立词项为主。

---

　　[1] 严格地说,义项①②的句法属性也不尽相同,见①可带小句宾语,见②只能带名词语(特别是指人名词语)宾语。

一 《庄子》动词配价研究概说

下面再举两个例子来说明我们确定词项的标准。

动词"笑"在《庄子》中有两个义项,均为宵部,心母:

① 笑。　　　四人相视而笑(大宗师)　　Na+V
② 讥笑,嘲笑。而宋荣子犹然笑之(逍遥游)

　　　　　　　　　　　　　　　　　Na+V+Np

"讥笑,嘲笑"的意义是由"笑"引申出来的,符合第一条词汇意义相近的标准;但是义项①只支配一个语义角色,而义项②可支配施事、受事两个语义角色,它们的配价结构和基本句式均不相同,因此当分为如下两个词项:

笑^1,笑;一价单向动词。

笑^2,讥笑,嘲笑;二价双向动词。

动词"交"在《庄子》中有四个义项,均为宵部,见母:

① 交错。　　白刃交于前(秋水)　　Np+V
② 接触。　　其寐也魂交(齐物论)　　Np+V
③ 交往,结交。凡交近则必相靡以信〔1〕(人间世)

　　　　　　　　　　　　　　　　　Na+V+Nd

④ 雌雄交合。麋与鹿交(齐物论)　　Na+PNd+V

义项①②都只支配一个语义角色,而且都是当事,其基本句式相同,当合并为一个词项。义项③④虽然语义价相同,都可以支配施事和对象两个语义角色,但二者句法向不同,具有不同的基本句式,而且词汇意义相差甚远,所以应分为两个词项。这样,《庄

---

〔1〕 郭象注:近者得接,故以其信验相靡服也。(157页)成玄英疏:凡交游邻近,则以信情靡顺。(157页)

子》中动词"交"包括如下三个词项:

交^1,交错,接触;一价单向动词。

交^2,结交,交往;二价双向动词。

交^3,雌雄交合;二价单向动词。

需要说明的一点是,由于《庄子》语料的限制,出现了一批低频动词(出现频率在 5 次以下),有的多义动词甚至只出现了一次,因此无法对该动词所有的义项做通盘的考察,这势必会影响到我们对该动词配价的描写和分析。由于本课题只是对《庄子》中动词的配价情况进行描写,因此,这类低频词只确定为一个词项。当然,在考察低频词时,我们将适当地参考同时期的其他文献,以期对低频动词的描写更为准确一些。

2.5 关于《庄子》动词配价的描写

《庄子》动词(指词项,下文同)配价描写包括以下八个方面:(1)该动词的词汇意义;(2)该动词的语义特征;(3)该动词的语义价;(4)该动词的句法向;(5)以该动词为核心的基本句式;(6)以该动词为核心的派生句式;(7)该动词在非典型位置的情况;(8)说明。包括:该动词次一级的语义特征、该动词所联系的说明语义角色、基本句式派生出其他句式的条件、需要参考的先秦其他文献的书证[1],等等。

---

[1] 《庄子》中,有些低频动词并未出现在典型位置上,其配价结构、基本句式参考先秦其他文献而定。作为参考的、其他文献的书证列在"说明"部分以备考。由于语料的限制,本课题对某些低频动词的配价描写可能与先秦其他文献不符,相关的其他文献的书证亦列在"说明"部分以备考。

二 《庄子》一价动词及其相关句式

1. 引言

一价动词只支配一个语义角色,都是单向动词,其基本句式 S 为 N+V。一价动词所支配的语义角色的类型与动词的语义特征密切相关。在《庄子》中,一价动词只见动作动词和状态动词两类。

关于界定一价动词的几点说明:

(1) 动词的配价有已实现和未实现之分。在有限的语料范围之中,例如《庄子》,有些动词(主要是低频词)的配价未能得到完全实现。例如"惮",《庄子》中仅见 1 例:

  以钩注者惮(达生)

该例中,"惮"只支配一个语义角色,即"以钩注者",为施事(a),其句式为 Na+V。但考察先秦他书,《诗经·小雅·绵蛮》有"岂敢惮行"句,《论语·学而》有"过则勿惮改"句,"惮"其实除支配施事外,还可以支配受事(如上例中的"行"、"改")。

本文对《庄子》动词配价的界定取决于该动词在《庄子》中已实现的配价,从而将"惮"界定为一价动词。但考虑到先秦他书的情况,而将其单独列出,附在一价动词词表之后(见附录)。

(2)《庄子》中,有些动词(主要是低频词)未见支配任何语义角色,只出现在非典型位置上。例如"蹶[2]"(跌倒),《庄子》中仅见 1 例:

  为崩为蹶(人间世)

"蹶[2]"在句中作宾语。此类动词的配价参考先秦他书予以界定。

《吕氏春秋·慎小》有"人之情,不蹶于山而蹶于垤",据此将"蹶[2]"界定为一价动词。此类动词亦单独列出,附在词表之后(见附录4)。

(3)动词所联系的语义角色有配价语义角色和非配价语义角色之别。区分二者,主要根据《庄子》语料(必要时参考先秦他书)予以全面考虑。下面以"往"、"之"为例加以说明。"往"在《庄子》中共出现70例,处在非典型位置上9例,其余61例的句式分布如下:

   S_1:Na+V(51)子往矣(天地)

   S_2:Na+PNd+V(6)彼往则我与之往(寓言)

   S_3:Na+Nl/PNl+V(4)恶往而不暇(达生)/道恶乎往
         而不存(齐物论)

"之",《庄子》中共出现23例,处在非典型位置上5例,其余18例分布如下:

   S_1:Na+V+Nl(12)匠石之齐(人间世)/奚以之九万里
        而南为(逍遥游)

   S_2:Na+Nl+V(4)子将奚之(徐无鬼)

   S_3:V+Nl(2)所以之天也(列御寇)

"往"和"之"都是"前往"的意思,都是位移动词,即施事通过"往"、"之"动作而自身的位置发生了变化;但二者显然有别。"之"在语义层面,除了支配施事之外,还支配位移的终点(l),即所往之处;在句法层面,动词"之"要求与Nl共现。换句话说,在以动词"之"为核心的事件中,位移终点是不可或缺的,如果缺了它,则语义不能自足。因此,l是动词"之"的配价语义角色。而"往"

则不然。所往之处(Nl)在句中原则上不出现(57例,约占93%),只有由疑问代词充任时,才会在句法层面与V共现。这表明,在以动词"往"为核心的事件中,位移终点是不被关注的,或是不言而喻的;只有在位移终点不明而又受到特别关注的情况下,Nl才会偶尔出现在句中(4例,约占7%)。因此,Nl不是"往"的配价语义角色。根据"往"、"之"在《庄子》中表现的差异,本文将"往"界定为一价单向动词,将"之"界定为二价双向动词。

(4) 有的动词在一个义位之下,在不同的语境中,有动作、状态之别[1],如:

焚:燃烧。　S_1:众人焚和(外物)

　　　　　S_2:大泽焚而不能热(齐物论)

毁:毁坏。　S_1:令大王欲废法毁约而见说(让王)

　　　　　S_2:以为器则速毁(人间世)

陈:陈列。　S_1:子綦有八子,陈诸前(徐无鬼)

　　　　　S_2:利义陈乎前(达生)

S_1的基本句式为Na+V+Np,S_2的基本句式为Ne+V,"焚"、"毁"、"陈"等动词在S_1句式中凸显出动作语义特征,而在S_2中凸显出状态语义特征。据此,本文将同一义位下的"焚"、"毁"、"陈"等动词分为不同的词项,S_1中的V视为二价双向动作动词,S_2中的V视为一价单向状态动词。

---

[1] 现代汉语中亦有类似的情况,如"挂",S_1:他正在挂画。S_2:墙上挂着画。S_1中的"挂"凸显出动作语义特征,S_2中的"挂"凸显出状态语义特征。据此,"挂"亦可分为两个词项。

(5) 有的动词在一个义位之下,有 S_1($Na+V+Np$)、S_2($Na+V$)两式,如:

  哀:哀痛。 S_1:而哀不己若者(徐无鬼)

      S_2:居丧不哀(大宗师)

  悲:哀痛。 S_1:我悲人之自丧者(徐无鬼)

      S_2:故孝己忧而曾参悲(外物)

  笑:笑。 S_1:斥鴳笑之(逍遥游)

      S_2:四人相视而笑(大宗师)

但 S_2 不是 S_1 的派生句式。"哀"、"悲"、"笑"等动词,在 S_1 句式中,所表动作及于他物,即哀别人、笑别人;而在 S_2 中,其所表动作仅止于自身,即自哀、自笑。据此,本文亦将"哀"、"悲"、"笑"等动词分为不同的词项,S_1 中的 V 视为二价双向动作动词,S_2 中的 V 视为一价单向动作动词。

2.《庄子》一价动作动词及其相关句式

2.1 概说

一价动作动词支配施事(a),是单向动词,其基本句式为:$Na+V$(S)。举例如下:

  夫子<u>步</u>,亦步(田子方)/小子<u>来</u>(庚桑楚)/黄帝<u>退</u>(在宥)

  余且<u>朝</u>(外物)按,余且,人名。/阳子居不<u>答</u>(寓言)/鸡<u>鸣</u>狗<u>吠</u>(则阳)

  予果<u>欢</u>乎(至乐)/吾<u>乐</u>与(秋水)/魏莹<u>怒</u>(则阳)/老聃<u>死</u>(逍遥游)

  匠石<u>觉</u>而诊其梦(人间世)/老聃新<u>沐</u>(田子方)/其鬼不

崇(天道)

　　夫子休(说剑)/子之先生不齐(应帝王)按,齐,斋。

当与一价动词相联系的非配价语义角色进入句法层面时,基本句式扩展出以下诸派生句式:

S"1.1:Na+V+PNd/pl/l/i/t,例如:[1]

　　精神生于道(知北游)　吾生于陵而安于陵故也(达生)

　　而飞于北海(秋水)　茨以生草(让王)

　　必生于尧舜之间(庚桑楚)

S"1.2:Na+PNd/pl/l/i/t+V,例如:

　　楚王与凡君坐(田子方)　再命而于车上儛(列御寇)

　　道恶乎往而不存(齐物论)　子自楚之所来乎(庚桑楚)

　　子以坚白鸣(德充符)

S"2.1:Na+V+Nd/pl/l/i/m/t[2],例如:

　　而无感其名(人间世)　人生天地之间(知北游)

　　风起北方(天运)　沐甚雨,栉疾风(天下)

　　行三十里而后愈(天地)　齐五日(达生)按,齐,斋戒。

S"2.2:Na+Nl/i/t+V,例如:

　　恶往而不暇(达生)　泽雉十步一啄(养生主)

---

〔1〕 句中没出现非配价语义角色的句式称之为一级派生句式,记作S';句中出现非配价语义角色的句式称之为二级派生句式,记作S"。在二级派生句式中,非配价语义角色由介词引入句法层面的,记作S"1;直接进入句法层面的,记作S"2。下文同此。

〔2〕《则阳》中有"史鳅奉御而进所"句,"进"当是进入之义,但考察先秦他书,未见如此用法,进入之义当是后起义,故列于此以备考。

三日齐(达生)按,齐,斋戒。

2.2 一价动作动词的句式分布

一价动作动词的句式分布可以归纳如下:

表 2-1:一价动作动词的句式概况

句	式	介词标记 (语义角色及其次类)	出现次数
S	Na+V	施事	822(约78%)
S"1.1	Na+V+PNd	于(对象1)	1
	Na+V+PNpl	于、乎、在(处所68,犹"在")	68
	Na+V+PNi	以(工具7),于(原因1)	8
	Na+V+PNt	于、以(时点2)	2
	Na+V+PNl	于(源点10,犹"从"),于(目标2)	12
S"1.2	Na+PNd+V	为、从(对象5),与(与事24)	29
	Na+PNpl+V	于(处所1)	1
	Na+PNl+V	由、自(源点4),乎(目标2)	6
	Na+PNi+V	以(方式11),以、为(原因4)	15
	Na+PNt+V	及(时点1)	1
S"2.1	Na+V+Nd	(对象7)	7
	Na+V+Npl	(处所33)	33
	Na+V+Nl	(源点3)	3
	Na+V+Ni	(工具3)	3
	Na+V+Nm	(长度3)	3
	Na+V+Nt	(时段5)	5
S"2.2	Na+Nl+V	(目标2)	2
	Na+Ni+V	(方式14、工具3、方位4)	21
	Na+Nt+V	(时点4、时段5)	9

说明:

(1)《庄子》中,一价动作动词共计264个(详见附录),处在典型位置(充当谓语中心词)1051例。

(2)V可以联系的非配价语义角色有Nd(对象)、Npl(处所)、Ni(方式)、Nt(时间)、Nm(度量)、Nl(目标)。在一价动作动词构成的句式中,非配价语义角色出现频率约为语义角色出现总数的18%,以Npl(处所)为常。各语义角色出现在句法结构中的频率依次排列如下:

Npl(104)＞Ni(50)＞Nd(38)＞Nl(23)＞Nt(19)＞Nm(4)[1]

2.3 一价动作动词的再分类

一价动作动词根据其语义特征可以分为两类:A.具体动作动词,其主要语义特征为[＋动作],如:来、立、飞、行等;B.心理活动动词,其主要语义特征为[＋情感],如:喜^1、怒^1、哀^1、乐等。

不同的非配价语义角色,其适用范围取决于一价动作动词的次类。

《庄子》中,Npl(处所)、Nd(对象)可以比较自由地出现在A、B两类动词为核心构成的句式之中;而其他非配价语义角色,如Nl(源点)、Ni(工具、原因、方式)、Nt(时段、时点)、Nl(目标)、Nm(长度)等,仅见于A类动词为核心构成的句式之中。

Nl(源点)、Ni(工具、原因、方式)、Nt(时段、时点)、Nl(目标)、Nm(长度)等非配价语义角色的出现,还取决于具体动作动词内在的下位语义特征。具体来说,Nl(源点)、Nl(目标)的出现,取决于动词内在的[＋位移][＋方向]语义特征。例如:

<u>飞</u>于北海(秋水)按,北海,Nl(目标);飞[＋方向]。

---

[1] 统计数字包括在同一句式中共现的两个非配价语义角色。

今子蓬蓬然起于北海(秋水)按,北海,Nl(源点);起[+方向]。

恶往而不暇(达生)/道恶乎往而不存(齐物论)按,恶,Nl(目标);往[+方向]。

Nt(时段)的出现,取决于动词内在的[+持续]语义特征。例如:

三日齐(达生)/齐五日(达生)按,三日、五日,Nt(时段);齐[+持续]。

立有间(列御寇)按,有间,Nt(时段);立[+持续]。

Nm(长度)的出现,则取决于动词内在的[+位移]语义特征。例如:

骐骥骅骝一日而驰千里(秋水)按,千里,Nm(长度);驰[+位移]。

行三十里而后愈(天地)按,三十里,Nm(长度);行[+位移]。

因此,根据动词内在的下位语义特征,可以对具体动作动词进行再分类。

2.4 一价动作动词及其非配价语义角色

2.4.1 非配价语义角色的共现

除配价语义角色之外,一价动作动词原则上只与一个非配价语义角色在句法层面共现(215例,约98%),《庄子》中,与两个非配价语义角色在句法层面共现的一价动作动词仅见5例(约2%),列举如下:

S":Na+Nt+V+Nm 骐骥骅骝一日而驰千里(秋水)

S":Na+PNi+V+Npl 莫以真人之言謦欬吾君之侧乎(徐无鬼)

S":Na+PNd+V+Npl 若无与乐是国也(德充符)按,乐是国,犹乐乎是国。

S":Na+Nt+V+PNi 无中道夭于聋盲跛蹇(达生)

S":Na+PNi+Nt+V 丘以是日徂(田子方)

考察上述五例,共现的两个非配价语义角色在句法层面呈以下特点:(1)分属不同类别;(2)原则上有一个语义角色需介词引入;(3)原则上分布在动词两侧;如果都出现在动词之前,无介词标记的语义角色,其位置紧靠动词。

2.4.2 非配价语义角色的类别

从表 2-1 可以看出,不同类别(包括次类)的非配价语义角色进入句法层面,其介词标记和位置呈现出差异;因此,可以依据介词标记、所处的位置、其构成成分的语义特征、V 的语义特征等,判明其类别。

(1) 有些语义角色依据其介词标记即可判明其类别(次类)。如:

以介词"由"、"自"为标记的,语义角色(次类)为源点;

以介词"与"为标记的,语义角色(次类)为与事;

以介词"从"为标记的,语义角色(次类)为对象;

以介词"在"为标记的,语义角色(次类)为处所;

以介词"及"为标记的,语义角色(次类)为时点。

(2) 有些语义角色则需依据其位置判明其类别(次类)。如:

以介词"以"为标记的,其位置在 V 前时,语义角色(次类)为原因或方式;其位置在 V 后时,语义角色(次类)为工具。

以介词"乎"为标记的,其位置在 V 前时,语义角色(次类)为位移目标;其位置在 V 后时,语义角色(次类)为处所。

以介词"于"为标记的,其位置在 V 后时,语义角色(次类)为对象、处所、源点/目标、原因、时点等;其位置在 V 前时,语义角色(次类)只为处所。

(3) 有些语义角色(次类)的判别则需依据其构成成分的语义特征。如:

零标记(无需介词引入),位置只在 V 后,由具有数量特征的短语充任,语义角色(次类)为 Nm(长度)。

零标记,位置在 V 后,由具有空间特征的名词语充任,语义角色(次类)为 Npl 或 Nl,以 Npl 为常。

零标记,位置在 V 后,由普通名词语充任,语义角色(次类)为 Nd 对象。

零标记,由具有数量特征、时间特征的短语充任,其位置可以在 V 前,也可以在 V 后,语义角色(次类)为 Nt(时段);由具有时间特征的名词语充任,语义角色(次类)为时点。

零标记,由具有器物特征的名词语充任,位置可以在 V 前,也可以在 V 后,语义角色(次类)为 Ni(工具);由普通名词语充任,位置在 V 前,语义角色(次类)为 Ni(方式);由[+方位]的名词充任,位置在 V 前,语义角色(次类)为 Ni(方向)。

(4) 有些语义角色(次类)的判别则需依据 V 的语义特征。如:

以介词"于"为标记的、位置在 V 后的、由具有空间特征的名词语充任的,其语义角色(次类)既可以是处所,也可以是位移目标或源点,如:

鹪鹩<u>巢</u>于深林(逍遥游)按,深林,处所。

而<u>飞</u>于北海(秋水)按,北海,位移目标。

今子蓬蓬然<u>起</u>于北海(秋水)按,北海,位移源点。

"深林"、"北海"均为具有空间特征的名词语,但在上述句中充任不同的语义角色(次类),究其原因,在于 V 的语义特征不同。"巢"的动作不具备具有方向的位移特征,故"深林"为处所;"飞"、"起"的动作,一般情况下,亦不具备具有方向的位移特征[1],但当其后偶尔出现具有空间特征的名词语时,其隐含的位移特征便显现出来,"飞"要求位移目标,"起"则要求位移源点。

2.5 句式转换

有些句式之间可以相互转换,这些转换可以分为如下三类。

(1) 有介词标记的句式之间的转换:

S"1.2 ⟶ S"1.1

Na+PNpl+V ⟶ Na+V+PNpl

---

[1] 《庄子》中,"飞"共计 12 例,其后出现位移目标的仅此 1 例。进而考察"飞"在先秦其他文献中的分布:《诗经》(39)、《左传》(6)、《春秋》(1)、《孟子》(1)、《荀子》(4)、《墨子》(2)、《韩非子》(8)、《吕氏春秋》(11)、《公羊传》(2)、《穀梁传》(1),均未见"飞"支配语义角色 l(目标)。"起"虽不如"飞"典型,但大体如此。

如:再命而于车上儛(列御寇)⟶再命而儛于车上［宿于逆旅(山木)］[1]

转换条件:P 为介词"于",Npl 为处所。[2]

(2) 有介词标记的句式与零标记的句式之间的转换:

S"1.1 ⟶ S"2.1

Na＋V＋PNpl ⟶ Na＋V＋Npl

如:余立于宇宙之中(让王)⟶余立宇宙之中［柴立其中央(达生)］

转换条件:P 为介词"于",Npl 为处所。

S"2.1 ⟶ S"1.1 ⟶ S"1.2

Na＋V＋Nl ⟶ Na＋V＋PNl ⟶ Na＋PNl＋V

如:风起北方(天运)⟶风起于北方［今子蓬蓬然起于北海(秋水)］

⟶风自北方起［子自楚之所来乎(庚桑楚)］

转换条件:Nl 为源点,V 后 P 为介词"于",V 前 P 为介词"自"或"由"。

Na＋V＋Ni ⟶ Na＋V＋PNi ⟶ Na＋PNi＋V

如:吾能冬爨鼎而夏造冰矣(徐无鬼)

⟶吾能冬爨以鼎［茨以生草(让王)］

---

[1] 为了便于说明句式间的转换,我们依据《庄子》等先秦文献仿造了一些句子,方括号内为所依据的语料。"⟶"表示句式可以转换。

[2] 《庄子》中,P 为介词"于"的 Na＋PNpl＋Vl 仅见 1 例,属特例,因此,这种转换是单向的。

⟶ 吾能冬以鼎爨[许子以釜甑爨(孟子·滕文公上)]

转换条件：P 为介词"以"，Ni 为工具。

S"1.2 ⟶ S"2.1

Na+PNl+V ⟶ Na+Nl+V

如：道恶乎往而不存(齐物论)⟶道恶往而不存[恶往而不暇(达生)]

转换条件：P 为介词"乎"，Nl 只由疑问代词"恶"充任。

(3) 无介词标记的句式之间的转换：

S"2.2 ⟶ S"2.1

Na+Nt+V ⟶ Na+V+Nt

如：三日齐(达生)⟶齐三日[齐五日(达生)]

转换条件：Nt 为时段。

上述句式之间的转换原则上都是双向的。

3. 《庄子》一价状态动词及其相关句式

3.1 概说

一价状态动词支配当事 e，其基本句式为：Ne+V(S)。举例如下：

> 颜色不变(大宗师)/先生病矣(徐无鬼)/而天下衰矣(在宥)
>
> 子贡瞒然慙(天地)/衣弊履穿(山水)/则右手废(让王)
>
> 天下服矣(说剑)/泉涸(大宗师)/河汉沍而不能寒(齐物论)
>
> 则天下不惑矣(胠箧)/弟子虽饥(天下)/唇竭则齿寒(胠箧)
>
> 吾形解而不欲动(田子方)/纳屦而踵决(让王)
>
> 形精不亏(达生)/天下大乱(天下)/七圣皆迷(徐无鬼)

> 子列子穷(让王)/其声销(则阳)/海水震荡(外物)
> 言未卒(知北游)

当事可以移至动词后作宾语,生成一级派生句式(S'1 和 S'2):
S'1:V+Ne,例如:

> 向也括而今也被发(寓言)/以死为决疣溃痈(大宗师)
> 故譬三皇五帝之礼义法度,其犹柤梨桔柚邪(天运)
> 高门县薄,无不走也(达生)
> 虽落其实(山木)按,成玄英疏:假令衔食落地。(693 页)

S'2:N+V+Ne,例如:

> 故西施病心而矉其里(天运)/而夫子曲要磬折(渔父)
> 鲁少儒(田子方)/万物复情(天地)按,郭象注:情复而混冥无迹也。(443 页)

上述例句中,"病"的是"心","曲"的是"要","少"的是"儒","复"的是"情"(如郭象注),V 所陈述的不是充当主语的 N,而是 Ne 所处的状态或某一运动形式。在语义上,N 与 Ne 具有广义的领属关系,但与 V 没有直接的联系,因而不是 V 直接联系的语义角色。Ne 可以移至 V 前,构成 N+Ne+V,句子表达的意思基本不变。例如:

> 西施病心──→西施心病[性命之情病矣(徐无鬼)][1]

---

[1] 作为仿造句子依据的"性命之情病矣"与仿造句子"西施心病",二者并不完全相同。因为"西施心病"的句法结构可以有两种分析,一是将"西施心"看作偏正结构充当主语,"病"为谓语;一是将"西施"看作话题主语,主谓结构"心病"充当谓语;而"性命之情病矣"只有一种分析。但"性命之情病矣"句至少可以证明"病"陈述的"心"是可以出现在"病"前的。

二 《庄子》一价动词及其相关句式 45

通过添加非配价成分,S 和 S'1 可以扩展出以下二级派生句式:

S"1.1:Ne+V+PNd/pl/i/m,例如:

则俗惑于辩矣(胠箧)/力屈乎所欲逐(天运)

水流乎无形(列御寇)/则鸟乱于上矣(胠箧)

德溢乎名(外物)按,郭嵩焘曰:言德所以洋溢,名为之也。(942 页)/德荡乎名(人间世)按,郭象注:德之所以流荡者,矜名故也。(135 页)

车轨结乎千里之外(胠箧)

S"1.2:Ne+PNd/i/t+V,例如:

方且与物化(天地)/夫道,于大不终(天道)按,成玄英疏:终,穷也。(486 页)

因以是穷(列御寇)/彼且蕲以諔诡幻怪之名闻(德充符)/十年九潦,而水弗为加益(秋水)

德自此衰(天地)

S"2.1:Ne+V+Npl/i,例如:

挠挑无极(大宗师)/以十仞之台县众间者也(则阳)/人卒九州(秋水)/此四六者不荡胸中则正(庚桑楚)

苶然疲役而不知其所归(齐物论)按,疲役,犹疲于役。

S"2.2:V+Ne+Nm,例如:

流血百里(盗跖)/县水三十仞(达生)/结驷千乘(人间世)

S"2.3:Nl+V+Ne,例如:

尾闾泄之(秋水)按,成玄英疏:尾闾者,泄海水之所也。(565 页)

该句属特例。Nl 出现在 V 前,是为与上文"万川归之"相对,以求句式整齐的修辞效果。兹转引其上下文如下:

天下之水,莫大于海,<u>万川归之</u>,不知何时止而不盈;<u>尾闾泄之</u>,不知何时已而不虚。

3.2 一价状态动词的句式分布

一价状态动词的句式分布可以归纳如下:

表 2-2:一价状态动词的句式概况

句 式		介词标记 (语义角色及其次类)	出现次数
S	Ne+V	当事	536
S'1	V+Ne	当事	16
S'2	N+V+Ne	当事	26
S"1.1	Ne+V+PNd	乎、于(对象)	8
	Ne+V+PNpl	乎、于(处所)	28
	Ne+V+PNi	乎(原因 3)	3
	Ne+V+PNm	乎(度量 1)	1
S"1.2	Ne+PNd+V	与(与事 16)、于(对象 1)	17
	Ne+PNi+V	以(凭借 1、原因 4)	5
	Ne+PNt+V	自(时点)	1
S"2.1	Ne+V+Npl	处所	4
	Ne+V+Ni	原因	1
S"2.2	V+Ne+Nm	(长度 4、数量 1)	5
S"2.3	Nl+V+Ne	(目标 1)	1

说明:

(1)《庄子》中,一价状态动词共计 231 个(详见附录)[1],处在典型位置共计 652 例,其中基本式 536 例,约占 82.21%,

---

[1] 通假字,如"罢^2"通"疲",属异字同词,按一词统计。

一级派生句式(S')42例,约占6.44%,二级派生句式74例,约占11.35%。因此,一价状态动词所构成的句式以基本句式为常。

(2) V可以联系的非配价语义角色有Nd(对象)、Npl(处所)、Ni(方式)、Nt(时间)、Nm(度量)。在一价状态动词构成的句式中,非配价语义角色出现频率约为语义角色出现总数的9%,以Npl(处所)、Nd(对象)为常。各语义角色出现在句法结构中的频率依次排列如下:

Npl(32)＞Nd(26)＞Ni(8)＞Nm(5)＞Nt(1)

(3) 除配价语义角色之外,一价状态动词只与一个非配价语义角色在句法层面共现。

(4) 非配价语义角色进入句法层面的位置与介词标记的选择有直接关系。处在V后,介词标记用"乎"、"于",处在V前,介词标记用"与"、"以"、"自"(V前出现介词"于"只是特例)。

(5) S'式的存在是由V的语义特征、语法功能所致,或Ne只能置于V之后,如"少"、"寡"、"低"、"被"等;或Ne既可以置于V之前,也可以置于V之后,如"病[1]"、"流[1]"、"见[2]"等。例见上文。[1]

---

[1] S中的Ne由于语用、修辞的原因,亦可后移,例如:
　　惜乎惠施之才(天下)/惜哉!不仁之于人也,祸莫大焉,而由独擅之(渔父)/萃乎芒乎其送往而迎来(山木)
V后均伴有语气词;Ne可以由名词语充任,如《天下》例;也可以由小句充任,如《渔父》例。此类句子中的Ne是后置主语,所以不是S'式。

3.3 一价状态动词的再分类

根据 Ne 的位置,可以将一价状态动词分为不同的次类。《庄子》中,Ne 只能在 V 前的动词归入 A 类,Ne 既可以在 V 前又可以在 V 后的动词归入 B 类,Ne 只出现在 V 后的归入 C 类。[1] (详见附录)

B 类动词的语义特征大多介乎动作动词与状态动词之间,我们之所以把它们归入状态动词出于以下考虑:(1)它们所表示的动作都是非自主的;(2)其配价语义角色大多由无生命的事物充任;(3)它们都可以构成 S'式。

3.4 句式转换

有些句式之间可以相互转换,例如:

S"2.1 ⟶ S"1.1

Ne＋V＋Npl ⟶ Ne＋V＋PNpl

如:以十仞之台县众间者也(则阳) ⟶ 县于众间者也[心若县于天地之间(外物)]

转换条件:Npl 为处所,P 为介词"于"。

S'1 ⟶ S

V＋Ne ⟶ Ne＋V

---

[1] 其中,有些 A 类动词在其他先秦文献中可以构成"V＋Ne"类句式,如:公惧,变色;禁之,不可。(《左传·僖公三年》)而有些 C 类动词在其他先秦文献中可以构成"Ne＋V"句类句式,如:狄有五罪,儁才虽多,何补焉?(《左传·宣公十五年》)值得注意的是,在整个先秦文献中,C 类动词在表达身体部位姿态变化时,都未见构成"Ne＋V"句类句式,如"垂、低、曲、被、突"等。

如:虽落其实(山木) ⟶ 虽其实落[草木不待黄而落(在宥)]

转换条件:V 为 B 类动词。

S'2 ⟶ S

N+V+Ne ⟶ Ne+V

如:故西施病心而颦其里(天运) ⟶ 故西施心病[性命之情病矣(徐无鬼)]

转换条件:V 为 B 类动词,N 与 Ne 具有广义的领属关系。

4. 一价动作动词与一价状态动词的差异

4.1 语义特征及配价语义角色的差异

一价动作动词或具有[动作]语义特征,或具有[心理活动]语义特征,其配价语义角色为施事(a),充当施事的名词语以有生命为常。一价状态动词或具有[状态]语义特征,或具有[变化]语义特征,其配价语义角色为当事(e),充当当事的名词语有无生命依动词的词汇意义而定。

4.2 与非配价语义角色联系的差异

一价动作动词更具活力,可以联系"源点"(14)、"工具"(7)、"时段"(5),而一价状态动词未见。

4.3 派生句式的差异

(1)一价状态动词通过主事后移作宾语,可以生成一级派生句式,而一价动作动词则未见这一种派生句式。(2)一价动作动词所联系的非配价语义角色 l(源点/目标)、i(方式、工具、方位)、t(时点、时段)等可以无标记地进入句法层面动词前的状语位置,在动词前与配价语义角色共现,从而派生出 S"2.2 诸式;

而一价状态动词未见。(3)一价动作动词所联系的非配价语义角色 d(对象)、l(源点/目标)、i(工具)、t(时段)等亦可以无标记地进入句法层面动词后的宾语位置,从而具有派生出 S"2.1 诸式;而一价状态动词未见。

4.4 介词标记的差异

以一价状态动词为核心的句式中,出现"乎"、"于"、"以"、"与"、"自"等五个介词标记;而以一价动作动词为核心的句式中,出现的介词标记更为丰富,除上述五个介词之外,还有"在"、"为"、"从"、"由"、"及"等。

上述差异,详见上文表2-1、表2-2。

5. 一价动词的临时增价

一价动词有时由于语用的需要,在语境中可以临时附加上[致使]、[意使]、[动作]等语义特征,而导致临时增价。[1] 例如:

丑:感到羞耻,$^1V^1$,S:Na+V,例:寡人<u>丑</u>乎(德充符)

又:认为羞耻,准$^2V^2$,S:Na+V+Nh,例:华子闻而<u>丑</u>之(则阳)

(以上临时增加[意使]语义特征)

定^1:平定,$^1V^1$,S:Ne+V,例:渊静而百姓<u>定</u>(天地)

又:使……平定,准$^2V^2$,S:Na+V+Nc,例:大王安坐

---

[1] 关于导致临时增价现象的原因大体上有两种意见:一是由于动词的语义特征发生变化而导致临时增价,一是由于动词进入了某种句式,而由该句式导致了动词的临时增价。本文所说的"语境"当属后者。

定气(说剑)

动¹:移动、活动,¹V¹,S:Na+V,例:神动而天随(在宥)

又:使……动,准²V²,S:Na+V+Nc,例:不能动人(渔父)

饥:饿,¹V¹,S:Ne+V,例:弟子虽饥(天下)

又:使……饥饿,准²V²,S:Na+V+Nc,例:饥之渴之(马蹄)

(以上临时增加[致使]语义特征)

灭裂:粗疏草率,¹V¹,S:Ne+V,例:治民焉勿灭裂(则阳)

又:粗疏草率地对待,准²V²,S:Na+V+Nd,例:芸而灭裂之(则阳)

(以上临时增加[动作]语义特征)

有少数一价动词可以分别增加不同的语义角色。例如:

苦¹:痛苦、劳苦,¹V¹,S:Ne+V,例:何苦也(至乐)

又:使痛苦、劳苦,增加使事 c,S:Na+V+Nc,例:以苦一国之民(徐无鬼)

又:以为痛苦、劳苦,增加意事 h,S:Na+V+Nh,例:万民苦之(盗跖)

劳¹:劳苦,¹V¹,S:Ne+V,例:巧者劳而知者忧(列御寇)

又:使……劳苦,增加使事 c,S:Na+V+Nc,例:苦心劳形(渔父)

又:为……劳苦,增加对象 d,S:Na+V+Nd,例:形劳天下也如此(天下)

死:生命终结,¹V¹,S:Na+V,例:老聃死(逍遥游)

又:使……死,增加使事 c,S:Na+V+Nc,例:勇不足

以死寇(让王)

又:为……而死,增加对象 d,S:Na＋V＋Nd,例:身犹死之(大宗师)

说明:

(1)《庄子》中,发生临时增价现象的一价动词共计62个,143例。动作动词、状态动词都可以发生增价现象,但发生增价现象的一价状态动词(40个,93例)大大高于一价动作动词(22个,50例)。

(2)临时增加的语义角色均直接进入句法层面。[1]

附　录

一价动作动词(词项)词表(264个)

1. 具体动作动词(234个)

毙、奔命、宾[1]、勃豀、卜筮、产、朝、巢、骋、驰[2]、吹呴、炊、炊累、怆、茨、辞[1]、辞[3]、辞让、蠢、存[2]、答、戴[1]、悼、党、砀、道引、颠、彫琢、动[1]、反[1]、飞扬、诽、吠、偾、风化、服[4]、服膺、俯、赋敛、干[2]、耕、拱、钩[2]、觏、鼓[1]、灌[1]、轨、跪、聒、过[3]、嗥、呺、号[1]、合[1]、后、呼[1]、呼吸、桓、挥斥、会[1]、活、货、汲、踸、觉[1]、觉[2]、戒[3]、巾、经、决骤、蹶、躩步、剋[2]、哭泣、来、立[1]、列、令[1]、卵、曼、寐、瞑、冥、眒睆、嬒、鸣、沐、挠[2]、逆[3]、跂、喏、排[1]、般礴、喷、朋、比[6]、觋、曙、期[2]、稽首、黔、撒、寝[1]、庆、謦欬、磬折、呿、屈[1]、屈折、孺、搔、伸、申、呻吟、生[1]、生[3]、逝、仕、收敛、殊、束缚、睡、瞚、

---

〔1〕偶有例外:今子外乎子之神,劳乎子之精(德充符)成玄英疏:劳苦精灵。(223页)

说¹、死、搜、苏、宿、祟、大息、谈、叹、陶¹、啼、替、田、田猎、跳梁、通⁵、蜕、脱³、唾、挽、卧、握、舞、僛、薶、骛、悟、瘨、袭¹、息¹、先¹、省¹、弦、养³、笑、嘈、兴¹、嘘、畜²、旋、还⁵、偃¹、扬¹、仰¹、卬¹、邀¹、夭¹、弋、逸、阓、吟、涌、踊跃、渔、伛¹、浴、鬻¹、芸、运¹、贵¹、齐、张²、长³、值、殖²、植、栉、啄、訾、恣、作¹、坐¹；

敖¹、敖游、翱翔、奔、步、徂、遁¹、飞、还¹、降²、进¹、南¹、徘徊、匍匐、起、潜¹、趋、却¹、逡巡、蹲循、腾、退¹、亡²、往、行¹、延³、跃、骤、坠¹、走¹；罢¹、辍、稽³、济¹、降¹、留¹、休、已¹、止¹。

2. 心理活动动词(30 个)

哀¹、悲¹、惭、怛、庭、丑、怵惕、悼慄、感¹、骇、欢、憍、泪、惧、倨¹、恐¹、乐¹、慄¹、慢¹、怒¹、戚、让²、憎、疏²、喜¹、訢、恂¹、养²、娱、慆。

一价状态动词(词项)词表(231 个)

1. A 类(204 个)

败、暴乱、倍谲、备¹、惫、崩、毕¹、敝、弊、变¹、辩³、变化、便¹、并²、波、布、材、侧、超、彻²、陈¹、成¹、成⁵、饬、瘆、穿²、萃、卒²、错¹、挫¹、达¹、代²、怠、骀荡、澶漫、当¹、荡、得¹、定¹、冻、蠹、发⁴、蕃、放¹、废¹、费¹、焚、愤骄、封²、服¹、腐、覆¹、哽、謷、涸、沍、化²、荒¹、荒怠、挥、挥绰、毁、殙、昏、惑、积²、饥¹、极¹、辑、缄、煎、渐、焦、竭、结¹、解¹、倦¹、绝¹、屈¹、开¹、恺、堪、渴、苦¹、亏¹、匮、困惫、困窘、困苦、困畏、烂、烂漫、劳¹、累³、离、离⁴、厉爽、廉刿、灵、漏、露、乱¹、罗、赢、慢訑、盲、冒、萌、迷、迷惑、靡、眯²、密、灭¹、灭亡、灭裂、摩、默、挠挑、馁、睨、逆¹、凝、怒³、彷徨、疲、罢²、辟³、便²、飘、平易、平均、仆、谦、嗛、穷²、劝²、缺、然¹、壤、扰²、濡、杀³、设¹、胜³、施¹、释²、熟、衰、隧、调²、忒、听²、停、通¹、屯、宛转、慰¹、闻¹、息²、息³、惜¹、陷、铭、消、销、销亡、形¹、洫、眩、恂¹、厌¹、晏闲、姚佚、燿、益²、佚、挹、溢、淫²、荧、渝、喻³、雨、愈²、郁、杂¹、振¹、振动、震、震荡、执²、桎、终、周²、柱、著、转、捉、憯、卒¹、醉、怍、疾¹。

2. B 类(12 个)

悲³、病、分¹、复²、决²、流、留¹、落¹、见²、泄、县¹、磔。

3. C 类(15 个)

比[4]、成[2]、垂[2]、低、动[3]、多[1]、汎、寡、溃、被、譬、曲、少[1]〔1〕、突、献[2]。

另,以下动词在《庄子》中只支配一个语义角色,归入一价动词,但据先秦他书当归入二价动词(11个):

徂、戴[1]、惮、轨、列、搜、握[1]、袭[1]、省[1]、降[2]、离[4]。

以下动词在《庄子》中仅出现在非典型位置,据先秦他书(或词汇意义)而界定为一价动词(23个):

蹶、煦、娍、排[1]、庆、涌、陶[1]、脱[3]、渔、辩[3]、材、瘳、汎、放[2]、瞀、缄、渐、困苦、盲、馁、飘、慰[2]、姚。

---

〔1〕"少[1]"既可以构成 V+Ne 句式,如"鲁少儒"(田子方),亦可以转换为"鲁儒少"(《胠箧》篇有"天下之善人少"句),而句意基本不变;但由于我们将"天下之善人少"中的"少"视为形容词,所以将"少[1]"归入 C 类。

三 《庄子》二价动词及其相关句式

（一）《庄子》二价单向动作动词及其相关句式

1. 引言

《庄子》二价单向动作动词共计 66 个（261 例），都具有[动作]语义特征，支配两个配价语义角色：施事 a，客事 k（k 可以是受事 p、对象或与事 d、处所 pl、终点或源点 l、方式 i），其配价结构为 V(a,k)。在句法层面上，客事 k 由介词引入。

根据客事 k 的类别不同，我们将二价单向动作动词分为五类："处置"类、"涉及"类、"浮舍"类、"沉徙"类和"注"类。

2. "处置"类动词

"处置"类动词都具备[处置]语义特征，客事为受事 p，其配价结构为 V(a,p)，意谓：施事 a 对受事 p 施加某种处置或影响，以使受事受到某种影响或发生某种变化。"处置"类动词共有 5 个（10 例）：钩[1]、讲、靡[1]、毗、责[2]。

"处置"类动词的基本句式 S 为 Na＋V＋PNp(7)。例如：

　　上且钩乎君（徐无鬼）
　　请讲以所闻（德充符）
　　不靡于万物（天下）
　　人大喜邪？毗于阳（在宥）
　　是故无责于人（山木）

基本句式 S 有以下三个一级派生句式[1]:

S'5：Na＋PNp＋V(1)

　　于谁责而可乎(则阳)

受事 p 由疑问代词充当,整个介词结构前移至 V 前,属特例。

S'9：Na＋Np＋V(1)

　　退而自责(则阳)

受事 p 由"自"充任,Np 移至 V 前。

S'10：Np＋V(1)

　　阴阳并毗,四时不至(在宥)

Np 前移至句首充任话题主语,为受事主语句。

3. "涉及"类动词

"涉及"类动词共 37 个(96 例),客事为 d,其配价结构为 V(a,d)。根据语义特征和相关句式的差别,可以将该类动词进一步分为"恤"类和"盟"类。分别描写如下。

3.1 "恤"类动词

"恤"类动词都具备[涉及]语义特征,其配价结构为 V(a,d),意谓:施事 a 的动作涉及对象 d,而对象并不因该动作而变化。因此,对象不具有[变化]语义特征,这是与 p 的最大区别。"恤"类动词共有 21 个(51 例)。

"恤"类动词的基本句式 S 为 Na＋V＋PNd(41)。例如:

---

[1] 句中只出现配价语义角色的句式称之为一级派生句式,记作 S'。下文一级派生句式的序号编排(如 S'5、S'9、S'10)参见"《庄子》二价双向动作动词及其相关句式"。

而不敖倪于万物(天下)　　孔子观于吕梁(达生)

　　谨于去就(秋水)　　苦于山林之劳(徐无鬼)

　　乃蹈乎大方(山木)　　臣之所好者道也,进乎技矣(养生主)

　　彼亦直寄焉(人间世)　　酌焉而不竭(天地)

基本句式 S 具有 2 个一级派生句式、2 个二级派生句式:

S'2:Na＋V(7)

　　楚人寄而蹢閽者(徐无鬼)　　子不谨(德充符)

　　相进而已矣(天下)　　纵脱无行(天下)

　　大勇不忮(齐物论)

S'4:Na＋V＋Nd(1)

　　万民苦之(盗跖)

S"1:Na＋V＋PNpl(1)

　　颜成子游立侍乎前(齐物论)

由介词"乎"引入非配价语义角色 pl(处所)。

S"2:Na＋V＋Nd＋Ni(1)

　　反监之度(盗跖)

直接引入非配价语义角色 i(工具)。

说明:

(1) S 中的 P 主要是介词"于"(19 例)和"乎"(15 例),偶见"焉"[1](5 例),"以"(2 例)。

(2) 介词标记省略的 S'4 和 S"1 中,配价语义角色 Nd 均由代词"之"充任。

---

[1]　"焉"是"于＋指示代词"的合体,本文将之作为介词统计。

(3) 在具体语境中,对象 Nd 可以省略,从而派生出 S'2。

3.2 "盟"类动词

"盟"类动词具备[交互]的语义特征[1],由介词引入的客事 d,准确地说,是动作的参与者[2]。"盟"类动词共有 16 个(45 例)。

"盟"类动词的基本句式 S 为 Na+PNd+V(19),以介词"与"为标记。例如:

  与能言者处也(外物)　　麋与鹿交(齐物论)

  木与木相摩则然(外物)　与物相刃相靡(齐物论)

  急与之期而观其信(列御寇)　吾子与祝肾游(达生)

  吾与之友矣(大宗师)　　魏莹与田侯牟约(则阳)

基本句式 S 具有 1 个一级派生句式、2 个二级派生句式:

S'2:Na+V(16)

  神者弗齿(列御寇)　　割牲而盟以为信(让王)

  利害相摩(外物)　　　喜则交颈相靡(马蹄)

  信矣而不期(刻意)　　三人相与友(大宗师)

  时相与争地而战(则阳)

S"1.1:Na+PNi+PNd+V(1)

  而以道与世亢,必信(应帝王)

S"1.2:Na+PNi+V+Nd(1)

---

[1] 有人称之为"交互动词"或"协同动词"。

[2] 一般称之为"与事"。本文为减少语义角色的类型,未将"与事"单独列出。

三 《庄子》二价动词及其相关句式 59

虽以事<u>齿</u>之(列御寇)

S"1.3:Na+PNd+V+PNpl(2)

尾生与女子<u>期</u>于梁下(盗跖)

与蚩尤<u>战</u>于涿鹿之野(盗跖)

S"1.4:Na+PNi+V(1)

百官以此相<u>齿</u>(天下)

S"1.5:Na+V+PNi(1)

凡交近则必相<u>靡</u>以信(人间世)

S"1.6:Na+V+PNpl(1)

则是言行之情<u>悖</u>战于胸中也(盗跖)

S"2.1:Na+PNd+Npl+V(1)

与越人水<u>战</u>(逍遥游)

Npl("水")处于 V 前,表示动作进行的方式。

S"2.2:Na+PNd+V+Nt(1)

吾与夫子<u>遊</u>十九年矣(德充符)

S"2.3:Na+V+Npl(1)

而<u>战</u>涿鹿之野(盗跖)

说明:

(1)在基本式的基础上,可以添加凭借 i(2 例)、处所 pl(3 例)和时间 t(1 例)等非配价语义角色。非配价语义角色 b 进入句法层面,偶尔与客事 Nd 在 V 前共现。由介词引入的 Nb,位置在 PNd 之前,即距离 V 较远的位置,如《应帝王》例;直接进入句法层面的 Nb,位置在 PNd 之后,即仅靠 V 的位置,如《逍遥游》例。

(2) 各种非配价语义角色在句法层面上不共现。

(3) Nd 未出现的诸派生句式,有两种情况:大多数情况下 Nd 包含在 Na 之中(20 例中占 17 例),V 前常有"相"或"相与"为标记[1];少数情况是 Nd 移至句首充当话题主语,本小句 Nd 承前省(2 例)。如:

　　此八疵者,外以乱人,内以伤身,君子不<u>友</u>(渔父)按, Nd 为"此八疵者"。

　　曾子居卫,缊袍无表,颜色肿哙,手足胼胝,三日不举火,十年不制衣。正冠而缨绝,捉襟而肘见,纳屦而踵决。曳纵而歌《商颂》,声满天地,若出金石。天子不得臣,诸侯不得<u>友</u>(让王)按,Nd 为"曾子"。

不属于上述两种情况的特例,《庄子》中仅 1 见:

　　黄帝尚不能全德,而<u>战</u>涿鹿之野(盗跖)

d 所指当是可略而不说的对象。

(4) 二级派生句式 S"1、S"2 共有 9 式。

3.3 "恤"类、"盟"类动词的比较

综上所述,"恤"类动词与"盟"类动词呈现出以下差异:

(1) "恤"类动词所关联的客事是涉及对象,"盟"类动词所关联的客事则是动作的参与者之一。两类动词的基本句式由此而产生差异:以"恤"类动词为核心的基本句式 S 为 Na+V+PNd;以"盟"类动词为核心的基本句式 S 为 Na+PNd+V。涉及对象 Nd 处在 V 后,动作的参与者处在 V 前,其线性序列正

---

〔1〕 Nd 包含在 Na 之中,准确地描写,Na 当记作 Na/d。

与时间顺序原则相一致。[1]

（2）充任 P 的介词不同："恤"类动词构成的句式中，充任 P 的介词有"于"、"乎"、"焉"、"以"等诸词；"盟"类动词构成的句式中，充任 P 的介词只有"与"一词。

（3）"恤"类动词的客事由代词充任时，介词 P 省略，如：万民苦之（盗跖）/反监之度（盗跖）。而"盟"类动词的客事不论是否由代词充任，必须由介词 P 引入，如：吾与之友矣（大宗师）/急与之期而观其信（列御寇）。仅 1 例例外：

虽以事齿之（列御寇）。

由代词"之"充任的客事 Nd 移至 V 后，与"恤"类动词构成的句式同，故 P 省略。

（4）两类动词都有派生句式 S'2(Na＋V)，但有本质的区别："恤"类动词的派生句式属于客事 Nd 在句法层面上省略；"盟"类动词的派生句式则属于客事前移与施事占据同一个句法位置，该句式更准确的描写应为 Na/d＋V。

（5）以"恤"类动词为核心的句式偶尔可以引入非配价语义角色 i（1 例）、pl（1 例），构成 S"1 和 S"2。以"盟"类动词为核心的句式可以引入非配价语义角色 i（4 例）、pl（5 例）和 m（1 例），构成 S"1、S"2 诸多形式。相比之下，"盟"类动词呈现出更强的活动能力。

---

[1]"时间顺序原则"，是指时间顺序严格制约汉语的语序。这是戴浩一先生在 1985 年提出的。见戴浩一《时间顺序和汉语的语序》（载《国外语言学》1988 年第 1 期）。

4. "浮舍"类动词

"浮舍"类动词都具备[附着]语义特征,客事为 pl,其配价结构为 V(a,pl),意谓:施事 a 附着于某处所 pl。该类动词共计 8 个(92 例)。

"浮舍"类动词的基本句式 S 为 Na＋V＋PNpl(48)。例如:

　　帅弟子而<u>踆</u>于窾水(外物)　吴王<u>浮</u>于江(徐无鬼)

　　而<u>集</u>于栗林(山木)　<u>舍</u>于鲁(田子方)

　　<u>蹲</u>乎会稽(外物)　被发行歌而<u>游</u>于塘下(达生)

　　而<u>遊</u>于无极之野(山木)

基本句式 S 具有 2 个一级派生句式、1 个二级派生句式:

S'4:Na＋V＋Npl(22)

　　有恒者,人<u>舍</u>之(庚桑楚)　见一丈夫<u>游</u>之(达生)

　　以<u>遊</u>无极之野(在宥)

S'2:Na＋V(20)

　　天下莫不沉<u>浮</u>(知北游)　神将来<u>舍</u>(知北游)

　　鼓腹而<u>遊</u>(马蹄)

S"1:Na＋PNd＋V＋PNpl(2)

　　今子与我<u>遊</u>于形骸之内(德充符)

引入非配价语义角色对象 Nd。

说明:

(1) 基本句式 S 中的介词标记 P 以"于"为常(46 例),偶见"乎"(2 例)"焉"(1 例)。

(2) 配价语义角色 Npl 由代词"之"充任,S 中的介词标记 P 省略,从而派生出 S"1。Npl 由名词语充任时偶见省略,如:

而遊于无极之野（山木）──→以遊无极之野（在宥）

（3）"浮舍"类动词以"遊¹"的用例最多（63例），最为活跃。引入非配价语义角色的S"1，即由以"遊¹"为核心基本句式派生出来的。

5."沉徙"类动词

"沉徙"类动词都具备[位移]语义特征，客事为l，其配价结构为V(a,l)，意谓：施事a位移，或至某一终点l，或始于某一源点l，或经过某一经点l。"沉徙"类动词共计15个（60例）。

"沉徙"类动词的基本句式S为Na＋V＋PNl(33)。例如：

夫鹓鶵<u>发</u>于南海（秋水）

──以上l表源点

方舟而<u>济</u>于河（山木）
其神<u>经</u>乎大山而无介（田子方）

──以上l表经点

乃负石而自<u>沉</u>于庐水（让王）
是知之能<u>登</u>假于道者也若此（大宗师）
时则不至而<u>控</u>于地而已矣（逍遥游）
海运则将<u>徙</u>于南冥（逍遥游）
列子提屨，跣而走，<u>暨</u>乎门（列御寇）

──以上l表终点

基本句式S具有2个一级派生句式、2个二级派生句式：
S'4:Na＋V＋Nl(1)

虽使丘陵草木之缗，<u>入</u>之者十九（列御寇）按，俞樾曰：入者，谓入于丘陵草木所掩蔽之中也。（884页）

Nl 由代词"之"充任。

S'2:Na＋V(20)

夫春气发（庚桑楚）　彼且择日而登假（德充符）

牵巨钩，餡没而下（外物）　名实不入（应帝王）

S"1:Na＋PNpl＋V＋PNl(1)

其神无郤，物奚自入焉（达生）

"入"的配价语义角色为终点1，由介词"自"引入的源点为非配价语义角色，故记为 Npl。

S"2.1:Na＋Npl＋V(2)

云将东遊（在宥）

S"2.2:Na＋Npl＋V＋PNl(3)

子贡南遊于楚（天地）

引入非配价语义角色 Npl，表示空间移动方向，由单音节方位名词充任。

说明：

(1)"沉徙"类动词的客事虽然可以三分为源点、终点、经点，但以终点为常。

(2)在基本句式 S 中，配价语义角色1以介词"于"引入为常，偶见"乎"(2例)、"焉"(1例)。

(3)S"式中，引入句法层面的非配价语义角色仅见 Npl，由介词 P 引入的 Npl 为位移源点，直接进入的 Npl 表示位移的方向。

6."注"类动词

"注"类动词具备[凭借]语义特征，客事为工具 i，其配价结构为 V(a,i),意谓:施事 a 凭借工具 i 发出动作。"注"类动词仅有"注[2](下注)"一词(3例)。

"注"类动词的基本句式 S 为 Na＋PNi＋V(3)。例如:

以瓦注者巧,以钩注者惮,以黄金注者殙。(达生)

"注"类动词未见派生句式。

7. 结语

7.1 二价单向动作动词的句式概况

二价单向动作动词五个次类,其语义特征、配价结构、基本句式、派生句式列表对比如下:

表3-1:二价单向动作动词的句式概况

比较项 动词次类	语义特征	配价结构	基本句式	派生句式
处置 5(10例)	处置	V(a,p)	Na＋V＋PNp	S'5、S'9、S'10
涉及 37 (96例) 恤类 21(51例)	涉及	V(a,d)	Na＋V＋PNd	S'2、S'4、S"1、S"2
涉及 37 (96例) 盟类 16(45例)	交互	V(a,d)	Na＋PNd＋V	S'2、S"1、S"2
浮舍 8(92例)	附着	V(a,pl)	Na＋V＋PNpl	S'2、S'4、S"1
沉徙 15(60例)	位移	V(a,l)	Na＋V＋PNl	S'2、S'4、S"1、S"2
注 1(3例)	凭借	V(a,i)	Na＋PNi＋V	

说明：

(1)《庄子》中，二价单向动作动词的五个次类在动词词量和用例数量上，由多到少，依次为："涉及"类、"沉徙"类、"浮舍"类、"处置"类、"注"类。

(2) 从客事宾语的省略（S'2式）可以看出，二价单向动词诸次类与其客事语义关系的紧密程度亦呈现出较大的差异。

在客事宾语省略概率上，诸次类成如下降序排列：

"沉徙"类(37%)＞"浮舍"类(22%)＞"恤"类(16%)＞"盟"类(7%)＞"处置"类/"注"类(0)

"沉徙"类动词与其客事的语义关系最为松弛，而"处置"类动词与其客事的语义关系最为紧密。

(3) 将客事引入句法层面的介词原则上不可省略（"浮舍"类中的"集"、"游[1]"、"遊[1]"三词除外），偶见省略，客事须由代词"之"或"自"充任。这表明，二价单向动作动词支配客事的能力总体上较弱。

(4) 非配价语义角色分别出现在与客事的语义关系较为松弛的"涉及"类、"浮舍"类和"沉徙"类动词为核心的各派生句式中（仅见20例，不到总数的8%）。以二价单向动作动词为核心的句式中，至多只能有一个非配价语义角色与V共现。与V共现的非配价语义角色共有四类，依次是：

处所pl(12例)、凭借i(5例)、对象d(2例)、时间t(1例)具体情况见下表：

表 3-2：二价单向动作动词及其非配价语义角色

动词次类		处所 pl (V 后,P 为"于"、"乎",V 前,P 为"自")	凭借 i (P 为"以")	对象 d (P 为"与")	时间 t
涉及 (12 例)	恤类	Na+V+PNpl	Na+V+Nd+Ni		Na+PNd+V+Nt
	盟类	Na+PNd+V+PNpl(2 例) Na+V+PNpl Na+V+Npl Na+PNd+Npl+V	Na+PNi+PNd+V Na+PNi+V+Nd Na+PNi+V Na+V+PNi		
浮舍(2 例)				Na+PNd+V+PNpl（2 例）	
沉徙 (6 例)		Na+PNpl+V+PNl Na+Npl+V（2 例） Na+Npl+V+PNl（3 例）			

上表表明：动词的语义特征决定了以该动词为核心的句式引入非配价语义角色的语义类别、方式及其位置，而非配价语义角色的语义类别也决定了对相应介词标记的选取。

7.2 二价单向动作动词的配位规则

综上所述，二价单向动作动词的配位规则可以分为非"盟"类动词、"盟"类动词两类。

（1）以非"盟"类动词为核心的小句

以非"盟"类动词为核心的小句,其配位常例可以归纳为以下四条规则:

① 以 V 为核心的小句有 4 个空位(原则上 V 前后各有 2 个),与 V 联系的语义角色原则上至少占据 1 个空位,但不能全部占满。

② 配价语义角色 a 直接进入句法层面,占据 V 前句首的空位;k 由介词引入句法层面,占据 V 后的空位。

③ 至多只能有 1 个非配价语义角色 b 与 V 共现;b 进入句法层面的方式及其位置,取决于 V 的语义特征和 b 的类别(详见上表)。

④ V 的一侧(或前或后)原则上只允许存在一个带介词标记的短语(PN)。

非"盟"类二价单向动作动词的配位常例可以记作:

<u>Na</u>　　((P)Nb)[1]　　V　　PNk　　(<u>Nb</u>)[2]

非"盟"类二价单向动作动词的配位变例,涉及客事 Nk 的移位和 Nk 介词标记的删除,可以归纳为以下两条规则:

① Nk 原则上不移位。[3]

② 客事 Nk 在原位删除介词标记,则 V 前的(P)Nb 删除。

即:

---

[1] <u>(P)Nb</u> 表示 P 或有,或无。

[2] ((P)Nb)、(Nb)表示或 V 前,或 V 后,只能存在 1 个。下文同。

[3] 《庄子》中,非"盟"类二价单向动作动词 Nk 前移至 V 前者仅见"处置"类动词 3 例。其规则可归纳为:(1)Nk 移至 V 前,则(P)Nb 删除;(2)如果 Nk 占据紧靠 V 前的位置,则介词标记可省略,Na 仍处在句首位置;如果 Nk 占据句首的位置,则 Na 删除。

Na   V   Nk   (P)Nb

(2) 以"盟"类动词为核心的小句

以"盟"类动词为核心的小句,其配位常例可以归纳为以下四条规则:

① 以"盟"类动词为核心的小句有 3 个空位:或均在 V 前;或 V 前 2 个空位,V 后 1 个空位。

② 配价语义角色 Na、Nk 占据 V 前的 2 个空位[1];Na 直接进入句法层面,处于第一空位,Nk 由介词引入,处于 Na 之后。

③ 至多只能有 1 个非配价语义角色 b 在句法层面与 V 共现;或由介词引入,或否;其位置或在 V 前,或在 V 后(详见表 3-2)。

④ V 前 Nb 的位置:由介词引入句法层面者,其位置在 PNk 之前;直接进入句法层面者,其位置在 PNk 之后(详见表 3-2)。

因此,二价单向动作动词的配位常例可以记作:

Na   PNk   V   (P)Nb

Na   (PNb)   PNk   (Nb)   V

"盟"类动词的配位变例,表现为配价语义角色 Na、Nk 共同占据一个空位。即:

Na/k   (PNb)   V   ((P)Nb)

---

[1] Nk 处于 V 后《庄子》中仅见 1 例:虽以事齿之(列御寇)。Nk 由代词"之"充任,直接进入句法层面。

(二)《庄子》二价双向动作动词及其相关句式

1. 引言

《庄子》中二价双向动作动词共计 900 个（8625 例），出现在非典型位置共 1059 例，约占总用例的 12%。

二价双向动作动词都具有［动作］语义特征，支配两个配价语义角色：施事 a 和客事 k（k 可以是受事 p、对象 d、使事 c、意事 h、处所 pl、终点或源点 l）。其配价结构为 V(a,k)，基本句式为：Na＋V＋Nk。

根据客事 k 的具体语义角色的不同，二价双向动作动词可以分为六类："处置"类、"涉及"类、"致使"类、"意使"类、"居止"类和"位移"类。

2. "处置"类动词

2.1 概说

"处置"类动词的典型成员具有［处置］语义特征，客事为受事 p。其配价结构为 V(a,p)，意谓：施事 a 对受事 p 施加某种处置，以使受事受到某种影响或发生某种变化。"处置"类动词共计 746 个（7206 例[1]），是二价双向动作动词的主体部分。

"处置"类动词的基本句式 S 为 Na＋V＋Np（4556 例）。例如：

圣人并包天地（徐无鬼）　子贡乘大马（让王）

惠子吊之（至乐）　　　　忠臣不谄其君（天地）

---

[1] 其中用于非典型位置 889 例，约占总用例的 12%。

王命相者趋射之(徐无鬼)

基本句式可以派生出诸变式。只出现配价语义角色的派生句式为一级派生句式(记为 S'),共计 1259 例;出现非配价语义角色的派生句式则为二级派生句式(记为 S"),共计 502 例。

2.2 一级派生句式

一级派生句式分为 10 式,列举如下:

S'1:V+Np　　　　　　S'6:Np+V+PNa

S'2:Na+V　　　　　　S'7:Np+V+Na

S'3:Na/p+V　　　　　S'8:Np+PNa+V

S'4:Na+V+PNp　　　S'9:Na+Np+V

S'5:Na+PNp+V　　　S'10:Np+Na+V

2.2.1 S'诸式举例

S'1:V+Np(28 例)[1]

　　所以立宗庙社稷(胠箧)

　　所以论道,而非道也(知北游)

　　所爱其母者,非爱其形也(德充符)

S'1 式出现在"所"字结构中。其中"所以+V+Np"(23 例),"所+V+Np"形式(5 例)。"所"字结构具有消元作用,Na 在句法层面强制性不能出现。

S'2:Na+V(647 例)

　　故圣人观于天而不助(在宥)

　　不罚而民畏(天地)

---

[1] S'1 指 V 前位置不能出现 Na 的句子。

宾语 Np 省略。《在宥》例 Np 为"天",承上文而省;《天地》例 Np 为"民",探下文而省。

  S'3:Na/p＋V(32 例)

    吾与若不能相知也(齐物论)

    四时相代相生相杀(则阳)

    化声之相待(齐物论)

Np 前移,与 Na 共同占据 V 前主语的位置,"V"前有"相"作标记。需要指出的是,a、p 的生命度和施动性当相同。

  S'4:Na＋V＋PNp(96 例)[1]

    定乎内外之分(逍遥游)

    相忘以生(大宗师)按,郭象注:忘其生。(265 页)

    故乃肯见于寡人(徐无鬼)

引出 Np 的介词(记为 P)以"于"为常(59 例)[2],其次为"乎"(26 例)、"以"(4 例)。

  S'5:Na＋PNp＋V(2 例)

    故足之于地也践(徐无鬼)按,成玄英疏:夫足之能行,必履于地。(872 页)

    夫道,于大不终,于小不遗(天道)

将 Np 引入句法层面的介词均为"于"。Np 前移而添加介词标

---

[1] 有 2 例是"所＋V＋PNp",Na 强制性不能出现,列举如下:"所恶乎分者,其分也备;所以恶乎备者,其有以备。"(庚桑楚)郭象注:"所以恶分也……所以恶备也。"

[2] 有 1 例介 P 为"诸",如下:"能舍诸人而求诸道乎?"(庚桑楚)按,该例 V 为"舍"。成玄英疏云:"诸,于也。舍弃效彼之心,追求己身之道。"

记,或许是为了突出 Np 的焦点性质。[1]

S'6:Np＋V＋PNa(19 例)

曲士不可以语于道者,束于教也(秋水)

夫子再逐于鲁(让王)

宰乎神(列御寇)

S'6 为被动句。将 Na 引入句法层面的 P 为被动标记,其中 19 例 P 为"于",2 例为"乎"。

S'7:Np＋V＋Na(3 例)

结驷千乘,隐将芘其所藾(人间世)按,郭象注:其枝所阴,可以隐芘千乘。(176 页)

是役人之役(大宗师)按,成玄英疏:斯乃被他驱使,何能役人。(234 页)

不如两忘而化其道(大宗师)按,成玄英疏:履玄道而自得。(243 页)

据郭注、成疏,S'7 实为被动句,为 S'6 省 P 的形式。

S'8:Np＋PNa＋V(14 例)

身为刑戮(人间世)

有为也则为天下用而不足(天道)

S'8 亦为被动句。将 Na 引入句法层面的 P 均为"为"。

S'9:Na＋Np＋V(134 例)

吾未之乐也(至乐)　我不若胜(齐物论)

---

[1] 关于焦点前置,参见徐杰《普遍语法原则与汉语语法现象》(北京大学出版社,2004 年)第 6 章、第 7 章。

子将何求(渔父)　　又何卜焉(田子方)

岩居而水饮(达生)[1]　开天者德生(达生)

夫民死已脱矣(徐无鬼)按,成玄英疏:免脱伤死。(830页)

S'9均为受事宾语前置句,其中Na在句法层面以呈现为常(省略只有21例,占18.58%)。

S'10:Np+Na+V(284例)[2]

乌鹊之巢,可攀援而窥(马蹄)

比干戮(外物)

故纯朴不残,孰为牺尊(马蹄)

S'10为受事主语句。Np前移至句首,充当话题主语。

需要指出的是,S'10中,Na原则上不出现在句法层面(269例,占S'10总用例的98.53%),如《马蹄》、《外物》诸例。考察《庄子》,S'10式中,Na出现在句法层面的仅见4例。列举如下:

六合之内,圣人论而不议(齐物论)

哀乐之来,吾不能禦(知北游)

古之真人,知者不得说(田子方)

2.2.2　S'诸式分析

2.2.2.1　诸式派生手段比较

S'是由S通过删除、添加或移位等语法手段而派生出的句式。其中,S通过删除(省略)可派生出S'1和S'2;通过添加介

---

[1]　该例"水饮"亦可看作是状中结构。

[2]　包括11例感叹句,如:"悲夫有士者之不知也。"(在宥)由于修辞原因,V前移,以"夫"为标记。

词标记可生成 S'4、S'5、S'6 和 S'8 诸式;通过移位可派生出 S'7、S'9 和 S'10 诸式。有的句式则是同时采用了移位、添加介词标记两种语法手段派生出来的,如 S'5、S'6、S'8 诸式。S'3 则是移位的一种特殊形式,Np 前移后,与 Na 占据了同一个句法位置。S' 诸式采用派生手段的具体情况可列表如下:[1]

表 3-3:"处置"类二价双向动作动词诸句式及其派生手段

句式 \ 派生手段	删除		添加介词标记		移位	
	Na	Np	Na	Np	Na	Np
S'1:V+Np(28 例)	+	—	—	—	—	—
S'2:Na+V(647 例)	—	+	—	—	—	—
S'3:Na/p+V(32 例)	—	(+)	—	—	—	+
S'4:Na+V+PNp(96 例)	—	—	—	+	—	—
S'5:Na+PNp+V(2 例)	—	—	—	+	—	+
S'6:Np+V+PNa(19 例)	—	—	+	—	+	+
S'7:Np+V+Na(3 例)	—	—	—	—	+	+
S'8:Np+PNa+V(14 例)	—	—	+	—	+	+
S'9:Na+Np+V(134 例)	—	—	—	—	—	+
S'10:Np+Na+V(284 例)	—	—	—	—	+	+

说明:

(1) 按照出现频次,各派生句式可以形成如下降序排列:
S'2>S'10>S'9>S'4>S'3>S'1>S'6>S'8>S'7>S'5。

S'2 是最常见的派生句式,表明"处置"类动词的受事 p 在句法层面省略是普遍的现象。S'10 是常见的派生句式,表明"处置"类动词的受事 p 在句法层面出现在句首主语的位置也是较为普遍的现象。

---

[1] 表中"+"表示采用某派生手段;"—"表示未采用某派生手段。

（2）三种语法派生手段中，"移位"是使用最多的派生手段，其余依次是"添加介词标记"、"删除"。Np移位是Na移位或添加介词标记的前提。

（3）S'9和S'10都是由Np的移位派生出的。S'9为受事宾语前置句，S'10为受事主语句。Np移位可以派生出不同的句式，取决于Np移位的幅度。Np移位的幅度小，仅移至V前，未越过Na，则仍为宾语；Np移位的幅度大，越过Na，前移至句首，则为主语。

（4）S'10中，Na原则上不出现在句法层面。这可能是因为S'10是评说句，评说对象是Np，而Na则是非常次要的信息，所以基本不出现在句法层面。

（5）Np、Na移位，方向相反，移位时在是否添加介词标记上也呈现对立。在线性序列上，Np向左移位，移至V前，原则上不能添加介词标记，S'5当属特例；Na向右移位，移至V后，原则上必须添加介词标记，S'7亦属特例。[1]

（6）上述诸派生句式大多都是由基本句式S直接派生出来的。唯S'5、S'7两种派生句式属特例，当是二次派生的结果。

---

[1] 从《庄子》中S'6式出现的语境来看，介词标记的删除和音节韵律没有什么直接联系。但有些文献中，介词标记的删除则明显和音节韵律有关，例如：

三代不同礼而王，五霸不同法而霸，故知者作法，而愚者制焉；贤者更礼，而不肖者拘焉。拘礼之人，不足与言事；制法之人，不足与论变。（《商君书·更法》）

所以选取"拘礼之人"、"制法之人"，而不选取"拘于礼之人"、"制于法之人"，显然是为了句式的排偶。

其派生过程可描写如下：

S ⟶ S'9(Np 移位至 V 前) ⟶ S'5(Np 添加介词标记 P)

S ⟶ S'6(Na 依靠介词标记 P 移位) ⟶ S'7（介词标记 P 删除）

2.2.2.2 关于 S'9 式

S'9 式是宾语前置句，共 134 例，其前置宾语的构成情况列表如下：

表 3-4："处置"类二价双向动作动词 S'9 式中的前置宾语

宾语构成	句子类型	疑问句 60 例(45%)	否定句 23 例(17%)	肯定句 51 例(38%)
代词	疑问代词[1]	58	0	0
	其他代词	0	20	24
名词语[2]	带助词标记	1	1	22
	无标记	1[3]	2	5

说明：

(1) S'9 式中，前置宾语由代词充任共计 102 例，占 S'9 式总数的 76%（其中，尤以疑问句和否定句最为突出，其宾语由代词充任的语例分别占该句类总数的 97% 和 87%）；其余由名词语充任的 32 例中，借助助词标记"之"或"是"的有 24 例，占 S'9 式总数的 18%。两项加在一起共占 S'9 式总数的 94%。这表明：《庄子》中，宾语前置是有标记的前置。

---

[1] 这 58 例中，49 例为疑问代词"何"，8 例为疑问代词"奚"，1 例为疑问代词"恶"。

[2] 包括充当宾语的动词语。

[3] 1 例为"何术"。

(2)无标记的宾语前置只有 8 例,这在很大程度上是出于修辞的需要。例如:

此以己养养鸟也,非以鸟养养鸟也。夫以鸟养养鸟者……(至乐)

此之谓以己养养鸟也。若夫以鸟养养鸟者……(山木)

如上,"鸟养"形式在《庄子》中共出现了 3 次,主要是要与上文的"己养"相对,以求句式齐整。又如:

岩居而水饮(达生)

之所以采取"水饮"格式,主要是为了和"岩居"对偶。

2.2.2.3 S'4、S'5、S'6、S'8 诸式的比较

S'4、S'5、S'6 和 S'8 都使用了"添加介词标记"的派生手段。不同句式使用介词引入配价语义角色的具体情况有所不同,可列表如下:

表 3-5:"处置"类二价双向动作动词 S'4、S'5、S'6 和 S'8 的比较

语义角色	介词标记 位置	于	乎	以	为
引入 Np (87 例)	V 前	2	0	0	0
	V 后	56	26	3	0
引入 Na (33 例)	V 前	0	0	0	14
	V 后	17	2	0	0

说明:

(1)介词"于"、"乎"和"为"引入 Na 时,在分布上形成互补:"于"、"乎"引入 Na 时,只能位于 V 后;"为"引入 Na 时,只能位于 V 前。

(2)介词"于"、"乎"和"以"引入 Np,位于 V 后(占

97.70%);位于 V 前罕见(只占 2.30%),属特例。"以"引入 Np,只占 3.45%,亦属特例。

(3)"为"、"以"只能引入一种配价语义角色,功能是单一的;而"于"、"乎"的功能则是多样的。"为"、"以"、"乎"将配价语义角色引入句法层面,位置是固定的;只有"于"引进配价语义角色时,既可以位于 V 前,也可以位于 V 后。

2.2.2.4 关于 N+V+Np

《庄子》中,"N+V+Np"式仅见 4 例(其中 3 例 V 为"剖",1 例 V 为"抉"),列举如下:

比干剖心,子胥抉眼(盗跖)

子胥沉江,比干剖心(盗跖)

此比干之见剖心征也夫(山木)按,"见"为被动标记。

成玄英疏:比干忠谏,剖心而死,岂非征验。(689 页)

《盗跖》例中,"比干"是"心"的领有者,"子胥"是"眼"的领有者。N 和 Np 之间存在狭义的领属关系。句式"N+V+Np"的生成,实际上是"V+(N+Np)"的变换,V 后 NP(即 N+Np)通过分裂,部分成分(即领属成分 N)前移,占据主语位置;剩余成分 Np 则仍留在原位。[1] 上述生成过程可以描写如下:

$$V+Np(N_1+N_2) \longrightarrow N_1+V+Np(N_2)$$

剖比干心 $\longrightarrow$ 比干剖心

---

[1] 见沈阳:《名词短语部分成分移位造成的非价成分:"占位$\overline{NP}$"与"分裂$\overline{NP}$"》,载《现代汉语配价语法研究》,沈阳、郑定欧主编,北京大学出版社,1995 年。

《庄子》中出现的"N+V+Np",有三点值得注意:

(1) 这种句式只出现在《外篇》和《杂篇》,而没有出现在《内篇》。按照时贤的一般说法,《内篇》为庄周自作,《外篇》和《杂篇》为庄子后学所作,这表明句式"N+V+Np"出现时代较晚。

(2) 这种结构因为在句法层面没有出现 Na,而 N 又占据 Na 原来占据的句法位置,所以脱离语境,"比干剖心"至少可以有两种解释:

① 比干被剖出了心。(比较:此比干之见剖心征也夫(山木))
② 比干剖出了自己的(或别人的)心。

其原因就在于"N_1+V+N_2"是一个多义句式。它包含着两种结构:①N+V+Np;②Na+V+Np。

(3) "N+V+Np"中的 Np 在句法层面可以脱落。例如:

比干剖心(盗跖)——→ 比干剖(外物)

"比干剖"为 S'10。

2.3 二级派生句式

S 和 S'可以扩展为 S",共计 502 例。S"分为两类:一类是 S"1,非配价语义角色 b(b 可以是工具 i、时间 t、处所 pl、对象 d、终点或源点 l、度量 m)由介词 P 引入句法层面;一类是 S"2,非配价语义角色 b 直接进入句法层面。

2.3.1 S"诸式举例

S"1:S /S'1+PNb[1](423 例)

---

[1] Nb 表示非配价语义角色 b 直接进入句法层面,PNb 表示非配价语义角色 b 依靠介词引入句法层面。

三 《庄子》二价动词及其相关句式 81

以此白心(天下)按,该例 P 引入 Ni。
意之所随者,不可以言传也(天道)按,该例 P 引入 Ni。
天子之剑……包以四夷(说剑)按,该例 P 引入 Ni。
建之以大清(天运)按,该例 P 引入 Ni。
持以春夏,行以秋冬(说剑)按,该例 P 引入 Nt。
不以旬数矣(应帝王)按,该例 P 引入 Nt。

(以上 P 为"以")

盗得之于道(徐无鬼)按,该例 P 引入 Npl。
何不树之于无何有之乡(逍遥游)按,该例 P 引入 Npl。
是自埋于民,自藏于畔(则阳)按,该例 P 引入 Npl。
得之于手(天道)按,该例 P 引入 Nd。
请于父母曰(德充符)按,该例 P 引入 Nd。
不似尔向之自多于水乎(秋水)按,该例 P 引入 Ni。
缮性于俗(缮性)按,该例 P 引入 Ni。
于此乎言之(徐无鬼)按,该例 P 引入 Nt。

(以上 P 为"于")

死者以国量乎泽若蕉(人间世)按,该例 P 引入 Npl。
鼷鼠深穴乎神丘之下(应帝王)按,该例 P 引入 Npl。
知命不能规乎其前(田子方)按,该例 P 引入 Nt。
君将恶乎用夫偃兵哉(徐无鬼)按,该例 P 引入 Nd。
不多食乎力(秋水)按,该例 P 引入 Ni。

(以上 P 为"乎")

为之傅之(则阳)按,该例 P 引入 Nd。
列御寇为伯昏无人射(田子方)按,该例 P 引入 Nd。

为后世虑(列御寇)按,该例 P 引入 Nd。
怵然为戒(养生主)按,该例 P 引入 Ni。
而崖不为加损(秋水)按,该例 P 引入 Ni。

(以上 P 为"为")

审乎无假而不与利迁(天道)按,该例 P 引入 Nd。
而民始可与论议(胠箧)按,该例 P 引入 Nd。

(以上 P 为"与")

用锥指地也(秋水)按,该例 P 引入 Ni。

(以上 P 为"用")

刑自此立(天地)按,该例 P 引入 Nt。
自其异者视之(德充符)按,该例 P 引入 Ni。
君自此为之(徐无鬼)按,该例 P 引入 Npl。

(以上 P 为"自")

由外入者,无主于中(天运)按,该例 P 引入 Npl。

(以上 P 为"由")

《庄子》中,S"1 占 S"总用例的 85%,所用介词标记 P 有以下 8 个:"以"(221 例)、"于"(97 例)[1]、"乎"(17 例)、"为"(30 例)、"与"(52 例)、"用"(1 例)、"自"(4 例)、"由"(1 例)。

S"2:S/S'1+Nb(79 例)

千岁厌世(天地)按,该例引入 Nt。

---

[1] 有 3 例是兼词"诸",是"之于"的合音。例如:"子綦有八子,陈诸前。"(徐无鬼)"古之至人,先存诸己而后存诸人。"(人间世)。有 3 例是兼词"焉",是"于之(是)"的合音,例如:"见大木焉。"(人间世)"得养生焉。"(养生主)"置杯焉则胶。"(逍遥游)

故载之末年(齐物论)按,《释文》:崔云:书之于今也。该例引入 Nt。

庄子则方箕踞鼓盆而歌(至乐)按,该例引入 Ni。

请买其方百金(逍遥游)按,该例引入 Ni。

举之童土之地(徐无鬼)按,该例引入 Npl。

夫寻常之沟,巨鱼无所还其体(庚桑楚)按,该例引入 Npl。

导大窾(养生主)按,该例引入 Npl。

曲士不可以语于道者(秋水)按,该例"以"犹"与",引入 Nd。

使为将军造大城数百里(盗跖)按,该例引入 Nm。

今一朝而鬻技百金(逍遥游)按,该例引入 Nm。

《庄子》中,S"2 占 S" 总用例的 16%,直接引入的非配价语义角色有:t(34 例)、i(24 例)、pl(12 例)、d(5 例)、m(4 例)。

2.3.2 S"诸式分析

S"1 和 S"2 的区别在于引入非配价语义角色(b)的手段不同:S"1 运用了添加介词标记的派生手段,引入形式为 PNb;而 S"2 则直接引入非配价语义角色,引入形式为 Nb。S"1 和 S"2 在引入非配价语义角色 b 上的差异见下表:

表 3-6:"处置"类二价双向动作动词 S"1 和 S"2 的比较

引入方式	非配角色	对象(d)	工具(i)	处所(pl)	时间(t)	度量(m)
S"1	以(221)	—	217	—	4	—
	用(1)	—	1	—	—	—
	为(30)	14	16	—	—	—
	于(97)	15	11	69	2	—
	乎(17)	1	1	14	1	—

续表

	自(4)	—	2	1	1	—
	由(1)	—	—	1	—	—
	S"2	5	24	12	34	4
	总计	87	272	97	42	4

说明：

(1) 引入 b 的语例共 502 例。[1] 按照用例数，各种 b 可以形成如下降序排列：

i＞pl＞d＞t＞m

其中：引入 i 最多，共 270 例，占 54%；pl 和 d 次之，分别占 20% 和 18%。

(2) 按照以介词引入句法层面的比重，各种 b 可以形成如下降序排列：

d(94%)＞i(92%)＞pl(88%)＞t(21%)＞m(0)

这表明：d、i、pl 明显倾向于以介词引入句法层面，t 则明显倾向于直接引入句法层面，而 m 则不能用介词引入句法层面。

(3) 介词标记 P 的功能亦有单一与多样之别："以"、"于"、"为"、"乎"、"自"可以引入多种非配价语义角色，而"与"、"用"和"由"则只能引入一种非配价语义角色。

功能多样的介词，如"以"、"于"、"乎"，在选择语义角色时亦以一种为常："以"以引入 i 为常，"于"、"乎"以引入 pl 为常。

(4) 在句法层面，非配价语义角色 b 如果出现在 V 后，则原则上处在离 V 较远的位置，即处在配价语义角色之后；如果出

---

[1] 其中有 10 例引入 2 个非配价语义角色。

现在 V 前,则原则上处在离 V 较近的位置,亦处在配价语义角色之后。

(5)《庄子》中,除配价语义角色外,"处置"类动词原则上在句法层面只与一个 b 共现(482 例,约占 S″式总数的 98%)。"处置"类动词在句法层面同时和两个非配价语义角色 b 共现的语例只有 10 例(约占 S″式总数的 2%),列举如下:

Na+PNi+Npl+V+Np(2),如:言人之不以好恶内伤其身(德充符)[1]

Na+PNi+PNd+V(1),如:而不以物与之相撄(徐无鬼)

Na+PNd+V+Np+PNi(1),如:子綦为我延之以三旌之位(让王)

Na+PNi+V+Np+Nm(1),如:使为将军造大城数百里(盗跖)

Na+Nt+Ni+V(4),如:七日不火食(天运)

Na+Nt+V+Np+Nm(1),如:今一朝而鬻技百金(逍遥游)[2]

考察上述 10 例,与 V 共现的两个 b 在句法层面呈以下特点:(1)分属不同类别的语义角色;(2)原则上至少有一个 b 需介词引入(引入 t 时除外);(3)原则上分布在动词两侧(引入 t 时除外)。

---

[1] 充任 Npl 的只能是方位名词。

[2] "今"占据 Na 前的空位,可以自由隐现,虽为 Nt(时点),但时间义已虚化,本文将其视为句式的外位成分。下文论及二价双向动作动词的配位规则时,亦将其排除在考察范围之外。

偶尔有在动词一侧共现者，其位置只在动词之前。在动词之前共现的两个b，有P标记的语义角色在前，无P标记的语义角色在后，紧靠动词，如《德充符》例；如果两个b都无P标记，则t在前，如《天运》例；如果两个b都有P标记，则PNi在前，如《徐无鬼》例。

共现的非配价语义角色b，以i为常(9例)，其余依次是t(5例)，为d、pl、m(各2例)。

还有一点需要指出，上述10例中，有8例Na未在句法层面出现；Na出现在句法层面的只有《德充符》、《让王》2例。

3. "涉及"类动词

3.1 "涉及"类动词的成员具有[涉及]语义特征，客事为对象d，其配价结构为V(a,d)，意谓：施事a的动作涉及对象d，而d并不因该动作而变化。因此，d不具有[变化]语义特征，这是与p的最大区别。涉及类动词共计83个(505例)[1]。

"涉及"类动词的基本句式S为Na＋V＋Nd(251例)。例如：

　　再拜盗跖(盗跖)　田侯牟背之(则阳)

　　而万物从之乎(天地)

3.2　一级派生句式

一级派生句式分为7式，共139例。列举如下：

S'1：V＋Nd(1例)

　　非所以视民也(列御寇)按，"视"通"示"。

---

[1] 用于非典型位置为89例，占总用例的18%。

S'2：Na＋V(89 例)

　　　君先而臣从(天道)　　不赏而民劝(天地)

《天道》例 Nd 为"君"，承上文而省；《天地》例 Nd 为"民"，探下文而省。

S'3：Na/d＋V(1 例)

　　　父子相亲(天运)

Nd 前移，与 Na 共同占据 V 前主语的位置，"V"前有"相"作标记。

S'4：Na＋V＋PNd(49 例)

　　　知道者必达于理(秋水)　　上以忠于世主(渔父)

　　　辩乎荣辱之境(逍遥游)

引出 d 的 P：为"于"36 例，"乎"13(15)例。

S'5：Na＋PNd＋V(3 例)

　　　于事无与亲(应帝王)按，"与"的宾语因和"于"的宾语同指，所以承前省略。

　　　方且与世违(则阳)

　　　所恶乎分者(庚桑楚)按，该例宾语为疑问代词"恶"，所以前置于 P"乎"前。

引出 d 的 P 分别为："于"1 例，"与"1 例，"乎"1 例。

S'9：Na＋Nd＋V(3 例)

　　　何从何道则得道(知北游)　　唯命之从(大宗师)

　　　然则夫子何方之依(大宗师)

S'9 为受事宾语前置句。宾语 Nd 移至 V 前，或 Nd 由疑问代词"何"充任，如《知北游》例；或 V 前有助词"之"作标记，如

《大宗师》例。

S'10：Nd＋Na＋V（3例）

性情不离（马蹄）按，Nd为"性情"。

道不当名（知北游）按，Np为"道"。

不外从（达生）按，Nd为"道"。

S'10为受事主语句。Nd前移至句首，充当话题主语。以上三例均有否定词"不"，Na均未在句法层面出现。

3.3 二级派生句式

S"共16例，以S"1式为常。

3.3.1 S"诸式举例

S"1：S/S'1＋PNb（14例）

无以汝色骄人哉（徐无鬼）

则必以恶声随之（山木）

（以上P为"以"，引入Ni[1]）

为我相吾子（徐无鬼）

（以上P为"为"，引入Nd）

君自此远矣（山木）

（以上P为"自"，引入Nt）

S"1占S"总用例的87.5%，所用P有"以"（12例）、"为"（1例）、"自"（1例），引入的b有：i、t。

S"2：S/S'1＋Nb（2例）

---

[1] 其中Na＋PNi＋V＋Nd为9例，Na＋V＋Nd＋PNi为2例。

从之丹穴(让王)按,该例 Nl 为"丹穴"[1]。

宵人之离外刑者,金木讯之(列御寇)按,该例 Ni 为"金木"。

S"2 占 S"总用例的 12.5%,直接引入的 b 有:l(1 例)、i(1 例)。

3.3.2　S"诸式分析

S"只有 16 例,不到由"涉及"类动词为核心的句式总数的 4%;而且,非配价语义角色 b 只有 i、t(仅 1 例)。这表明,非配价语义角色 b 很少进入以"涉及"类动词为核心的句式。

介词标记与语义角色之间存在着选择关系。具体情况列表如下:

表 3-7:"涉及"类二价双向动作动词的语义角色及介词标记

语义角色 \ 介词标记		于	乎	与	以	为	自
配价语义角色 k	Na	—	—	—	—	—	—
	Nd	37	14	1	—	—	—
非配价语义角色 b	Ni	—	—	—	12	1	—
	Nt	—	—	—	—	—	1

说明:

(1) 在以"涉及"类动词为核心的句式中,引入 k 的介词与引入 b 的介词相互对立。"于"、"乎"、"与"只引入 k,"以"、"为"、"自"只引入 b。

(2) P 引入配价语义角色共计 52 例(占引入语义角色总数

---

[1]　"丹穴"前省略介词"于",这与 Nd 为代词"之"有关。

的79%),需要指出的是:

① Na 不能以 P 引入,即"涉及"类动词不能构成以"于"、"为"等为标记的被动句。

② Nd 均由"于"、"乎"引入句法层面,由"与"引入句法层面属特例。由 P 引入的 Nd,其位置以居于 V 后为常(49 例,占总数的 94.23%)。

(3) P 引入非配价语义角色共计 14 例(占引入语义角色总数的 21%),其中以引入 i 为常(12 例)。

4. "致使"类动词

4.1 "致使"类动词的成员具有[致使]语义特征,客事为使事 c。其配价结构为 V(a,c),意谓:施事(a)致使使事(c)具有某种变化或性质。该类动词共计 13 个(163 例)[1]。

"致使"类动词的基本句式 S 为 Na+V+Nc(125 例)。例如:

再欲活之(外物)　　尽垩而鼻不伤(徐无鬼)

毁绝钩绳(胠箧)　　苦心劳形(渔父)

奏九韶以乐之(达生)　黄帝尚不能全德(盗跖)

若正汝形(知北游)　　孔丘能止暴禁非(盗跖)

4.2 一级派生句式

S'共 19 例,共 5 式,列举如下:

S'1:V+Nc(2 例)

所以长生安体乐意之道也(盗跖)

S'1 式出现在"所"字结构中,V 前不能出现 Na

---

[1] 其中用于非典型位置 12 例,占总用例的 7%。

S'2：Na＋V(1例)

正而后行(应帝王)按，郭象注：各正性命之分也。(291页)

据郭注，"正"后面省略了宾语"性命"。

S'4：Na＋V＋PNc(3例)

而重以燧人神农之言(至乐)

今子外乎子之神，劳乎子之精(德充符)按，成玄英疏：劳苦精灵。(223页)

是乱于德也(在宥)按，成玄英疏：偏爱故乱德。(368页)

S'9：Na＋Nc＋V(5例)

未之尽者(天下)　莫之能止(齐物论)

所学夫子之道者，足以自乐也(让王)

必自苦以腓无胈、胫无毛相进而已矣(天下)

S'10：Nc＋Na＋V(8例)

时不可止(天运)　来者勿禁，往者勿止(山木)

Nc移至句首充当话题主语，或以助动词"可"为标记，如《天运》例，或无标记，如《山木》例，Na原则上不在句法层面出现。

4.3　二级派生句式

仅见S"1式。

S"1：S/S'1＋PNb(7例)

道之人何由兴乎世(缮性)按，P为"由"，引入工具(凭借)Ni。

吾止之于无穷(天运)按，P为"于"引入处所Npl。

夫大块载我以形，劳我以生(大宗师)按，P为"以"引入工具Ni。

5. "意使"类动词

5.1 "意使"类动词的成员具有[意使]语义特征,客事为意事 h。其配价结构为 V(a,h),意谓:施事 a 认为意事 y 具有某种变化或性质。该类动词共计 13 个(134 例)[1]。

"意使"类动词的基本句式 S 为 Na+V+Ny(88 例)。例如:

  世虽<u>贵</u>之(天道)   论则<u>贱</u>之(盗跖)

  <u>可</u>不<u>可</u>(天地)   其里之丑人见而<u>美</u>之(天运)

  丘甚<u>善</u>之(至乐)   欲<u>是</u>其所<u>非</u>(齐物论)

  吾<u>敬</u>鬼<u>尊</u>贤(山木)   故<u>贵</u>以身于为天下(在宥)[2]

  众人<u>重</u>利(刻意)

5.2 一级派生句式

S'共 23 例,共 7 式,列举如下:

S'1:V+Ny(2 例)

  世之所<u>贵</u>道者,书也(天道)   是所以<u>贵</u>真也(渔父)

S'1 式出现在"所"字结构中,V 前不能出现 Na。

S'2:Na+V(3 例)

  见贤不<u>尊</u>(渔父)   先生不<u>羞</u>而比之服役(渔父)

  吾非不知,<u>羞</u>而不为也(天地)

---

[1] 其中用于非典型位置 22 例,占总用例的 16%。

[2] 《在宥》例,王念孙曰:"《庄子》本作'故贵以身于天下,爱以身于天下'。'于'犹'为'也,后人依《老子》傍记'为'字,而写者因讹入正文。《〈老子〉释文》:'为,于伪反。'此《释文》不出'为'字,以是明之。"(转引自朱谦之《老子校释》50-51 页,中华书局,1984 年)本文依王说,将该句视为 S(Na+V+Ny),"为"视为衍文。

宾语 Nh 承上文省。

  S'3：Na/y＋V(2 例)

   自贵而相贱(秋水)　易世而无以相贱(外物)

Nh 前移，与 Na 共同占据 V 前主语的位置，"V"前有"相"作标记。

  S'4：Na＋V＋PNy(2 例)

   然则何贵于道邪(秋水)　弟子何异于予(庚桑楚)

  S'8：Ny＋PNa＋V(1 例)

   烈士为天下见善矣,未足以活身(至乐)按,P 是"为"。该例既有被动标记"为",又有被动标记"见",属特例。[1]

  S'9：Na＋Ny＋V(4 例)

   凡外重者内拙(达生)按,成玄英疏：只为贵重黄金,故内心昏拙。(644 页)

   其美者自美(山木)

   奚必伯夷之是,而盗跖之非乎(骈拇)

   古之道人,至于莫之是莫之非而已矣(天下)

S'9 为宾语前置句式。

  S'10：Ny＋Na＋V(9 例)

   世虽贵之,我犹不足贵也(天道)按,成玄英疏：故虽贵之,我犹不足贵者,为言书糟粕,非可贵之物也。(489 页)

据成疏,Ny 所指当是上文"世虽贵之"的"之",而"之"所代,即成

---

[1]　这或许是因为"善"是个形动兼类词,为了强调"善"在该句中是个动词,用于被动,所以在"善"前特地再附加上被动标记"见"。

疏中的"言书"。

> 子之道岂足贵邪(盗跖) 其行乃甚可羞也(盗跖)
>
> 亲之所言而然,所行而善(天地)

Na 原则上不在句法层面出现(8 例),如《盗跖》、《天地》诸例;唯《天道》例例外。

5.3 二级派生句式

S″仅 1 例,为 S″1:Na+PNd+V+Ny

> 丘窃为先生羞之(盗跖)按,介词"为"引入非配价语义角色 d。

6. "居止"类动词

6.1 "居止"类动词的成员具有[附着]语义特征,客事为处所 pl。其配价结构为 V(a,pl),意谓:施事 a 附着于某处所 pl。该类动词共计 10 个(129 例[1])。

"居止"类动词的基本句式 S 为 Na+V+Npl(58 例)。例如:

> 鱼处水而生(至乐) 先生居山林(徐无鬼)

6.2 一级派生句式

一级派生句式共计 50 例,分为 4 式,列举如下:

S'2:Na+V(27 例)

> 钓鱼闲处(刻意) 静居则溺(盗跖)

S'4:Na+V+PNpl(12 例)

> 处于孤竹(让王) 伏于岩穴(山木)

---

[1] 其中用于非典型位置 3 例,占总用例的 2%。

栖于会稽(徐无鬼)　周将处乎材与不材之间(山木)

其中9例P为"于",3例为"乎"。

S'9:Na＋Npl＋V(10例)

先生将何处(山木)　　奚避奚处(至乐)

木处则惴慄恂惧(齐物论)　夫马陆居则食草饮水(马蹄)

有单豹者,岩居而水饮,不与民共利(达生)

S'9为宾语Npl前置句。Npl置于V前有两种情况:(1)Npl由疑问代词充任(7例),如《山木》、《至乐》诸例;(2)Npl由指称处所的单音节名词充任(3例),如《齐物论》、《马蹄》、《达生》诸例。

S'10:Npl＋Na＋V(1例)

仁义,先王之蘧庐也,止可以一宿,而不可久处(天运)

Npl"仁义"移至句首作话题主语,以"可"为标记;Na未在句法层面出现。

6.3 二级派生句式

S"共18例,分为2式。列举如下:

S"1:S/S'1＋PNb(11例)

同与禽兽居(马蹄)按,该例引出d,P为"与"。

物何为最之哉(德充符)按,成玄英疏:最,聚也。(193页)该例引出i,P为"为"。

S"1中,P以引入非配价语义角色d为常(10例),P均为"与"。

S"2:S/S'1＋Nb(7例)

吾闻至人尸居环堵之室(庚桑楚)按,该例引出i。

闲居三月(在宥)按,该例引出t。

S"2中,非配价语义角色仅见工具(方式)i(5例)和时间(时段)t(2例)。Ni位于V前,Nt位于V后。

7. "位移"类动词

7.1 "位移"类动词的成员具有[位移]、[方向]语义特征,客事l或为位移终点,或源点,或所经之处。其配价结构为V(a,l),意谓:施事a位移至某一终点l,或位移始于某一源点l,或位移经过某处。该类动词共计35个(488例)[1]。

需要说明的是,二价双向位移动词或以终点为配价语义角色,如"反^4"、"适^1"、"入^1"等,或以源点为配价语义角色,如"出^1"、"下^1"等。有时以终点为配价语义角色的动词也偶尔与源点相联系。[2] 例如:

　　故自无适有(齐物论)

介词"自"引入源点,为动词"适"的非配价语义角色。对于非配价语义角色的源点,本文仍视为处所而记作pl。

位移类动词的基本句式S为Na+V+Nl(158例)。例如:

　　孰能登天游雾(大宗师)
　　必归其天(天道)
　　匠石之齐(人间世)

　　　　　　　　　　(以上Nl所指为终点)

---

〔1〕其中用于非典型位置44例,占总用例的9.0%。

〔2〕《庄子》中,"适"出现在典型位置22例,均与终点共现,与源点共现仅2例,而且以与终点共现为前提。"入^1"与"适^1"有所不同,出现在典型位置71例,与终点共现35例,与源点共现仅2例。有鉴于此,我们将终点视为"适^1"、"入^1"的配价语义角色,而将源点视为非配价语义角色。

日出东方而入于四极(田子方)

孔子下车而前(盗跖)

(以上 Nl 所指为源点)

绝云气(逍遥游)

(以上 Nl 所指为所经之处)

7.2 一级派生句式

一级派生句式 S'共计 257 例,分为 5 式,列举如下:

S'1:V+Nl(3 例)

此吾所以蹈之也(达生)

知而不言,所以之天也(列御寇)

知而言之,所以之人也(列御寇)

三例均在"所"字结构之中,Na 不能在句法层面出现。

S'2:Na+V(175 例)

公反(达生)　　颜不疑归(徐无鬼)

形莫若就(人间世)　然而巨盗至(胠箧)

徐无鬼出(徐无鬼)

S'4:Na+V+PNl(63 例)

而反于土(在宥)　复于不惑(徐无鬼)

复归于朴(至乐)　夫子出于山(山木)

(以上 P 为"于")

登乎昆仑之丘(天地)

死生惊惧不入乎其胸中(达生)

夫奚足以至乎先(达生)

(以上 P 为"乎")

宋人资章甫而适诸越(逍遥游)按,郭庆藩按语:诸,于也。(34 页)

(以上 P 为"诸")

介词 P:"于"49 例,"乎"16 例,"诸"1 例。

S'9:Na+Nl+V(12 例)

奚就奚去(至乐)　　彼且奚适也(逍遥游)

子将奚之(徐无鬼)　何适而无有道邪(胠箧)

芒乎何之(天下)

夫子何故见之变容失色,终日不自反邪(天地)按,该例 Nl 为"自"。

S'9 为宾语前置句。Nl 移至 V 前,Nl 以疑问代词充任为常(11 例,其中"奚"7 例,"何"4 例),偶尔由自指代词"自"充任(1 例)。

S'10:Nl+Na+V(4 例)

治国去之,乱国就之(人间世)

所适者犹可致也(天地)

有张毅者,高门县薄,无不走也(达生)按,成玄英疏:高门处置类第,朱门垂廉,莫不驰骤参谒,趋走庆吊。(646 页)

S'10 中,Nl 移至句首充当话题主语。需要指出的是:(1)Nl 之后,Na 均未出现,如《人间世》、《天地》诸例。(2)《人间世》例中,V 后有"之"复指前移的 Nl;《天地》例中,V 前有"可"为标记。(3)《达生》例中,"有张毅者"是该复句的话题主语,而"高门县薄"只是该小句的话题主语。

7.3　二级派生句式

二级派生句式 S"共 29 例,分为 2 式,列举如下:

三 《庄子》二价动词及其相关句式

S"1:S/S'1+PNb(12例)

去以六月息者也(逍遥游)按,P为"以",b为t。
与汨偕出(达生)按,P为"与",b为d。
为宋王使秦(列御寇)按,P为"为",b为d。
为女入于窈冥之门矣(在宥)按,P为"为",b为d。
暍者反冬乎冷风(则阳)按,P为"乎",b为i。
由外入者,无主于中(天运)按,P为"由",b为pl。
故自无适有(齐物论)按,P为"自",b为pl。

S"1中,由介词P引入句法层面的非配价语义角色有四类：d(6例)、pl(4例)、i(1例)、t(1例)。介词P有六个：与(2例,引入d)、为(4例,引入d)、由(2例,引入pl)、自(2例,引入pl)、以(1例,引入t)、乎(1例,引入i)。

需要说明的是：由P引入句法层面的对象d、处所pl处在V前,由P引入句法层面的时间(时段)t、工具(凭借)i处在V后。

S"2:S/S'1+Nb(17例)

臣请南使吴越(盗跖)
二子北至于首阳之山(让王)
谆芒将东之大壑(天地)

（以上引入pl）

今尔出于崖涘(秋水)
于是文王不出宫三月(说剑)
七日七夜至老子之所(庚桑楚)

（以上引入t）

S"2中,直接进入句法层面的非配价语义角色只有时间t(9

例)、处所 pl(8 例)两类。

需要说明的是:(1)充任 Npl 的均为方位词,其在句法层面均处在紧靠 V 前的位置。(2)充任 Nt 的或为时点,如《秋水》例;或为时段,如《说剑》《庚桑楚》例。时点由指称时间的名词语充任,其在句法层面均处在 V 前;时段由"数词+时间名词"短语充任,其在句法层面或处在 V 前,如《庚桑楚》例,或处在 V 后,如《说剑》例。

关于"位移"类动词还有两点需要指出:

(1) "位移"类动词与其客事 l 联系的强弱存在差异:强者如"适[1]",配价语义角色 Nl 必须与 V 共现(23 例共现,占该类动词为核心的句式总数的 100%);弱者如"出[1]",Nl 在句法层面以省略为常,很少与 V 共现(9 例共现,占该类动词为核心的句式总数的 19%)。

(2) "位移"类动词构成的句式,位移源点与终点原则上不共现。《庄子》中,位移源点与终点偶尔共现(仅 2 例,不到该类动词为核心的句式总数的 0.5%),分别见于"适[1]"、"入[1]"二词。

8. 结语

8.1 二价双向动作动词诸次类中,"处置"类动词,无论在动词的数量上,还是在总用例上,都占绝对优势(分别占 85%);其次是"涉及"类动词(9% 和 6%);再次为"位移"类动词(分别占 4% 和 6%);"居止"类、"意使"类、"致使"类动词则处于绝对劣势(三类动词总数占 2%,用例总数占 3%)。

二价双向动作动词用于典型位置共计 7424 例,其中基本句式 S 共计 5131 例,占 69%;一级派生句式 S' 共计 1735 例,占 23%;二级派生句式 S" 共计 566 例,占 8%。S 和 S' 共占 92%。这说明,二价双向动作动词在绝大多数情况下不与非配价语义角色共现。

二价双向动作动词不同次类在构成 S'、S"诸式上的能力有所不同。分述如下:

8.2 诸次类动词 S'诸式比较

二价双向动作动词诸次类在一级派生句式上的差异可以对比如下:

表3-8:二价双向动作动词诸次类 S、S'的对比

动词次类 S/S'	处置类 k=p	涉及类 k=d	致使类 k=c	意使类 k=y	居止类 k=pl	位移类 k=l	总计
S:Na+V+Nk [1]	4556	251	125	88	58	158	5236
S'1:V+Nk	28	1	2	2	—	3	36
S'2:Na+V	647	89	1	3	27	175	942
S'3:Na/k+V	32	1	—	2	—	—	35
S'4:Na+V+PNk	96	49	3	2	12	63	225
S'5:Na+PNk+V	2	3	—	—	—	—	5
S'6:Nk+V+PNa	19	—	—	—	—	—	19
S'7:Nk+V+Na	3	—	—	—	—	—	3
S'8:Nk+PNa+V	14	—	—	(1)[2]	—	—	15
S'9:Na+Nk+V	134	3	5	4	10	12	168
S'10:Nk+Na+V	284	3	8	9	1	4	309

说明:

(1)二价双向动词诸次类按其所构成的基本句式 S 派生出 S'诸式的能力强弱,依次为:

---

〔1〕"k"代表配价语义角色,"b"代表非配价语义角色。

〔2〕该例为"烈士为天下见善矣"(至乐),属特例。其句式当描写为 Nk+PNa+P+V。

"处置"类(10式)＞"涉及"类(7式)＞"意使"类(6式)＞"位移"类(5式)/"致使"类(5式)＞"居止"类(4式)
处置类动词所构成的S,其派生出S'诸式的能力最强。

(2) 唯有"处置"类动词可以构成S'6、S'7、S'8诸被动句式。

(3) 从客事宾语的省略以及客事宾语是否依靠介词引入这两方面可以看出,二价双向动作动词诸次类与其客事语义关系的紧密程度亦呈现出较大的差异。

在客事宾语省略概率上[1],诸次类形成如下降序排列:
"位移"类(0.43)＞"居止"类(0.25)＞"涉及"类(0.23)＞"处置"类(0.12)＞"意使"类(0.03)＞"致使"类(0.01)
省略概率越高,说明V与客事的语义关系越松散。

在客事宾语以P引入的概率上,诸次类形成如下降序排列:
"位移"类(0.27)＞"涉及"类(0.16)＞"居止"类(0.15)＞"处置"类(0.02)/"意使"类(0.02)/"致使"类(0.02)
根据距离象似原则,人类语言的句法具有模拟语义关系距离的倾向:语义关系越紧密的成分,在句法结构上就结合得越紧密,在线性排列距离上就越接近。[2] 与客事直接进入句法层面充当宾语相比,客事靠介词引入句法层面明显增加了其与动词之

---

[1] S'1和S'3不计入统计。

[2] 关于距离象似原则,可参见 Croft, William(1990): Typology and Universals, Cambridge: Cambridge University Press; 张敏(1998):《认知语言学和汉语名词短语》,中国社会科学出版社;刘丹青(2001):《汉语给予类双及物结构的类型学考察》,《中国语文》第5期。

间的结构距离和线性距离。所以,靠介词引入概率越高的客事,其与动词之间的语义距离就越疏远。

上述两个序列基本相同。从上述两个序列可以看出:"位移"类动词与其客事的语义关系最为松散,其次是"居止"类和"涉及"类动词,"处置"类、"意使"类和"致使"类动词与其客事的语义关系最为紧密。

8.3 诸次类动词 S"诸式比较

S"式共 573 例,其中:非配价语义角色 b 以 P 引入句法层面的 S"1 式共 468 例,占 S"式总数的 82%;非配价语义角色 b 直接进入句法层面的 S"2 式共计 105 例,占 S"式总数的 18%。这说明,非配价语义角色 b 以 P 引入句法层面为主要形式。[1]

PNb、Nb 所处的句法位置分为三种情况:(1)位于句首;(2)位于 V 前;(3)位于 V(O)后。具体情况如下表:

表 3-9:二价双向动作动词诸次类 S"的比较

S"	动词次类	处置类 $k=p$	涉及类 $k=d$	致使类 $k=c$	意使类 $k=y$	居止类 $k=pl$	位移类 $k=l$
S"1	句首	—	—	—	—	—	—
	V 前	i/t/d	i/t	i	d	i/d	i/pl
	V(O)后	i/t/d/pl	i	pl/i	—	—	i/t/d/pl
S"2	句首	t/d/pl	—	—	—	—	t
	V 前	i/t/d/pl	(i)	—	—	i	t/pl
	V(O)后	i/t/pl/m	(pl)	—	—	t	t/m

---

[1] S'的例子多集中在"处置"类动词。关于该式中引入各种非配价语义角色的具体情况详见 1.2.1,这里不再赘述。

说明:

(1) 二价双向动作动词诸次类,根据其所能联系的非配价语义角色的种类,由多到少,形成如下降序排列:

"处置"类(5)/"位移"类(5)>"涉及"类(3)/"居止"类(3)>"致使"类(2)>"意使"类(1)

这说明:"处置"类和"位移"类最为活跃,其句法形式最为多样丰富;而"致使"类和"意使"类动词则惰性较大,句法形式亦很单一;"涉及"类和"居止"类则介于二者之间。

(2) 不同种类的非配价语义角色 b 在 S" 诸式中出现的自由度不同。

首先,b 出现在 S" 诸式中受到动词次类的限制,按其出现的频率高低,依次为:

i(5 种)>$d/t/pl$(4 种)>m(2 种)

其次,b 出现在 S" 诸式中受到句法位置的限制。PNb 不能居于句首,Nb 居于句首亦受到很大的限制。

(3) 非配价语义角色 b 是否以 P 引入句法层面取决于 b 的种类:m 无须 P,直接进入句法层面;其余 t、d、pl、i 或用 P,或不用 P,与其自身的构成、所处的句法位置,以及 P 的种类有关,详见以上各节。

8.4 二价双向动作动词的配位规则

综上所述,二价双向动作动词的配位常例可以归纳为以下五条规则:

(1) 以 V 为核心的句式有 4 个空位(原则上 V 前后各有 2 个),与 V 联系的语义角色原则上至少占据 1 个空位,但原则上

不能全部占满;[1]

（2）配价语义角色 a 和 k 直接进入句法层面,占据两个空位,分居 V 两侧;

（3）至多有 2 个非配价语义角色 b 与 V 共现,与 V 共现的 2 个非配价语义角色(t 除外)原则上至少有 1 个 b 需介词引入(参见 1.2.1 说明 5);

（4）V 的一侧（或前或后）原则上只允许存在一个带介词标记的短语(PN);[2]

（5）带介词标记的短语(PNb),V 前则处在 Na 之后的位置,V 后则处在 Nk 之后的位置。

二价双向动作动词的配位常例（空位全部占满）可记作：

Na　　(P)Nb　　V　　Nk　　(P)Nb

二价双向动作动词的配位变例,涉及配价语义角色的移位和配价语义角色添加标记,可以归纳为以下三条规则：

（1）Nk 前移至 V 前,原则上不带介词标记;[3]如果 Nk 占据紧靠 V 前的位置,则 Na 仍处在句首位置,Na 后的(P)Nb 原则上删除;[4]如果 Nk 占据句首的位置,则 Na 原则上或删

---

[1]《庄子》中,与 V 联系的语义角色以占据 2 个空位为常;4 个空位被全部占满的仅见 3 例(占二价双向动作动词为核心的句式总数的0.04%)。

[2]《庄子》中,两个带介词标记的短语在 V 前一侧共现者仅见《徐无鬼》"而不以物与之相撄"1 例。

[3] Nk 前移而带介词标记的《庄子》中仅见 5 例(占 Np 前移总数的 3%)。

[4] 只有当 Nk 为"自"时,Na 和 Nk 之间方能引入 Nb 或 PNb,例如：不以人之坏自成也(让王)。

除[1]，或后移，或与 Nk 共占一个位置，V 前(P)Nb 亦原则上删除。即：

  Na Nk V (P)Nb
  Nk V (P)Nb

（2）Na 后移（仅限于"处置"类动词），原则上带介词标记；[2]PNa 或在 V 前，或在 V 后，依 P 而定。Na 后移句，非配价语义角色 b 删除。即：

  Nk PNa V
  Nk V PNa

（3）客事 Nk 在原位添加介词标记，则 V 后删除(P)Nb。即：

  Na (P)Nb V PNk

（三）《庄子》二价状态动词及其相关句式

1. 引言

二价状态动词支配两个语义角色，除当事 e 外，另一个配价语义角色是客事 k（可以是对象 d，处所 pl，终点、源点 l，或者成事 r）。根据客事进入句子层面是否需要介词标记，二价状态动词可以分为单向状态动词和双向状态动词两类。

---

  [1] Na 未删除的句例《庄子》中仅见 5 例（占 S'10 总数的 1.7%）。
  [2] Na 后移，未带介词标记的《庄子》中仅见 3 例（占 Na 后移总数的 8%）。

2. 《庄子》二价单向状态动词及其相关句式

《庄子》二价单向状态动词共计 48 个（269 例）。其配价语义角色为当事 e、客事 k（或为对象 d，或为处所 pl，或为终点、源点 l）；客事进入句子层面需要介词标记。根据其配价结构的差异，我们将二价单向状态动词分为三类。

2.1 "涉及"类动词

"涉及"类动词共 41 个（169 例），占二价单向状态动词总数的 85.4%。其配价结构为 V(e,d)，根据 d 在句中的位置差异，可以将该类动词进一步分为四小类：

2.1.1 "悖"类

该类动词有 31 个（58 例），在语义上都表示当事 e 处于某种与对象 d 相关的状态中，基本句式 S 为 Ne＋V＋PNd（52 例）。例如：

　　是**悖**于理也（在宥）　　而**比**于列星（大宗师）
　　夏虫不可以语于冰者，**笃**于时也（秋水）
　　会于仁而不**恃**（在宥）　　上**际**于天，下**蟠**于地（刻意）
　　常宽容于物（天下）　　皆**囿**于物者也（徐无鬼）
　　其在彼邪？**亡**乎我（田子方）
　　足迹**接**乎诸侯之境（胠箧）
　　和以天倪（寓言）
　　其**溺**之所为之（齐物论）按，前"之"犹"于"。
　　夫**施**及三王（在宥）

S 有以下 4 种派生句式：

S'2:Ne＋V（3 例）

事会之适也(达生)　静居则溺(盗跖)

从师而不囿(则阳)

S'4:Ne＋V＋Nd(1 例)

因众以宁所闻(在宥)

S"1.1:Ne＋V＋PNi(1 例)

附离不以膠漆(骈拇)

S"1.2:Ne/d＋V＋PNpl(1 例)

则是言行之情悖战于胸中也(盗跖)

说明:

(1) S中的介词标记以"于"为常(45 例),也可以由"乎"(3 例)、"以"(2 例)、"之"(1 例)、"及"(1 例)等介词引入对象 d。

(2) 在具体语境中,有时只需说明当事 e 处于某种状态中,与之相关的对象 d 可以不出现在句法层面,从而派生出 S'2。

(3) V 后至多只出现一个句法成分,以介词 P 引入 Nd 为常。当 V 后出现空位时,偶尔可以用介词 P 引入工具 i、处所 pl,从而派生出 S"1。Nd、Ni、Npl 不在一句中共现。

(4) 当 V 后引入非配价语义角色时,对象 d 或者不出现在句法层面,如《骈拇》例;或者包含在 Ne 之中,如《盗跖》例。

2.1.2 "并"类

"并"类动词共有 4 个(59 例):并[1]、同[1]、(件)、异[1]。这些动词表示的状态都是在当事 e 和对象 d 的比对中实现的,因此具备[比较]的语义特征。其基本句式 S 为 Ne＋V＋PNd(35 例)。例如:

其并乎周以涂吾身也(让王)　人同于己则可(渔父)

既同乎我矣(齐物论)　既异乎我与若矣(齐物论)

S 有以下 6 种派生句式：

S'3：Ne/d＋V(2 例)

　　天地并与(天下)　彼必相与异(至乐)

S'5：Ne＋PNd＋V(10 例)

　　族与万物并(马蹄)　骨节与人同而犯害与人异(达生)

　　彼其所保与众异(人间世)

《天下》例中，e、d 在句法层面以并列短语的形式占据 V 前 Ne 的位置。《至乐》例中，"彼"所指为复数，包含 e、d。

S'4：Ne＋V＋Nd(2 例)

　　忽然无异骐骥之驰过隙也(盗跖)

　　所异彘者何也(达生)

S'10：Nd＋Ne＋V(1 例)

　　道之所一者，德不能同也(徐无鬼)

Nd 前移至句首充任话题主语。

S'11：N1＋PN2＋V＋Ne/d(8 例)[1]

　　知天乐者，其生也天行，其死也物化。静而与阴同德，动而与阳同波(天道)

　　上无为也，下亦无为也，是下与上同德(天道)

　　下有为也，上亦有为也，是上与下同道(天道)

　　无穷、无止，言之无也，与物同理(外物)

---

〔1〕 本部分的句式编排，一律依据二价双向动作动词的句式顺序(见 2.2 节)。凡无法和二价双向动作动词的 10 种一级派生句式中相比照的句式，则标以 S'11、S'12 等等。

V 后的 N 兼指 e、d 两种语义角色,并分别与 N1、N2 具有领属关系。

S"1：Ne＋PNi＋V＋PNd(1 例)

夫为天下者,亦奚以异乎牧马者哉(徐无鬼)

介词"以"引入非配价语义角色原因 i。

说明：

(1) 介词标记的选择因对象 d 所处位置的不同而出现差异：d 位于 V 后以介词"于"、"乎"为标记,d 位于 V 前则以"与"为标记。

(2) S 的介词有时可以省略而派生出 S'4。如：

所异于彘者何也［异于己为非之(寓言)］——→所异彘者何也(达生)

(3) 当 e 和 d 依附于某物,存在领属性语义角色时,在句法层面有两种表述形式。

① Ne 和 Nd 所指不同,则采用 S'5 式。如：

夫醉者之坠车,虽疾不死,骨节<u>与</u>人同而犯害<u>与</u>人异(达生)

"骨节与人同"句完整的表述当为"(醉者之)骨节与人(之骨节)同"。当事 e 的领属者在句法层面承前省略,而对象 d 则隐含于领属者之中。Ne("骨节")和 Nd("人")所指不同。

② Ne 和 Nd 所指相同,则合而为一,采用 S'11 式。如：

下与上<u>同</u>德则不臣(天道)

知天乐者,其生也天行,其死也物化,静而与阴<u>同</u>德,动而与阳<u>同</u>波(天道)

"下与上同德"句所表述的意思当是"上德与下德同"。"同"所表述的是"德","德"为当事;而"德"又分别系属于"上""下",所以兼指 e 和 d。充当主语的 N1 与 P 引入的 N2,其所指只不过分别是 e 和 d 的领属者而已。

从《庄子》的语料来看,这类当事与对象合一的名词仅见抽象名词(道、德、理、波)。

2.1.3 "和"类

"和"类动词共有 3 个(18 例):和^1、塞^1、刃。该类动词所表示的状态都是在当事 e 与对象 d 的相互作用中实现的,基本句式 S 为 Ne+PNd+V(7 例)。例如:

与人<u>和</u>者也(天道) 与道大<u>塞</u>(秋水)
与物相<u>刃</u>相靡(齐物论)

具有一个派生句式,即 S'3:Ne/d+V(11 例)。例如:

妻妾不<u>和</u>(渔父) 阴阳不<u>和</u>(渔父)

说明:

S'3 中,e、d 在句法层面以并列短语的形式占据 V 前 Ne 的位置,如《渔父》之"妻妾"、"阴阳"。

2.1.4 "反"类

"反"类动词共有 3 个(34 例):反^2、交^1、一^1。在语义特征上,该类动词所表示的状态是在同类事物的相互作用中实现的,即"反"类动词所联系的当事 e 和对象 d 所属的语义类别高度一致,其基本句式 S 为 Ne/d+V(30 例)。例如:

其味相<u>反</u>(天运) 其寐也魂<u>交</u>(齐物论)
万物皆<u>一</u>也(德充符)

S 有以下 3 个派生句式：

S'11：N1＋PN2＋V＋Ne/d（1 例）

　　吾终身与汝交一臂而失之（田子方）

S'12：N＋V＋Ne/d（2 例）

　　则是罪人交臂历指（天地）

N 是复数，包含 N1、N2。

S"1：Ne/d＋V＋PNpl（1 例）

　　白刃交于前（秋水）

说明：

（1）S'11 和 S'12 中，V 前的 N 与 V 后的 Ne/d 具有广义的领属关系。

（2）V 后可由介词引入非配价成分 pl（处所），派生出 S"1。

2.1.5　"悖"、"并"、"和"、"反"四小类动词比较

综上所述，d 对动词所表状态的参与程度存在差异。在以"悖"类动词为核心的结构中，d 只是作为当事 e 所处状态的简单涉及对象，在具体语境里，d 可以省略；"并"类与"和"类动词所表示的状态都是通过当事 e 和对象 d 的比较实现的；"反"类动词所表示的状态则强调同类事物的比较或相互作用，以致在该类的诸式中当事与对象总是合为一体，不可分割，也可以说当事就是对象，对象就是当事。从"悖"类到"反"类，对 V 所表示状态的形成来说，d 的参与程度逐渐加强，同时也就意味着当事 e 对 d 依赖程度的逐渐加强。

基本句式的选择是与动词的语义特征紧密相连的。为了体现 e、d 两种语义角色与各小类动词之间语义关联程度的变化，从"悖"

类到"反"类,d 的句法位置逐步前移,直至与当事 e 合为一体,我们将四小类动词的基本句式和最主要的派生句式列举如下:

"悖"类:Ne+V+PNd(52 例,约占该小类出现句例的 90%)

"并"类:Ne+V+PNd(35 例),Ne+PNd+V(10 例)(约占该小类出现句例的 76%)

"和"类:Ne+PNd+V(7 例),Ne/d+V(11 例)(约占该小类出现句例的 100%)

"反"类:Ne/d+V(30 例,约占该小类出现句例的 88%)

由此,我们可以得到下面的序列:

"悖"类　　→"并"类　　→"和"类　　→"反"类
Ne+V+PNd→ Ne+V+PNd→ Ne+PNd+V→ Ne/d+V
　　　　　　　　　　　　Ne+PNd+V　Ne/d+V

在该序列中,随着动词小类的语义特征的变化,对象 d 在句法层面的位置逐步前移。

2.2 "存在"类动词

《庄子》中,"存在"类二价单向状态动词共有 4 个(36 例):垂[1]、存[1]、颠冥[1]、隐[1]。以该类动词为核心的句子都表示当事 e 以某种状态存在于处所 pl,其配价结构为 V(e,pl),基本句式 S 为 Ne+V+PNpl(15 例)。例如:

　　　道<u>隐</u>于小成(齐物论)　机心<u>存</u>于胸中(天地)
　　　固<u>颠冥</u>乎富贵之地(则阳)　足二分<u>垂</u>在外(田子方)

S 中的介词标记以使用"于"为常(13 例),偶用"乎"(1 例)或"在"(1 例)。

S 有以下 5 个派生句式:

S'1：V＋Npl＋之＋Ne（1例）

其翼若垂天之云（逍遥游）

S'1通过Ne的移位而转化为定中关系的名词性结构。

S'2：Ne＋V（15例）。例如：

而我独存乎（在宥） 圣人不隐（天运）

S'4：Ne＋V＋Npl（1例）

其隐岩穴也（让王）

P省略。

S'5：Ne＋PNpl＋V（3例）

言恶乎存而不可（齐物论） 道恶乎隐而有真伪（齐物论）

Npl由疑问代词"恶"充任，整个介词结构移至V前。

S"1：Ne＋V＋PNt（1例）

其末存乎千世之后（庚桑楚）

省略PNpl。S'4的V后空位由介词P引入非配价语义成分时间Nt。

说明：

该类动词具备[存在]语义特征，无论是否引入处所pl，整个配价结构都可以在存现句中出现。例如：

其有真君存焉（齐物论） 犹有尊足者存（德充符）

2.3 "变化"类动词

《庄子》中，"变化"类二价单向状态动词有3个（64例）：沦、出^2、始。其配价结构为V(e,l)。以该类动词为核心的句子都表示当事e状态变化涉及终点（或源点）l。l有终点、源点之别，据此，该类动词可进一步分为两个小类。

2.3.1 "沦"类

该小类只有"沦"一词(1例)。l为终点。基本句式S为Ne+V+PNl(1例)。

　　沦于不测(秋水)

2.3.2 "始"类

该小类有"始"、"出^2"二词(63例)。l为源点。基本句式S为Ne+V+PNl(24例)。

　　始于惧(天运)　知出乎争(人间世)

S具有以下6个派生句式：

S'2：Ne+V(19例)

　　巍巍乎其终则复始也(知北游)　至言不出(天地)

S'4：Ne+V+Nl(5例)

　　乐出虚(齐物论)

S'5：Ne+PNl+V(4例)

　　自此始矣(天地)　明何由出(天下)

S'9：Ne+Nl+V(1例)

　　汝将何始(则阳)

源点Nl由疑问代词"何"充任。

S'12：N+V+Ne(7例)

　　子綦索然出涕(徐无鬼)

V前的N与V无直接的语义联系；N与Ne具有广义的领属关系。

S"1：Ne+PNd+V(3例)

　　与物终始(则阳)

在S'2的基础上引入非配价语义角色对象d。

说明：

(1) S 可以省略介词标记而派生出 S'4。

(2) 客事 1 前移，派生出 S'5。1 移位的条件是：介词 P 由"自"、"由"充任。当 Nl 由疑问代词"何"充任时，前移的 PNl 中的 P 可省略，派生出 S'9。

(3) 状态变化的源点常常省略，派生出 S'2。

2.4 小结

2.4.1 现将二价单向状态动词列表小结如下：

表 3-10：二价单向状态动词的句式概况

配价与句式 类别		配价结构	基本句式	主要派生句式[1]
涉及	"悖"类	V(e,d)	Ne + V + PNd (52)	Ne+V(3)
	"并"类	V(e,d)	Ne + V + PNd (35)	Ne+PNd+V(10) Ne/d+V(2) N1+PN2+V+Ne/d(8)
	"和"类	V(e,d)	Ne + PNd + V (7)	Ne/d+V(11)
	"反"类	V(e,d)	Ne/d+V(30)	
存在		V(e,pl)	Ne + V + PNpl (15)	Ne+V(15) Ne+PNpl+V(3)

---

[1]《庄子》中仅见 1 例、2 例的派生句式未列在表中。

续表

变化	"沦"类	V(e,l)	Ne＋V＋PNl (1)	
	"始"类	V(e,l)	Ne＋V＋PNl (24)	Ne＋PNl＋V(4) Ne＋V＋Nl(5) Ne＋V(19) Ne＋PNd＋V(3) N＋V＋Ne(7)

说明：

（1）上述各类动词配价结构在用例数量上可作如下降序排列：

"涉及"类(169 例)＞"变化"类(64 例)＞"存在"类(36 例)

（2）"涉及"类与"存在"类、"变化"类动词的客事虽然都可以移至 V 前，但存在差异："涉及"类、"变化"类动词依靠不同的介词将客事前移（"涉及"类用"与"，"变化"类用"自"、"由"），其客事前移是相对自由的；"存在"类动词客事前移只是特例，PNpl 仅限于"恶乎"，其客事前移是不自由的。

（3）"涉及"类与"变化"类动词虽然都有派生句式 Ne＋PNd＋V，但亦有差异：对于"涉及"类动词来说，d 是配价语义角色，而对于"变化"类动词来说，d 是非配价语义角色。"涉及"类动词的派生句式 Ne＋PNd＋V 可以变换为基本句式 Ne＋V＋PNd。例如：

骨节与人同（达生）——→ 骨节同于人［人同于己（渔父）］

而"变化"类动词的派生句式 Ne＋PNd＋V 无上述变换。

(4) 只见"涉及"类动词的句式中出现 Ne/d 现象,即两个配价语义角色占据同一个句法位置。Ne/d 有两种形式:一是并列名词短语,二是名词(所指为复数)。前者只能充当主语,而后者,或充当主语,或充当宾语。

(5) 只见"变化"类动词有 N+V+Ne 句式。

(6) 上述各类动词支配客事的能力存在着差异。在句法层面,"涉及"类动词的客事很少省略(3例,不到该类动词用例总数的 2%),而"存在"类、"变化"类动词客事省略的现象则是经常的("存在"类 15 例、"变化"类 19 例,约占两类动词用例总数的 34%)。这表明,"涉及"类动词支配客事的能力大大强于"存在"、"变化"两类动词。

2.4.2 二价单向状态动词的配位规则

二价单向状态动词的常规配位可以归结为以下三条规则:

(1) 以 V 为核心的句式有 3 个空位(V 前 2 个,V 后 1 个),与 V 联系的语义角色原则上至少占据 1 个空位;

(2) 配价语义角色当事 e 处于第一空位,另一配价语义角色客事 k 由介词引入,处于 V 后;

(3) 至多只能有 1 个非配价语义角色 b 由介词引入句法层面与 V 共现,其位置处于 V 前。

因此,二价单向状态动词的配位常例(空位全部占满)可记作:

Ne　　PNb　　V　　PNk [1]

---

[1] "和"类动词除外。"和"类动词配位常例可记作:Ne　PNk V;变例可记作:Ne/k V。

二价单向状态动词的配位变例,涉及配价语义角色的移位,涉及配价语义角色删除标记,可以归纳为以下三条规则:

(1) Nk 移至 V 前,或者保留标记,处在 Ne 与 V 之间;或者删除标记,处在句首,Ne 或后移,或与 Nk 占据同一位置;伴随 Nk 前移,PNb 或可后移至 V 后空位。即:

　Ne　　PNk　　V　[1]
　Ne/k　　V　　PNb
　Nk　　Ne　　V

(2) Ne 移至 V 后,伴随着非语义角色名词语 N 的引入,V 前空位由 N 占据;原位的 Nk,或与 Ne 占据同一空位,或删除。即:

　N1　　(PN2)[2]V　　Ne/k
　N　　V　　Ne

(3) 客事 Nk 的介词标记删除。即:

　Ne　　V　　Nk [3]

3.《庄子》二价双向状态动词及其相关句式

《庄子》二价双向状态动词共计 69 个(565 例)。其配价语义角色为当事 e、客事 k(或为对象 d,或为成事 r,或为处所 pl,或为终点、源点 l);客事 k 进入句子层面无需介词标记。根据其配价结构的差异,我们将二价双向状态动词分为四类。

---

[1] V 后或可出现 PNb,但《庄子》中未见。
[2] (PN2)表示该空位的 PN2 可有可无。
[3] V 前 PNb 或可存在,但《庄子》中未见。

3.1 "涉及"类

"涉及"类动词共计 57 个(341 例),占二价双向状态动词总数的 82.6%,其配价结构为 V(e,d),基本句式 S 为 Ne+V+Nd(234 例)。例如:

安时而处顺(养生主) 鸣而当律,言而当法(寓言)
夫尧知贤人之利天下也(徐无鬼)
宋有荆氏者,宜楸柏桑(人间世)

S 有以下 11 个派生句式,其中 S'式 5 个,S"式 6 个。

S'4:Ne+V+PNd(37 例)

寡能备于天地之美(天下) 内支盈于柴栅(天地)
罪在于好知(在宥) 合乎大同(在宥)

Nd 前往往可以添加介词标记 P,派生出 S'4。P 以"于"为常(29 例,包括 1 例"焉"),其次为"乎"(8 例)。

S'5:Ne+PNd+V(5 例)

与物穷者(庚桑楚) 是以与众不适也(天下)
夫或改调一弦,于五音无当也(徐无鬼)
恶乎至(齐物论)

PNd 偶尔移至 V 前,派生出 S'5。P 以"与"(2 例)、"于"(1 例)、"乎"(2 例,均为"恶乎")充任。

S'9:Ne+Nd+V(1 例)

易之者,暸天不宜(人间世)

Nd 偶尔移至 V 前,仍充当宾语,无标记,派生出 S'9。

S'2:Ne+V(47 例)

火传也(养生主) 是终始本末不相坐(天地)

配价语义角色 Nd 省略,派生出 S'2。

  S'3:Ne/d＋V(5 例)

    外内不相及(大宗师) 民相连而从之(让王)

    天道之与人道也,相去远矣(在宥)

    譬如耳目鼻口,皆有所明,不能相通(天下)

当事 e 与对象 d 在句法层面占据同一个句法位置,V 前有"相"作标记。

  S"1.1:N＋PNd＋V＋Ne/d(1 例)

    吾与日月参光(在宥)按,成玄英疏:参,同也。(385 页)

N1、N2 与 Ne/d 具有领属关系。

  S"1.2:Ne＋PNi＋V＋Nd(5 例)

    以善处丧盖鲁国(大宗师) 则以天合天(达生)

    何以加此(列御寇)

  S"1.3:Ne＋PNi＋Nd＋V(1 例)

    不以遭时自利也(让王)

Nd 由代词"自"充任,置于 V 前。

  S"1.4:Ne＋PNi＋V(3 例)

    而以是相蕴(齐物论) 此以天属也(山木)

  S"1.5:Ne＋V＋PNpl(1 例)

    生熟不尽于前(天道)

  S"2:Ne＋Ni＋V(1 例)

    奚故不近(知北游)

当 Ni 由包含疑问代词的名词语充任时,P 可省略。

说明:

(1) 将非配价成分引入句法层面的介词标记 P 因语义角色的不同而出现差异:对象 d 由介词"与"引入,凭借、原因 i 由介词"以"引入,处所 pl 由介词"于"引入。

(2) PNd、PNi 只出现在 V 前,PNpl 只出现在 V 后。

(3) 除配价语义角色之外,在句法层面与 V 共现的非配价语义角色仅限于 1 个。

3.2 "结果"类

《庄子》中,"结果"类二价双向状态动词仅有 3 个(79 例):成^3、为^2、形^2。其配价结构为 V(e,r),基本句式 S 为 Ne+V+Nr(68 例)。以该类动词为核心的句子都表示当事 e 转化为成事 r。例如:

五者不备而能成大盗者,天下未之有也(胠箧)

禽兽成群(马蹄)

乌足之根为蛴螬,其叶为胡蝶(至乐)

知形形之不形乎(知北游)

S 有以下 2 个派生句式,核心动词均是"为^2"。例如:

S'11:Ne+V1+ V2+Nr(5 例)

臭腐复化为神奇(知北游)

汤、武立为天子(盗跖)

状态动词"为^2"处在 V2 的位置。

S"1:Ne+PNd+V+Nr(6 例)

而万物与我为一(齐物论)

一与言为二,二与一为三(齐物论)

介词"与"引入非配价语义角色对象 Nd。

说明:

(1) Nr 不可省略,不可由代词"之"充任。

(2) S 可以变换为 S'11,如:

其叶为胡蝶(至乐)──→ 其叶化(而)为胡蝶[胡蝶胥也化而为虫(至乐)]

3.3 "存在"类

《庄子》中,"存在"类二价双向状态动词有 6 个(86 例):充¹、满、面、委²、位、在¹。其配价结构为 V(e,pl)。根据基本句式 S 的不同,该类动词可进一步分为两个小类。

3.3.1 "在¹"类

该小类动词有 5 个(78 例):充¹、满、委²、位、在¹,其基本句式 S 为 Ne+V+Npl(55 例)。以该类动词为核心的句子都表示当事 e 存在于处所 pl。例如:

吾在天地之间(秋水)　形充空虚(天运)

声满天地(让王)　　　如土委地(养生主)

跟位其空(徐无鬼)

S 有以下 5 个派生句式:

S'1:V+Ne(1 例)

为之踌躇满志(养生主)

S'2:Ne+V(3 例)

则户外之屦满矣(列御寇)　其运无乎不在(天下)

S'4:Ne+V+PNpl(13 例)

而虎豹在于囊槛(天地)　德在乎天(秋水)

不位乎其形(秋水)

S'5：Ne＋PNpl＋V(3 例)

所谓道恶乎在(知北游)

前移的 PNpl 仅见"恶乎"。

S'10：Npl＋V(3 例)

注焉而不满(齐物论)

3.3.2 "面"类

"面"类动词仅"面"一词(8 例)。其基本句式 S 为 Ne＋Npl＋V(8 例)。例如：

伯昏瞀人北面而立(列御寇)

足以南面称孤矣(盗跖)

明此以北面,舜之为臣也(天道)

东面而视(秋水)

说明：

(1)"面"在语义上所具备的[方向]特征决定了 Npl 均由方位名词(南、北、东)充任。

(2) Npl＋V 不独立充当谓语。在连谓结构中,Npl＋V 一般位置在前(7),如《盗跖》例;偶尔在后(1),如《天道》例。

3.4 "变化"类

《庄子》中,"变化"类二价双向状态动词有 4 个(60 例)：达^2、灌^2、通^1、至^2。以该类动词为核心的句子都表示当事 e 状态变化涉及终点(极限)l。其配价结构为 V(e,l),基本句式 S 为 Ne＋V＋Nl(12 例)。例如：

赽勉闻道达耳矣(庚桑楚)　百川灌河(秋水)

而通四夷九州也(天下)　　技何至此乎(养生主)

S 有以下 7 个派生句式,核心动词均是"至^2"。例如:

S'2:Ne+V(19 例)

祸亦不至(庚桑楚)

S'4:Ne+V+PNl(21 例)

虽未至乎道(让王)　不至乎期年(德充符)

S'5:PNl+V(2 例)

恶乎至(齐物论)

S'10:Nl+V(3 例)

恶至而倪贵贱(秋水)　德不可至(知北游)

Nd 移至 V 前有两种情况:(1)Nd 移至 V 前仍充当宾语,Nd 由疑问代词充任,如《秋水》例;(2)Nd 移至句首充当话题主语,以"可"为标记,如《知北游》例。

S"1.1:Ne+PNd+V+PNl(1 例)

与之至于妙道(渔父)按,介词"与"引入非配价语义角色 Nd。

S"1.2:Ne+PNi+V+PNl(1 例)

请问何以至于此(达生)按,介词"以"引入非配价语义角色 Ni。

S"1.3:Ne+PNpl+V+Nl(1 例)

何从至此哉(知北游)按,介词"从"引入非配价语义角色 Npl(源点)。

说明:

3.5　小结

3.5.1 现将二价双向状态动词列表小结如下：

表 3-11：二价双向状态动词的句式概况

类别	配价与句式	配价结构	基本句式	主要派生句式
涉及		V(e,d)	Ne＋V＋Nd (234)	Ne＋V＋PNd(37) Ne＋PNd＋V(5) Ne＋V(47) Ne/d＋V(5) Ne＋PNi＋V＋Nd(5) Ne＋PNi＋V(3)
结果		V(e, r)	Ne＋V＋Nr (68)	Ne＋V1＋V2＋Nr(5) Ne＋PNd＋V＋Nr(6)
存在	"在¹"类	V(e,pl)	Ne＋V＋Npl (55)	Ne＋V＋PNpl(13) Ne＋PNpl＋V(3) Ne＋V(3) Npl＋V(3)
存在	"面"类	V(e,pl)	Ne＋Npl＋V (8)	
变化		V(e,l)	Ne＋V＋Nl(12)	Ne＋V＋PNl(21) Ne＋V(19) Nl＋V(3)

说明：

（1）上述各类动词配价结构在用例数量上可作如下降序排

列：

"涉及"类（341例）＞"存在"类（86例）＞"结果"类（78例）＞"变化"类（60例）

（2）上述各类动词支配客事的能力存在着差异。在句法层面，动词支配客事的能力可以从介词标记出现的频率，以及客事省略的频率的高低得到反映：介词标记出现的频率、客事省略的频率低，说明动词支配客事的能力强；反之，动词支配客事的能力相对就弱。据此，考察各类动词，其支配客事的能力可作如下降序排列：

"结果"类 ＞ "存在"类 ＞ "涉及"类 ＞ "变化"类

"结果"类动词支配客事的能力最强，"变化"类动词支配客事的能力最弱。

3.5.2 二价双向状态动词的配位规则

二价双向状态动词的常规配位可以归纳为以下三条规则：

（1）以 V 为核心的句式有 3 个空位（V 前 2 个，V 后 1 个），与 V 联系的语义角色原则上至少占据 1 个空位；

（2）配价语义角色当事 e 和客事 k 直接进入句法层面，占据两个空位，分居 V 两侧；

（3）至多只能有 1 个非配价语义角色 b 由介词引入句法层面与 V 共现，处于 Ne 之后、V 前的位置。

因此，二价双向状态动词的配位常例（空位全部占满）可记作：

Ne　PNb　V　Nk

二价双向状态动词的配位变例，涉及配价语义角色的移位，涉及配价语义角色添加标记，可以归纳为以下三条规则：

(1) Nk 移至 V 前,如果占据紧靠 V 前的位置,则或添加介词标记,或否,Ne 仍处在句首位置,Ne 后的 PNb 原则上删除;[1] 如果 Nk 占据句首的位置,则 Ne 原则上或删除,或与 Nk 共占一个空位,V 前 PNb 亦原则上删除。即:

  Ne (P) Nk V

  Nk(/e)[2] V

(2) Ne 移至 V 后,伴随着非语义角色名词语 N 的引入,V 前空位由 N 占据;原位的 Nk,或与 Ne 占据同一空位,或删除。即:

  N1 (PN2) V Ne(/k)

(3) 客事 Nk 在原位添加介词标记。即:

  Ne PNb V PNk

4. 结语

上文对二价单向状态动词与二价双向状态动词的配价结构及其相关句式分别作了描写,得出如下结论:

(1) 二价单向、双向状态动词都以"涉及"类动词为主体(分别占各自动词总数的 85.4% 和 82.6%)。

(2) 二价单向状态动词以 Ne+V+PNk(k=d,pl,l)为基本句式,二价双向状态动词以 Ne+V+Nk(k=d,r,pl,l)为基本句式。此外,无论二价单向状态动词,还是二价双向状态动词,都有个别小类具有其他基本句式,如:Ne+PNd+V("和"类)、Ne/d+V("反"类)、Ne+Npl+V("面"类)等。

---

[1] 前移的 Nk 由代词"自"充任时,Ne 后的 PNb 可以不删除。

[2] Nk(/e) 表示或 Nk,或 Nk/e。

(3) 二价单向、双向状态动词支配的客事类型有所不同,除 d、pl 和 l 外,二价双向状态动词还可以支配成事 r。

(4) 二价单向、双向状态动词支配客事的能力有强弱之别。总体来说,二价双向状态动词对客事的支配能力强于二价单向状态动词。主要体现在:①二价双向状态动词的客事大多无需借助介词引入句法层面,而二价单向状态动词的客事则需要依靠介词引入;②二价双向状态动词客事在句法层面脱落的比例低于二价单向状态动词(前者 69 例,约占双向状态动词用例总数的 12.2%,后者 47 例,约占单向状态动词用例总数的 17.5%)。上述两点表明,在动词与客事联系的紧密程度上,显然,前者强于后者。此外,二价双向状态动词的客事在句法层面与非配价语义角色共现的用例大大多于二价单向状态动词(15 例:1 例),这在一定程度上也反映出二价双向状态动词的支配能力强于二价单向状态动词。

二价单向、双向状态动词内部各小类支配客事的能力亦有强弱之别。

(5) 二价状态动词的两个配价语义角色在句法层面可以重合,或以名词并列短语的形式,或以名词(所指为复数)的形式占据同一个句法位置。这种现象仅见于二价"涉及"类状态动词。

(四)《庄子》关系动词及其相关句式

1. 引言

关系动词均为二价双向动词,具有[关系]语义特征,支配系事th和表事rh两个语义角色,其配价结构为:V(th,rh),意谓:系事和表事之间具有某种关系,或相似,或同一,或存在。

在《庄子》中,关系动词共有9个:类、如[1]、若[1]、似、犹、曰[2]、为[1]、有[1]、无[1]。基本句式S为Nth+V+Nrh。根据所表示的关系意义,关系动词可以分为以下三类:相似动词、判断动词和存在动词。

2. 相似动词

相似动词表示系事th和表事rh具有相似关系。《庄子》中,相似动词有5个:类(2)、如[1](73)、若[1](238)、似(38)、犹(26)。[1] 例如:

民<u>如</u>野鹿(天地)/食豕<u>如</u>食人(应帝王)/夫水行莫<u>如</u>用舟(天运)/虽通<u>如</u>师旷,非吾所谓聪也(骈拇)

其翼<u>若</u>垂天之云(逍遥游)/绰约<u>若</u>处子(逍遥游)/掣水<u>若</u>抽(天地)/吾相狗又不<u>若</u>吾相马也(徐无鬼)/吾执臂也,<u>若</u>槁木之枝(达生)按,郭象注:不动之至。(640页)

子之谈者<u>似</u>辩士(至乐)/此其比万物也,不<u>似</u>毫末之在于马体乎(秋水)/凄然<u>似</u>秋(大宗师)

视丧其足,<u>犹</u>遗土也(德充符)/古<u>犹</u>今也(知北游)/吾在天地之间,<u>犹</u>小石小木之在大山也(秋水)/见者惊<u>犹</u>鬼神(达生)

说明:

(1) Nth有时可以省略,但Nrh必须与相似动词在句法层

---

[1] 括号内的数字为该动词在《庄子》中出现在典型位置(述谓中心语)的次数。

面共现。《庄子》中，Nrh 与相似动词共现者 375 例，约占总数的 99%。Nrh 省略者仅 2 例，列举如下：

予无如矣（秋水）

不知论之不及与？知之弗若与（秋水）

上述二例均在对话之中，动词前均有否定副词。《秋水》后例，Nrh 的省略，还有使之与上句节律相合、追求排偶的原因。

(2) Nth 既可由名词语充任，如《天地》例之"民"、《知北游》例之"古"，也可由动词语充任，如《应帝王》例之"食豕"、《德充符》例之"视丧其足"，还可由小句充任，如《徐无鬼》例之"吾相狗"、《秋水》例之"吾在天地之间"。Nrh 亦然。充任 Nth、Nrh 的动词语及小句由陈述转为指称。

需要指出的是：①在一句之中共现的、充任 Nth、Nrh 的词语，其类别可以一致，如《知北游》例之 Nth（"古"）与 Nrh（"今"）都是名词语，《应帝王》例之 Nth（"食豕"）与 Nrh（"食人"）都是动词语，《徐无鬼》例之 Nth（"吾相狗"）与 Nrh（"吾相马"）都是小句；也可以不一致，如《达生》例之 Nth（"吾执臂"）是小句，而 Nrh（"槁木之枝"）是名词语；又如《大宗师》例之 Nth（"凄然"）是形容词，而 Nrh（"秋"）是名词。考察《庄子》，在一句之中共现的、充任 Nth、Nrh 的词语，其类别以一致为常。②在一句之中共现的、充任 Nth、Nrh 的词语，其类别不一致者往往是由于 Nrh 省略所致。例如：

凄然似秋（大宗师）按，Nrh 省略"凄然"。

少者哭之，如哭其母（养生主）按，Nrh 省略"少者"。

骐骥骅骝一日而驰千里，捕鼠不如狸狌（秋水）按，Nrh 省略"捕鼠"。

委蛇,其大如毂,其长如辕(达生)按,Nrh 分别省略"大"、"长"。

亦有隐含 Nrh 特征所致。如上文《达生》例,据郭象注,隐含了"槁木之枝"的特征"不动之至"。

(3) Nrh 原则上位于 V 后(361 例,约占出现总数的 96%)。Nrh 偶或可以移至 V 前,构成 Nth＋Nrh＋V(S'9)、Nth＋PNrh＋V(S'5)二式。有三种情况:

A. Nrh 由疑问代词("何"、"奚")充任,其句式为 S'9。例如:

天王之用心何如(天道)　以夫子之行为奚如(天运)

事之何若(外物)

B. 否定句中,Nrh 由人称代词充任,其句式为 S'9。例如:

莫吾能若也(秋水)　而哀不己若者(徐无鬼)

以为莫己若者(秋水)

C. Nrh 由介词 P("与")引入,其句式为 S'5。例如:

与仲尼相若(德充符)

不知其与是类乎? 其与是不类乎(齐物论)

因此,相似动词构成的基本句式 S 可以派生出 S'9,S'5。例如:

S ——→S'9

Nth＋V＋Nrh ——→ Nth＋Nrh＋V

其数若何(知北游)——→ 其数何若[事之何若(外物)]

S ——→S'5

Nth＋V＋Nrh ——→ Nth＋PNrh＋V

其翼若垂天之云(逍遥游)——→ 其翼与垂天之云相若[与仲尼相若(德充符)]

需要指出的是:①Nrh 前移的现象只发生在"如"、"若"、"类"三词之中,"似"、"犹"二词未见;[1]②发生 Nrh 前移现象的三词亦存在差异:"若"存在 A(1 例)、B(4 例)、C(1 例)三种现象,以 B 为常;"如"只存在 A 现象(9 例),"类"只存在 C 现象(2 例)。三词大体形成互补的格局。③同样发生 A 现象的"如"、"若"还存在以下差异:疑问代词充任 Nrh,如果动词是"如",Nrh 原则上移至 V 前(9 例),在 V 后者仅 1 例,见《天运》:"夫三王五帝之治天下不同,其系声名一也,而先生独以为非圣人,如何哉?"如果动词是"若",Nrh 原则上在 V 后(3 例),如:《知北游》:"其数若何?"[2]

因此,能够实现上述 S ——→ S'9 的只有"如"、"若"二词;能够实现上述 S ——→ S'5 的只有"若"、"类"二词。

(4)当 Nth 由小句充任时,Nth 与 V 之间可以插入语气词"也",如《达生》例之"吾执臂也",《秋水》例之"此其比万物也"。

(5)相似动词只支配 Nth、Nrh 两个配价语义角色,无需时

---

[1] 我们考察了《左传》、《论语》、《孟子》、《墨子》、《荀子》、《韩非子》、《吕氏春秋》等七部上古文献,"似"、"犹"二词均未见 A、B 现象,仅《孟子》、《吕氏春秋》中的"似"偶见 C 种现象(各 1 例),如《吕氏春秋·察传》:"豕与亥相似。"

[2] 在上述考察的七部上古文献中,《论语》、《孟子》未见"若",其余诸书,除《墨子》外,均与《庄子》同。统计数字列举如下:

	左传	论语	孟子	墨子	荀子	韩非子	吕氏春秋
何若/若何	0/30	0/0	0/0	7/0	0/6	0/1	2/10
何如/如何	24/4	21/0	16/5	1/1	11/0	14/0	7/1

《墨子》一书例外,且极少用"如",与其他文献形成鲜明对比,或许与古代方言有关。

间、空间的背景,也不与凭借、对象、原因、目标等其他语义角色相联系;反映在句法层面上,相似动词不受时间、空间、凭借、对象、原因、目标等状语的修饰或补充。

(6) 相似动词的修饰语除 PNrh 外,仅限于副词。例如:

其行尽如驰而莫之能止(齐物论)

其与是不类乎？(齐物论)

此其比万物也,不似毫末之在于马体乎(秋水)

夫为天下亦若此而已(徐无鬼)

而犹若是(列御寇)

子既若是矣(德充符)

与仲尼相若(德充符)

是国马也,而未若天下马也(徐无鬼)

偶尔出现两个副词。例如:

君乃言此,曾不如早索我于枯鱼之肆。(外物)

吾又不若夷节(则阳)

但需要说明的是,"曾"修饰"不如"。《则阳》同。

相似动词受副词修饰的能力存在差异:考察《庄子》,"若"受副词修饰的能力最强,可以受"不"、"亦"、"既"、"犹"、"相"、"未"、"弗"、"且"、"一"等词修饰[1],"如"次之,可以受"不"、"无"、"尽"修饰,"似"、"类"又次之,仅受"不"修饰,"犹"未见受任何副词修饰。相似动词受副词修饰的能力可以描写为:

---

[1]《田子方》篇有"从容一若龙、一若虎"句,"一"犹或,忽然之词。参见《经词衍释》卷三。

若＞如＞似/类＞犹

(7) 相似动词构成的基本句式,其主语与谓语之间不能插入助词"之",《庄子》中,仅"若"一词有 1 例例外:

安知夫子之犹若是也(德充符)

(8) 相似动词的表事 Nrh 原则上不能由代词"之"充任,只有"似"一词除外(3 例)。如:

似之而非也(山木)　狂屈似之(知北游)

(9) 相似动词不能构成"所"字结构、"者"字结构。

3. 判断动词

判断动词支配系事 th 和表事 rh,肯定它们具有同一关系。《庄子》中,判断动词有 2 个:为^1(79)、曰^2(25)。例如:

弟<u>为</u>盗跖(盗跖)/其名<u>为</u>鲲(逍遥游)/先天地生而不<u>为</u>久(大宗师)/泽及万世而不<u>为</u>仁(大宗师)

尧之师<u>曰</u>许由(天地)/一<u>曰</u>五色乱目(天地)

说明:

(1) 这里所说的同一关系,包括两类:一类表示等同,即肯定系事 th 是(或叫做)表事 rh,如《盗跖》例之"弟"与"盗跖",《天地》例之"尧之师"与"许由";一类表示类别,即把系事 th 算作表事 rh 一类,如《大宗师》例之"先天地生"与"久"。据此,可以把判断动词分为两小类:A. 为$^{1.1}$(29)、曰^2;B. 为$^{1.2}$(50)。

(2) A 类动词的系事 th 均由名词语充任[1],表事 rh 原则

---

[1] 《天地》例"一曰五色乱目","一"为序数词,其 Nth 可以看作是省略了中心语的"数+名"短语。

上由名词语充任,偶或由动词语或小句充任,如《天地》例之"五色乱目";B类动词的系事 th 和表事 rh 既可以由名词语充任,也可以由动词语或小句充任;无论 A 类动词,还是 B 类,充任 Nth、Nrh 的动词语或小句均由陈述转为指称。

需要指出的是:①代词原则上不充任判断动词的配价语义角色。考察《庄子》,表事 Nrh 不可由代词"之"充任,无一例外。疑问代词"孰"偶尔可以充任"为^{1,2}"的系事 Nth(1 例),例如:

> 孰为祥(徐无鬼)

指示代词"然"偶尔可以充任"为^{1,2}"的表事 Nrh(1 例),例如:

> 唯同乎天和者为然(庚桑楚)

指示代词"是"偶尔可以充任"为^{1,1}"的系事 Nth(1 例),例如:

> 是为耆艾(寓言)

② 专名可以充任 A 类动词的表事 Nrh,如《盗跖》例之"盗跖",《天地》例之"许由";非专名充任 A 类动词的表事 Nrh 时,可以临时转类为专名,例如:

> 其名为忘己(天地)　故命之曰知生之民(盗跖)

B 类动词的表事 Nrh 不可由专名充任。

③ B 类动词的系事 Nth 可以由多音节动词语或小句充任,而表事 Nrh 则往往由单音节词充任。除上文所举的《大宗师》二例之外,再如:

> 在太极之先而不为高,在六极之下而不为深(大宗师)
> 覆载天地、刻彫众形而不为巧(大宗师)

(3) 在句法层面上,A 类判断动词的配价语义角色 Nth 偶

或可以省略,例如:

　　　　有士二人,处于孤竹,曰伯夷叔齐。(让王)[1]

但B类判断动词的Nth不可省。

(4) 无论是A类动词,还是B类,配价语义角色Nrh都不可省略,必须与V共现,无一例外。

(5) 配价语义角色Nth、Nrh均不可移位。

(6) 判断动词只支配Nth、Nrh两个配价语义角色,无需时间、空间的背景,也不与凭借、对象、原因、目标等其他语义角色相联系;反映在句法层面上,判断动词不受时间、空间、凭借、对象、原因、目标等状语的修饰或补充。

只有B类动词可以受副词"不"的修饰,例见上文《大宗师》"不为高"、"不为深"、"不为巧"。

(7) "曰²"可以出现在连谓句式"V1+N1+V2+N2"中V2的位置(9例),V1由动词"有"、"名"或"命"充任,N2多为专名。例如:

　　　　有国于蜗之左角者曰触氏(则阳)　命曰天放(马蹄)
　　　　名之曰益多(人间世)　故命之曰有巢氏之民(盗跖)

(8) 判断动词肯定系事th和表事rh具有同一关系,因此无系词的判断句可以转换为由判断动词构成的句子,而不影响意义的表达,例如:

---

[1] 《庄子》中,未见"为^{1,1}"Nth省略者,但先秦他书中偶见"为^{1,1}"省略Nth的现象,如《论语·微子》:"长沮曰:'夫执舆者为谁?'子路曰:'为孔丘。'"子路的回答省略了Nth。

南冥者,天池也(逍遥游)——→ 南冥为天池[鲵桓之审为渊(应帝王)]

天下有大戒二:其一,命也,其二,义也(人间世)——→一曰命,二曰义[且夫失性有五:一曰五色乱目(天地)]

(9) 判断动词"曰²"构成的基本句式,其主语与谓语之间不能插入助词"之";"为¹"构成的基本句式,其主语与谓语之间偶或可以插入助词"之"(2 例),例如:

知天地之为稊米也,知豪末之为丘山也(秋水)

(10) 判断动词不能构成"所"字结构、"者"字结构。

判断动词小结如下:

表 3-12:判断动词的句式概况

判断动词		Nrh 可省、可移位	Nth 可省	受"不"修饰	可构成连谓句式	Nrh 可由专名充任	可构成"所"字、"者"字结构
A	为¹·¹	—	—	+	—	+	—
	曰²	—	—	+	+	+	—
B	为¹·²	—	—	+	+	—	—

4. 存在动词

存在动词表示事物的存在(或不存在)。其表事 rh 为存在(或不存在)之物,系事 th 为存在的环境。《庄子》中,存在动词有 2 个:有¹(621)、无¹(555)。"有¹"表示存在,"无¹"表示不存在。例如:

夫道,有情有信,无为无形(大宗师)

北冥有鱼(逍遥游)/口中有珠(外物)

上古有大椿者(逍遥游)

三 《庄子》二价动词及其相关句式　139

　　　　天下无道(天地)

　　　　而鲁国无敢儒服者(田子方)

说明：

（1）存在动词"有¹"、"无¹"的表事 Nrh 进入句法层面时：① 须与 V 共现(1115 例,约占总数的 99%[1])。表事 Nrh 省略的 S'2 式仅见 8 例,其中 4 例是在对话之中(仅见"有¹"),例如：

　　　　桓公曰："然则有鬼乎？"曰："有。"(达生)

另 4 例[2],"有¹"、"无¹"前均有副词修饰,例如：

　　　　始无有(庚桑楚)　则万物莫不无(秋水)

② "有¹"、"无¹"的表事一般无须介词标记,共 1111 例,约占总数的 98%；由介词引入的 S'4 式仅见 11 例(约占总数的 1%),例如：

　　　　有实而无乎处者,宇也(庚桑楚)按,成玄英疏：方物之生,谓其有实,寻责宇中,竟无来处。(801 页)

　　　　万物有乎生而莫见其根,有乎出而莫见其门(则阳)按,郭象注：唯无其生亡其出者,唯能睹其门而测其根也。(906 页)

③ 表事一般 Nrh 在 V 后,移至 V 前属特例(14 例,约占总数的 1%)。有两种情况：一是宾语前置(仅见"有¹"11 例),构成

---

[1] 这里所说的"总数"指存在动词处在典型位置(述谓中心语)上的频率。

[2] 还有《秋水》1 例"知东西之相反而不可以相无"未计在内,Nth 包含 Nrh,以"相"为标记。

S'9式,分三种:

　　A. 否定句中,Nrh 由代词"之"充任(1 例),如:

　　　　天下未之有也(胠箧)

　　B. Nrh 由疑问代词"何"充任(4 例),如:

　　　　而游无何有之乡(应帝王)

　　C. 以助词"之"为标记(6 例),如:

　　　　则何惧之有(天地)

　　二是移至句首充当话题主语(3 例),构成 S'10 式,如:

　　　　道不可有,有不可无(则阳)按,成玄英疏:夫至道不绝,非有非无,故执有执无,二俱不可也。(919 页)

　　　　祸福无有,恶有人灾也(庚桑楚)

　④ 表事 Nrh 一般由名词语充任,也有由动词语(包括形容词语)充任者。例如:

　　　　子有杀父,臣有杀君(庚桑楚)　　予欲有问乎若(知北游)

　　　　犹有未树也(逍遥游)　　　　　目芒然无见(盗跖)

　　　　而刀刃者无厚(养生主)

　充任表事 Nrh 的动词语由陈述转为指称:或相当于"V＋者",如《庚桑楚》、《养生主》诸例;或相当于"所＋V",如《知北游》、《逍遥游》、《盗跖》诸例。因此,上述诸例可以作如下转换:

　　　　子有杀父──→子有杀父者[人有见宋王者(列御寇)]

　　　　目芒然无见──→目芒然无所见[目无所见(在宥)]

　⑤ 表事 Nrh 偶或可以由代词"之"充任(8 例),例如:

　　　　野语有之曰(秋水)　　天下无之(在宥)

(2) 存在动词"有"、"无"的系事 Nth 是表事 Nrh 存在的时空、范围、载体等。

① 一句之中，或时空、或范围、或载体，原则上只出现一种，在 V 之前。例如：

　　北冥有鱼（逍遥游）　　上古有大椿者（逍遥游）
　　天下无敌矣（说剑）

　　　　　　　　　　　　　　　（以上 Nth 为时空）

　　长少无序（渔父）　　宋人有善为不龟手之药者（逍遥游）

　　　　　　　　　　　　　　　（以上 Nth 为范围）

　　故金石有声（天地）
　　故知天乐者，无天怨，无人非（天道）
　　夫道，有情有信，无为无形（大宗师）

　　　　　　　　　　　　　　　（以上 Nth 为载体）

偶尔出现两种：或载体、时间共现，或载体、空间共现。例如：

　　德人者，居无思，行无虑（天地）按，"德人者"为载体，"居"、"行"转指时间。

　　昔者，吾有刺于子（天道）按，"昔者"为时间，"吾"为载体。

　　死，无君于上，无臣于下（至乐）按，成玄英疏：夫死者……宁有君臣上下之累乎！（619 页）据成疏，"死"当转指载体，"上"、"下"为空间（或范围）。

由上例可见，载体、时间共现，均在 V 之前；载体、空间共现，载体在 V 之前，空间可在 V 之后，如《至乐》例。

载体与时间、空间共现者,我们将载体视为 Nth,而将时间 Nt、处所 Npl 视为非配价语义角色。上述三例,其句式描写为:

Nth+Nt+V+Nrh(天地)

Nt+Nth+V+Nrh(天道)

Nth+V+Nrh+PNpl(至乐)

PNpl 可以移至 V 前,介词标记同时消失,即:

Nth+V+Nrh+PNpl ⟶ Nth+Npl+V+Nrh

例如:

死,无君于上,无臣于下 ⟶ 死,上无君,下无臣[中无主(天运)/下有桀、跖,上有曾、史(在宥)]

② Nth 一般由名词语充任,亦有由动词语充任者。例如:

且夫失性有五(天地) 蹈水有道乎(达生)

德人者,居无思,行无虑(天地)

充任 Nth 的动词语由陈述转为指称:或转指载体,如《天地》之"失性"、《达生》之"蹈水";或转指时间,如《天地》例之"居"、"行"。

(3)"有¹"的否定形式除"无¹"外,还有"无有"(16 例)。[1]例如:

天下有至乐无有哉(至乐) 无有所迎(知北游)

何适而无有道邪(胠箧)

―――――――――――

[1]《庄子·徐无鬼》中尚有"非有"1 例:"天下非有公是也",当属特例。

什么情况下用"无¹"？什么情况下用"无有"？考察《庄子》，"无"充当谓语，其后总有后续词语出现，一旦"无"的后续词语不出现（或省略，或转为话题前移），则用"无有"，如《至乐》例（11例）。

(4) "有¹"可以构成 Nth＋V1＋Nrh＋V2(40例)。例如：

<u>有</u>渔父者,下船而来（渔父）　郑<u>有</u>神巫曰季咸（应帝王）

昔者<u>有</u>鸟止于鲁郊（达生）　卫<u>有</u>恶人焉,曰哀骀它（德充符）

吾<u>有</u>不忘者存（田子方）

"有¹"处在 V1 的位置,该句式的语义重心在"有¹"后的部分,"有¹"则起引进、介绍作用。Nth 不出现时,Nrh 是无定的,如《渔父》例之"渔父"；Nth 出现时,Nrh 或是无定的,如《达生》例之"鸟",或是有定的,如《应帝王》例之"神巫"。

Nrh 后有时出现停顿,以语气助词"者"、"焉"为标记,以"焉"为常,如《渔父》、《德充符》例。

Nrh 与 V2 的语义关系是多样的:或施事与动作的关系,如《渔父》例；或系事与客事的关系,如《应帝王》；或当事与状态的关系,如《田子方》例；依 V2 的语义类别而定。

(5) 存在动词只联系 Nth、Nrh 两个配价语义角色,不与凭借、对象、原因、目标等其他语义角色相联系；反映在句法层面上,存在动词不受凭借、对象、原因、目标等状语的修饰或补充。

(6) 存在动词不能构成"所"字结构、"者"字结构。

(7) "有¹"、"无¹"之别。

"有¹"、"无¹"在意义上是相对的,但在语法功能上并不完全对应。①最显著的差异是"有¹"可以带兼语,构成兼语句式 Nth＋V1＋Nrh＋V2(40例)；而"无¹"不可。②"有¹"存在宾语前置现象(11例),见上文;而"无[1]"未见。③"有[1]"在对话中可以单独成句(4例),见上文;而"无[1]"未见。

5. 结语

关系动词具有超强的支配表事 rh 的能力,基本句式非常稳固,因而在与非配角语义角色联系上显示出极大的惰性。关系动词具有如下特征:

(1) Nrh 须与 V 共现;偶见不出现者(10例,仅见相似动词、存在动词,不到总数的1%),或在对话之中(仅见"有[1]"),或 V 前须有副词修饰。

(2) Nrh 不可移位;偶见移位者(26例,仅见相似动词、存在动词,不到总数的2%),有三种情况:①宾语移至动词前(20例);②移至句首,充当话题主语(3例,仅见存在动词);③由介词引入,移至动词前(3例,仅见相似动词)。

(3) Nrh 直接进入句法层面,无需介词;偶见由介词引入者(14例,仅见相似动词、存在动词,不到总数的1%),或仍在动词之后(11例,仅见存在动词),或移至动词前(3例,仅见相似动词)。

(4) Nrh 不由代词"之"充任;偶见由代词"之"充任者(11例,仅见相似动词、存在动词,不到总数的1%)。

(5) 充任 Nth、Nrh 的动词语由陈述转为指称。

(6) 不能构成"所"、"者"字结构。

(7) 不与非配价语义角色联系;唯存在动词例外,偶与非配价语义角色时间、处所联系(19例,约占总数的1%)。

综上所述,在具备关系动词典型特征方面,判断动词最为完备,相似动词次之,存在动词更次之。其具备关系动词典型特征的差异可以描写为：

　　判断动词＞相似动词＞存在动词

附　录

《庄子》二价单向动作动词（词项）词表（66个）

1. "处置"类（5个）

　　钩[1]、讲、靡[1]、眦、责[2]。

2. "涉及"类（37个）

　　"恤"类（21个）：敖、倪、蹈[2]、观[2]、忽、寄[1]、监[2]、谨、进[4]、苦[3]、聘、期[4]、（侍[1]）、脱[2]、恤、与[3]、忮、志[1]、周[2]、著[2]、酌、资[3]。

　　"盟"类（16个）：齿、处[2]、交[2]、交[3]、（亢）、盟、（靡[2]）、摩[1]、靡[4]、期[1]、（戏[2]）、游[2]、遊、友、约[2]、（战）。

3. "浮舍"类（8个）

　　蹲、踆、浮、集、鉴[1]、游[1]、遊[1]、舍[1]。

4. "沉徙"类（15个）

　　沉、（蘦[1]）、登假、发[2]、（极[2]）、暨、济[1]、经、控[1]、历、没[2]、入[2]、徙、遊[4]、注[1]。

5. "注"类（1个）

　　注[2]。

《庄子》二价双向动作动词（词项）词表（900个）

1. "处置"类（746个）

　　哀[2]、爱、噫、案、拔、（白）、谤、包、苞、保[1]、葆、抱[1]、暴[1]、报[2]、悲[1]、悖[1]、勃、吡、必、（毕[2]）、闭、蔽、辟[1]、（苤）、编、鞭、变[2]、（表）、宾[2]、秉、（并[2]）、病、搏、播、捕、铺、卜、补、布、不屑、察[2]、採、（参）、残、操、厕、（测）、察、谄、（尝[1]）、尝[2]、（偿）、唱、彻、瞋、（陈[2]）、陈[3]、称[1]、称[2]、称[3]、成[2]、承[1]、乘[2]、逞、持、驰[1]、抄、（脆）、（叱）、（斥）、抶、（冲）、（舂）、除、锄、处[3]、（触）、黜、（诎）、穿、传[3]、吹、（搋）、辞[2]、刺、从事、蹙[2]、存[3]、撮、怛、（逮）、待[1]、待[2]、代[1]、（戴[2]）、担、当、（导）、道[2]、倒、（到[2]）、盗、道[1]、得[1]、

(蹉)、垫、彫、掉、钓、吊、定²、动²、读、睹、杜、锻、断¹、断²、(敦¹)、多²、掇、遁、发¹、发³、罚、伐¹、伐²、法、燔、(燔)、反³、饭、犯¹、犯²、放⁴、放³、非、废¹、分²、焚、奋、(讽)、奉、伏³、服¹、服³、扶、(拂)、拊¹、拊²、抚¹、伏³、赋、负、复³、(复⁴)、傅¹、覆²、(绋¹)、改、干¹、感²、割、歌、更、攻、供、(钩³)、(诟厉)、鼓²、滑、顾¹、顾²、挂、怪²、观¹、官、冠、广、规¹、规³、裹¹、过⁴、害、(盖)、(函)、含¹、含²、号²、号、好¹、耗、合²、(核)、阖、乾、和²、和⁴、贺、嚇、(候)、(鹄)、(覈)、化¹、画、怀、坏、(还²)、还³、(还⁴)、环、患、豢、堕、毁¹、讳、获、积¹、齑、齑²、激、击、讥、(殛)、藉³、疾²、极³、及¹、挤、给¹、(忌)、计、祭、(继²)、(纪)、冀、记、(济²)、嘉、夹、假³、兼²、简¹、蔫、建、谏、监、践、见¹、荐、(鉴²)、将¹、(将²)、(将³)、将⁴、胶、矫、(效³)、接¹、揭、(节)、劫、结、解¹、戒、矜、进、浸、禁、经³、敬、九、愁、(灸)、救、拘、举、据、距²、聚、具、捐、攫、掘、决¹、决³、(抉)、蹶¹、君、开¹、(考)、刻¹、尅¹、恐²、(寇)、刳、苦⁴、(夸)、跨、跱、胯、(匡)、亏²、(规⁴)、窥、睽、(馈)、(括)、(赖)、(纟赖)、(揽)、(览)、揽蔓、乐³、㗅、累¹、累²、离³、理、擺、慄¹、立²、(连²)、怜、量、料、裂、临¹、临莅、(凌)、陵、令²、留、留⁴、隆、肓、(戮)、履¹、虑、论、锥、落²、落³、埋、(买)、(漫)、(慢²)、媚、蒙、梦、勉、灭²、明¹、命²、谟、没¹、牧、慕、纳¹、纳²、挠¹、铙、能、倪、溺¹、逆²、匿、蹑、念、弄、排²、(攀)、判、旁礴、培、佩、烹、捧、匹、冯、洴澼、破、剖、掊、掊击、(剥)、(欺)、骑、启、跂、弃、泣、迁、蹇²、搴、撄、牵、挈²、潜²、钳、(控²)、抢、强²、翘、招²、挈¹、窃、侵、(黥)、(擎)、请、请²、(囚)、驱、趣²、取²、去²、劝¹、却²、攘、(扰¹)、(绕)、忍¹、忍²、任¹、茹、(辱¹)、入³、(入⁴)、丧、塞、杀¹、(杀²)、善³、擅、禅、(缮)、(觞)、伤、上²、上³、烧、舍²、射、(赦)、设²、摄、生²、(省²)、胜²、尸¹、失¹、(失²)、时¹、识、拾、食¹、使¹、使²、释、耆、事¹、事²、视¹、视²、饰、试、恃、侍²、舐、咶、(弑)、收、收养、守、疏³、数、树、(术)、(束)、帅、率、说²、恂³、烁、铄、斯、司、思、思虑、肆、(祀)、诵、送、颂、遂¹、啐、损、宿、(索)、贪、弹、谭、探、饕、陶²、提、体、剔、调、听¹、通⁴、投¹、屠、涂、图、吐、抟、推、退、吞、脱¹、外、亡¹、望¹、忘、王¹、围、为⁵、慰¹、畏、卫、谓²、文、问²、诬、无²、侮、恶²、务、(兀)、吸、析¹、希、腊、惜、歆、袭⁴、喜²、(洗)、洒、(戏¹)、系¹、係¹、见³、享、飨、相²、(象¹)、笑²、效¹、挟、(絜¹)、侠、携、谢、

三 《庄子》二价动词及其相关句式　147

信、行²、刑、修、嗅、嘘吸、响俞、(许)、畜¹、续、选、削、穴、雪、(熏)、薰¹、(薰²)、寻、徇、殉、(轧)、御、湮、(延²)、言¹、(验)、厌²、厌³、(㳀)、扬、炀、仰²、养¹、要、(夭²)、(夭阏)、摇、曳、泄²、遗¹、疑、(颐)、移、(夷)、(踦)、以¹、以²、以为、衣、易、益¹、役、(劓)、意、(议)、引、饮、(隐²)、隐³、撄、迎、营¹、赢、应¹、(壅)、用、忧、忧戚、耰、遊⁴、有²、宥、(虞)、揄、谀、与²、语¹、(囿)、伛、欲、誉、禦、御、遇、(喻¹)、育、鬻¹、原¹、(原³)、缘²、援、怨、约¹、曰¹、说³、悦、刖、越、渝、云、运²、蕃、(宰)、载¹、(载²)、在³、葬、遭、凿、澡、造²、择、贼、(诈)、柴、占、瞻、斩、张¹、掌、招¹、召、照、诏、折、蹢²、诊、镇、(枕)、振¹、争²、徵¹、拯、承¹、证¹、知¹、织、(支)、殖、执¹、指、致¹、致²、治、置、(製)、(制)、志²、(窒)、摘、中²、诛、逐、烛、主¹、助、筑、铸、专、转²、状、追、捉¹、斫、擢、(琢)、资¹、纵、奏²、(菹)、阻、(徂)、罪²、(捽)、佐、作、挫²。

2. "涉及"类(83个)

敖²、骜、拜、旁、保²、报¹、背、倍、备²、避、辟²、辩²、别、诧、从、达³、对、夺、应、遁²、分⁴、奋、(奸)、归¹、悔、(骄)、接¹、藉、借、(矜³)、惊、竞、哭、愧、(馈²)、劳³、离²、理¹、历、免、名¹、命¹、募、拟、怒²、祈、蕲、期³、亲、任²、善²、赏、审、慎、师、视³、(疏¹)、顺、随、逃²、(听荧)、违、问³、问⁴、迕、袭³、下²、相¹、循、(讯)、协、依、(挹)、揖、倚、营²、缘¹、远¹、徵²、证¹、稚、(忠)、祝。

3. "致使"类(13个)

活²、尽²、绝²、苦²、劳²、乐²、乱²、全、兴²、一²、正、止²、重²。

4. "意使"类(13个)

贵、贱、可、美、然²、善¹、尚²、是、适³、羞、厌⁴、重¹、尊。

5. "居止"类(10个)

处¹、得³、分⁵、伏²、服⁵、居、倨²、(踞)、栖、(最)。

6. "位移"类(35个)

"出去"类(3个)：出¹、去¹、下¹；

"入到"类(32个)：趾、蹈¹、到¹、登、反⁴、抚²、赴、复¹、归¹、过¹、稽¹、就、距¹、绝³、临²、趋²、趣¹、(如²)、入¹、上¹、涉、使³、适¹、逃¹、投²、袭¹、造¹、至¹、之、致³、踵、走²。

《庄子》二价单向状态动词(词项)词表(48个)

1. "涉及"类(41个)

"悖"类(31个):悖²、比²、笃、(附1)、裹²、和³、会²、际、兼¹、接²、矜²、宽容、困、溺²、宁、蟠、骈、(暴²)、嗛、属³、亡³、(忤)、(系²)、系²、邀³、施³、淫¹、囿、愈¹、原¹、枝。

"并"类(4个):并¹、同¹、(侔)、异¹。

"和"类(3个):和¹、塞¹、刃。

"反"类(3个):反²、交¹、一¹。

2. "存在"类(4个)

垂¹、存¹、颠冥、隐¹。

3. "变化"类(3个)

"沦"类(1个):沦

"始"类(2个):出²、始。

《庄子》二价双向状态动词(词项)词表(70个)

1. "涉及"类(57个)

安、备³、比¹、薄¹、参、差、(长¹)、称⁴、充²、出³、(传²)、当¹、傅²、盖、过²、合²、及²、继¹、(加³)、间¹、(介)、近、尽¹、究、利¹、连¹、灭³、俟、配、迫、穷¹、去³、容、若³、润、胜²、适²、遂²、通³、王²、维、先²、向、(县²)、宜、因、盈、应²、由、(蕴)、在²、沾、徵³、致⁴、置²、中¹、属¹、(坐²)。

2. "结果"类(3个)

成³、为²、形²。

3. "存在"类(6个)

"在"类(5个):充¹、满、委²、位、在¹。

"面"类(1个):面。

4. "变化"类(4个)

达²、灌²、通¹、至²。

《庄子》关系动词(词项)词表(9个)

1. 相似动词(5个)

类、如[1]、若[1]、似、犹。
2. 判断动词(2个)
　　曰[2]、为[1]。
3. 存在动词(2个)
　　有[1]、无[1]。

四 《庄子》三价动词及其相关句式

(一)《庄子》"转让"类动词及其相关句式

1. 引言

三价动词可以分为两类:一类为"转让"类动词,涉及受事领属关系的变化,如"赐、与、告、教、求、取、闻、学、问"等;另一类为非"转让"类动词,不涉及受事领属关系的变化,如"呼[2]、藏[1]、辩[1]、比[3]、为[3]、为[4]、食[2]"等。

"转让"类动词支配三个必有语义角色:转让的双方(施事a、对象d)、转让之物(受事p)。转让的结果是转让之物的领属关系发生了转移。转让之物由施事转移至对象,称之为外向转移;由对象转移至施事,称之为内向转移。

根据转移方向,"转让"类动词可以分为外向转移动词、内向转移动词两大类。

2. 外向转移动词

2.1 概说

以外向转移动词为核心的句子都可以解释为:施事(a)通过动作(V)将属于施事的受事(p)转移给对象(d)。

语义角色a、d指人,p指事物。转移之后,d有所得。至于a是否有失,当与p所指有关:当p指具体事物时,a有所失;当p指抽象事物时(如信息、技能),a无所谓失。

外向转移动词的语义特征可以描写为:V [＋动作][＋转移][＋外向]。

外向转移动词的配价结构可以描写为:V(a,d,p)。

外向转移动词所支配的三个语义角色在一个句法结构中共现的形式有以下三种:

$S_1:Na+V+Nd+Np$

$S_2:Na+V+Nd+PNp$

$S_3:Na+V+Np+PNd$

根据 d、p 进入句法层面是否需要介词标记,可以将外向转移动词分为三向动词与双向动词两类。

三向动词是典型的外向转移动词,"给予"义是其语义的核心部分,其所支配的三个语义角色在一个句法结构中可以无标记共现,基本句式为 S_1。

双向动词是非典型的外向转移动词,"给予"义是其语义核心的引申部分,其所支配的 d 或 p 需有标记地进入句法层面,Np 的标记 P 为介词"以",Nd 的标记 P 为介词"于"、"乎",基本句式为 S_2 或 S_3。

2.2 三价三向动词

《庄子》中,三价三向动词有 10 个:赐(锡)、与[1](给予)、授、遗[2](赠送)、贻、贷[1](施予,借出)、告、教、谓[1](告诉)、语[2](告诉)。它们可以构成 S_1、$S'2$ 式。[1] 例如:

　　赐之千金(说剑)[2]　尧与许由天下(外物)

---

[1] S_2、S_3 式是三价三向动词的派生句式,故标作 $S'2$、$S'3$。上古汉语中,三价三向动词偶尔也可以构成 $S'3$ 式,如:授手于我(左传·襄公二十五年)。

[2] 上古汉语中,Na 往往是已知信息,不是句子关注的焦点,承上省略是常式;此类句子我们不看作派生句式,而视同 Na 在句法层面存在。

卒授之国(德充符)　　　君过而遗先生食(让王)
魏王贻我大瓠之种(逍遥游)　将贷子三百金(外物)
吾直告之吾相狗马耳(徐无鬼)　子教子路菹此患(盗跖)
予谓女梦,亦梦也(齐物论)/尧谓我:"汝必躬服仁义而明言是非。"(大宗师)
吾语女至道(在宥)/尝语君吾相狗也(徐无鬼)

(以上 S_1,38 例)

若告我以鬼事(盗跖)

(以上 S_2,6 例)

三价三向动词所支配的两个语义角色 d、p 可以分别、单独、无标记地进入句法层面,构成 S'4、S'5 式。

S'4:Na+V+Nd(41 例)

尧授舜(天地)　　　化贷万物(应帝王)
汤与务光(外物)　　吾固告汝曰(庚桑楚)
必能教其弟(盗跖)　惠子谓庄子曰(外物)
吾语汝(天运)

S'5:Na+V+Np(2 例)

锡车十乘(列御寇)　子路授绥(渔父)

d、p 两个语义角色在句法层面还可以都不出现,构成 S'6。

S'6:Na+V(15 例)

天不赐,故岁成(则阳)　不贷,无出也(天运)
与而不求其报(山木)　不告(则阳)
立不教(德充符)

语义角色 p 由介词"以"引入句法层面,构成 S'8。

S'8：Na＋V＋PNp(1 例)

　　吾告以至人之德(达生)

说明：

(1) Np 可以由名词语充任，如上述《在宥》例之"至道"；也可由动词语充任，如《徐无鬼》例之"吾相狗马"。充任 Np 的动词语自指。Np 由直接引语充任时，均以连谓的形式由动词"曰"引入，如《庚桑楚》例之"吾固告汝曰"；偶尔不用"曰"，如《大宗师》例之"汝必躬服仁义而明言是非"。

(2) S 有变式 S'1.1、S'1.2。

S'1.1：Np＋P＋V＋Nd(2 例)

　　使道而可以与人，则人莫不与其子孙(天运)

　　使道而可以告人(天运)

Np("道")移至句首充当话题，占据主语的位置，以助动词"可以"为标记 P，Na 不在句中出现。

S'1.2：Nd＋P＋V＋Np(1 例)

　　临难不见谓不勇(达生)按，成玄英疏：临于危难，不见道我无勇武。(663 页)

Nd(成疏言及的"我")移至句首充当话题，占据主语的位置，承上而省，Na 不在句中出现，以"见"为被动标记 P。S'1.2 在上古汉语中亦属特例。

(3) S'2 有变式 S'2.1。

S'2.1：Na＋PNp＋V＋Nd(22 例)

　　还以物与人(渔父)

　　以圣人之道告圣人之才，亦易矣(大宗师)

　　　　日中始何以语女(应帝王)

　　　　太子何以教周(说剑)

　(4) S'4 有变式 S'4.1、S'4.2。

　S'4.1:Na+Nd+V(5 例)

　　　　公谁欲与(徐无鬼)按,成玄英疏:国政欲与谁。(845 页)
Nd 由疑问代词充任(1 例),移至 V 前。

　　　　又莫汝告也(列御寇)

否定句中,由代词充任的 Nd 移至 V 前(4 例)。

　S'4.2:Na/d +P+V(1 例)

　　　　二人相谓曰(让王)

Na 包含 d,以副词"相"为标记 P。

　(5) S'8 式有变式 S'8.1。

　S'8.1:Na+PNp+V(1 例)

　　　　反以告(外物)

　《庄子》中,以三价三向外向转移动词为核心,构成 S、S'2、S'4、S'5、S'6、S'8 各式共计 167 例,其中:S 式(包括其变式,下同)41 例(占总数的 25%);[1] S'2 式 28 例(约占总数的 17%);S'4 式 79 例(约占总数的 47%),S'5 式 2 例(约占总数的 1%);S'6 式 15 例(约占总数的 9%)、S'8 式 2 例(约占总数

───────

〔1〕《至乐》中有"(将子有不善之行,)愧遗父母妻子之丑"1 例,其句意当与"愧遗父母妻子丑"同(《吕氏春秋·孝行》中有"无遗父母恶名"),当属 S 的特例。承上省略的"子"是 Na,"丑"是 Np,"父母妻子"当是 Nd,"之"当是助词,起足句作用。现代汉语中有"你真丢我的人",也可说成"你真给我丢人",可资参考。

的1%)。各式按其出现频率高低依次为：

S'4＞S＞S'2＞S'6＞S'5/S'8

统计数字表明：①三价三向外向转移动词的三个语义角色在句法层面共现时，S＞S'2，S是基本句式；当两个语义角色共现时，S'4＞S'5，S'4是基本句式。②S'4出现频率与S'5相比是79∶2，这表明，三价三向外向转移动词支配的语义角色d比p更受到关注，所以，d更经常地在句法层面作为焦点凸显出来。③Np在句法层面原则上需与Nd共现；而Nd则可以自由单独出现，构成S'4式。

2.3 三价双向动词

《庄子》中，三价双向外向转移动词有26个：报³(报答)、传¹(传授)、分³(分给)、封¹(封赐)、奉²(赠给)、附²(附加)、寄(寄托)、假¹(借出)、降³(降给)、进²(献上)、卖、让¹(让给)、任²(委任)、献¹、资²(资助)、托、委¹(托付)、属²(托付)、加²(加给)、比⁵(寄托)、戒²(劝戒)、明²(显示)、示、言²(告诉)、请³(请示)、喻²(告诉)。

三价双向外向转移动词可以构成上述 S_2、S_3、S'4、S'5、S'6诸式[1]。分别举例如下：

　　天降联以德(在宥)　　然后附之以文(缮性)
　　彼将任我以事(列御寇)　委之以财而观其仁(列御寇)
　　夫加之以衡扼(马蹄)

---

[1] S_2、S_3是三价双向外向转移动词的基本句式，故不用派生符号标示。

乡吾示之以地文(应帝王)/吾示子乎吾道(徐无鬼)

(以上为 S_2 式,11例)

寡人传国焉(德充符)按,郭象注:委之以国政。(208页)"焉"为 PNd。

则人莫不进之于其亲(天运)

独弦哀歌以卖名声于天下者乎(天地)

尧让天下于许由(逍遥游)

则人莫不献之于其君(天运)

托宿于义(天运)　　　属其性乎五声(骈拇)

自以比形于天地(秋水)　夷节言之于王(则阳)

(以上为 S_3 式,15例)

裂地而封之(逍遥游)

夫造物者之报人也(列御寇)

胜桀而让我(让王)

彼圣人者,天下之利器也,非所以明天下也(胠箧)

向者弟子欲请夫子(寓言)

(以上为 $S'4$ 式,8例)

而世因贵言传书(天道)　献若之龟(外物)

是天地之委形也(知北游)　以富为是者不能让禄(天运)

我必卖之(徐无鬼)　请奚杀(山木)

(以上为 $S'5$ 式,22例)

之哙让而绝(秋水)　竖子请曰(山木)

(以上为 $S'6$ 式,3例)

四 《庄子》三价动词及其相关句式　157

此外,三价双向外向转移动词所支配的语义角色 d、p 偶尔还可以单独、有标记地进入句法层面,构成 S'7、S'8 式。

S'7:Na+V+PNd(3 例)

又让于子州支父(让王)　而托于无穷之间(盗跖)

S'8:Na+PNp+V(1 例)

其人之葬也,不以翣资(德充符)按,《释文》:李云:资,送也。(211 页)

S'8 式中,Np 用标记 P 引入,是由于 Np 由 V 后的位置移至 V 前的缘故。

说明:

(1) S_2 式有变式 S'2.1、S'2.2。

S'2.1:Na+PNp+V+Nd(15 例)

以德分人谓之圣(徐无鬼)

太子乃使人以千金奉庄子(说剑)

不以身假物(天下)　尧以天下让许由(让王)

尧何以资汝(大宗师)　子将何以戒我乎(天运)

欲以明之(齐物论)按,成玄英疏:欲将己之道术明示众人也。(77 页)

以予示之(应帝王)　臣不能以喻臣之子(天道)

S'2.2:Np+P1+P2+V+Nd(22 例)

国之利器不可以示人(胠箧)

Np 移至句首充当话题,占据主语的位置,以助动词"可"为标记 P1,原位只留下介词标记 P2,Na 不在句法层面出现。

(2) S_3 有变式 S'3.1、S'3.2、S'3.3、S'3.4。

S'3.1：Na＋PNd＋V＋Np(1例)

将恶乎托业以及此言邪(庚桑楚)

S'3.1中，PNd只由"恶乎"充任。

S'3.2：Nd＋P＋V＋Np(3例)

唯无以天下为者,可以托天下也(让王)

Nd移至句首充当话题,原介词标记消失,而V前增添了新的标记"可以"。

S'3.3：Na＋V＋Np＋Nd(1例)

于是旦而属之大夫曰(田子方)

S_3式中,当Np由代词"之"充任时,Nd进入句法层面可以无需标记,转换为S'3.3。例如：

则人莫不献之于其君(天运)──→献之其君(《左传·定公三年》有"献之子常"。)

S'3.4：Na＋V＋PNd＋Np(1例)

且假乎禽贪者器(徐无鬼)按,郭象注:仁义可见,则夫贪者将假斯器以获其志。(862页)

在上古汉语中,当V后出现两个句法成分时,作为标记的介词P只出现在距离V较远的成分之前,如S_2、S_3式,S'3.4只是一个特例。

(3) S'4有变式S'4.2、S'4.3。

S'4.2：Na/d＋P＋V(2例)

则父子兄弟相戒也(达生)

众人辩之以相示也(齐物论)

Na包含d,以"相"为标记P。

S'4.3：Nd+V（1例）

　　或以封（逍遥游）

Nd移至句首充当话题，占据主语的位置，无标记，"封"用于被动。

（4）S'5有变式S'5.1。

S'5.1：Np+P+V（7例）

　　夫道……可传而不可受（大宗师）

　　使道而可进（天运）

　　使道而可献（天运）

　　弗可以加矣（庚桑楚）

《庄子》中，以三价双向外向转移动词为核心，构成上述各式共计95例，其中：S_2式27例（约占总数的28％）；S_3式21例（约占总数的22％）；S'4式11例（约占总数的12％）；S'5式29例（约占总数的31％）；S'6式3例（约占总数的3％）；S'7式3例（约占总数的3％）；S'8式1例（约占总数的1％）。各式按其出现频率高低依次为：

S'5＞S_2＞S_3＞S'4＞S'7/S'6＞S'8

统计数字表明：三价双向外向转移动词的三个语义角色在句法层面共现时，S_2、S_3均为基本形式。当两个语义角色共现时，S'5的出现频率高于S'4；S'7（d进入句法层面带标记的形式）的出现频率高于S'8（p进入句法层面带标记的形式）；多数动词仅有S'5式，而未见S'4式，少数动词兼有S'5、S'4式。这些都表明：三价双向外向转移动词的语义角色p比d更受到关注，因而更经常作为焦点在句法层面出现；p与动作V的支配关系比d更为密切，因而单独进入句法层面无须标记。

3. 内向转移动词

以内向转移动词为核心的句子都可以解释为:施事(a)通过动作(V)将属于对象(d)的受事(p)转移给施事。

语义角色 a、d 指人,p 指事物。转移之后,a 有所得。至于 d 是否有失,当与 p 所指有关:当 p 指具体事物时,d 有所失;当 p 指抽象事物时(如信息、技能),d 无所谓失。

内向转移动词的语义特征可以描写为:V[＋动作][＋转移][＋内向]。

内向转移动词的配价结构可以描写为:V(a,d,p)。

内向转移动词所支配的三个语义角色在一个句法结构中共现的形式只有 S_3 式。换句话说,S_3 式是内向转移动词的基本句式。

《庄子》中,内向转移动词都是三价双向动词,共有 8 个:贷^2(借入)、假^2(借入)、求、取^1(拿取)、受^1(接受)、交^4(通"徼",求取)、"闻^1(听说)"、"学"。〔1〕

《庄子》中,内向转移动词可以构成 S_3、$S'5$、$S'6$、$S'7$ 诸式。分别举例如下:

  故往贷粟于监河侯(外物)　夫冻者假衣于春(则阳)
  吾求之于阴阳(天运)　　　又恶取君子小人于其间哉
  　　　　　　　　　　　　　(骈拇)

---

〔1〕《庄子》中还有"乞"一词(仅见 1 例):操瓢而乞者(盗跖),处在非典型位置;我们参考《左传·僖公十三年》"晋荐饥,使乞籴于秦",而将其归入三价双向动词。

四 《庄子》三价动词及其相关句式

臣之子亦不能受之于臣(天道)

夫至人者,相与交食乎地(庚桑楚)按,俞樾曰:"交"即"邀"也,古字只作"徼"。(789页)

吾闻言于接舆(逍遥游)/且吾闻诸夫子曰(山木)按,诸,"之于"的合音字。

朱漫学屠龙于支离益(列御寇)

(以上为 S_3 式,28例)

人皆求福(天下)　人皆取实(天下)

而孔子受币(盗跖)

狂屈闻之(知北游)/吾闻夫子圣人也(天道)/不闻治天下也(在宥)

吾学先王之道(山木)/吾闻祝肾学生(达生)

(以上为 $S'5$ 式,224例)

且又为不神者求邪(知北游)　将复取而盛以箧衍(天运)

许由不受(让王)　且女独不闻邪(至乐)

学而不能行谓之病(让王)

(以上为 $S'6$ 式,40例)

彼将内求于己而不得(至乐)

由中生者不受于外(天运)

圣人之爱人也终无已者,亦乃取于是者也(知北游)

愿闻于鸿蒙(在宥)　柏矩学于老聃(则阳)

(以上为 $S'7$ 式,12例)

说明：

(1) Np 可以由名词语充任，如上述《逍遥游》例之"言"；也可由动词语充任，如《列御寇》例之"屠龙"。充任 Np 的动词语自指。

(2) S_3 式有变式 $S'3.1$、$S'3.3$、$S'3.5$。

$S'3.1$：Na＋PNd＋V＋Np（4 例）

子<u>恶乎</u>求之哉（天运）　子独<u>恶乎</u>闻之（大宗师）

$S'3.3$：Na＋V＋Np＋Nd（14 例）

今不修<u>之</u>身而求<u>之</u>人（渔父）

洛诵<u>之</u>孙闻<u>之</u>瞻明（大宗师）

$S'3.3$ 式 14 例中，有 13 例是"闻"。

$S'3.5$：Na＋Np＋V＋PNd（2 例）

亦<u>何</u>闻于夫子（达生）

疑问代词充任 Np，移至 V 前。

(3) $S'5$ 式有变式：$S'5.1$、$S'5.2$、$S'5.3$、$S'5.4$。

$S'5.1$：Np＋P＋V（9 例）

名，公器也，不<u>可</u>多取（天运）

<u>可</u>传而不<u>可</u>受（大宗师）

操舟<u>可</u>学邪（达生）

道不<u>可</u>闻（知北游）/鸡狗之音<u>相</u>闻（胠箧）

Np 移至句首充当话题，占据主语的位置，V 用于被动，以助动词"可"或"相"为标记，Na 不在句中出现。

$S'5.2$：Na＋Np＋V（5 例）

子将<u>何</u>求（渔父）　非谓其闻彼也，<u>自</u>闻而已矣（骈拇）

Np 由疑问代词或代词"自"充任，移至 V 前。

S'5.3：Np+V(1 例)

　　饮食取足而不知其所从(天地)

Np 移至句首充当话题,占据主语的位置,无标记,V 用于被动。

S'5.4：Na+Np+P+V(1 例)

　　彼唯人言之恶闻(至乐)

Np 移至 V 前,以助词"之"为标记。

《庄子》中,以内向转移动词为核心,构成上述各式共计 340 例,其中：S_3 式 48 例(约占总数的 14%)；S'5 式 240 例(约占总数的 70%)；S'6 式 40 例(约占总数的 12%)；S'7 式 12 例(约占总数的 4%)。各式按其出现频率高低依次为：

S'5 > S_3 > S'6 > S'7

统计数字表明：内向转移动词的三个语义角色在句法层面共现时,S_3 为唯一形式；当两个语义角色在句法层面共现时,只有 S'5、S'7 二式。受事 p 进入句法层面无需介词标记(S'5),对象 d 须介词引入(S'7)；S'5 的出现频率与 S'7 相比是 240：12。这表明：内向转移动词的语义角色 p 比 d 更受到关注,因而更经常作为焦点在句法层面出现；p 与动作 V 的支配关系比 d 更为密切,因而进入句法层面无需标记。

4. 外向转移动词与内向转移动词的比较

4.1　外向转移动词与内向转移动词的对比

外向转移动词与内向转移动词的差异可以对比如下(SIII 指三个支配语义角色共现的句式,SII 指两个支配语义角色共现的句式,SI 指只出现一个支配语义角色 a 的句式)：

表 4-1：外向转移动词与内向转移动词的句式比较

句式	外向转移动词		内向转移动词
	三价三向	三价双向	三价双向
SIII	S、S$_2$	S$_2$、S$_3$	S$_3$
SII	S'4、S'5、S'8	S'4、S'5、S'7、S'8	S'5、S'7
SI	S'6	S'6	S'6

外向转移动词与内向转移动词的对比表明：动作的转移方向不同，p、d 被关注的程度、V 支配 p、d 的强弱亦随之不同；对句式亦有不同的选择。外向转移既关注 d，也关注 p；内向转移关注 p。外向转移，三个支配语义角色共现的句式 SIII 为 S、S$_2$、S$_3$；内向转移 SIII 为 S$_3$。

S 是典型的外向转移句式，S$_3$ 是典型的内向转移句式。"假、贷"类动词是最好的证明。

"假、贷"类动词既可以用于外向转移，如：借出、贷出，也可以用于内向转移，如：借入、贷入，是所谓的双向转移动词。凡外向转移，SIII 选择 S 或 S$_2$，SII 选择 S'4。如：

　　将贷子三百金（外物）S

　　不以身假物（天下）S'2.1

　　化贷万物（应帝王）S'4

凡内向转移用 S$_3$ 式。如：

　　夫冻者假衣于春（则阳）S$_3$

　　故往贷粟于监河侯（外物）S$_3$

"假、贷"类动词，据其转移方向不同，我们将其分为不同的词项:外向转移的"假、贷"为"假¹(借出)"、"贷¹(借出)",内向转移的"假、贷"为"假²(借入)"、"贷²(借入)"(统计数字分别见以上各词项)。

4.2 基本句式与派生句式

我们以"转让"类动词支配的三个语义角色共现的句式 S、S_3 为基本句式,二者各有不同的派生句式:

$S(Na+V+Nd+Np) \rightarrow S'1.1(Np+P可以+V+Nd) \rightarrow S'1.2(Nd+P见+V+Np)$

$\rightarrow S_2(Na+V+Nd+PNp) \rightarrow S'2.1(Na+PNp+V+Nd) \rightarrow S'2.2(Np+P可+P以+V+Nd)$

$\rightarrow S'4(Na+V+Nd) \rightarrow S'4.1(Na+Nd+V) \rightarrow S'4.2(Na/d+P相+V) \rightarrow S'4.3(Nd+V)$

$\rightarrow S'5(Na+V+Np) \rightarrow S'5.1(Np+P可+V)$

$\rightarrow S'6(Na+V)$

$\rightarrow S'8(Na+V+PNp) \rightarrow S'8.1(Na+PNp+V)$

$S_3(Na+V+Np+PNd) \rightarrow S'3.1(Na+P乎 Nd+V+Np) \rightarrow S'3.2(Nd+P可以+V+Np) \rightarrow S'3.3(Na+V+Np+Nd) \rightarrow S'3.4(Na+V+PNd+Np) \rightarrow S'3.5(Na+Np+V+PNd)$

$\rightarrow S'5(Na+V+Np) \rightarrow S'5.1(Np+P可+V) \rightarrow S'5.2(Na+Np+V) \rightarrow S'5.3(Np+V) \rightarrow S'5.4(Na+Np+P之+V)$

$\rightarrow S'6(Na+V)$

$\rightarrow S'7(Na+V+PNd)$

(未加注的 P,PNp 中的 P 是介词"以"[1],PNd 中的 P 是介词"于/乎")

基本句式派生出其他句式：一是省略,二是移位。

SIII→SII→SI 是省略。Na 往往作为已知信息承上而省,与动作的转移方向无关。至于 Np、Nd 的省略,则与动作的转移方向有直接的关系。外向转移,关注 d,Np 常省;内向转移,关注 p,Nd 常省。

考察《庄子》转让类动词,所见移位现象都是在线性序列中由右向左移位,即由动词之后移至动词之前,未见向动词后移动的 Na。无论如何移位,Np、Nd 在动词前不可共现。移位一般需要标记,无标记移位(如 S'4.3、S'5.3)仅是个别现象。移位采用哪种标记,与移位的类型相关。

移位的类型有三：

(1) 宾语(或 Np,或 Nd)移至动词之前。宾语(或 Np,或 Nd)移至动词之前有二种情况：①疑问代词、自指代词充任 Np 或 Nd,或否定句中,代词充任 Np 或 Nd,如 S'4.1、S'5.2;②以助词"之"为标记,如 S'5.4。

(2) Np 或 Nd 移至句首充当话题,占据主语的位置,Na 不在句中出现。一般以助动词"可"、"可以"为标记,如 S'1.1、S'2.2、S'3.2、S'5.1。偶尔以助动词"见"为标记,如 S'1.2。偶尔也可以无标记,如 S'4.3、S'5.3。

---

[1] PNp 中的 P 仅 1 例为"乎",见"吾示子乎吾道"(徐无鬼),属特例。

(3) Nd 与 Na 在主语位置上重合,以副词"相"为标记,如 S'4.2。

5. 余论

5.1 转移方向的历史演变:以"问¹(询问)"为例

《庄子》中,"问¹(询问)"可以构成 S、S₃、S'4、S'5、S'6、S'7、S'8 诸式。分别举例如下:

问臧奚事(骈拇)S
商太宰荡问仁于庄子(天运)S₃
既已知吾知之而问我(秋水)S'4
阳子问其故(山木)/昔者吾问未有天地可知乎(知北游)S'5
弟子问于庄子曰(山木)/今予问乎若(知北游)S'7
公即召而问以国事(田子方)S'8

说明:

(1) S₃ 有变式 S'3.4(1例)。

S'3.4:Na+V+PNd+Np

正获之问于监市履狶也(知北游)按,成玄英疏:凡今问于屠人买猪之法,云:履践豕之股脚之间,难肥之处,愈知豕之肥瘦之意况也。(751页)

(2) S'5 有变式 S'5.3(1例):

S'5.3:Np+V

道无问(知北游)

(3) p、d 偶尔同时用介词引入句法层面,构成特例 S'9(仅见1例)。

S'9: Na+PNp+V+PNd

知以之言也问乎狂屈（知北游）

S'9可以看作是S_2和S_3的混合式。

《庄子》中，以动词"问"为核心，构成各式共计148例，其中：S式2例（约占总数的1%）；S_3式3例（约占总数的2%）；S'4式16例（约占总数的11%）；S'5式54例（约占总数的36%）；S'6式22例（约占总数的15%）；S'7式48例（约占总数的33%）；S'8式1例（约占总数的1%）；S'9式2例（约占总数的1%）。各式出现频率依次为：

S'5＞S'7＞S'6＞S'4＞S_3＞S/S'9＞S'8

历史地考察动词"问"，在《论语》、《左传》中，以"问"为核心、三个语义角色共现的句式是S_3，问什么用S'5式，问谁用S'7式。这些句式是典型的内向转移动词所具备的。而汉代以后，以"问"为核心、三个语义角色共现的句式是S，问谁用S'4式。这些句式是典型的外向转移动词所具备的。而《庄子》中，则呈现出一种复杂的现象。既具备具有典型的内向转移动词特征的S_3、S'5、S'7诸式，又具备具有典型的外向转移动词特征的S、S'4、S'8诸式。如何解释这一现象呢？我们推测，春秋时期，在"问"所构成的事件中，古人更为关注的是从对方那里得到信息p，因此，p是关注的焦点，"问"凸显的是获取信息，其语义特征是内向转移。但这种情况到了战国中期发生了变化，古人询问，越来越关注询问对象d，即关注把要问的信息转移给谁，因此，d逐渐成为关注的焦点，"问"的转移方向开始发生变化。于是，S'4式出现了，逐渐与S'7式分庭抗礼。《庄子》中出现的S式的萌芽,出现的 S'4 与 S'7 并用的现象,出现的 S_2 和 S_3 的混合式 S'9,都是动词"问"的语义特征正处在历史演变过程中的反映。[1]

5.2 非转让动词临时用作转让动词:以"为⁵(做)"为例

"为⁵(做)"是一个意义很宽泛的非转让动作动词,二价双向,其配价结构为:V(a,p),基本句式为:Na+V+Np。由于语用的需要,在以"为⁵(做)"为核心的事件中,增添了转让对象 d,"为⁵(做)"也因之附加上"给予"义,附加上"外向转移"语义特征。附加上"给予"义的临时转让动词三个语义角色共现只能选择典型的外向转移句式,因此,d 进入句法层面,直接插入 V+Np 之间,构成 S。例如:

则芥为之舟(逍遥游) 其皮为之灾也(山木)

与为人妻,宁为夫子妾者,数十而未止也(德充符)

值得注意的是:非转让动词临时用作转让动词,只见外向转移;临时增添的语义角色 d 在句法层面必须与 p 共现;Nd 的音节数目亦受到严格的限制,以单音节为常。[2]

(二)《庄子》三价非"转让"类动词及其相关句式

1. 引言

与"转让"类动词不同,三价非"转让"类动词不涉及受事领

---

[1] 见殷国光《动词"问"的语法功能的历史演变》,载《中国语言学报》(12),2006 年。

[2]《庄子》中,Nd 多由代词"之"充任(16 例),如《逍遥游》例;也可由单音节名词或双音节名词语充任(7 例),如《德充符》例。

属关系的变化。根据三价非"转让"类动词的语义特征、配价结构、基本句式、派生句式,可以将其分为 7 类:"称呼"类,"放置"类,"协同"类,"比较"类,"以为"类,"变成"类,"致使"类。分述如下:

2. "称呼"类动词

《庄子》中,"称呼"类动词只有"呼^2(称呼)"、"谓^3(称作)"二词。

"称呼"类动词支配的三个语义角色为:称呼者(施事 a)、被称呼者(对象 d)、称号(受事 p)。对象 d 与受事 p 同指。"称呼"类动词是三价三向动词,其语义特征为:V[＋动作][＋转移][＋外向];其配价结构为:V(a,p,d);其三个语义角色共现的基本句式为 S:Na＋V＋Nd＋Np(6 例)。例如:

昔者子呼我牛也而谓之牛(天运)

人谓我朱愚(庚桑楚)

说明:

S 有以下 6 个变式:

S'1.1:Nd1＋Na＋V＋Nd2＋Np(71 例)

吾有大树,人谓之樗(逍遥游)

Nd 前移为 Nd1 作话题,原位为 Nd2,以代词"之"(69 例)、"是"(2 例)充任,复指前移的 Nd1。

S'1.2:Na＋Nd＋V＋Np(3 例)

而不自谓道谀(天地)

Nd 由代词"自"充任,移至 V 前。

S'1.3:Nd＋V＋Np(49 例)

何谓坐忘(大宗师)/此谓坐忘(大宗师)/何谓丘里之言(则阳)

Nd 移至句首充当话题,占据了主语的位置,回答"何谓朝三"(齐物论),可以说"此谓朝三"(《大宗师》有"何谓坐忘"、"此谓坐忘"),也可以说"此之谓朝三"(《则阳》有"何谓丘里之言"、"此之谓丘里之言"),还可以说"此可谓朝三"、"谓之朝三"(齐物论)。所以,我们把 V 前的"何"看作前移的 Nd。V 用于被动。Na 不在句法层面出现。

S'1.4:Nd+P+V+Np(77 例)

我之谓风波之民(天地)/无为言之之谓德(天地)/子华子可谓知轻重矣(让王)

Nd 移至句首充当话题,P 或为助词"之"(58 例),或为助动词"可"(19 例),V 用于被动。Na 不在句法层面出现。

S'1.5:Na+V1+Nd+V2+Np(2 例)

天下何故不谓子为盗丘(盗跖)

V2 仅见"为",V2 脱落,则转换为 S。如:

天下何故不谓子为盗丘——→天下何故不谓子盗丘(《庚桑楚》有"人谓我朱愚"句)

S'1.6:Na/d+P+V+Np(1 例)

相谓别墨(天下)按,成玄英疏:相呼为别墨。(1079 页)

Na 包含 d,以副词"相"为标记 P。

《庄子》中,以"称呼"类动词为核心,构成各式共计 209 例,其中 S'1.1、S'1.3、S'1.4 是常式。S 中的 Nd 移位,派生出

S'1.1、S'1.2、S'1.3、S'1.4、S'1.6 诸式;增添 V2"为",派生出 S'1.5。

"称呼"类动词要求其所支配的语义角色 Nd、Np 在一个句法结构中共现。Nd 移至句首充当话题,Na 或现(V 用于主动),如 S'1.1《逍遥游》例、S'1.2《天地》例;或隐(V 用于被动),如 S'1.3《大宗师》例、S'1.4《天地》例。

3. "放置"类动词

《庄子》中,"放置"类动词有 8 个:措(错)、投³(掷向,流放)、藏¹(收藏,隐藏)、放¹(驱逐,流放)、流²(放逐)、加¹(把此物放在彼物之上)、擿¹(投弃)、寓。

以"放置"类动词为核心的句子都可以解释为:甲(施事 a)通过动作(V)将事物(受事 p)由甲所处的位置转移至乙处(处所 l)。

语义角色 a 指人,p 指具体事物。l 指 p 转移后的位置。

"放置"类动词的语义特征可以描写为:V[＋动作][＋转移][＋外向]。

"放置"类动词为三价双向动词,其配价结构可以描写为:V(a,p,l);其所支配的三个语义角色在一个句法结构中共现的基本形式是 S:Na＋V＋Np＋PNl(12 例)。例如:

  投三苗于三峗(在宥) 流共工于幽都(在宥)

  藏金于山(天地) 尧于是放讙兜于崇山(在宥)

  加汝肩尻乎彫俎之上(达生)

  齐人擿子于宋者(徐无鬼)按,郭象注:投之异国。(841页)

  故寓诸无竟(齐物论)

四 《庄子》三价动词及其相关句式　173

此外，还可以构成：

S'2：Na＋V＋Np(14例)

　　柙而藏之(刻意)　汤放桀(盗跖)

　　舜流母弟(盗跖)

S'3：Na＋V＋Pl(3例)

　　圣人藏于天(达生)　一宅而寓于不得已(人间世)

S'4：Na＋V(3例)

　　无入而藏(达生)

　　方矢复寓(田子方)按，郭象注：箭方去未至的也，复寄杯于肘上。(724页)

说明：

(1) S有变式S'1.1、S'1.2。

S'1.1：Na＋V＋Np＋Nl(4例)

　　措杯水其肘上(田子方)　而错之牢筴之中(达生)

　　投竿东海(外物)　王巾笥而藏之庙堂之上(秋水)

代词"之"充任Np，介词P可以不出现。[1]《田子方》、《外物》中，名词充任Np，介词P亦未出现，我们之所以把它看作是S的变式，基于以下考虑：①Nl原则上须与Np共现，介词P才可以不出现；如果Np不出现，则Nl须介词P引入，如S'3式。②S'1.1都可以自由地转换为S。例如：

　　措杯水其肘上──→措杯水于其肘上(《韩非子·十过》：

――――――――

〔1〕 代词"之"充任Np，介词P出现与否，相对自由，如《韩非子·外储说右上》中，既说"而况错之于君乎"，也说"况错之人主乎"。

"其措兵于魏必矣。")

投竿东海──→投竿于东海

③ 由名词充任 Np 的 S'1.1 仅《田子方》、《外物》二例,与其他"放置"类动词相比,宜看作特例。

S'1.2:Na＋Npl＋V＋Np＋Pnl(1 例)

孔子西藏书于周室(天道)

Npl 由方位词充任,表示转移方向。

(2) S'2 有变式 S'2.1。

S'2.1:Na＋V＋Np＋Nm(1 例)

藏其血三年而化为碧(外物)

Nm 补充说明 V 的时段。

(3) S'3 有变式 S'3.1。

S'3.1:Na＋V＋Nl(1 例)

直寓六骸(德充符)按,成玄英疏:寄精神于形内。(195 页)

《庄子》中,以三价双向"放置"类动词为核心,构成各式共计 39 例,其中:S 式 17 例(约占总数的 44%);S'2 式 15 例(约占总数的 38%);S'3 式 4 例(约占总数的 10%);S'4 式 3 例(约占总数的 8%)。各式出现频率依次为:

S＞S'2＞S'3＞S'4

统计数字表明:"放置"类动词所支配的三个语义角色共现时,S 是基本形式;两个语义角色共现时,S'2＞S'3,S'2 是常式。

4. "协同"类动词

《庄子》中,"协同"类动词有 7 个:辩[1](辩论)、斗、共、谋、同[2]

(共用)、讼、争¹(争夺,争斗)。

以"协同"类动词为核心的事件都可以解释为:甲(施事 a)与乙(与事 d)共同进行及于他物(受事 p)的动作(V)。

语义角色 a、d 均指人,p 指事物。

"协同"类动词的语义特征可以描写为:V [＋动作][＋协同]。

"协同"类动词为三价双向动词,其配价结构可以描写为:V(a,p,d);其所支配的三个语义角色在一个句法结构中共现的基本形式是 S:Na＋PNd＋V＋Np(7 例),其中 P 以介词"与"为常,偶尔用"因"。例如:

  吾与汝共之(大宗师) 汤遂与伊尹谋伐桀(让王)
  与王同筐床(齐物论) 舍者与之争席矣(寓言)

此外,还可以构成:

S'2:Na＋V＋Np(11 例)

  众人辩之(齐物论) 且以巧斗力者,始乎阳(人间世)
  万人谋之(外物) 争四处而不自以为贪(盗跖)
  共其德也(庚桑楚)

Na 往往由指称复数的名词语充任,包含 d,如《齐物论》之"众人"、《外物》之"万人"。

S'3:Na＋PNd＋V(2 例)

  即使我与若辩矣(齐物论) 而与舟人斗(徐无鬼)
  汤又因瞀光而谋(让王)

S'4:Na＋V(21 例)

  日以心斗(齐物论) 圣人不谋,恶用知(德充符)

而民不<u>争</u>(胠箧)

说明:

(1) S 有变式 S'1.1,S'1.2。

S'1.1:Na/d+P+V+Np(2 例)

韩魏相与<u>争</u>侵地(让王)

Na 包含 d,以副词"相与"为标记 P。

S'1.2:Na+PNd+V+PNp(1 例)

吾日与子<u>讼</u>于无约(盗跖)

(2) S'2 有变式 S'2.1、S'2.2。

S'2.1:Na+V+PNp(2 例)

不<u>谋</u>于知(天下)

日月其<u>争</u>于所乎(天运)按,郭象注:不争所而自代谢也。(494 页)

P 为介词"于"。

S'2.2:Np+V(2 例)

贤则<u>谋</u>(山木)按,成玄英疏:贤以志高,为人所谋。(670 页)

货财弗<u>争</u>(秋水)

Np 移至句首,V 用于被动。

(3) S'3 有个变式 S'3.1、S'3.2。

S'3.1:Na+V+PNd(1 例)

后之伐桀也<u>谋</u>乎我(让王)

所谋之事 Np 为"伐桀",承前省,PNd 移至 V 后,P 为介词"乎"。

S'3.2：Na/d＋P＋V(3 例)

  儒墨相与辩(列御寇)

Na 包含 d，以副词"相"为标记 P。

  《庄子》中，以三价双向"相互"类动词为核心，构成各式共计 52 例，其中：S 式 10 例(约占总数的 18％)；S'2 式 15 例(约占总数的 29％)；S'3 式 6 例(约占总数的 12％)；S'4 式 21 例(约占总数的 41％)。各式出现频率依次为：

  S'4＞S'2＞S＞S'3

  统计数字表明："协同"类动词所支配的三个语义角色共现时，S 是基本形式；两个语义角色共现时，S'2＞S'3，S'2 是常式。

  5. "比较"类动词

  《庄子》中，"比较"类动词有 2 个：比^3(比较)、稽^2(考查，核对)。

  以"比较"类动词为核心的事件都可以解释为：施事(a)把事物甲(p)同事物乙(d)进行比较。

  语义角色 a 指人，d、p 或指人，或指物。

  "比较"类动词的语义特征可以描写为：V［＋动作］［＋比较］。

  "比较"类动词为三价双向动词，其配价结构可以描写为：V(a,p,d)；其所支配的三个语义角色在一个句法结构中共现的基本形式是 S：Na＋V＋Np＋PNd(2 例)，P 为介词"于"。例如：

  若将比予于文木邪(人间世)

此外,还可以构成:

S'3:Na+V+PNd(1 例)

　　稽于圣人(天运)

S'4:Na+V(2 例)

　　成而上比(人间世)按,郭象注:成于今而比于古也。成玄英疏:上比于古。(144 页)

说明:

(1) S 有变式 S'1.1、S'1.2、S'1.3、S'1.4。

S'1.1:Na+PNd+V+Np(1 例)

　　女将恶乎比予哉(人间世)

由"恶乎"充任的 PNd 移至 V 前。

S'1.2:Na+V+Np+Nd(1 例)

　　先生不羞而比之服役(渔父)[1]

由代词"之"充任 Np,P 可以不出现。

S'1.3:Np+V+Nd(1 例)

　　此其比万物也(秋水)

S'1.4:Np+P+V+Nd(2 例)

　　如是者可比明王乎(应帝王)

Np 移至句首充当话题,占据主语的位置,以助动词"可"为标记,Na 不在句法层面出现。

(2)《庄子》中,"比较"类动词未见 S'2,但有派生式 S'2.1。

---

[1]《庄子》中,"稽"未见 S 及其变式,但先秦他书中可见,如《墨子·节丧下》:"上稽之尧舜禹汤文武之道。"

S'2.1:Np+V(1例)

  谋稽乎諴（外物）按，郭象注：諴，急也。急而后考其谋。(942页)
Np移至句首充当话题，V用于被动，Na不出现。

  《庄子》中，以三价双向"比较"类动词为核心，构成各式共计11例，其中：S式7例（约占总数的64%）；S'2式1例（约占总数的9%）；S'3式1例（约占总数的9%）；S'4式2例（约占总数的18%）。各式出现频率依次为：

  S＞S'4＞S'2/S'3

  统计数字表明："比较"类动词以其所支配的三个语义角色共现为常式。

6. "以为"类动词

  《庄子》中，"以为"类动词只有"为^4"（当作、认为）一词。

  以"以为"类动词为核心的事件可以解释为：施事（a）在主观上认为事物乙（d）与事物甲（p）之间具有同一性。

  语义角色a指人，d、p或指人，或指物。

  "以为"类动词的语义特征可以描写为：V［＋心理活动］［＋认同］。

  "以为"类动词为三价双向动词，其配价结构可以描写为：V(a,p,d)；其所支配的三个语义角色在一个句法结构中共现的基本形式是S:Na+PNd+V+Np(137例)。例如：

  吾以夫子为天地（德充符）

  以天下之美为尽在己（秋水）

  任公子为大钩巨缁，五十犗以为饵（外物）

Na 由有生名词语充任；Np 可以由名词语充任，也可以由动词语充任；将 Nd 引入句法层面的 P 为介词"以"。

说明：

S 有变式 S'1.1、S'1.2、S'1.3、S'1.4。

S'1.1：Na+P+V+Np(43 例)

夫子<u>以</u><u>为</u>孟浪之言（齐物论）

Nd 承上省略。

S'1.2：Nd+V+Np(11 例)

天子之剑，以燕谿石城<u>为</u>锋，齐岱<u>为</u>锷，晋卫<u>为</u>脊，周宋<u>为</u>镡，韩魏<u>为</u>夹（说剑）

P 承上省略。

S'1.3：Nd+Na+P+V+Np(1 例)

猵狙以<u>为</u>雌（齐物论）按，《释文》向云：猵狙以猨为雌也。(95 页)

Nd 移至句首充当话题，原位只留下标记 P。

S'1.4：Nd +Na+V+Np(3 例)

凡物无成与毁，复通<u>为</u>一（齐物论）按，成玄英疏：通而一之。(72 页)

Nd 移至上一小句句首充当话题。

《庄子》中，以"为⁴"（当作、认为）为核心，构成各式共计 195 例，以 S 为基本句式。

(1) 在施事的意念中，客事 d 与受事 p 或具有广义的同一性，如《德充符》中的"夫子"与"天地"；或构成一个命题，客事 d 是主题，受事 p 是陈述，如《秋水》中的"美"与"尽在己"。

(2) Nd 偶尔可以承前省略,但 Np 不可省。

(3) Nd 有时可以移至"以"前(4 例),如《外物》例之"五十犗"。

(4) Np 不可由代词"之"充任。

(5)《说剑》例中的"天子之剑"是话题主语,Na 当是话题主语之中的"天子"。

(6) "为^4"(当作)与"为^5"(做)亦有纠葛,如《外物》:"任公子为大钩巨缁,五十犗以为饵。"前一小句中,"为"是制作之义,是"为^5",没有异议;而后一小句似乎可以有两种理解:一是用五十犗当作钓饵,一是把五十犗制作成钓饵;前者是"为^4",后者是"为^5"。

7. "变成"类动词

《庄子》中,"变成"类动词只有"为^3"(把……变成)一词。

以"变成"类动词为核心的事件可以解释为:施事(a)把事物甲(p)处置成事物乙(r)。

语义角色 a 指人,p、r 或指人,或指物。

"变成"类动词的语义特征可以描写为:V[+处置][+变化][+结果]。

"变成"类动词为三价双向动词,其配价结构可以描写为:V(a,p,r);其所支配的三个语义角色在一个句法结构中共现的基本形式是 S:Na+PNp+V+Nr(7 例)。例如:

> 夫造物者将以予为此拘拘也(大宗师)

说明:

S 有变式 S'1.1。

S'1.1:Na+Nr+PNp+V(1 例)

> 又将奚以汝为(大宗师)

Nr 由疑问代词充任,移至 V 前。

8. "致使"类动词

《庄子》中,只有"食^2(给……吃,供养,喂养)"一词。

以"致使"类动词为核心的事件可以解释为:施事(a)使某人(c)做(V)某事(p)。

语义角色 a、c 指人,p 指事物。

"致使"类动词的语义特征可以描写为:V[+致使][+处置]。

"致使"类动词为三价双向动词,其配价结构可以描写为:V(a,p,c);其所支配的三个语义角色在一个句法结构中共现的基本形式是 S:Na+V+Nc+PNp(1 例)。例如:

食之以委蛇(达生)

此外,还可以构成 S'2(5 例)、S'3(2 例)式。

S'2:Na+V+Nc

食豕如食人(应帝王)

S'3:Na+V+PNp

不如食以糠糟(达生)

说明:

S 有变式 S'1.1。

S'1.1:Na+V+Nc+Np(1 例)

食之鳍鲰(至乐)

"之"充任 Nc,PNp 的 P 可省。[1]

---

[1] 先秦他书偶有例外,如《左传·宣公四年》:"食大夫鼋。"

《庄子》中,以"食²"(给……吃,供养,喂养)为核心,构成各式共计 9 例,以 S'2 为常式。其中:

(1) V 不能与 Np 直接组合。Np 进入句法层面,或需介词引入,如《达生》例;或与 Nc 共现,如《至乐》例。

(2) "致使"类三价动词是由二价双向动词使动用法的凝固化,而引申出的词项。c 兼 V 的受事和施事,是复合语义角色,在句法层面上不可省略。

9. 结语

9.1 现将《庄子》三价非"转让"类动词及其相关句式按其小类对比如下:

动词小类	配价结构	基本句式	派生句式
"称呼"类 三价三向	V(a,p,d)	Na＋V＋Nd＋Np	Nd1＋Na＋V＋Nd2＋Np Na＋Nd＋V＋Np Nd＋V＋Np Nd＋P_{之/可}＋V＋Np Na＋V1＋Nd＋V2＋Np Na/d＋P_{相}＋V＋Np
"放置"类 三价双向	V(a,p,l)	Na＋V＋Np＋P_{于} Nl	Na＋V＋Np＋Nl Na＋V＋Np Na＋V＋Np＋Nm Na＋V＋P_{于} Nl Na＋V＋Nl Na＋V

续表

"协同"类三价双向	V(a,p,d)	Na+P 与 Nd+V+Np	Na/d+P相+V+Np
			Na+P与 Nd+V+P于 Np
			Na+V+Np
			Na+V+P于 Np
			Np+V
			Na+P与 Nd+V
			Na+V+P乎 Nd
			Na/d+P相+V
			Na+V
"比较"类三价双向	V(a,p,d)	Na+V+Np+P 于 Nd	Na+P乎 Nd +V+Np
			Na+V+Np+Nd
			Np+V+Nd
			Np+P可+V+Nd
			Na+V+Np
			Np+V
			Na+V+P于 Nd
			Na+V
"以为"类三价双向	V(a,p,d)	Na+P 以 Nd+V+Np	Na+P以+V+Np
			Nd+V+Np
			Nd+Na+P以+V+Np
			Nd +Na+V+Np
"变成"类三价双向	V(a,p,r)	Na+P 以 Np+V+Nr	Na+Nr +P以 Np+V
"致使"类三价双向	V(a,p,c)	Na+V+Nc+P 以 Np	Na+V+Nc+Np
			Na+V+Nc
			Na+V+P以 Np

9.2 非"转让"类动词的内部差异

上表表明,非"转让"类动词内部各小类,其基本句式以及派生句式都存在着差异。具体表现在以下几个方面:语义角色的类别有别;语义角色是否需介词引入句法层面有别;语义角色进入句法层面使用的介词标记及其位置有别;句法成分可否省略有别;句法成分可否移位有别。分述如下:

(1)"称呼"类动词为三向动词,语义角色 a、d、p 均无需介词引入句法层面;他类动词为双向动词,均有一个语义角色(或 d,或 p,或 l)需介词引入句法层面。

(2)将语义角色引入句法层面的介词标记:"放置"类动词为"于"(V 后),"协同"类动词为"与"(V 前)、为"乎"(V 后),"比较"类动词为"于"(V 后)、为"乎"(V 前),"以为"类动词为"以"(V 前),"致使"类动词为"以"(V 后)。

(3)"称呼"类动词构成的句式中 Nd 与 Np 都不可省略,必须共现;"致使"类动词构成的句式中 Nc 原则上不可省略;"以为"类动词构成的句式中 Np 不可省略。

(4)"称呼"类动词 Nd 可以向左移位(移至动词之前,或移至句首),Np 不可;"致使"类动词 Nc、Np 均不可移位;"放置"类动词 Np、Nl 均不可移位;"以为"类动词 Nd 可以向左移位(移至动词之前,或移至句首),Np 不可;"比较"类动词 Np 可以向左移位(移至动词之前,或移至句首),Nd 原则上不可;"协同"类动词 Np 可以向左移位,移至句首,Nd 偶尔可以向右移位,移至动词后。

在线性系列中句法成分移位多为向左移位,由动词后移至动词前;唯"协同"类动词 Nd 偶尔可以向右移位,由动词前移至动词后。

附 录

三价转让类动词(词项)词表(44 个)

1. 三价三向动词(10 个)

   赐、与¹、授、遗²、贻、贷¹、告、教、谓¹、语²。

2. 三价双向动词

   外向(26 个)

   报³、传¹、分³、封¹、奉²、附²、寄²、假¹、降³、进²、卖、让¹、任²、献、资²、托、委¹、属²、加²、比⁵、戒²、明²、示、言²、请³、喻²。

   内向(8 个)

   贷²、假²、求、取¹、受¹、交⁴、闻¹、学。

三价非转让类动词(词项)词表(22 个)

1. "称呼"类(2 个)

   呼²、谓³;

2. "放置"类(8 个)

   措、投³、藏¹、放¹、流²、加¹、蹢、寓;

3. "协同"类(7 个)

   辩¹、斗、共、谋、讼、同²、争¹;

4. "比较"类(2 个)

   比³、稽²;

5. "以为"类(1 个)

   为⁴;

6. "变成"类(1 个)

   为³;

7. "致使"类(1 个)

   食²。

五 《庄子》准价动词及其相关句式

1. 准价与准价动词

所谓准价是指动词在言语中临时获得的配价。含有临时配价的动词,我们称之为准价动词。准价动词包括两种情况:一是在言语中临时转类为动词的他类词;一是在言语中临时增加配价语义角色的动词。例如:

   寒暑不时(渔父)

"时",本是名词,季节之义,这里活用作动词,适时之义;"寒暑"为当事 e,是临时增加的配价语义角色,属准价。

    府万物(德充符)按,成玄英疏:苞藏宇宙曰府万物。(195页)

"府",本是名词,储藏文书财物之所,这里活用作动词,包藏之义;句中施事 a 省略,"万物"为受事 p,施事 a、受事 p 均是临时增加的配价,均属准价。

    浮之江湖(至乐)

"浮",漂浮,本是二价动词 V(a,pl),这里"浮"是使动用法,施事 a 在句法层面承上省,处所 pl 为"江湖","之"为使事 c,是临时增加的配价,属准价。

    臣窃为大王薄之(说剑)

"薄",与"厚"相对,本是形容词,轻小之义,这里活用作动词,以为薄、轻视之义;"臣"、"之"分别为施事 a、意事 h,均是临时增加的配价,均属准价。

上述例中,"时"、"府"、"浮"、"薄"均含有临时配价,均属准价动词。

1.1 准价与真价的界定

所谓真价是指动词固有的配价。准价与真价之间没有一条泾渭分明的界限;要区分它们,需要从共时、历时两个层面进行考察。[1]

1.1.1 共时层面的标准

从共时的层面考察,区分准价与真价的标准有三:一是频率,二是句法,三是意义。

(1) 频率标准。

我们认为,既然准价是指动词在言语中临时获得的配价,是一种偶然现象,其出现频率必然不高;反之,如果出现频率较高,则很难圆偶然、临时之说,当视为动词固有的配价,即视为真价。频率标准的确立,当以《庄子》的语料为依据(必要时参考先秦其他文献),同时,要兼顾词类系统总的格局。基于上述考虑,本文将出现 5 次作为区分准价与真价的参考标准:凡某词(词项)的某一用法在《庄子》中出现频率超过 5 次者,则原则上不再视为准价。例如:

> 孔丘能<u>止</u>暴禁非(盗跖)

"止"是"使止息、阻止"之义,为使动用法,这一用法在《庄子》中共出现 16 次,本文将具有[致使]语义特征的"止"视为二价动作

---

[1] 参见殷国光《〈吕氏春秋〉词类研究》(商务印书馆,2008)17—21页。

动词,单列词项"止²",其配价结构为 V(a,c)。

　　世虽贵之(天道)

"贵"是"尊重、重视"之义,为意动用法,这一用法在《庄子》中共出现 25 次,本文将具有[意使]语义特征的"贵"视为二价动作动词,单列词项"贵²",其配价结构为 V(a,h)。

　　上述列为准价动词的"时"(3)、"府"(1)、"浮"(2)、"薄"(1)、其出现频率均在 5 次以下。

　　(2) 句法标准。

　　动词的配价语义角色有主、客之分:施事、当事为主事,受事、对象、使事、意事等为客事。典型的真价客事在句法层面可以省略、移位;而典型的准价客事则必须与动词共现,不可移位。

　　上述列为真价动词的"止²"、"贵²",其客事均可以移位,偶或可以省略。例如:

　　　　莫之能止(齐物论)按,客事 Nc 为"之",移至动词之前。

　　　　来者勿禁,往者勿止(山木)按,客事 Nc 为"往者",移至句首充当话题。

　　　　子之道岂足贵邪(盗跖)按,客事 Nh 为"子之道",移至句首充当话题。

　　　　世虽贵之,我犹不足贵也(天道)按,成玄英疏:故虽贵之,我犹不足贵者,为言书糟粕,非可贵之物也。(489 页)据成疏,客事 Nh 为上文的"言"、"书",承前省。

　　当频率标准与句法标准发生矛盾时,以句法标准为准。例如:

芥为之舟(逍遥游)

"为"本为二价动词 V(a,p),这里是"给……做"之义,附加了[转移]语义特征,并增加了配价语义角色"之"(d,转移对象)。这一用法在《庄子》中共出现 23 次(约占该词出现总数的 4.7%),据频率标准,本当将 Nd 视为固有的配价;但考察"为"的这一用法,Nd 在句法层面必须与动词"为"及配价语义角色 Np 共现,不可省略,不可移位,又具有典型的准价客事特征。本文依据句法标准将 Nd 视为临时配价,从而将具有[转移]语义特征的"为"视为准三价动词。

(3) 意义标准。

获得准价的动词的词汇意义与其获得准价之前的词汇意义之间具有有迹可寻的联系。准价动词的词汇意义或者包含了获得准价之前的原词汇意义,如上述《渔父》例中的"适时"之"时"与"时令"之"时";或者在原词汇意义的基础之上附加上新的语义特征,如《至乐》例中"使漂浮"之"浮"与"漂浮"之"浮",附加了[致使]语义特征;又如《说剑》例中的"以为薄"之"薄"与"轻小"之"薄",附加了[意使]语义特征;或者临时转喻,如《德充符》例中的"包藏"之"府"与具有包藏功能的"府库"之"府"。反之,当一个词的两个意义存在着较大的差异,不具备上述的意义联系,当排除临时转类或增价的可能,当分列词项,分别考察其配价。

1.1.2 历时层面的标准

从历时的层面考察,界定准价与真价还要考虑词义的历史发展。例如:

寇，依甲骨文字形，像一个人拿着棍棒跑进他人的屋内去击打主人的头，依其本义当是动词。《诗经》中，"寇"出现7次，6次用作动词，义为"劫掠"；1次用作名词，义为"盗匪"。从《诗经》的情况看，"寇"用作名词当看作是活用。《庄子》中，"寇"出现5次，4次用作名词，义为"盗匪"；1次用作动词，见《人间世》"山木自寇也"，成玄英疏："寇，伐也。"（186页）从频率看，"寇"用作动词义像是活用；但从词义的历史发展来看，"寇"的动词义是它所固有的，不是在句中临时取得的；因此，"劫掠、砍伐"义的"寇"当单列词项，其配价为真价。

"寇"例表明，对低频词（或低频用法）来说，频率标准有很大局限。我们只能说，准价既然是临时的配价，其出现频率必低；但是不能倒过来说，出现频率低的配价结构一定是临时的，其配价一定是准价。因此，对低频词（或低频用法）配价的确定，必须参考先秦其他文献，做全面的考察。

1.2 准价动词价数的确定

准价动词价数的确定与真价动词价数确定的原则相同，即以该动词为核心的语义结构中所能支配的、不同类型的语义角色的数量。需要说明的是，二价动词临时增价有两种情况，举例如下：

浮，二价动词，配价结构为 V(a,pl)，如：吴王浮于江（徐无鬼）。附加上[致使]语义特征后，临时获得了配价语义角色使事c，使事c可以与"浮"固有的配价语义角色a、pl在一个句子中共现[1]，如：浮之江湖（至乐），句中 Na 承上省。由于附加上[致使]语义特征的"浮"可以同时支配 a,pl,c 三个语义角色，所以我们将其视为准三价动词，其临时配价结构为 V(a,pl,c)。

惊，二价动词，配价结构为 V(a,d)，如：吾惊怖其言（逍遥游）。附加上[致使]语义特征后，虽临时获得了配价语义角色使事 c，但《庄子》的语料表明，使事 c 不与"惊"固有的配价语义角色 d 在一个句子中共现，只与 Na 共现，如：今汝饰知以惊愚（达生）。由于附加上[致使]语义特征的"惊"只能同时支配 a,c 两个语义角色，所以，我们将其视为准二价动词，其临时配价结构为 V(a,c)。

由此看来，二价动词临时增加配价语义角色，或增价成为准三价动词，如"浮"；或变价成为准二价动词，如"惊"。

依据上述界定，考察《庄子》，准价动词共出现 203 个；根据其配价数目可以分为准一价动词、准二价动词、准三价动词（详见文后所附词表）。

2. 准一价动词

《庄子》中，准一价动词共出现 14 个，都是由名词活用而来，都是准单向动词；根据其附加的语义特征，而分为动作动词（附加上[动作]特征）、状态动词（附加上[状态、变化]特征）两类。

---

[1] 严格地说，二价动词"浮"的主事为施事，而准价动词"浮"的主事为致使者，二者并不完全相同，施事为有生之物，而致使者可以是有生之物，也可以是无生之物，如《天地》"四曰五味浊口"之"五味"；但施事亦有致使性，为简明故，本文未将致使者单独列为一类语义角色，均用 a 表示。

举例如下:

七日不火食(让王)按,成玄英疏:经乎七日,粮食罄尽,无复炊爨。(513页)

圣人无名(逍遥游)按,郭庆藩按引司马云:圣人无名,不立名也。(22页)

知乎?反愁我躯(庚桑楚)按,成玄英疏:若使运智人间,更致危身之祸。(782页)

(以上为准一价动作动词)

寒暑不时(渔父)

道无不理,义也(缮性)

广成子南首而卧(在宥)按,"南"陈述"首"的状态。[1]

(以上为准一价状态动词)

说明:

(1) 准一价动作动词的配价结构为 V(a);基本句式为 S:Na+V,见上文《让王》、《逍遥游》、《庚桑楚》诸例;Na 由指称人的名词语充任。

准一价状态动词的配价结构为 V(e);基本句式有二:S_1:Ne+V,见上文《渔父》、《缮性》诸例,S_2:V+Ne,见上文《在宥》

---

[1] 句子的主语有时并非谓语动词的配价语义角色。例如人们所常说的"王冕死了父亲",充当句子主语的"王冕"就不是"死"的语义角色,"死"只支配"父亲"一个语义角色,是一价动词。"广成子南首而卧"句,其配价结构与"王冕死了父亲"相仿。充当句子主语的"广成子"也并非准价动词"南"的配价语义角色,"南"陈述"首"的状态,只支配"首",因而本文亦将其视为准一价动词。

例[1]。

(2) 准一价动词的词汇意义同时含有两种语法意义：[2]动作和受事(或状态变化和涉及对象)。如：

《让王》例中，准一价动词"火"，义为"生火"；

《逍遥游》例中，准一价动词"名"，义为"立名"；

《庚桑楚》例中，准一价动词"知"，义为"用智"。

上述由名词转类而产生的准一价动词，其词汇意义除表示动作(如"生"、"立"、"用")之外，还保留着该名词指称的事物(如"火"、"名"、"知")，以作为动作支配的对象。

(3) 以准一价动词为核心的句子中，非配价语义角色极少出现，《庄子》中仅见1例：

  惠子相梁(秋水) 按，相，为相。

"梁"为非配价语义角色，指为相之所。

(4)《庄子》中，有的动词仅见于非典型位置(3词)，列举如下：

  问天地所以不坠不陷，风雨雷霆之故(天下)

  夫《六经》，先王之陈迹也，岂其所以迹哉(天运)

---

[1] 考察先秦文献，仅见"南首"3例(《仪礼》2、《庄子》1)、"北首"7例(《左传》1、《礼记》2、《仪礼》4)、"东首"5例(《论语》1、《仪礼》2、《礼记》2)、"西首"1例(《战国策》)。例如：

故死者北首，生者南乡。(礼记·礼运)

疾，君视之，东首，加朝服，拖绅。(论语·乡党)

未见"首南"、"首北"、"首东"、"首西"。故将 S_2 亦暂视为基本句式。

[2] 杨荣祥称之为"综合性动词"，见《语义特征分析在语法史研究中的作用》(载《北京大学学报》(哲学社会科学版)2005年第2期)。

上述"风"、"雷霆"、"迹"三词都是由名词活用而来,而且其活用后的词汇意义同准一价动词一样,都同时含有两种语法意义:动作和受事(或状态变化和涉及对象);所以,我们将其归入准一价动词。

3. 准二价动词

《庄子》中,准二价动词共出现 177 个,都是准双向动词[1],其来源有三:一是他类词临时转类;二是一价动词临时增价;三是二价动词临时增价。

3.1 他类词临时转类

《庄子》中,临时转类为动词的他类词有名词、形容词两类,分别举例如下:

A. 天地岂私贫我哉(大宗师) 不如避之以絜吾行(让王)

壹其性(达生) 以求容与其心(人间世)

B. 然则吾大天地而小毫末(秋水)

其里之丑人见而美之(天运)

夫尊古而卑今(外物)

(以上为形容词临时转类为动词)

A. 礼君臣(刻意)

B. 带死牛之胁(盗跖) 席白茅(在宥)

见侮不辱(天下)

C. 子胡不相与尸而祝之,社而稷之乎(庚桑楚)按,成

―――――――
[1] 偶有例外,见下文"说明(5)"。

玄英疏:为立社稷,建其宗庙。(771页)

谨奉千金以币从者(说剑)

D. 府万物(德充符)按,成玄英疏:苞藏宇宙曰府万物。(195页)

履句屦者知地形(田子方)

(以上名词临时转类为动词)

3.2 一价动词临时增价

《庄子》中,一价动词临时增价有以下三种情况:

A. 达道之塞(庚桑楚)　罢兵休卒(盗跖)

天钧败之(庚桑楚)　饥之渴之(马蹄)

C. 芸而灭裂之(则阳)　而身犹死之(大宗师)

鼓歌以僎之(在宥)

E. 申徒狄因以踣河(外物)

3.3 二价动词临时增价

《庄子》中,二价动词临时增价只见一种情况:

A. 盗跖从卒九千人(盗跖)　今汝饰知以惊愚(达生)

王使诸梁也甚重(人间世)按,诸梁,人名。

说明:

(1) 上述 A、B、C、D、E 各组词附加的语义特征、配价结构、基本句式差异如下:

A组词附加上[致使]语义特征,其配价结构为 V(a,c),其基本句式为 S:Na+V+Nc。

B组词附加上[意使]语义特征,其配价结构为 V(a,h),其基本句式为 S:Na+V+Nh。

C 组词附加上[涉及]语义特征,其配价结构为 V(a,d),其基本句式为 S:Na+V+Nd。

D 组词附加上[处置]语义特征,其配价结构为 V(a,p),其基本句式为 S:Na+V+Np。

E 组词附加上[位移]语义特征,其配价结构为 V(a,l),其基本句式为 S:Na+V+Nl。

(2) 不同的词类获得准价的类别有异:

形容词临时转类为动词,有 A(22 词,39 例)、B(16 词,24 例)两类,A、B 两类出现频率大体平分秋色;

名词临时转类为动词,有 A(1 词,1 例)、B(14 词,21 例)、C(4 词,4 例)、D(8 词,10 例)四类,以 B 类为主;A 类只是特例。

一价动词临时增价有 A(90 词,160 例)、C(5 词,9 例)、E(1 词,1 例)三类,以 A 类为主;E 类只是特例。

二价动词临时增价只见 A 类(14 词,26 例)。

(3) 获得准价的动词,其准价客事在句法层面上要与动词共现(269 例,约占总数的 91%);不出现者,要有标记。准价动词附加的语义特征不同,标记亦有差异。

① 以结构助词"所"为标记(13 例),例如:

因其所大而大之(秋水)　所下者,贫贱夭恶也(至乐)

禹舜之所纽也(人间世)按,成玄英疏:言此心斋之道,夏禹虞舜以为应物纲纽。(152 页)

皆天之所子(人间世)

(以上是附加上[意使]语义特征的 B 类词,12 例)

以阕其所不休者(天运)

　　　　（以上是附加上［致使］语义特征的 A 类词，1 例）
以"所"为标记的原则上是附加上［意使］语义特征的 B 类词；A 类词当属特例。

　　② 以否定副词为标记（7 例），例如：
　　　　明君不臣（渔父）　子三为令尹而不荣华（田子方）
　　　　若勿怪，何邪（徐无鬼）按，勿，犹不。

以否定副词为标记的是附加上［意使］语义特征的 B 类词；以"不"为常（6 例）。

　　③ 以代词"自"为标记（2 例），仅见附加上［意使］语义特征的 B 类词。例如：
　　　　其恶者自恶（山木）　其美者自美（山木）

　　④ 以助动词为标记（4 例），仅见附加上［致使］语义特征的 A 组词。例如：
　　　　河汉沍而不能寒（齐物论）　美人不得滥（田子方）

　　总之，准价客事在句法层面不出现者，仅见 A、B 两类词，以 B 类词为常；准价客事在句法层面不出现者，B 类词以结构助词"所"、否定副词、代词"自"为标记，A 类词以助动词为标记。

　　（4）准二价动词所支配的准价客事进入句法层面处在宾语的位置，在动词之后；当其由人称代词"自"充任时，移至动词之前，仅见附加上［致使］语义特征的 A 类词。例如：
　　　　不以人之卑自高也（让王）　鼓琴足以自娱（让王）

　　（5）准价客事偶尔可以移至句首，充当话题主语（3 例），列举如下：
　　　　古之真人，知者不得说，美人不得滥（田子方）

滥,使动用法,以"得"为标记。为求得与上句节律相合,"滥"的配价语义角色"古之真人"移至句首,充当话题主语。

> 故伍员流于江,苌弘死于蜀(外物)按,成玄英疏:取马皮作袋,为鸱鸟之形,盛伍员尸,浮之江水,故云流于江。(921页)

流,使动用法。为求得与下句节律相合,"流"的配价语义角色"伍员"移至句首,充当话题主语。

> 天子之剑……绕以渤海,带以常山,制以五行(说剑)

带,附加上[处置]语义特征,系束之义。为求得与上下句节律相合,"带"的配价语义角色"天子之剑"移至句首,充当话题主语。

《庄子》中,准二价动词的准价客事移至句首、充当话题主语者,仅见A、D二类词:A组,见上文《田子方》、《外物》2例;D组,见《说剑》例。

上述例句表明,准价客事移位均为修辞原因,追求排偶所致。

(6)准二价动词的准价客事进入句法层面无需介词,但偶有例外。如:

> 使人轻乎贵老(列御寇)按,《释文》:谓重御寇过于老人。(1038页)

> 故群于人(德充符)按,成玄英疏:群聚世间。(219页)

《列御寇》中,"贵老"为"轻"的意事h;《德充符》中,"人"为"群"的对象d。介词的出现,除凸显结构层次之外,主要起音节作用。

(7)非配价语义角色也可以出现在准二价动词构成的句式中。例如:

> 是故汤以胞人笼伊尹(庚桑楚)

又以恶骇天下(德充符)

吾惊之以雷霆(天运)

敝精神乎蹇浅(列御寇)

覆杯水于坳堂之上(逍遥游)

伯夷死名于首阳之下(骈拇)

今以畏垒之细民,而窃窃焉欲俎豆予于贤人之间(庚桑楚)按,成玄英疏:方欲礼我为贤,尊我为主。(772页)

臣窃为大王薄之(说剑)

《庄子》中,有三类非配价语义角色出现在准二价动词构成的句式中,均以介词引入:一是工具、凭借,用"以"引入,其位置可在动词之前,如《庚桑楚》之"以胞人"、《德充符》之"以恶",也可以在动词之后,如《天运》之"以雷霆";二是处所,用"乎"、"于"引入,如《列御寇》之"乎蹇浅"、《逍遥游》之"于坳堂之上"、《骈拇》之"于首阳之下"、《庚桑楚》之"于贤人之间",其位置都在动词之后;三是对象(偶尔出现),用"为"引入,如《说剑》之"为大王",其位置在动词之前。

当 Nc 由单音节词充任(一般是代词"之")时,引入处所的介词偶尔可以省略。如:

立之涂(逍遥游)

非配价语义角色以进入到 A 类准二价动词构成的句式中为常。

(8) 少数准二价动词可以兼两类(5 词)。列举如下:

少:少君之费(山木)A 类

且夫我尝闻少仲尼之闻而轻伯夷之义者(秋水)B 类

下：彼非至人，不能下人（渔父）按，成玄英疏：若非至德之人，则不能使人谦下。(1035页) A 类

所下者，贫贱夭恶也（至乐） B 类

卑：卑身而伏（逍遥游） A 类

夫尊古而卑今（外物） B 类

高：不以人之卑自高也（让王） A 类

世之所高（盗跖） B 类

死：而勇不足以死寇（让王） A 类

伯夷死名于首阳之下（骈拇） C 类

兼两类的准二价动词大多由形容词转化而来（4词）。

4. 准三价动词

《庄子》中准三价动词共出现 14 个，均由二价动词增价而来。根据句法向，准三价动词又分为准双向、准三向两类。

4.1 准双向动词

准三价准双向动词共 12 个（30 例），其附加的语义特征为[致使]，临时配价为使事 c，基本句式为 S:Na＋V＋Nc＋PNpl/d/p。例如：

吾遊心于物之初（田子方）　归精神乎无始（列御寇）

合气于漠（应帝王）　　　而袭诸人间（山木）

和之以天倪（齐物论）　　故或不言而饮人以和（则阳）

说明：

（1）准价动词 V 支配的语义角色不同，介词标记 P 亦有差异：原则上，处所 pl、对象 d 的介词标记为"于"或"乎"；受事 p 的

介词标记为"以"。[1]

(2) S 具有 S'1(6 例)、S'2(1 例)、S"1(1 例)三个派生句式:

S'1:Na+V+Nc+Npl/d

　　浮之江湖(至乐)

　　宜栖之深林,遊之坛陆(至乐)

　　彼近吾死(大宗师)按,成玄英疏:彼,造化也。而造化之中,令我近死。(263 页)

当 Nc 由"之"、"吾"等单音节词充任时,Npl/d 前的介词标记可以不出现。

S'2:Nc+V+Nl

　　子胥沉江,比干剖心(盗跖)

S"1:Na+V+PNi

　　越人薰之以艾,乘以王舆(让王)

"乘"支配的使动宾语 Nc"之"承上省。

为求与下句节律相合,"沉"的准价客事"子胥"Nc 移至句首,充当话题;转移终点"江"Nl 前的介词标记"于"省略。

4.2　准三向动词

《庄子》中,准三向动词仅见"为"(23)、"若"(5)2 个,均为二价动词临时增价。

---

[1]　偶有混用的情况,如:
　　　　和之以天倪(齐物论)
"天倪"是"和"的对象,介词标记一般当用"于"。按,《寓言》篇有"和以天倪"句,成玄英疏"乃合于自然之分也"(947 页),以"于"释"以",可作为旁证。

准三价准三向动词的基本句式为 S:Na＋V＋Nd＋Np。例如：

则芥为之舟(逍遥游)

与为人妻,宁为夫子妾者,数十而未止也(德充符)

吾若是何哉(在宥)

说明：

(1) 准价动词"为"附加上了[转移]语义特征,准价动词"若"附加上了[处置]语义特征,二词虽然附加的语义特征不同,但其配价结构、基本句式相同:都是在语义层面临时增加了一个语义角色,即转移(或处置)的客事 d,从而在句法层面增加了一个宾语 Nd。Nd 多由单音节代词"之"、"是"充任(21 例),如《逍遥游》、《在宥》例；也可由单音节名词或双音节名词语充任(仅见"为",7 例),如《德充符》例之"人"、"夫子"。

(2) 非配价语义角色偶尔进入"为"构成的准三向句子之中,例如：

以天下为之笯,则雀无所逃(庚桑楚)

"天下"为非配价语义角色工具 Ni,由介词"以"引入。

5. 结语

5.1 《庄子》准价动词列表小结如下：

表 5-1:各类准价动词及其来源

来源＼价数	准一价	准二价	准三价
名词 41(56)	14(20)	A1(1)、B14(21)、C4(4)、D8(10)	
形容词 38(63)		A22(39)、B16(24)	
动词 124(254)		A104(186)、C5(9)、E1(1)	A12(30)、C2(28)

说明：

(1) 从准价动词的来源看，以动词（尤其是一价动词）临时增价为主（约占准价动词总数的 61%）；从附加的语义特征来看，以附加［致使］（A 类）、［意使］（B 类）语义特征为主（约占准价动词总数的 83%）。

(2) 只有名词才可以转化为准一价动词，只有二价动词才可以转化为准三价动词。名、形、动三类词虽然都可以转化为准二价动词，但来源不同的准二价动词，在其附加的语义特征上、临时配价结构上都存在着差异。

(3) 准价客事进入句法层面无需介词引入；其位置处在动词之后，紧靠动词；原则上由单音节词充任。

(4) 非配价语义角色进入准价动词构成的句子 25 例，不到总数的 7%；准价客事原则上不可省略，不可移位；这些都表明，准价动词构成的基本句式活动能力很弱，不易扩展、派生出其他句式。

(5) 准价动词表示的动作与其所联系的事物在语义、句法层面有隐含与显现之别。准一价动词，其词汇意义同时含有两种语法意义：动作和受事（或状态变化和涉及对象）；动作联系的受事（或对象）只隐含在词汇意义之中，不在配价结构、配价句式中显现。而准二价、准三价动词的配价语义角色都显现在配价结构、配价句式之中。

5.2　准价动词在语境中获得临时配价；准价动词及其配价结构的确定也离不开语境。

语境包含句法、语义两个层面。

句法层面指的是分布。只有进入特定的句式之中，准价动词才会临时附加上新的语义特征,获得临时的配价。考察《庄子》,可以看到:进入"副词+( )"、"所+( )"、"Na+( )+Nh/p/d"等格式中的名词,转化为准价动词;进入"所+( )"、"Na+( )+Nh/c"等格式中的形容词,转化为准价动词;进入"Na+( )+Nc/d"格式中的一价动词,进入"Na+( )+Nc+PNpl/d/i/p"、"Na+( )+Nd+Np"等格式中的二价动词,转化为准价动词。从这个意义上说,是句子格式赋予了准价动词临时的配价。[1]

至于句子格式赋予了准价动词什么类型的临时配价语义角色,准价动词又附加上了何种临时语义特征,则取决于语境的语义层面。

语境的语义层面,既包括句子之中与准价动词直接联系的词语的词汇意义,还包括句子之外的语境所提供的信息。以"死"为例:

"死"本是一价非自主动词,进入"N1+( )+N2"格式后转化为准二价动词,有两种情况:

　　勇不足以死寇(让王)　死,使……死。
　　伯夷死名于首阳之下(骈拇)　死,为……死。

根据什么说《让王》例中,"死"临时附加上的是[致使]语义特征,"寇"是使事 c? 又根据什么说《骈拇》例中,"死"临时附加上的是[自主]语义特征,"名"是对象 d? 主要根据句中与"死"相联系的词语的词汇意义、语法意义,以及它们之间的逻辑关系:(1)"死"的词汇意义限定,其所陈述的对象当是有生命的事

---

[1] 参见沈家煊《句式和配价》(《中国语文》2000 年第 2 期)。

物,《让王》中的"寇"、《骈拇》中的"伯夷"均为有生名词,符合条件;(2)"致使者"可以是人,也可以是物(如《天地》篇"五味浊口"之"五味"),因此,将《让王》中的"勇"理解为"致使者",符合"致使者"的条件;(3)"寇"是击杀的对象,"名"是追求的对象,将《让王》中的"死寇"理解为"将寇致死",《骈拇》中的"死名"理解为"为名而死"符合逻辑。此外,《让王》中还有可以视为[致使]语义特征在句法层面的标记——助动词"足以"。当然,如果遇到《骈拇》篇"二人者所死不同",以及《左传·僖公九年》"荀息死之"之类的句子,要确定句中准价动词"死"的配价结构,则需要依靠该句之外的信息了。至于如何提取语境所提供的信息,其规律如何,尚需做进一步考察,另撰专文讨论。

5.3 准价动词与真价动词没有一条泾渭分明的界限。从语言的历时发展来看,由于某些准价动词多次反复出现在某一语境之下,其临时附加的语义特征会逐渐凝固化,其临时配价结构也随之逐渐凝固化,而成为固有的配价结构,从而演化为真价动词。

考察《庄子》,准价动词较为频繁出现在某一语境之下的是附加上[致使]、[意使]语义特征的 A、B 两类,因此,最有可能演化为真价动词的是 A、B 两类准价动词。

需要指出的是,由准价动词演化而来的真价动词,形态上没有任何标记,它的配价的实现依然受着语境的制约,要求客事与其在句法层面共现是基本条件(参见 1.1.1 "止^2"、"贵^2"二词)。

5.4 句法规则有时要服从于修辞。追求句子排偶、节律相合是准价动词出现特例的主要原因。

《庄子》中,准价动词出现的特例有以下两种情况:

(1) 临时配价进入句法层面本无需介词,但偶有出现介词的现象,例如:

> 使人轻乎贵老,而鳌其所患(列御寇)

"轻"为准价动词,"贵老"是其临时客事 Nh,介词"乎"的出现,除了凸显结构层次之外,主要还是起音节作用,使之与下一小句节律相合。

(2) 临时客事在句法层面必须与动词共现,并只能处在动词之后、紧靠动词的位置,但偶有省略、移位现象。例如:

> 故伍员流于江,苌弘死于蜀(外物)

"流"为准价动词,"伍员"是其临时客事 Nc,为与下句节律相合,"伍员"移至句首,充当话题主语。又如:

> 越人薰之以艾,乘以王舆(让王)

"乘"为准价动词,"之"是其临时客事 Nc,为与上句节律相合而承上省略。

附 录

准一价动词(词项)词表(14 个)

1. 准一价动作动词 V(a)(7 个)

   长^4、相^3、知^2、柙、名^2、火、迹。

2. 准一价状态动词 V(e)(7 个)

   风、雷霆、客、理^3、时^2、主^2、南^2。

准二价动词(词项)词表(177个)

1. A类 V(a,c)(129个)

   罢[1]、败、敝、怵、挫[1]、达[1]、单、荡、定[1]、动[1]、敦[2]、乏、薑、伏[1]、服[2]、覆[1]、感[1]、寡、骇、骄、后、化[2]、惑、饥、竭、解[1]、进、龟、伉、渴、溃、愦、来、滥[1]、离[1]、戾、立[2]、缭、留[1]、流[1]、迷、迷惑、眯、桡、怒[3]、破[1]、期[1]、寝[2]、穷[2]、缺、濡、散、生[3]、施[1]、实、受[2]、死、碎、完、亡[2]、望、悟、息[1]、息[2]、析[2]、间[2]、晓、形[1]、休、县[1]、旋、还[5]、延[1]、偃、壹、佚、淫[2]、娱、约[3]、爝、杂、藏[2]、张[2]、长[4]、整、直、说[3]、终[2]、骤、奏、卒[1]、醉，

   安、出[2]、从、惊、困、免、宁、穷[1]、适[2]、同[1]、下[2]、盈、周[1]，

   卑、长[2]、高、寒、厚、给[2]、简[2]、絜[2]、矜[4]、静、均调、明[3]、贫、齐、强[1]、容与、尚[2]、少[3]、危、虚、远[2]、浊，

   礼、里。

2. B类 V(a,h)(30个)

   卑、薄[2]、丑[2]、大、短、恶[1]、甘、高、怪[1]、轻、荣、荣华、少[2]、下[2]、小、中[4]、臣、耻、带[1]、弟、藉[1]、利[2]、纽、辱[2]、尸[2]、席、象[2]、信[2]、醇、子。

3. C类 V(a,d)(9个)

   币、稷、群、社，

   灭裂、死、儴、效[2]、响。

4. D类 V(a,p)(8个)

   带[2]、豆、府、笼、履[2]、味、艺、俎。

5. E类 V(a,l)(1个)

   踣。

准三价动词(词项)词表(14个)

1. A类 V(a,c,d/p/pl/i)(12个)

   沉、乘[1]、戆[1]、浮、归[1]、合[3]、和[3]、近、栖、袭[2]、饮、遊[1]。

2. C类 V(a,d,p)(2个)

   若[2]、为[5]。

六 《庄子》"所"字结构的转指对象与动词配价

1. 引言

最早采用配价语法理论研究上古汉语结构助词"所"字的是朱德熙先生。朱德熙先生在《自指和转指》一文中指出:(1)"所"字是名词化的标记;(2)"所"字只有转指功能;(3)"所"字结构的转指对象要受结构中动词"向"的制约。[1]

本文在朱先生研究的基础上,以《庄子》为语料,以词项为单位,重点考察"所"字结构的转指对象与动词配价的制约。

为描写方便,本文使用了以下符号:

N—名词,V—动词(指词项,下同),P—介词,S—句式,⟶可以转换;

配价语义角色:z—主事(包括施事、当事、系事、致事等),k—客事(包括受事、对象、使事、意事等);

非配价语义角色:b—补事(包括处所、源点/目标[2]、凭借、原因、目的等)。

《庄子》中的"所"字记录了三个词:所¹,名词,如"七日七夜至老子之所"(庚桑楚)、"日月其争于所乎"(天运);所²,结构助词,如"目无所见,耳无所闻,心无所知"(在宥);所³,助词,被动

---

[1] 本文采用的术语"价"与朱德熙先生文中的术语"向"不完全相同。参见2.3.1。

[2] "处所"、"源点/目标"这两种语义角色,下文有时会以"空间"这一概念来涵盖它们。

标记,如"为鱼鳖所食"(盗跖)。[1] 本文只考察"所²"(下文凡言"所",均指"所²")。

2. 《庄子》"所"字结构的考察

《庄子》中"所"字结构共出现549例,涉及动词230个,按动词的配价分述如下。

2.1 一价动词构成的"所"字结构

一价动词构成的"所"字结构涉及动词29个(58例),基本陈述形式:$Nz+V^1$。

相应的无标记指称形式:$(Nz+)$所$+V^1$[2]。

相应的有标记指称形式:$(Nz+)$所$+P+V^1$[3]。

2.1.1 无标记指称形式

一价动词只支配一个语义角色,即句法层面的Nz,其无标记指称形式转指动词V^1所涉及的补事Nb。因为V^1所涉及的补事Nb是多方面的,所以"$(Nz+)$所$+V^1$"具体所指是不确定的,或凭借,或原因,或空间,等等,需依语境而定。例如:

<u>黄帝之所休</u>(至乐) <u>犹有所遁</u>(大宗师)

---

[1] 有的学者将该例看作是陈述式而非被动式,本文未采此说。《庄子·列御寇》中有"弟子曰:'吾恐乌鸢之食夫子也。'庄子曰:'在上为乌鸢食,在下为蝼蚁食'"。我们认为,"为鱼鳖所食"与"为乌鸢食"、"为蝼蚁食"语义相同,都是被动句,只不过前者在用于被动的动词之前增添了一个"所"字而已。"为鱼鳖所食"的"所"字如果脱落,即"为鱼鳖所食"——"为鱼鳖食",该句的语义并无变化;因此,"所"只是一个被动标记。"所"虚化为被动标记的过程,当从战国后期开始。

[2] (Nz)表示Nz在句法层面可以不出现。

[3] 本文所说的标记指"所"字结构中位于"所"与动词之间的介词。

六 《庄子》"所"字结构的转指对象与动词配价　211

　　　谷食之所生(秋水)　猖狂不知所往(在宥)
　　　而止乎无所化(达生)
　　　一之所起(天地)按，郭象注：夫一之所起，起于至一，非起于无也。(425页)

以上转指空间。或处所，如《至乐》之"黄帝之所休"、《秋水》之"谷食之所生"；或终点，如《在宥》之"所往"；或源点，如《天地》之"所起"。

　　　帝之所兴，王之所起也(知北游)
　　　且若亦知夫德之所荡而知之所为出乎哉(人间世)按，成玄英疏：汝颇知德荡智出所由乎哉？(135页)
　　　不随其所废，不原其所起(则阳)按，郭象注：废起皆自尔，无所缘随也。(916页)

以上转指原因、凭借，如《知北游》之"帝之所兴"、《人间世》之"德之所荡"、《则阳》之"所废"。

　　2.1.2　有标记指称形式

　　一价动词有标记指称形式转指 V^1 所涉及的、由介词引进的补事，或原因，或空间，或与事，等等，依介词标记 P 而定。例如：

　　　生有所乎萌(田子方)按，成玄英疏：萌于无物。(713页)
　　　财用有余而不知其所自来(天地)
　　　不知其所由来(齐物论)
　　　　　(以上 P 为介词"乎"、"自"、"由"，转指空间)
　　　故素也者，谓其无所与杂也(刻意)

(以上 P 为介词"与",转指与事)

孟氏不知<u>所以生</u>(大宗师)

吾<u>所以不庭</u>也(山木)按,成玄英疏:是故不庭。(699页)

而非<u>所以先</u>也(天道)

夫《六经》,先王之陈迹也,岂其<u>所以迹</u>哉(天运)按,郭象注:所以迹者,真性也。(532页)

(以上 P 为介词"以",转指原因、凭借)

"(Nz+)所+P+V¹"的转指对象取决于介词的小类。不同的介词小类引进的语义角色有别,如:介词"以"引进原因、凭借,介词"与"引进与事;介词"乎"、"自"、"由"引进空间。因此,"(Nz+)所+P+V¹"的转指对象原则上依凭介词确定。换句话说,"(Nz+)所+P+V¹"的所指原则上是确定的。

"(Nz+)所+以+V¹"既可以转指原因,如《大宗师》之"所以生",也可以转指凭借,如《天道》之"所以先",在于介词"以"既可以引进原因,也可以引进凭借,引进的语义角色不止一类。

2.2 二价动词构成的"所"字结构

二价动词构成的"所"字结构涉及动词 193 个(465 例),基本陈述形式:Nz+V²+Nk /Nz+V²+PNk。

相应的无标记指称形式:(Nz+)所+V²/(Nz+)所+V²+Nk /(Nk+)所+V²。

相应的有标记指称形式:(Nz+)所+P+V²/(Nz+)所+P+V²+Nk。

2.2.1 无标记指称形式

(1) (Nz＋)所＋V^2

二价动词支配二个语义角色,即句法层面的主事 Nz、客事 Nk,其无标记指称形式转指动词 V^2 的客事 Nk。例如：

则瓠落无所容(逍遥游)　　物之所利(山木)
且不知耳目之所宜(德充符)　夫迹,履之所出(天运)

(以上转指 V^2 的对象)

非所言也(庚桑楚)
知天之所为,知人之所为者,至矣(大宗师)
召其所好(庚桑楚)　目无所见(在宥)

(以上转指 V^2 的受事)

皆知非其所不善(胠箧)　而非其所是(齐物论)
因其所然而然之(秋水)

(以上转指 V_2 的意事)

有所正者有所差(则阳)　夫已有所简矣(大宗师)
道之所一者,德不能同也(徐无鬼)

(以上转指 V^2 的使事)

若知大隗之所存乎(徐无鬼)
故道之所在,圣人尊之(渔父)
而不知其所之(天地)　则雀无所逃(庚桑楚)

(以上转指 V^2 的空间)

对于每个动词来说,其客事的次类基本上是确定的,如"容"的客事为对象,"言"的客事为受事,"善"的客事为意事(或为使事),"之"的客事为终点,等等,因此,"(Nz＋)所＋V^2"的所指原则上也是确定的。

(2) $(Nz+)$所$+V^2+Nk$ /$(Nk+)$所$+V^2$

① "$(Nz+)$所$+V^2+Nk$"均转指补事 Nb。至于是转指原因、凭借,还是转指目的、空间,是不确定的,需依语境而定。例如:

> 闻太子<u>所欲用周</u>者(说剑)按,转指目的。
> <u>所爱其母</u>者,非爱其形也(德充符)按,转指原因。
> 世之<u>所贵道</u>者,书也(天道)按,转指方式。
> 今吾无<u>所开吾喙</u>(秋水)按,转指方式。
> 夫子无<u>所发之狂言</u>而死矣夫(知北游)按,转指工具。
> <u>无所用之</u>(马蹄)按,转指处所。
> 夫寻常之沟,巨鱼无<u>所还其体</u>(庚桑楚)按,转指处所。

还,使动用法。

② "$(Nk+)$所$+V^2$"原则上转指补事 Nb,如:

> 罔罟之<u>所布</u>(胠箧)按,成玄英疏:罔罟布以事畋渔。(344 页)客事 Nk 前置,转指处所。
> 是不材之木也,无<u>所可用</u>(人间世)按,Nk 前置,以"可"为标记,转指方面。

偶尔转指主事(仅见 1 例),如:

> 是黄帝之<u>所听荧</u>也(齐物论)按,《释文》:向司马云:听荧,疑惑也。(99 页)

"黄帝之所听荧"转指使黄帝"听荧"的主事(致事)。

③ $(Nz+)$所$+V^2+PNb$

补事 Nb 出现在"所"字结构中,该结构仍转指客事 Nk。例如:

> 见<u>所尝见</u>于中国者喜(徐无鬼)按,转指受事。

2.2.2 有标记指称形式

(1) (Nz+)所+P+V²

  A. 无所于逆(刻意)

   死有所乎归(田子方)

  B. 唯种也不知其身之所以愁(徐无鬼)

   不知吾所以然而然(达生)

A组例句,"无所于逆"犹"无所逆","死有所乎归"犹"死有所归";B组例句则不然。之所以这样,是由于上述例句中,介词"于"、"乎"引进的是客事Nk,[1] 而介词"以"引进的是补事Nb(原因)。

(2) (Nz+)所+P+V²+Nk

P只见介词"以",转指补事Nb(或方式,或原因,或凭借)。

  而况乎所以待天乎(山木)

  吾所以说吾君者(徐无鬼)

  此吾所以用心已(天道)按,成玄英疏:我之用心,止尽于此。(475页)

        (以上转指"方式")

  此吾所以知道之数也(知北游)

  是所以贵真也(渔父)

  是其所以为灵公也(则阳)

---

[1] 这可以在"逆"、"归"的陈述形式中得到证明。例如:

  武王逆纣而不肯顺(天运)/莫逆于心(大宗师)按,"莫逆于心"犹"莫逆心"。

  彼富则人归之(盗跖)/争归于利(马蹄)按,"争归于利"犹"争归利"。介词"于"、"乎"引进的语义角色均为客事Nk。

(以上转指"原因")

是三者非所以养德也(天地)

彼,吾所以有待邪(寓言)按,郭嵩焘曰:景之与形相待也。(961页)

(以上转指"凭借")

(3) (Nz+)所+PNb+V^2

V_2 之前的介词引进的补事 Nb 偶尔出现在"所"字结构中(仅见1例),转指客事(空间)Nk。如:

吾所与吾子游者(徐无鬼)

2.3 三价动词构成的"所"字结构

三价动词构成的"所"字结构涉及动词8个(26例),基本陈述形式:S:Nz+V^3+Nk_1+Nk_2/S_2:Nz+V^3+Nk_2+PNk_1(客事 d_1 为对象、客事 d_2 为受事)。

相应的无标记指称形式:(Nz+)所+V^3/(Nz+)所+V^3+Nk_2。

相应的有标记指称形式:(Nz+)所+P+V^3/(Nz+)所+P+V^3+Nk_2。

三价动词大都具有[转移]语义特征,而[转移]是有方向的,"给予"类动词具有[外向转移]特征,"取得"类动词具有[内向转移]特征,具有[外向转移]特征的三价动词,其基本陈述形式为S,具有[内向转移]特征的三价动词,其基本陈述形式为 S_2。[1]

2.3.1 无标记指称形式

(1) (Nz+)所+V^3

---

[1] 详见第四章(一)"《庄子》'转让'类动词及其相关句式"。

六 《庄子》"所"字结构的转指对象与动词配价

三价动词支配三个语义角色（即句法层面的 N_z、N_{k_1}、N_{k_2}），其无标记指称形式转指动词 V^3 所支配的客事 N_{k_1} 或 N_{k_2}，所指是不确定的。但考察《庄子》，"(N_z＋)所＋V^3"中的 V^3 只见"内向转移"动词，转指对象均为 N_{k_2}。例如：

忘其所受（养生主）　　耳无所闻（在宥）
浮游不知所求（在宥）　非我无所取（齐物论）
吾所学者（田子方）　　而所欲问者（在宥）[1]
此固越人之所欲得为君也（让王）按，《吕氏春秋·贵生》作"此固越人之所欲得而为君也"。

难道"外向转移"动词不能进入"(N_z＋)所＋V^3"吗？考察先秦他书，并非如此。请看下面的例句：

彼交匪纾，天子所予（诗·小雅·采菽）
夫吴之与越，唯天所授（国语·吴语）
齐、晋亦唯天所授，岂必晋（左传·成公二年）
是以其民绝望，无所告诉（韩非子·备内）
黔首无所告诉（吕氏春秋·振乱）
教者术犹不能行，又况乎所教（吕氏春秋·有度）
好臣其所教（孟子·公孙丑下）臣，以……为臣。

"予"、"授"、"告诉"、"教"都是"外向转移"动词，上述各例"(N_z＋)所＋V^3"均转指 N_{k_1}。可见，《庄子》所见只是语言材料的局

---

[1] 上古汉语中，动词"问"（询问）的语义特征经历了由"内向转移"向"外向转移"的历史变化；《庄子》时代，动词"问"正处于这一历史变化之中。详见殷国光《动词"问"的语法功能的历史演变》（载《中国语言学报》第十二期，2005 年）。

限罢了。

上述两组例句表明,"$(Nz+)$所$+V^3$ 中 V^3"的转移方向不同,该结构的转指对象亦有别。之所以有这样的分别,在于转移方向不同的三价动词,其客事 Nk_1、Nk_2 受关注的程度不同,与动词的联系亦有强弱之分,因此,其基本陈述形式有 S_1、S_2 之别。简言之,"内向转移"动词更关注 Nk_2,因此,Nk_2 离动词核心距离近,与动词的联系强;"外向转移"动词与之相反,更关注 Nk_1。由此看来,"$(Nz+)$所$+V^3$"转指的对象受到动词 V^3 语义特征的制约。

笼而统之地说,"$(Nz+)$所$+V^3$"所指是不确定的;如果将 V^3 的语义特征考虑进去,则"$(Nz+)$所$+V^3$[内向]/$(Nz+)$所$+V^3$"[外向]所指是确定的,分别转指 V^3 更为关注的语义角色。

(2) "$(Nz+)$所$+V^3+Nk_2$"转指 Nk_1。如:

无所得闻至教(渔父)

七圣皆迷,无所问涂(徐无鬼)

(3) "$(Nz+)$所$+V^3+PNk_1$"转指 Nk_2。如:

尽其所受乎天(应帝王)

V^3 仅见"内向转移"动词。

(4) 从理论上说,亦当有"$(Nz+)$所$+V^3+Nk_1$",但《庄子》中未见,在其他上古文献中仅偶见。如:

所赐长子书及符玺,皆在胡亥所(史记·李斯列传)[1]

V^3 仅见"外向转移"动词。"长子"为 Nk_1,转指 Nk_2,即该"所"

---

[1]《史记》例转引自周法高《中国古代语法·称代编》。

字结构所修饰的中心语"书及符玺"。

2.3.2 有标记指称形式

(1) "(Nz+)所+P+V^3"转指补事 Nb(原因)。

不知其所以得(骈拇)

(2) "(Nz+)所+P+V^3+Nk_1"转指 Nk_2。

彼圣人者,天下之利器也,非所以明天下也(胠箧)

V^3 仅见"外向转移"动词。《齐物论》有"欲以明之"句,成玄英疏曰:"欲将己之道术明示众人也。"(77 页)据成疏,介词"以"引进的语义角色为 Nk_2。

(3) (Nz+)所+P_1+V^3+P_2Nk_1

真者,所以受于天也(渔父)按,成玄英疏:真实之性,禀乎大素。(1032 页)

V^3 仅见"内向转移"动词。"所以受于天"转指 Nk_2。带标记的"内向转移"动词"(Nz+)所+P_1+V^3+P_2Nk_1"转指 Nk_2,当属特例。

由三价动词构成的带标记的"所"字结构中,P 只见介词"以"。

2.4 小结

现将动词的指称形式、转指对象按动词配价列表小结如下:

表 6-1:"所"字结构的指称形式及转指对象

动词配价	指称形式	转指对象		
		客事 Nk	补事 Nb	主事 Nz
V^1	(Nz+)所+V^1(35)		Nb(空间 29)(原因 6)	
	(Nz+)所+P+V^1(23)		Nb(23)	

续表

		Nk(381)	Nb(1)[1]	
	(Nz+)所+V²(382)	Nk(381)	Nb(1)[1]	
	(Nz+)所+V²+Nk(16)		Nb(16)	
V²	(Nk+)所+V²(10)		Nb(9)	Nz(1)[2]
	(Nz+)所+P+V²(14)	Nk(2)	Nb(12)	
	(Nz+)所+P+V²+Nk(42)		Nb(42)	
	(Nz+)所+PNb+V²(1)	Nk(1)		
	(Nz+)所+V³(19)	Nk$_2$(19) (Nk$_1$)		
V³	(Nz+)所+V³+Nk$_2$(2)	Nk$_1$(2)		
	(Nz+)所+V³+PNk$_1$(1)	Nk$_2$(1)		
	(Nz+)所+P+V³(1)		Nb(1)	
	(Nz+)所+P+V³+Nk$_1$(2)	Nk$_2$(2)		
	(Nz+)所+P$_1$+V³+P$_2$Nk$_1$(1)	Nk$_2$(1)		

3. 问题与思考

3.1 影响"所"字结构转指对象的因素

"所"字结构的转指对象都受到哪些因素的影响？考察《庄子》,影响"所"字结构转指对象的因素大致有四:(1)介词标记;(2)动词的配价;(3)"所"字结构中出现的语义角色;(4)动词的语义特征。

3.1.1 介词标记

---

[1] "(Na+)所+V²"转指Npl属特例:

　　因案人之所感(人间世)郭象注:人以快事感己,己陵藉而乃抑挫之。(142页)

据郭注,"感"后当有客事Nd"己"(使事),省略,"所感"转指补事Npl"快事"(凭借)。

[2] 详见下文3.3。

有介词标记的"所"字结构转指介词引进的语义角色,原则上转指补事 Nb[1],或空间,或目的,或对象,或原因、凭借,依介词及具体语境而定。

考察《庄子》"所"字结构,不同的介词标记出现频率是不均衡的,具体情况如下:

以(62例)、乎(2例)、于(1例)、与(2例)、自(2例)、由(2例)、为(1例)、用(1例)。

其中,"与、自、由、为、用"只引进一类语义角色,如"为"引进目的,"与"引进与事等。"以、于、乎"可以引进二类或多类语义角色,如"于"、"乎"既可以引进对象,又可以引进空间;"以"既可以引进受事,又可以引进原因、凭借。

带标记的"所"字结构,如果其标记为只引进一类语义角色的介词,那么,该"所"字结构的所指是确定的;如果其标记为可引进多类语义角色的介词,那么,该"所"字结构的所指是不确定的,需依具体语境而定。

3.1.2 动词的配价

无介词标记的"所"字结构,其转指对象取决于动词的配价。一价动词不支配客事,"(Nz+)所+V^1"转指 V^1 的补事 Nb。二价动词既支配客事,又涉及补事,"(Nz+)所+V^2"遵循客事>

---

[1] 介词引进的语义角色绝大多属非配价语义角色(76例,约占94%),但也有少数配价语义角色(5例,约占6%),如:

武王逆纣(天运)/莫逆于心(大宗师)/无所于逆(刻意)

动词"逆"的陈述形式为:Na+V^2+(P)Nd,介词"于"引进配价语义角色,其指称形式"(Na)+P+V^2"转指配价语义角色 Nd。

补事、配价语义角色优先的规则,优先转指 V_2 的客事 Nk;只有当客事 Nk 出现在"所"字结构之中时,如:

$(Nz+)$所$+V^2+Nk$ /$(Nk+)$所$+V^2$

该结构才转指补事 Nb。三价动词支配二个客事:客事 1、客事 2,"$(Nz+)$所$+V^3$"所指是不确定的,既可以是 Nk_1,也可以是 Nk_2。

那么,动词的临时配价对"所"字结构的转指对象有无影响?动词的配价有真价和准价之别。所谓真价,是指动词固有的配价;所谓准价,是指动词在具体语境中临时的配价(如词类活用)。例如:

夫《六经》,先王之陈迹也,岂其所以迹哉(天运)按,郭象注:所以迹者,真性也。(532 页)

世之所高(盗跖)

夫天地者,古之所大也(天道)

道之所一者,德不能同也(徐无鬼)

夫已有所简矣(大宗师)

"迹"为准一价动词,《天运》之"所以迹"转指介词"以"引进的补事 Nb(凭借),"高"、"大"、"一"、"简"为准二价动词,《盗跖》之"所高"、《天道》之"所大"转指客事 Nk(意事),《徐无鬼》之"所一"、《大宗师》之"所简"转指客事 Nk(使事)。

考察《庄子》,由"准价动词"构成的无标记指称形式"$(Nz+)$所$+V^2$"共 24 例,均转指客事 Nk(其中:意事 17 例、使事 5 例、受事 1 例、对象 1 例)。"$(Nz+)$所$+V^2+Nk$"仅见 1 例,转指补事 Nb(空间)。

由"准价动词"构成的有标记指称形式共 5 例("(Nz+)所+P+V^1" 1 例、"(Nz+)所+P +V^2+Nk"4 例),均转指介词引进的语义角色,转指补事 Nb(凭借、方式)。准价动词进入"所"字结构,其转指对象与真价动词同。换句话说,动词的临时配价对"所"字结构的转指对象不产生影响。因此,上文所论及的一价动词 V^1、二价动词 V^2、三价动词 V^3,既包括真价动词,也包括准价动词。

3.1.3 "所"字结构中出现的语义角色

"所"字结构不能转指该结构中(无论在"所"后,还是"所"前)已出现的语义角色。如上文所述:

(Nz+)所+V^2+Nk,转指 Nb,不能转指 Nk;

(Nz+)所+V^3+Nk$_2$,转指 Nk$_1$,不能转指 Nk$_2$。

(Nz+)所+V^3+PNk$_1$,转指 Nk$_2$,不能转指 Nk$_1$。

3.1.4 动词的语义特征

三价动词 V^3 的语义特征(转移方向)影响"(Nz+)所+V^3"的转指对象:如果 V^3 是"内向转移"动词,"(Nz+)所+V^3"转指 Nk$_2$,如果 V^3 是"外向转移"动词,"(Nz+)所+V^3"转指 Nk$_1$。

3.2 "所"字结构有标记指称形式与无标记指称形式的转换

在什么情况下,可以实现有标记的"所"字结构与无标记的"所"字结构之间的转换?

请看下面两组例句:

A. 无所于逆(刻意)　　死有所乎归(田子方)

A 组例句,"所于逆"犹"所逆","所乎归"犹"所归"。这可以在"逆"、"归"的陈述形式中得到解释。"逆"、"归"为二价动词,

二词都有 S、S_2 两种陈述形式,例如:

$S: Nz + V^2 + Nk$　　　　　$S_2: Nz + V^2 + PNk$

武王逆纣而不肯顺(天运)　　莫逆于心(大宗师)

彼富则人归之(盗跖)　　　　争归于利(马蹄)

"逆纣"犹"逆于纣","莫逆于心"犹"莫逆心"。"归之"、"归于利"亦然。我们可以说:$S \longrightarrow S_2$,$S_2 \longrightarrow S$。之所以如此,是由于介词"于"、"乎"引进的语义角色均为客事 Nk。诚如上文1.1所述,有介词标记的"所"字结构转指介词引进的语义角色,虽然原则上转指补事,但亦有少数例外,转指客事,"所于逆"、"所乎归"就属于后者,从而与无标记的、转指客事的"所逆"、"所归"所指相同。在这种情况下,$(Nz+)$所$+P+V^2$ $\longrightarrow (Nz+)$所$+V^2$。

又因 S、S^2 的指称形式原则上都是无标记指称形式"$(Nz+)$所$+V^2$",所以上述转换是自由的。

三价动词也有这样的现象,如:

真者,所以受于天也(渔父)按,成玄英疏:真实之性,禀乎大素。(1032页)

尽其所受乎天(应帝王)

据成疏,"真"即"真实之性",是"受于天"的,是"受"的受事 Nk_2,"天"是"受"的对象 Nk_1。而"真"又与"所以受于天"构成判断,这表明,"真"即"所以受于天"的转指对象,也是该结构中介词"以"引进的语义角色。"所受乎天"的转指对象也是 Nk_2,因此,有标记的"所以受于天"犹无标记的"所受乎天",即 $(Nz+)$所$+P_1+V^3+P_2Nk_1 \longrightarrow (Nz+)$所$+V^3+PNk_1$。

B. 所恶乎分者,其分也以备;所以恶乎备者,其有以备(庚桑楚)按,郭象注:所以恶分也……所以恶备也。(798—799页)

据郭注,"所恶乎分"同"所以恶分"。考察《庄子》,"恶"的陈述形式也有 S(如"全人恶天"(庚桑楚))、S_2 两种形式,因此,无论在"恶乎分"中,还是在"恶分"中,"分"都是"恶"的客事 Nk。"所恶乎分"是无标记的、含 Nk 的指称形式,据上文 1.3 所述,"所"字结构不能转指该结构中已出现的语义角色,即客事 Nk,只能转指补事 Nb;而"所以恶分"是有标记的、含 Nk 的指称形式,据 3.1.1、3.1.3 的规则,只能转指介词"以"引进的补事 Nb。正因为"所恶乎分"与"所以恶分"所指相同,均转指补事 Nb,所以 $(Nz+)$所$+V^2+Nk \longrightarrow (Nz+)$所$+P+V^2+Nk$。

上述分析表明:当有标记的"所"字结构与无标记的"所"字结构所指相同时,二者之间可以实现转换:转指客事的、有标记的"所"字结构可以转换为无标记的"所"字结构;转指补事的、无标记的"所"字结构亦可以转换为有标记的"所"字结构。这种转换,原则上是单向的。

3.3 "所"字结构转指主事的原因

如何解释"所"字结构转指主事?考察《庄子》,"所"字结构转指主事仅见 1 例:

是黄帝之所听荧也(齐物论)按,成玄英疏:听荧,疑惑不明之貌也。夫至道深玄……虽复三皇五帝……不尽其妙,听荧至竟,疑惑不明。(99页)

"黄帝之所听荧"转指使黄帝"听荧"的主事(致事),即成疏所谓"至道"。这样的例句在先秦他书中亦是偶见。如:

夙兴夜寐,无忝尔所生(诗·小雅·小宛)

"尔所生"转指"生"的主事(施事)。

"所"字结构转指主事只发生在二价动词构成的"所"字结构之中,是一种偶然现象。我们认为,"所"字结构中,"所"字之前的主事 Nz 是不可或缺的成分。如"物之所利"(山木)的"物"、"人之所为"(大宗师)的"人"、"世之所高"(盗跖)的"世"之类(Nz 出现在"所"字结构之中);又如"非所言也"(庚桑楚)、"见所尝见于中国者喜"(徐无鬼)之类(Nz 未出现在"所"字结构之中,或可据语境补出,或只是隐含而已)。无论 Nz 是否出现在"所"字结构之中,"所"字之前都有 Nz 的位置。如 3.1.3 所云,"所"字结构不能转指该结构中(无论在"所"后,还是"所"前)已出现的语义角色,因此,通常"所"字结构不转指主事。那么,为什么会发生"所"字结构转指主事的偶然现象呢?考察上述二例,有一个共同之处,即客事 Nk 前移,占据了主事 Nz 的位置。如"黄帝"是"听荧"的客事(使事),前移至"所"字之前;"尔"是"生"的客事(受事),亦前移至"所"字之前,构成"(Nk+)所+V^2"。由于 Nk 占据了其指称形式中主事 Nz 的位置,致使 Nz 不出现在"所"字结构之中,或移至动词之后,这样就为"所"字结构转指主事提供了可能。至于汉魏以降,"'所生'大多专指'生'的施事者,即指生母",如:

叔度母早卒,奉姨若所生(南史·何尚之传)

明帝少失所生,为太后所摄养(南史·后妃·孝武昭路太后传)

正如杨伯峻、何乐士二位先生所云,只是"沿袭《诗经》的用法和意义"[1],仿古而已。

3.4 "所"仅仅是提取宾语的吗

"所"仅仅是提取宾语的吗?朱先生文中说"'所'是提取宾语的",考察《庄子》,虽大体如此,但并不尽然。

其一,有介词标记的"所"字结构转指介词引进的语义角色(原则上转指补事),"所"提取的是介词宾语,而非动词宾语。尽管充当介词宾语的名词语有时与充当动词宾语的名词语所指相同,如上文提及的"逆纣"犹"逆于纣","莫逆于心"犹"莫逆心"之类,"所于逆"与"所逆"所指相同,提取的都是客事,但那毕竟是少数;多数情况下,二者是有区别的:介词宾语映射的是补事,动词宾语映射的是客事。因此,笼而统之地说"'所'是提取宾语的",将无益于区分提取介词宾语的"(Nz+)所+P+V"与提取动词宾语的"(Nz+)所+V"。

其二,无介词标记的"所"字结构,诚如上文所述,其转指对象与动词的配价有关。一价动词,其陈述形式为"(Nz)+V^1","(Nz+)所+V^1"转指补事 Nb,该指称形式中的"所"自无提取宾语可言。至于二价动词,陈述形式有二:

S_1:Nz+V^2+Nk S_2:Nz+V^2+PNk

S_1 中,客事 Nk 进入句法层面无需介词;S_2 中,Nk 需由介词引入句法层面;但 S_1 与 S_2 的无标记指称形式相同。例如:

---

[1] 引文及《南史》例句引自杨伯峻、何乐士《古汉语语法及其发展》(修订本),487 页。

S	S$_2$	(Nz＋)所＋V^2
见^1(看见)	妇人见之(德充符)	目无所见(在宥)
之(到……去)	匠石之齐(人间世)	而不知其所之(天地)
言^1(说)	夫子言道(田子方)	非所言也(庚桑楚)
存^1(存在)	机心存于胸中(天地)	若知大隗之所存乎(徐无鬼)
舍^1(住宿)	舍于鲁(田子方)	人之所舍(庚桑楚)
始(开始)	始于惧(天运)	焉知其所始(山木)

无论是 S，还是 S$_2$，其无标记指称形式均为"(Nz＋)所＋V^2"，均转指客事 Nk。对于 S 来说，"所"固然是提取宾语的；但对于 S$_2$ 来说，说"所"是提取宾语的就不大妥当了，实际上，"所"提取的是补语中的语义角色。三价动词构成的"(Nz＋)所＋V^3"亦如此。

其三，动词的宾语有时出现在"所"字结构之中，构成"(Nz＋)所＋V^2＋Nk"，如：

闻太子所欲用周者(说剑)按，转指目的。

所爱其母者，非爱其形也(德充符)按，转指原因。

巨鱼无所还其体(庚桑楚)按，转指处所。

今吾无所开吾喙(秋水)按，转指方式。

上述例句中，"所"都是提取补事 Nb 的。综上所述，说"'所'是提取宾语的"，不如说"所"是提取客事、补事的，更为准确。

4. 结语

考察《庄子》，"所"字结构转指遵循以下原则：

(1) 不能转指该结构中(无论在"所"后,还是"所"前)已出现的语义角色;

(2) 有介词标记的"所"字结构转指介词引进的语义角色;无介词标记的"所"字结构转指对象取决于动词的配价,并遵循客事＞补事、配价语义角色优先的原则。

七 《庄子》动词配价研究总结

1.《庄子》动词概况

《庄子》共有 1214 个动词,1657 个词项,典型用例共 14196 例(另有 205 个准价动词,共有 373 例)。对这些动词,可以从语义特征、语义价和句法向三个角度来进行次类划分。根据语义特征,可以划分为动作动词、状态动词和关系动词;根据语义价可以划分为一价动词、二价动词和三价动词;根据句法向可以划分为单向动词、双向动词和三向动词。

综合运用以上三种分类方法,《庄子》动词可以划分为 9 类。各次类动词的个数、用例数和配价结构列表如下:

表 7-1:《庄子》动词概况

价向	比较项 语义 特征		词项数(个)	典型 用例数(例)	配价结构
V^1	单向	动作	264	1051	V(a)
		状态	231	652	V(e)
		关系	—	—	
V^2	单向	动作	66	261	V(a,p/d/pl/l/i)
		状态	48	269	V(e,d/pl/l)
		关系	—	—	
	双向	动作	900	8625	V(a,p/d/c/h/pl/l)
		状态	71	565	V(e,d/r/l/pl)
		关系	9	1657	V(th,rh)

续表

V³	双向	动作	56	740	V(a,p,d/l/c)
		状态	—	—	—
		关系	—	—	—
	三向	动作	12	376	V(a,p,d)
		状态	—	—	—
		关系	—	—	—

2. 动词的语义特征与配价

动词的语义特征,既制约着动词所支配的语义角色的类型,也在一定程度上制约着动词所支配的语义角色的数量。

2.1 动词的语义特征和配价语义角色的类型

动词的语义特征是一个具有层次性的结构系统,范围大的语义特征决定动词(词项)的大类,范围小的语义特征决定动词(词项)的小类。因此,语义特征的层次决定了动词系统的层次。根据研究需要,本文将其分为三个层级:一级语义特征,如[＋动作]、[＋状态]、[＋关系]等;二级语义特征,如[＋处置]、[＋涉及]、[＋致使]、[＋意使]、[＋附着]、[＋位移]等;三级语义特征,如[＋方向]、[＋相互]等(当然,根据研究的需要,还可以进一步划分出再次一级的语义特征)。

其中,主事类型由一级语义特征决定,客事类型主要由二级语义特征决定。比如:

主事:V[＋动作]——施事 a;V[＋状态]——当事 e;V[＋关系]——系事 th;

客事:V[＋结果]——成事 r;V[＋处置]——受事 p;V[＋

涉及]——对象 d；

V[＋致使]——使事 c；V[＋意使]——意事 h；V[＋凭借]——工具 i；

V[＋附着]——处所 pl；V[＋位移]——源点/目标 l；V[＋关系]——表事 rh。

V^3 之所以能够支配两个客事，是因为该类动词综合了两个（或两个以上）二级（或三级）语义特征。V^3 均具有[处置]语义特征，所以其主事为 a，客事中有一个为 p；另一个客事的类型则由动词所具有的另一个二级（或三级）语义特征来决定。比如："转让"类动词（如"尧与许由天下（外物）"中的"与"）具有[处置]、[方向]、[涉及]语义特征，所以所支配的另一个客事为 d。"放置"类动词（如"藏金于山（天地）"中的"藏"）具有[处置]、[方向]、[位移]语义特征，所以所支配的另一个客事为 l。

2.2 动词的语义特征和配价语义角色的数量

动词的一级语义特征与动词的语义价、句法向之间的关系，列表如下：

表 7-2：动词一级语义特征与价向的关系

配 价	语义特征	动作	状态	关系
一价	单向	＋	＋	－
二价	单向	＋	＋	－
	双向	＋	＋	＋
三价	双向	＋	－	－
	三向	＋	－	－

上表表明：V_D 有 5 种价、向组合方式，V_Z 有 3 种，V_G 只有 1 种。动词价、向组合的方式越多，表明该类动词的配价能力越强。因此，根据动词价、向组合数，我们可以排列出三类动词的配价能力序列，即：

$$V_D > V_Z > V_G$$

动词的二级语义特征和价、向之间亦存在着制约关系，仅以 V^2_D 为例，如下表所示：

表 7-3：V^2_D 二级语义特征与价向的关系

一级语义特征 \ 二级语义特征	处置	涉及	凭借	附着	位移	致使	意使
动作	$^1V^2$	$^1V^2$	$^1V^2$	$^1V^2$	$^1V^2$	—	—
	$^2V^2$	$^2V^2$	—	$^2V^2$	$^2V^2$	$^2V^2$	$^2V^2$

3. 动词的配价与句式

本节将通过归纳动词各次类的基本句式和派生句式，分析动词的语义特征、价数、向数与句式之间的复杂关系，探讨语义角色进入句法层面的规则。

3.1 动词的配价与基本句式

价、向相同的动词，因其二级、三级语义特征的不同，也会在配价结构和基本句式上产生差异。《庄子》中，共归纳出各次类动词的基本句式 21 式（总计 9098 例）。这 21 种基本句式出现频率迥异，具体情况列表如下：

表 7-4:《庄子》各次类动词的基本句式

价向	语义特征	配价结构	S用例数(例)	S
V^1	单向 动作	V(a)	822	Na+V
	单向 状态	V(e)	536	Ne+V
V^2	单向 动作	V(a,p/pl/l)	88	Na+V+PNp/pl/l
		V(a,d)	41	Na+V+PNd(限"恤"类)
		V(a,d)	19	Na+PNd+V(限"盟"类)
		V(a,i)	3	Na+PNi+V
	单向 状态	V(e,d)	52	Ne+V+PNd(限"悖"类和"并"类)
		V(e,d)	7	Ne+PNd+V(限"和"类)
		V(e,d)	30	Ne/d+V(限"反"类)
		V(e,pl/l)	40	Ne+V+PNpl/l(限"存在"类和"变化"类)
	双向 动作	V(a,p/d/c/h/pl/l)	5236	Na+V+Np/d/c/h/pl/l
	双向 状态	V(e,d/r/l)	313	Ne+V+Nd/r/l
		V(e,pl)	55	Ne+V+Npl(限"在¹"类,Npl均是方位名词)
		V(e,pl)	8	Ne+Npl+V(限"面"类,NPl均是方位名词)
	双向 关系	V(th,rh)	1591	Nth+V+Nrh

续表

V³	双向	动作	V(a,p,d)	44	Na＋V＋Np＋PNd
				144	Na＋PNd＋V＋Np
				11	Na＋V＋Nd＋PNp（限"转让"的"外向转移"类）
			V(a,p,l)	13	Na＋V＋Np＋PNl（限"非转让"的"放置"类）
			V(a,p,c)	1	Na＋V＋Nc＋PNp（限"非转让"的"致使"类）
	三向	动作	V(a,p,d)	44	Na＋V＋Nd＋Np

3.2 动词的配价与派生句式

基本句式 S 派生出其他句式的手段主要有四种：一是配价语义角色省略；二是配价语义角色移位；三是配价语义角色介词标记的添加与省略；四是增添非配价语义角色。这四种派生手段既可单独运用，也可以综合运用。

语义特征不同和价、向不同的动词，其基本句式的派生能力也存在差异。

3.2.1 客事的省略

配价语义角色在句法层面的省略主要是指客事 Nk 的省略。[1] 客事 Nk 的省略与动词的价、向，以及语义特征都具有一定的联系。现将《庄子》中 V^2、V^3 客事 Nk 省略的情况列表如下：

---

[1] 有些用例中，主事主语在句法层面省略。这些用例可以分为两种句式，一种是"(Nz)＋V＋(P)Nk"，另一种是"Nk＋(Nz)＋V"。前一种用例，本文将之统计为基本式；后一种用例见于 $^2V^2_D$，在下文 3.2.2 部分有所统计，可参看。

表 7-5：V^2、V^3 客事的省略情况

客事类型	动词次类	二价 单向 动作	二价 单向 状态	二价 双向 动作	二价 双向 状态	二价 双向 关系	三价 双向 动作	三价 三向 动作	总计	Nk省略概率
Np	不省略	10	—	5136	—	—	638	282	6066	0.12
	省略	0	—	647	—	—	111	94	852	
Nd	不省略	66	105	310	283	—	306	357	1427	0.29
	省略	28	4	89	52	—	395	19	587	
Npl	不省略	72	20	81	82	—	—	—	255	0.21
	省略	20	16	27	4	—	—	—	67	
Nl	不省略	38	35	240	41	—	21	—	375	0.41
	省略	22	29	175	19	—	18	—	263	
Nr	不省略	—	—	—	79	—	—	—	79	0
	省略	—	—	—	0	—	—	—	0	
Ni	不省略	3	—	—	—	—	—	—	3	0
	省略	0	—	—	—	—	—	—	0	
Nc	不省略	—	—	143	—	—	7	—	150	0.02
	省略	—	—	1	—	—	2	—	3	
Nh	不省略	—	—	106	—	—	—	—	106	0.01
	省略	—	—	1	—	—	—	—	1	
Nn	不省略	—	—	—	—	1647	—	—	1647	0.01
	省略	—	—	—	—	10	—	—	10	
总计	不省略	189	160	6016	485	1647	972	639	10108	0.15
	省略	70	49	940	75	10	526	113	1783	
Nk省略概率		0.27	0.23	0.14	0.13	0.01	0.35	0.15	0.15	

说明：

(1)《庄子》中省略 Nk 的用例共计 1783 例（客事和主事合并作主语或宾语的例子未计在内），省略概率为 0.15。

(2) 从总体上统计，不同语义特征的动词，其省略 Nk 的概率有所差异，可以排列如下：

$$V_D(0.17) > V_Z(0.16) > V_G(0.01)$$

而当价数和向数相同时,三类动词也遵循上述序列,即:
$$^1V^2{}_D(0.27) > {}^1V^2{}_Z(0.23);\quad {}^2V^2{}_D(0.14) > {}^2V^2{}_Z(0.13) > {}^2V^2{}_G(0.01)$$

由上面序例可见:具有[动作]、[状态]语义特征的动词(V_D、V_Z),其客事(Nk)的省略相对自由;具有[关系]语义特征的动词(V_G),其客事(Nk)原则上不能省略。

(3) 从总体上统计,不同价、向的动词,其省略 Nk 的概率有所差异,可以排列如下:
$$^2V^3(0.35) > {}^1V^2(0.25) > {}^3V^3(0.15) > {}^2V^2(0.11)$$

由上面序列可见:在价数相同时,动词的向数越高,其省略 Nk 的概率越低;在向数相同时,动词的价数越高,其省略 Nk 的概率越高。在一级语义特征相同时,不同价向动词省略 Nk 的概率也遵循上述序列,即:

$$V_D: {}^2V^3(0.35) > {}^1V^2(0.27) > {}^3V^3(0.15) > {}^2V^2(0.14)$$
$$V_Z: {}^1V^2(0.23) > {}^2V^2(0.13)$$

根据以上统计可以进一步作出如下的结论:"向"(即直接价)是价元省略的负相关因素,而非向的"价"(即间接价)是价元省略的正相关因素。也就说,间接价比直接价更容易省略。

(4) 从总体上统计,不同类型的客事,其省略的概率也有所差异,可以排列如下:

$$Nl(0.41) > Nd(0.29) > Npl(0.21) > Np(0.12) > Nc(0.02)/Nh/Nn(0.01) > Nr/Ni(0)$$

由上面序列可见:Nc/Nh/Nn/Nr/Ni 原则上在句法层面不能省

略;而 Nl/Nd/Npl/Np 的省略则相对比较自由。

(5) V^3 支配两个客事,一个是受事(记为 Nk_1),另一个非受事(或对象,或终点,或使事,记为 Nk_2)。各次类 V^3 省略客事 Nk_1、Nk_2 的具体情况对比如下:

表 7-6: V^3 客事的省略情况

V 次类 客事省略	转让			非转让					
	外向转移		内向	放置	协同	比较	以为	致使	称呼
	三向			双向					三向
Nk_1 省略	81	12	40	7	27	3	0	5	0
Nk_2 省略	4	30	280	18	36	3	0	3	0

上表表明:同是外向转移动词,$^3V^3$ 以省略 Nk_1 为主,$^2V^3$ 则以省略 Nk_2 为主;同是双向动词,"转让"类、"放置"类、"协同"类以省略 Nk_2 为主。值得注意的是,$^3V^3$ 以省略 Nk_1 为主,有 81 例之多,而 Nk_2 省略只有 4 例;$^2V^3$ 则以省略 Nk_2 为主,有 370 例之多,而省略 Nk_1 只有 94 例。这反映出,句法向不同的 V^3,其两个客事所受的关注度不同,与动词的语义关系的紧密度亦有差异:$^3V^3$ 的非受事(Nk_2)相对于受事(Nk_1)来说更受关注,与动词的语义关系也比 Nk_1 更为紧密,因而省略的概率相对较低;$^2V^3$ 的情况则恰恰相反。

3.2.2 主事和客事的移位

配价语义角色的移位指主事 Nz 离开主语位置后移,以及客事 Nk 离开宾语位置前移,由 V 后移至 V 前。[1] 考察《庄

---

[1] 有些动词(如"和"类、"盟"类)构成的基本式中,Nk 不出现在 V 后的宾语位置。对于这些动词 Nk 的移位情况,本文不作统计。

子》,Nz、Nk 移位的具体情况可以归结如下:

(1) Nz 后移可分为两类:A 类.Nz 移至 V 后,具体又可以分为两种情况:①直接作宾语,仅见于 V_Z 的 Ne,共计 64 例(其中 10 例是 Nz 和 Nk 共同占据宾语位置);②添加介词标记,仅见于 $^2V^2_D$ 的 Na,共计 22 例。[1] B 类.Nz 移位后,仍在 V 前,添加介词标记,仅见于 $^2V^2_D$ 的 Na,共计 15 例。

值得注意的是,当受事(Np)前移至句首作主语时,Na 后移的概率仅为 0.004(37 例),而其省略概率为 0.03(277 例)。这说明,当受事(Np)前移至句首时,《庄子》更倾向于采用受事主语句的形式(即"Np(+Na)+V"),而非凸显施事的被动句式(即"Np+PNa+V"或"Np+V+PNa")。

(2) Nk 前移也分为两类:A 类.Nk 前移至句首作主语,共计 744 例(其中 63 例是 Nk 和 Nz 共同占据主语位置);B 类.Nk 前移至 V 前作宾语,共计 288 例。

(3) Nk 前移比 Nz 后移更为自由。Nz 后移的概率为 0.01(共计 101 例),并且仅限于 V^1、V^2 的当事 Ne 及 V^2 的施事 Na;而 Nk 前移的概率为 0.12(共计 1032 例),见于 V^2、V^3 的各类客事。

(4) Nz、Nk 移位均受动词语义特征的制约。三类动词发生 Nz 后移和 Nk 前移的概率分别排列如下:

Nz 后移:$V_D(0.005)/V_Z(0.005)>V_G(0)$

Nk 前移:$V_D(0.15)>V_Z(0.09)>V_G(0.02)$

---

[1] A 类 Na 后移有 3 例直接进入小句,如"不如两忘而化其道(大宗师)","化其道"即"化于其道",本文视为省 P 的形式。

（5）Nz 后移是否添加介词标记亦受动词语义特征的制约：V_D 的 Nz(施事 Na)后移，需添加介词标记；Vz 的 Nz(当事 Ne)后移，则不需要添加介词标记。

Nk 前移时是否添加介词标记，则和前移的类别密切相关。A 类 Nk 前移，不能增添介词标记 P；而 B 类移位中，Nk 添加 P 与否则视 V 的具体情况而定。

3.2.3 客事原位添删介词标记 P

配价语义角色添删介词标记 P，可以分为两种：一是在原位添删 P，这种仅限于客事，只见于 V^2（V_G 除外）和 V^3；二是移位后添删 P，这在 3.2.2 已有说明。所以，本小节只总结客事在原位添删 P 的情况：

客事原位添删介词标记 P 的情况列表如下（表中，凡 V 不能支配某客事时，以"—"表示；能支配某客事，但该客事不能进行原位添删 P 时，则以"0"表示）：

表 7-7：各次类动词客事添删介词标记的情况

价向		语义特征	原位客事 r	p	d	c	h	i	pl	l
删除P	$^1V^2$	[+动作]	—	0	1	—	—	0	22	1
		[+状态]	—	—	3	—	—	—	1	5
	$^2V^3$	[+动作]	—	1	35	—	—	—	—	4
添加P	$^2V^2$	[+动作]	—	96	49	0	1	—	12	63
		[+状态]	0	—	37	—	—	—	13	23
	$^2V^3$	[+动作]	—	0	14	—	—	—	—	—
	$^3V^3$	[+动作]	—	7	0	—	—	—	—	—

说明：

（1）Nk 在原位添加 P 共计 314 例，见于 $^2V^2$、$^2V^3$ 和 $^3V^3$。

$^2V^2$、$^2V^3$ 和 $^3V^3$ 这三类动词所构成的基本式共计 5994 例,Nk 原位添加 P 的概率约为 0.05。PNk 在原位删除 P 共计 73 例,见于 $^1V^2$ 和 $^2V^3$。$^1V^2$ 和 $^2V^3$ 这两类动词所构成的基本式共计 718 例,PNk 在原位删除 P 的概率约为 0.1。上述数据表明,客事在原位添加和删除 P 的概率均不高;相较之下,PNk 在原位删除 P 的概率要比 Nk 在原位添加 P 的概率高一些。

(2) 客事语义角色的类型不同,在原位添删 P 的概率亦有差异,可以分别排列如下：

① Nk 原位添加 P：l(0.5)＞pl(0.21)＞d(0.14)＞p/h(0.02)＞r/c(0);

② PNk 原位删除 P：pl(0.37)＞l(0.14)＞d(0.1)＞p(0.03)＞i(0)。

相对来说,处所 pl、源点 l 最容易在原位添加或删除 P。

3.2.4 增添配价语义角色

非配价语义角色 b 共 6 种,即：对象 d、工具 i、处所 pl、源点或终点 l、时间 t 和度量 m。非配价语义角色 b 以两种形式(Nb 和 PNb)、三种句法位置(句首,V 前和 V 后)进入句法层面。概而言之,b 进入句法层面要受到以下限制：

(1) 在 V 构成的小句中,V_G 和 V^3 原则上不和非配价语义角色 y 在句法层面共现。[1]

---

[1] 以 V^3 为核心的小句中 PNb 只见 2 例；以 V_G 为核心的小句中 PNb 出现 19 例,不到总语例的 1%,亦可视为例外。

(2) 在 V 构成的小句中,原则上只能有一个 b 与 V 共现。[1]

(3) 在 V 构成的小句中,b 原则上出现在 Nz 或 Nk 之后,即:如果 b 出现在 V 后,则原则上处在离 V 较远的位置,即处在客事 Nk 之后;如果 b 出现在 V 前,则原则上处在离 V 较近的位置,亦处在主事 Nz 之后。且 PNb 不能位于句首。

(4) b 采用何种介词标记引入小句,这与其语义类型有着直接关系,即介词标记与语义角色类型之间具有较强的选择性。

(5) 当在同一句子中出现两个 b 时,其中:①至少有一个需以 PNb 形式引入(b 为 t 时除外);②原则上 PNb 在 Nb 前面;③未见 l 与其他 b 共现的例子;(iv)未见 pl/m 出现在另一个 b 前面的例子,且只见以 Nb 形式出现。两个 b 共现的具体情况见下表(支配语义角色 Nz、Nk 未列入表中):

表 7-8:两个补事共现的情况

前b\后b	d	i	pl	t	l	m
d	/	PNd+V+PNi(1)	PNd+V+Npl(1)	0	0	0

---

[1] 考察《庄子》,出现 b 的语例共 927 例,而在同一个小句中两个 b 与 V 共现的仅有 15 例(约占 1.6%),且仅见于 $^1V^1$、$^2V^2$。从理论上讲,b 在同一句子共现时,应该没有数量限制,但实际情况却是"原则上只能一个 b 与 V 共现"。这是值得注意的一个现象,可能与句子的常规信息容量有关。有些功能语法理论认为,每一小句只能有一个新信息点,而以介词短语表引入的非配价角色大多是新信息,这或许是"原则上只能一个 y 与 V 共现"的原因。

续表

i	PNi+PNd+V(1)	/	PNi+V+Npl(1) PNi+Npl+V(2)	PNi+Nt+V(1)	0	PNi+V+Nm(1)
pl	0	0	/	0	0	0
t	0	Nt+V+PNi(1) Nt+Ni+V(4)	0	/	0	Nt+V+Nm(2)
l	0	0	0	0	/	0
m	0	0	0	0	0	/

4. 语义角色的常规句法配位规则

通过对诸价、向动词基本句式和派生句式的分析,我们可以抽象出《庄子》动词语义角色的常规句法配位规则:

(1) 语义角色共现的数量限制:V 所构成的小句中,V 前后各有 2 个空位(但不能同时填满),所以,共现语义角色的数量为 $1 \leqslant z+k+b \leqslant 3$(其中: $1 \leqslant z+k \leqslant 3 ; 0 \leqslant k \leqslant 2, 0 \leqslant b \leqslant 2$)。[1]

(2) 语义角色共现的语序限制(由左至右):Nz>Nk/Nb,

---

[1] 在《庄子》中,规则(1)的例外有 15 例,为"3+0"、"2+2"和"3+1"三种空位模式。造成这些例外的最主要因素则是:有些非配价语义角色在句法层面的位置固定,或者只能在 V 前,或者只能在 V 后。比如"丘以是日徂(田子方)"中的 PNi("以是")和 Nt("日")都只能出现在 V 前,结果就形成了"3+0"模式。这些用例都有一个的共同特点,即:共现语义角色的数量不超过 4 个,并且 V 后语义角色的数量不超过 2 个。因此,我们不妨把这三种模式都看作是 V 前多添加了一个语义角色。也就是说,V 后空位的限制要比 V 前空位的限制严格得多。

Nk＞PNk。

（3）语义角色共现的形式限制：V 的一侧（或前或后）原则上只允许出现一个 PN（且 PN 不能出现在句首）；两个 b 与 V 共现时，至少有一个需以 PNb 形式引入。

（4）语义角色共现的位置限制：Nz 一般占据 V 前的主语位置；Nk 一般占据 V 后的宾语位置；PNb 若出现在 V 前，则处在 Nz 之后的位置，若出现在 V 后，则处在 Nk 之后的位置。

（5）语义角色的移位限制：Nz 的移位顺序为由左至右，原则上需添加介词标记 P；Nk 的移位顺序为由右至左，原则上不带介词标记 P。

4.1 小句空位和动词配价

考察《庄子》，从 V^1 和 $V_{D/Z}^2$ 比较来看（V^1 只有 D/Z 两类。下文 V^3 只有 D 一类），具有相同语义特征的动词，其价数的增加，直接引起了小句空位数量的增加。V^1 由于只支配一个配价角色，所以常规配位只有两个空位，一个空位由 Nz 占据，另一个空位由(P)Nb 占据，构成"1+1"或"2+0"两种常规空位模式（"＋"前数字表示 V 前语义角色的数量，"＋"后数字表示 V 后语义角色的数量，下仿此）。而 V^2 由于支配两个配价角色，所以常规配位有 3 个空位，两个空位分别由 Nz 和(P)Nk 占据，剩下的一个则由(P)Nb 占据，构成"2+1"和"1+2"两种常规空位模式。

然而，动词配价数目的变化与以其为核心的小句空位数量的变化并不完全一致，即并非动词配价数目增加，以其为核心的小句空位的数量就一定增加。例如：V_G 虽然是二价动词，但其

小句的配位和 V^1 一样,也只有两个空位。又如:V^3 和 $V_{D/Z}{}^2$ 的小句配位一样,V 前后各有 2 个空位,但原则上不能填满;因此,V^3 的三个配价成分一旦共现,就不能再出现非配价成分。

上述表明:小句空位的数量限制直接受到动词配价的影响,然而这种影响是有限的,并非是决定性的。

4.2 动词对小句空位模式的选择

由于 V^3 的小句配位和 V^2 相同,下面着重根据 V^1 和 V^2 的小句配位,探讨动词对各种小句空位模式的选择。如果我们把常规空位模式和罕见空位都考虑进去,V^1 和 V^2 中各种空位模式,按照用例数多少可以排列如下:

V^1:1+1(191 例)＞2+0(106 例)＞0+2(5 例)＞2+1(4 例)＞3+0(1 例)[1]

V^2:2+1(300 例)＞1+2(136 例)＞3+0(5 例)＞2+2(3 例)＞3+1(2 例)

(P)Nb 的添加,正是产生上述多种空位形式的主要因素。

考察《庄子》,(P)Nb 的添加受到以下两条原则的影响:

Ⅰ. 对称优先原则,如果某种(P)Nb 添加方式能促使 V 前后语义角色数量相等或均衡,那么该方式优先。例如:1+0→1+1＞1+0→2+0;2+0→2+1＞2+0→3+0。

Ⅱ. 左向优先原则,如果(P)Nb 添加后,促使 V 前后语义角色数量不等或更不均衡,那么优先选择添加在 V 的左侧。例

---

[1] V 后只有 2 个空位,因此,无论是 V^1,还是 V^2、V^3 都不存在"0+3"或"1+3"的格式。

如:$1+1\rightarrow 2+1 > 1+1\rightarrow 1+2$;$2+1\rightarrow 3+1 > 2+1\rightarrow 1+3$。

试对比一下 V^1 和 V^2 添加(P)Nb 的情况。V^1 的基本式是"$Nz+V^1$",属于"$1+0$"模式。当添加(P)Nb 时,添加在 V^1 前共 106 例,添加在 V^1 后共 191 例。这说明,V^1 添加(P)Nb 时,倾向采用"$1+1$"模式,而非"$2+0$"模式,这正体现了对称优先原则的制约作用。和 V^1 相比,V^2 后多了个(P)Nk,因此,它的基本式是"$Nz+V^2+(P)Nk$",属于"$1+1$"模式。当添加(P)Nb 时,添加在 V^2 前共 300 例,添加在 V^2 后共 136 例。这说明,V^2 添加(P)Nb 时,倾向采用"$2+1$"模式,而非"$1+2$"模式,而这正体现了左向优先原则的制约作用。

5. 准价动词与临时配价

少数名词、形容词和动词,在一定言语环境中(即进入以 V^1、V^2、V^3 为核心的小句之中,处在核心的位置),临时附加上新的语义特征[+F],获得临时配价。所谓准价就是指动词在言语中获得的临时配价。含有临时配价的动词,我们称之为准价动词。《庄子》中共出现准价动词 205 个(373 例)。

准价动词获得准价,同其获得准价之前的形式相比,其价数变化有三种情况:(1)价数不变,指二价动词获得临时配价,成为准二价动词;(2)增加一价,指名词在语境中临时获得一个配价语义角色,成为准一价动词;或指一价、二价动词临时获得一个新的配价,成为准二价、准三价动词;(3)增加二价,指名词、形容词在语境中临时获得两个配价语义角色,成为准二价动词。

《庄子》准价动词获得临时配价,其价数与其临时附加上的语义特征、其获得准价之前的形式都有着密切的关系。具体情况如下(表中,$X^m = N^0, A^0, V^1, V^2$)代表准价动词获得临时配价之前的形式,n代表增加的价数):[1]

表7-9:《庄子》准价动词增价、变价概况

X^m	附加[+D]	n=0	n=1	n=2
N^0 (41词)	[+动作]	—	7词	—
	[+状态]	—	7词	—
	[+致使]	—	—	1词
	[+意使]	—	—	14词
	[+涉及]	—	—	4词
	[+处置]	—	—	8词
A^0 (38词)	[+致使]	—	—	22词
	[+意使]	—	—	16词
V^1 (96词)	[+致使]	—	90词	—
	[+涉及]	—	5词	—
	[+位移]	—	1词	—
V^2 (28词)	[+致使]	14词	12词	—
	[+转移]	—	1词	—
	[+处置]	—	1词	—

说明:

(1) 从准价动词的来源看,以动词(尤其是 V^1)临时增价为主(约占准价动词总数的61%);从附加的语义特征来看,以附加上[致使]、[意使]语义特征为主(约占准价动词总数的

---

[1] 本文将名词、形容词等非动词一律看作0价。

83%)。

(2) 只有名词才可以转化为准一价动词,只有二价动词才可以转化为准三价动词。名、形、动三类词虽然都可以转化为准二价动词,但来源不同的准二价动词,在其附加的语义特征上、临时配价结构上都存在着差异。

据上表,如果将准价动词的价数记作 $V^{m+n}(1\leqslant m+n\leqslant 3)$,那么,准价动词获得临时价数的规则可以归纳如下:

$$X^m(X^m = N^0, A^0, V^1, V^2) \longrightarrow V^{m+n}(n=0,1,2)/[+D]$$

6. 余论

与传统语法主要分析动词句法表现(主要是支配宾语的能力)的研究相比,配价研究更加注重语义和句法的相互印证,把动词的论元结构看作是语义层面和句法层面的接口,运用语义价和句法向,实现语义和句法的对接。

与传统语法对动词平面化的描写相比,动词配价研究则可以刻画出动词谓语句的整体面貌:不仅描写和分析动词和配价语义角色的配位,而且也描写和分析动词和非配价语义角色的共现情况。同时,通过动词配价研究,我们可以系统分析价向、语义特征、语义角色、派生手段和句式之间的相互差异,既横向比较各次类动词在句式上的异同,又纵向分析各句式之间的派生程序和手段,从而勾勒出动词谓语句的立体网络面貌。

当然,采用配价语法对《庄子》的句型进行研究,亦存在一定的局限。

首先,从客观上说,由于研究的对象是古汉语,我们缺乏相应的"语感",所以就无法拿是否合乎语感来评估所确定的动词的配价结构;相应地,我们也无法根据所确定的动词的配价结构来准确地预测动词所能构成的句式。再加上是专书的动词配价研究,语料十分有限,我们无法确定那些没有出现的句式,到底是因为语料的原因而未能实现,还是因为根本就不存在。以上两点原因决定了我们确定动词的配价结构,主要不是为了预测句式的生成,而是为了解释动词在文献中所实现的句式分布。当然,从主观上说,我们目前对《庄子》动词的配价研究,在动词语义特征及其相联系的语义角色的描写上还有待于进一步的细化。如果以更为丰富的语料为基础,更为详细地描写出动词的语义特征及其相联系的语义角色的层级结构,那么根据动词的配价结构预测句式的生成也还是有可能的。

其次,配价语法只能处理动词谓语句,对于非动词谓语句,如名词谓语句、形容词谓语句则显得无能为力;至于小句组合的研究,采用配价语法亦受到一定的限制。

再次,即使在研究动词谓语句中,"配价研究"虽然可以较为详细地刻画每一动词的句式,以及其间的变换关系,但却无法解释句式间的语义差别。比如,"尧以天下让许由(让王)"和"尧让天下于许由(逍遥游)",我们虽然可以用配价语法来刻画其句式,但却无法得知两者在语义上到底是完全等同,还是存在一定的差异。

最后,小句的空位限制并非完全由动词的配价决定,仅从动词的配价亦不能预测出该动词所有的句式构造,因此还必须考虑其他影响句式构造的因素,尤其需要关注句式配价和动词配价的互动关系。

此外,由于受到《庄子》语料的限制,本项研究成果中有些动词的配价和句式表现尚很难描写到位,而本项研究依据《庄子》所归纳出的各项原则、结论,还需要在更大的语料范围内进行验证。

下编:《庄子》动词配价词典

一 凡例

1. 本词典依据的版本为郭庆藩《庄子集释》(中华书局，1961年)，并参考王先谦《庄子集解》(中华书局，1987年)、哈佛燕京学社引得编纂处《庄子引得》(上海古籍出版社，1986年)加以校正。

2. 本词典动词以词项为单位，词项条目按汉语拼音字母次序排列。

3. 本词典关于理论框架的若干问题，诸如：语义角色、语义价、句法向、基本句式、派生句式、词项等，参见上编"《庄子》动词配价研究概说"。

4. 本词典动词配价描写所用符号如下：

(1) 词类(包括短语)：名词—N(noun)，动词—V(verb)，介词短语—PN(prepositional phrase)等；

(2) 语义角色：施事—a(agent)、当事—e(experiencer)、系事—th(theme)、受事—p(patient)、成事—r(resultive)、对象—d(dative)、表事—rh(rheme)、使事—c(causative)、意事—y、工具—i(instrumental)、处所—pl(place)、源点/目标—l(source or goal)、时间—t(time)、度量—m(metric)、主事—z、客事—k、补

事—b；

(3) 句式：基本句式—S(basic sentence pattern)、派生句式—S'(derivational sentence pattern)[1]。

(4) Na/p、Ne/d 表示两个语义角色占据一个句法位置。

5. 词条举例：

  藏¹(30) cáng   3/33253

  收藏，隐藏(D)

  三价：V(a,p,l)

  双向：S：Na＋V＋Np＋PNl(6)藏金于山(天地)/无藏逆于得(徐无鬼)郭象注：得中有逆则失耳。(829页)

  S'：Na＋Npl＋V＋Np＋PNl(1)孔子西藏书于周室(天道)

  S'：Na＋V＋Np＋Nl(1)王巾笥而藏之庙堂之上(秋水)

  S'：Na＋V＋Np(10)椟而藏之(刻意)

  S'：Na＋V＋Np＋Nt(1)藏其血三年而化为碧(外物)

  S'：Na＋V＋PNl(4)圣人藏于天(达生)

  S'：Na＋V(3)无入而藏(达生)

  非典型位置(4)：

  宾语(3)：知作而不知藏(山木)

  主语(1)：蕃息畜藏……民之理也(天下)

  说明：1.当 V 具有[转移]语义特征时，需要支配转移终点 l。2.如果 Np 由代词"之"充任，S 可以转换为 S'

---

[1]《词典》中，S'包括二级派生句式。

(Na+V+Np+Nl)。3. V 后,Nl、Nt 不能共现。

词条"藏¹"的体例解说如下:

(1) 词条"藏"右上的数字"1"为多词项动词词项序号,圆括号中的数字为该词项在《庄子》中出现的次数,注音后的数字 3/33253 为供检索用的、该词项在《庄子引得》中的数字代码。

(2) 释义之后括号内的符号(D)为该词项的语义类别。

(3) "三价"为该词项语义价指数,V(a,p,l)为该词项的配价结构。

(4) "双向"为该词项句法向指数,以动词词项为核心(述谓中心语)的句式有基本句式(S)和派生句式(S')两种,句式后面圆括号中的数字为该句式出现的次数,以下依次是例句、篇名,少数例句之后转引古注以做参考。

(5) 凡 Na、Ne 省略的句子,本词典不单列句式,不将其视为省略句。如《天地》例之"藏金于山",其句式仍视为 S:Na+V+Np+PNl。

凡动词并列使用的句子,本词典亦不单列句式,而将其视为一个动词。如《天下》例之"蕃息畜藏"。

(6) 本词典将动词词项充当述谓中心语视为典型句法位置,充当句子其他成分(包括构成"所"字结构、"者"字结构)均视为非典型位置。

(7) "说明"部分包括对动词次类语义特征的说明,对特殊语言现象的说明,校勘,以及需要参考的先秦其他文献的书证等。

6.《庄子》中,有些低频动词并未出现在典型位置上,其配价结构、基本句式参考先秦其他文献而定。作为参考的、其他文献的书证列在"说明"部分以备考。例如：

　　敖¹(1) áo　　　　　5/32940
　　出游，游玩(D)
　　一价：V(a)
　　单向：S:Na＋V(参说明)
　　非典型位置(1)：
　　者字结构(1)：以候敖者(逍遥游)
　　说明：《商君书·垦令》："民不敖，则业不败。"

二　正文

A

哀¹(22) āi　　3/01891
悲痛,伤心(D)
一价:V(a)
单向:S:Na＋V(6)居丧不哀(大宗师)
非典型位置(16):
主语(9):夫哀莫大于心死(田子方)
宾语(5):爱己而造哀也(山木)
定语(2):独掖哀歌以卖名声于天下者(天地)/哭泣衰绖隆杀之服,哀之末也(天道)
说明:1. Na[＋有生],V[＋心理];
2."哀乐"并举(7例),均处于非典型位置。例如:喜怒哀乐不入于胸次(田子方)。

哀²(4) āi　　3/01891
怜悯,同情(D)
二价:V(a,p)
双向:S:Na＋V＋Np(4)而哀不己若者(徐无鬼)
说明:1. Na[＋人],V[＋心理]。
2. 在句法层面,"哀²"要求 Np 与之共现;如 Np 脱落,则"哀²"转变为"哀¹"。

爱(36) ài　　3/22040
喜欢,怜惜(D)
二价:V(a,p)
双向:S:Na＋V＋Np(20)而身犹爱之(大宗师)
S':Na＋V(6)墨者兼爱(盗跖)
S':Np＋V(1)而孝未必爱(外物)
按,"孝"转指孝子。
S':V＋Np(1)所爱其母者,非爱其形也(德充符)
非典型位置(8):
主语(5):其爱益加进(山水)
宾语(2):以爱孝难(天运)
定语(1):道之所以亏,爱之所以成(齐物论)
说明:1. V[＋心理],Na[＋人]。
2. Np 移至 V 前,V 用于被动,无标记。3.《在宥》篇有"爱以身于为天下"句,王念孙曰:"《庄子》本作'故贵以身于天下,爱以身于天下'。'于'犹'为'也,后人依《老子》傍记'为'字,而写者因讹入正文。《〈老子〉释文》:'为,于伪反。'此《释文》不出'为'字,以是明之。"(转引自朱谦之《老子校释》50—51页,中华书局,1984年)本词典依王说,将该句视为S(Na＋V＋Np),"为"

视为衍文。

噫(1)ài　　5/88013
出气(D)
二价:V(a,p)
双向:S:Na＋V＋Np(1)夫大块噫气(齐物论)

安(30)ān　　3/02340
对……感到满足、安适(Z)
二价:V(e,d)
双向:S:Ne＋V＋Nd(21)安时而处顺(养生主)
S':Ne＋V＋PNd(2)吾生於陵而安於陵故也(达生)
非典型位置(4):
所字结构(4):圣人安其所安(列御寇)
使安逸
准二价:V(a,c)
准双向:S:Na＋V＋Nc
S':V＋Nc(3)所以长生安体乐意之道也(盗跖)

案(4)àn　　3/02360
用手向下压摁,抑制(D)
二价:V(a,p)
双向:S:Na＋V＋Np(4)案剑瞋目(盗跖)

敖¹(1)áo　　5/32940
出游,游玩(D)
一价:V(a)

单向:S:Na＋V(参说明)
非典型位置(1):
者字结构(1):以候敖者(逍遥游)
说明:《商君书·垦令》:"民不敖,则业不败。"

敖游(2)áoyóu　　5/32940
遨游,游玩(D)
一价:V(a)
单向:S:Na＋V(1)饱食而敖游(列御寇)
非典型位置(1):
者字结构:虚而敖游者也(列御寇)

敖²(2)ào　　5/32940
通"傲",傲慢,轻视(D)
二价:V(a,d)
双向:S:Na＋V＋Nd(2)恃其便以敖予(徐无鬼)
说明:《左传·昭公五年》:"王欲敖叔向以其所不知。"

敖倪(1)àonì　　5/32940
侧目斜视,轻视(D)
二价:V(a,d)
单向:S:Na＋V＋PNd(1)而不敖倪于万物(天下)

翱翔(1)áoxiáng　　5/23723
在空中迴旋地飞(D)
一价:V(a)
单向:S:Na＋V
S':Na＋V＋Npl(1)翱翔蓬蒿之间

（逍遥游）
说明：V[＋位移][－目标]。

鹜（3）ào　　3/34823
通"傲"，傲慢，轻视(D)
二价：V(a,d)
双向：S：Na＋V＋Nd(1)而鹜万世之患（外物）
非典型位置(2)：
宾语(2)：惠以欢为鹜（外物）
　说明：《吕氏春秋》："士鹜禄爵者，固轻其主。"

B

拔（4）bá　　5/50340
取，选拔(D)
二价：V(a,p)
双向：S：Na＋V＋Np(2)然后拔其国（则阳）
S'：Na＋V1V2＋Np(1)拔出公忠之属（天地）
S'：Na＋V(1)拔举而不失其能（天地）
　说明：《天地》之"拔出"当是使成式。

罢¹（1）bà　　3/88615
止(D)
一价：V(a)
单向：S：Na＋V（参说明）
使……止(D)
准二价：V(a,c)

准双向：S：Na＋V＋Nc(1)罢兵休卒（盗跖）
　说明：《战国策·东周策》："而秦兵罢。"

白（1）bái　　1/28882
剖白，表明(D)
二价：V(a,p)
双向：S：Na＋V＋Np
S'：Na＋PNi＋V＋Np(1)以此白心（天下）

拜（15）bài　　5/25750
表示恭敬的一种礼节(D)
二价：V(a,d)
双向：S：Na＋V＋Nd(2)再拜盗跖（盗跖）
S'：Na＋V(13)孔子再拜而起（渔父）
　说明：13例均为"再拜"。

败（10）bài　　5/89943
失败，与"成"相对(Z)
一价：V(e)
单向：S：Ne＋V(4)为事逆之则败（列御寇）
非典型位置(2)：
宾语(2)：多知为败（在宥）
使……败，使……毁坏(D)
准二价：V(a,c)
准双向：S：Na＋V＋Nc(4)天钧败之（庚桑楚）

旁 (2) bàng　　3/01920
依凭,靠近(D)
二价:V(a,d)
双向:S:Na＋V＋Nd(2)子路旁车
　　而问曰(渔父)

谤 (1) bàng　　5/08021
公开指责过失(D)
二价:V(a,p)
双向:S:Na＋V＋Np(参说明)
非典型位置(1):
　者字结构(1):丘不知所失而离此
　　四谤者(渔父)
说明:《国语·周语上》:"厉王虐,
　　国人谤王。"

包 (3) bāo　　2/22811
包容,包裹(D)
二价:V(a,p)
双向:S:Na＋V＋Np(2)圣人并包
　　天地(徐无鬼)
S':Np＋V＋PNi(1)天子之剑……
　　包以四夷(说剑)
说明:S'中,Np移至句首充当话
　　题,V用于被动。

苞 (1) bāo　　3/33211
通"包",包裹(D)
二价:V(a,p)
双向:S:Na＋V＋Np(1)苞裹六极
　　(天运)
说明:《诗经·召南·野有死麇》:
"野有死麇,白茅苞之。"

保¹ (8) bǎo　　5/90861
保全,倚恃(D)
二价:V(a,p)
双向:S:Na＋V＋Np(6)阻兵而保
　　威(让王)
非典型位置(2):
所字结构(2):圣人之所保也(知北
　　游)

保² (5) bǎo　　5/90861
依附(D)
二价:V(a,d)
双向:S:Na＋V＋Nd(5)人将保女
　　矣(列御寇)

葆 (3) bǎo　　3/33961
通"保",保全,倚恃,隐藏(D)
二价:V(a,p)
双向:S:Na＋V＋Np(3)虚缘而葆
　　真(田子方)

抱¹ (12) bào　　5/50211
以臂合围持物,坚守(D)
二价:V(a,p)
双向:S:Na＋V＋Np(12)抱瓮而
　　出灌(天地)
说明:Np为具体事物,如"瓮"、
　　"木","抱"义为"以臂合围持
　　物";Np为抽象事物,如"神"、
　　"仁义之道","抱"义为"坚守"。

暴¹(4) bào　　　　3/88363
残害,践踏(D)
二价:V(a,p)
双向:S:Na＋V＋Np(1)侵暴诸侯
　　(盗跖)
S':Na＋PNi＋V2＋Np(1)以众暴
　　寡(盗跖)
非典型位置(2):
宾语(2):是惟乱以易暴也(让王)

暴乱(1) bàoluàn　　3/88363
暴乱(Z)
一价:V(e)
单向:S:Ne＋V(1)诸侯暴乱(渔
　　父)

报¹(2) bào　　　　5/33840
复命,告知(D)
二价:V(a,d)
双向:S:Na＋V＋Nd(2)子贡还报
　　孔子(渔父)
说明:Nd[＋人]

报²(2) bào　　　　5/33840
报复(D)
二价:V(a,p)
双向:S:Na＋V＋Np(2)其实亦灭
　　裂而报予(则阳)
说明:《庄子》中,Np均为人;而在
　　先秦他书中,Np亦可是事物,如
　　《左传·隐公五年》:"郑人侵卫
　　牧,以报东门之役。"

报³(6) bào　　　　5/33840
报答(D)
三价:V(a,p,d)
双向:S:Na＋V＋Np(2)儵与忽谋
　　报浑沌之德(应帝王)
S:Na＋V＋Nd(2)夫造物者之报
　　人也(列御寇)
非典型位置(2):
宾语(2):何作为报也(人间世)
说明:先秦他书 Np 与 Nd 有在一
　　句之中共现者,如《诗经·大
　　雅·抑》:"投我以桃,报之以
　　李。"

悲¹(13) bēi　　　3/77010
哀痛,伤心(D)
一价:V(a)
单向:S:Na＋V(10)故孝己忧而曾
　　参悲(外物)
非典型位置(3):
主语(1):真悲无声而哀(渔父)
宾语(1):吾又悲夫悲人之悲者(徐
　　无鬼)按,指最后一个"悲"。
者字结构(1):悲乐者德之邪(刻意)

悲²(7) bēi　　　3/77010
怜悯(D)
二价:V(a,p)
双向:S:Na＋V＋Np(6)我悲人之
　　自丧者(徐无鬼)
S':Np＋V1＋Np/a＋V2(1)使人
　　悲(天下)按,V1 为致使动词。

悲³(18) bēi　3/77010
令人哀伤(Z)
一价:V(e)
单向:S:Ne+V(7)不亦悲乎(逍遥游)
S':V+Ne(11)悲夫,有士者之不知也(在宥)
说明:"悲³"用于表达强烈的感叹语气时移至Ne之前,如S',"悲"后均需语气词足句。

卑 (2) bēi　3/25304
使蜷缩(D)
准二价:V(a,c)
准双向:S:Na+V+Nc(1)卑身而伏(逍遥游)
以为卑,贬低(D)
准二价:V(a,y)
准双向:S:Na+V+Ny(1)夫尊古而卑今(外物)

背 (2) bèi　3/71822
违背,背叛(D)
二价:V(a,d)
双向:S:Na+V+Nd(2)田侯牟背之(则阳)

倍 (1) bèi　5/90081
违背,背弃(D)
二价:V(a,d)
双向:S:Na+V+Nd(1)是遁天倍情(养生主)

倍谲(1) bèijué　5/90081
乖违(Z)
一价:V(e)
单向:S:Ne+V(1)而倍谲不同(天下)

备¹(20) bèi　5/90325
完备,具备(Z)
一价:V(e)
单向:S:Ne+V(13)五者不备而能成大盗者(胠箧)
非典型位置(7):
宾语(6):而为守备(胠箧)
主语(1):夫大备矣莫若天地(徐无鬼)

备²(1) bèi　5/90325
为……准备,防备(D)
二价:V(a,d)
双向:S:Na+V+Nd(1)备世之急(庚桑楚)

备³(2) bèi　5/90325
准备,具备(Z)
二价:V(e,d)
双向:S:Ne+V+Nd(1)备物以将形(庚桑楚)
S':Ne+V+PNd(1)寡能备于天地之美(天下)

惫 (7) bèi　3/92015
疲乏,困顿(Z)
一价:V(e)

单向:S:Ne＋V(4)颜色甚悖(让王)/何先生之悖也(山木)

非典型位置(3):

判断句谓语(3):贫也,非悖也(山木)

悖¹(2) bèi　　5/60330

遮蔽(D)

二价:V(a,p)

双向:S:Na＋V＋Np(2)三皇之知,上悖日月之明(天运)

悖²(2) bèi　　5/60330

违背,违逆(Z)

二价:V(e,d)

单向:S:Ne＋V＋PNd(1)是悖于理也(在宥)

S':Ne/d＋V＋PNpl(1)则是言行之情悖战于胸中也(盗跖)

说明:S'中 Ne、Nd 占据同一个句法位置。

勃(2) bèi　　5/33320

通"悖",扰乱(D)

二价:V(a,p)

双向:S:Na＋V＋Np(1)贵富显严名利六者,勃志也(庚桑楚)

非典型位置(1):

宾语(1):彻志之勃(庚桑楚)

奔(2) bēn　　2/39330

急走,跑(D)

一价:V(a)

单向:S:Na＋V(2)夫子奔逸绝尘(田子方)

奔命(1) bēnmìng　　2/39330

奔走应命(D)

一价:V(a)

单向:S:Na＋V(参说明)

S':Na＋V＋PNd(1)天下莫不奔命于仁义(骈拇)

说明:《左传·成公七年》:"子重、子反于是乎一岁七奔命。"

崩(1) bēng　　3/28824

倒塌,毁坏(Z)

一价:V(e)

单向:S:Ne＋V(参说明)

非典型位置(1):

宾语(1):为崩为蹶(人间世)

说明:《论语·阳货》:"乐必崩。"

比¹(7) bǐ　　5/71710

亲近,近(Z)

二价:V(e,d)

双向:S:Ne＋V＋Nd(2)行比一乡(逍遥游)

S':Ne＋V(5)众至则不比(徐无鬼)

比²(4) bǐ　　5/71710

并列(Z)

二价:V(e,d)

单向:S:Ne＋V＋PNd(4)而比于列星(大宗师)

比³(12) bǐ　　5/71710
比较(D)
三价:V(a,p,d)
双向:S:Na＋V＋Np＋PNd(2)若
　将比予于文木邪(人间世)
S':Na＋PNd＋V＋Np(1)女将恶
　乎比予哉(人间世)按,恶乎,于
　何。
S':Na＋V＋Np＋Nd(1)先生不羞
　而比之服役(渔父)
S':Np＋V＋Nd(3)如是者可比明
　王乎(应帝王)/ 此其比万物也
　(秋水)
S':Na＋Nd＋V(2)然则我内直而
　外曲,成而上比(人间世)郭象
　注:成于今而比于古也。成玄英
　疏:上比于古。(144页)
非典型位置(3):
主语(2):礼法度数形名比详,治之
　末也(天道)
宾语(1):乃自得比哉(则阳)
说明:1."谁其比忧"(天地),司马
　本"比"作"鼻",云:始也。本词
　典采用成玄英疏"比,与也"(《庄
　子集释》452页),将"比"看作介
　词。2."人籁则比竹是已"(齐物
　论),"比竹"指笙类竹制编管乐
　器,这里看作一词。3. S'(Na＋
　V＋Np＋Nr)中,Np 由代词"之"
　充任,引入 Nd 的 P 省略。4. S'

(Na＋Nd＋V)中,Nd 由方位词
　充任,在句中充当状语。

比⁴(1) bǐ　　5/71710
譬如(Z)
一价:V(e)
单向:S:Ne＋V
S':V＋Ne(1)比于大泽,百材皆
　度;观于大山,木石同坛(则阳)
　成玄英疏:比,譬也。(912页)
说明:"比于大泽"之"于"当是为了
　句式整齐而增添的音节助词。

吡(1) bǐ　　5/88711
诋毁(D)
二价:V(a,p)
双向:S:Na＋V＋Np(1)而吡其所
　不为者也(列御寇)

币(1) bì　　3/64300
犒赏(D)
准二价:V(a,d)
准双向:S:Na＋V＋Nd(1)谨奉千
　金以币从者(说剑)
说明:"币"本是名词,在句法层面
　临时转化为动词。

必(8) bì　　1/03010
确定,坚决做到(D)
二价:V(a,p)
双向:S:Na＋V＋Np(3)正其言必
　其行(盗跖)
S':Na＋V(1)圣人以必不必(列御

寇)按,指后"必"。
非典型位置(4):
宾语(4):众人以不必必之(列御
寇)按,指前"必"。

毕¹(3) bì　　1/88508
完成,结束(Z)
一价:V(e)
单向:S:Ne＋V(3)通于一而万事
　毕(天地)

毕²(1) bì　　1/88508
用网猎取(D)
二价:V(a,p)
双向:S:Na＋V＋Np(参说明)
S':Na＋V(1)田猎毕弋(则阳)
说明:《诗经》:"鸳鸯于飞,毕之罗
　之。"

闭(6) bì　　2/82304
关闭,阻塞(D)
二价:V(a,p)
双向:S:Na＋V＋Np(4)闭女外
　(在宥)
S':Np＋V(1)水之性不杂则清,莫
　动则平,郁闭而不流(刻意)成玄
　英疏:言水性清平,若混而杂之,
　拥郁而闭塞之,则乖于常性。
　(544页)
非典型位置(1):
宾语(1):连乎其似好闭也(大宗
　师)

敝 (1) bì　　5/62940
坏,衰败(Z)
一价:V(e)
单向:S:Ne＋V(参说明1)
使疲惫,耗费(D)
准二价:V(a,c)
准双向:S:Na＋V＋Nc(参说明2)
S':Na＋V＋Nc＋PNpl(1)敝精神
　乎蹇浅(列御寇)
说明:1.《左传·襄公十一年》:"诸
　侯道敝而无成。"2.《左传·襄公
　九年》:"许之盟而还师,以敝楚
　人。"

弊(2) bì　　3/64330
破,疲敝(Z)
一价:V(e)
单向:S:Ne＋V(2)衣弊履穿(山
　木)

蔽(2) bì　　3/33640
遮蔽,蒙蔽(D)
二价:V(a,p)
双向:S:Na＋V＋Ve(1)其大蔽数
　千牛(人间世)
非典型位置(1):
定语(1):谓之蔽蒙之民(缮性)
说明:Na[－有生]。

避(20) bì　　2/09832
避开,避让(D)
二价:V(a,d)

双向:S:Na+V+Nd(15)舍者避席
（寓言）
S':Na+Nd+V(2)奚避奚处（至
乐）/祸重乎地,莫之知避（人间
世）
非典型位置(3):
宾语(2):故满苟堵耳而不知避（盗
跖）
主语(1):夫欲恶避就,固不待师,
此人之性也（盗跖）
说明:《庄子引得》漏收"避席反走"
（盗跖）

辟¹(1) bì　　　5/88032
除去,弃置(D)
二价:V(a,p)
双向:S:Na+V+Np(1)至信辟金
（庚桑楚）成玄英疏:辟,除也。
金玉者,[小]信之质耳,至信则
弃除之矣。(810页)

辟²(1) bì　　　5/88032
通"避",避开(D)
二价:V(a,d)
双向:S:Na+V+Nd(1)不辟高下
（逍遥游）

毙(1) bì　　　3/64710
死(D)
一价:V(a)
单向:S:Na+V(参说明)
S':Na+V+Npl(1)剑士皆服毙其
处也（说剑）
说明:《左传·僖公四年》:"与犬,
犬毙。"

芘(1) bì　　　3/33710
通"庇",遮蔽(D)
二价:(a,p)
双向:S:Na+V+Np(未出现)
S':Np+V+Na(1)结驷千乘,隐将
芘其所藾（人间世）郭象注:其枝
所阴,可以隐芘千乘。(176页)
说明:Na[-有生]。

比⁵(1) bì　　　5/71710
通"庇",寄托(D)
三价:V(a,p,d)
双向:S:Na+V+Np+PNd(1)自
以比形于天地（秋水）

编(3) biān　　　5/66024
按次序排列,编写,编结(D)
二价:V(a,p)
双向:S:Na+V+Np(3)或编曲
（大宗师）

鞭(2) biān　　　5/35947
鞭打(D)
二价:V(a,p)
双向:S:Na+V+Np(2)视其后者
而鞭之（达生）

变¹(32) biàn　　　3/66241
变化(Z)

一价：V(e)
单向：S:Ne＋V(13)颜色不变（大宗师）
S':Na＋V1＋Np/b＋V2(1)禹之治天下,使民心变（天运）
S':Ne＋V＋PNd(2)而无变乎己（田子方）
S':Ne＋PNd＋V(1)而不得与之变（德充符）
非典型位置(15)：
主语(4)：知诈渐毒颉滑坚白解垢同异之变多（胠箧）
宾语(8)：贵在于我而失于变（田子方）
定语(1)：夫弓弩毕弋机变之知多（胠箧）
判断句谓语(1)：是事之变命之行也（德充符）
者字结构(1)：应时而变者也（天运）

变²(10) biàn　　　3/66241
改变（D）
二价：V(a,p)
双向：S:Na＋V＋Np(6)阳子居蹵然变容（寓言）
S':Na＋Nt＋V＋Np(1)予来年变齐（则阳）
S':Na＋V(1)变更易常（渔父）
S':Np＋V(1)命不可变（天运）
S':V＋Np(1)其所以变其情,易其性（盗跖）
说明：Na＋V＋Np中,"变容"5例,Na与Np有领属关系,如Np"容"移位至"变"前,则V亦随之由动作动词（变²）转换为状态动词（变¹）。

变化(5) biànhuà　　3/66241
变化(Z)
一价：V(e)
单向：S:Ne＋V(2)变化无常（天下）
非典型位置(3)：
宾语(2)：世有变化（则阳）
定语(1)：变化之流也（天道）

辩¹(42) biàn　　　5/03031
辩论,辩驳（D）
三价：V(a,p,d)
双向：S:Na＋V＋Np(2)众人辩之（齐物论）
S':Na/d＋V(3)儒墨相与辩（列御寇）
S':Na＋PNd＋V(2)即使我与若辩矣（齐物论）
S':Na＋PNi＋V(1)则若与斯辩（则阳）
S':Na＋Nt＋PNi＋PNd＋V(1)惠施日以其知与人(之)辩（天下）
俞樾曰：与人之辩,义不可通,盖涉下句"天下之辩者"而衍"之"字。校：支伟成本无"之"

字,与俞说合。(1112页)
非典型位置(33):
宾语(16):掌天下之辩(盗跖)
主语(7):辩不能举也(徐无鬼)
所字结构(1):辩者辩其所不能辩也(庚桑楚)按,后"辩"。
者字结构(9):辩者之囿也(天下)
说明:1."今夫儒墨杨秉,且方与我以辩,相拂以辞,相镇以声"(徐无鬼)中,"与我以辩"的"以"为句式整齐而加,当是音节助词。2. Nt、Ni、Nd 在 V 前共现,其顺序 Nt＞Ni＞Nd。3."言辩而不及"(齐物论)中,"辩"为"清楚、言辞机敏"义,属形容词。

辩²(12) biàn　　5/03031
通"辨",分别,辨别(D)
二价:V(a,d)
双向:S,:Na＋V＋Nd(3)能辩诸物(盗跖)
S':Na＋V＋PNd(1)辩乎荣辱之境(逍遥游)
非典型位置(8):
宾语(7):是其于辩也(庚桑楚)
判断句谓语(1):此小大之辩也(逍遥游)

辩³(2) biàn　　5/03031
通"变",变化(Z)
一价:V(e)
单向:S:Ne＋V(未出现)

非典型位置(2):
宾语(2):而御六气之辩(逍遥游)

便¹(1) biàn　　5/90744
利,适宜(Z)
一价:V(e)
单向:S:Ne＋V(1)处势不便(山木)

表 (1) biǎo　　3/57990
表明,表白(D)
二价:V(a,p)
双向:S:Na＋V＋Np(参说明)
S':Na＋Np＋V(1)作为华山之冠以自表(天下)
说明:《韩非子·外储说左上》:"故明主表信,如曾子杀彘也。"

别(4) bié　　5/82221
分开,区别(D)
二价:V(a,d)
双向:S:Na＋V＋Nd(2)徐别其颊(外物)
非典型位置(2):
宾语(2)将有别乎(盗跖)

宾¹(1) bīn　　3/02793
服从,归顺(D)
一价:V(a)
单向:S:Na＋V(1)无不宾服而听从君命者矣(说剑)
说明:考察《荀子》、《墨子》、《韩非子》、《吕氏春秋》等文献,"宾¹"

均为一价单向动词,如《荀子·成相》:"天下为一,海内宾。"而《盐铁论·相刺》有"南畏楚人,西宾秦国"句,表明秦以后"宾¹"为二价双向动词。

宾²(3) bīn　　3/02793
通"摈",屏弃,排斥(D)
二价:V(a,p)
双向:S:Na+V+Np(2)以宾寡人(徐无鬼)
　S':Np+V+PNa(1)宾于乡里(达生)

秉(2) bǐng　　1/20602
持(D)
二价:V(a,p)
双向:S:Na+V+Np(2)孙叔敖甘寝秉羽(徐无鬼)

并²(3) bìng　　5/23230
通"屏",抛弃(D)
二价:V(a,p)
双向:S:Na+V+Np(未出现)
　S':Np+V(3)至贵,国爵并焉(天运)郭象注:并,除弃之谓也。(501页)

病¹(37) bìng　　4/02720
染病,困乏,病重(Z)
一价:V(e)
单向:S:Ne+V(7)先生病矣(徐无鬼)/则耳目病矣(徐无鬼)

　S':N+V+Ne(1)故西施病心而颦其里(天运)
非典型位置(29):
主语(4):今予病少痊(徐无鬼)
宾语(17):里人有病(庚桑楚)
判断句谓语(3):夫奸,病也(徐无鬼)
者字结构(4):病者能言其病(庚桑楚)
所字结构(1):唯君所病之,何也(徐无鬼)
说明:1. Ne[+人];"病"、"疾"充任Ne时,"病"为病重义,如"仲父之病病矣"(徐无鬼)。2. S'中,N与Ne有领属关系,Ne可以移至V前,构成N+Ne+V,句子表达的意思基本不变;V后Ne如果脱落,则V前N自动转换为Ne。3."唯君所病之"(徐无鬼)的"之"犹"者","所病之"转指"病"的原因。

病²(2) bìng　　4/02720
忧虑,厌恶(D)
二价:V(a,p)
双向:S:Na+V+Np
非典型位置(2):
所字结构(2):今立人之所病(则阳)

并¹(并、竝) (4) bìng
3/91270　5/23230　5/01010

并存（Z）
二价：V(e,d)
单向：S:Ne＋PNd＋V(1)族与万
　　　物并（马蹄）
S':Ne＋V＋PNd(1)其并乎周以涂
　　吾身也（让王）
S':Ne/d＋V(1)天地并与（天下）
非典型位置(1)：
者字结构(1)：致功并兼者之所好
　　　也（刻意）
说明：Ne/d 表示 Ne、Nd 占据同
　　　一位置。

并²（並）(1) bìng　　5/23230
兼容（Z）
一价：V(e)
单向：S:Ne＋V(1)大人合并而为
　　　公（则阳）

波 (1) bō　　5/01340
动荡（Z）
一价：V(e)
单向：S:Ne＋V(1)夫孰能不波（外
　　　物）

搏 (4) bó　　5/50534
捕捉,抓,取（D）
二价：V(a,p)
双向：S:Na＋V＋Np(4)螳螂执翳
　　　而搏之（山木）

薄¹ (2) bó　　3/33034
近,迫近（Z）

二价：V(e,d)
双向：S:Ne＋V＋Nd(1)薄于义而
　　　不积（在宥）
S':Ne＋V＋Nd(1)非谓其薄之也
　　（秋水）
说明：S' 中，Nd 由代词"之"充任。

薄² (1) bó　　3/33034
轻视（D）
准二价：V(a,y)
准双向：S:Na＋V＋Ny
S':Na＋PNd＋V＋Ny(1)臣窃为
　　大王薄之（说剑）

踣 (1) bó　　5/87082
犹"蹈","赴"（D）
准二价：V(a,l)
准双向：S:Na＋V＋Nl(1)申徒狄
　　　因以踣河（外物）
说明：踣,本向前仆倒之义,引申出
　　　倒毙、颠覆之义,是一价单向动
　　　词。在"踣河"语境中,临时增加
　　　了"位移"语义特征,增加了一个
　　　支配语义角色——目标l。

勃豀 (1) bóxī　　5/33320
争斗,争吵（D）
一价：V(a)
单向：S:Na＋V(1)则妇姑勃豀（外
　　　物）
说明：Na[＋人],必须是复数。

播 (2) bǒ　　5/50284

簸扬(D)

二价:V(a,p)

双向:S:Na＋V＋Np(2)鼓筴播精
（人间世）

捕 (1) bǔ　　　5/50524

捕捉(D)

二价:V(a,p)

双向:S:Na＋V＋Np(1)捕鼠不如
狸狌(秋水)

餔(2) bǔ　　　5/91526

咀嚼,吃(D)

二价:V(a,p)

双向:S:Na＋V＋Np(1)脍人肝而
餔之(盗跖)

非典型位置(1):

定语(1):我将以子肝益昼餔之膳
（盗跖）

卜 (6) bǔ　　　1/20000

占卜(D)

二价:V(a,p)

双向:S:Na＋V＋Np(5)然则卜之
（田子方）

S':Np＋V(1)又何卜焉(田子方)

卜筮(1) bǔshì　　　1/20000

用龟甲、蓍草预测凶吉(D)

一价:V(a)

单向:S:Na＋V(1)能无卜筮而知
吉凶乎(庚)

补 (4) bǔ　　　5/09524

缝补,弥补(D)

二价:V(a,p)

双向:S:Na＋V＋Np 庄子衣大布
而补之(山木)

说明:Np 为抽象之物,"补"为弥
补之义,如:犹务学以复补前行
之恶。(德充符)

步 (4) bù　　　3/27220

行走(D)

一价:V(a)

单向:S:Na＋V(4)夫子步亦步(田
子方)

布¹(4) bù　　　4/30320

铺开,布施(D)

二价:V(a,p)

双向:S:Na＋V＋Np(1)不知屠者
之一旦鼓臂布草(徐无鬼)

S':Na＋V(1)生不布施(外物)

非典型位置(2):

判断句谓语(1):施于人而不忘,非
天布也(列御寇)

所字结构(1):罔罟之所布(胠箧)
成玄英疏:罔罟布以事畋渔。
(344 页)

布²(1) bù　　　4/30320

飘散(Z)

一价:V(e)

单向:S:Ne＋V(1)布挥而不曳(天

运)

不屑(1) bùxiè　　4/82623
以为耻而不肯(D)
二价:V(a,p)
双向:S:Na+V+Np(1)而心不屑
　　与之俱(则阳)
说明:Np只由动词语充任,自指。

C

材(11) cái　　5/36300
成材(Z)
一价:V(e)
单向:S:Ne+V(未出现)
非典型位置(11):
定语(7):是不材之木也(人间世)
宾语(4):今主人之雁,以不材死
　　(山木)

採(1) cǎi　　5/50260
探求,影响(D)
二价:V(a,p)
双向:S:Na+V+Np(1)其心之
　　出,有物採之(天地)

参¹(2) cān　　3/60620
合,同(Z)
二价:V(e,d)
双向:S:Ne+V+Nd(1)参万岁而
　　一成纯(齐物论)
S':N1+PN2+V+Ne/d(1)吾与
　　日月参光(在宥)成玄英疏:参,

同也。(385页)
说明:S'中,N1、N2与Ne/d具有
　　领属关系。

参²(1) cān　　3/60620
考察,探究(D)
二价:V(a,p)
双向:S:Na+V+Np(未出现)
非典型位置(1):
宾语(1):以参为验(天下)

残(7) cán　　5/72550
伤害,损害(D)
二价:V(a,p)
双向:S:Na+V+Np(6)若其残生
　　损性(骈拇)
S':Np+V(1)故纯朴不残,孰为牺
　　尊(马蹄)

惭(2) cán　　3/52014
惭愧(D)
一价:V(a)
单向:S:Na+V(2)子贡瞒然惭(天
　　地)

藏¹(30) cáng　　3/33253
收藏,隐藏(D)
三价:V(a,p,l)
双向:S: Na+V+Np+Pnl(6)藏
　　金于山(天地)/ 无藏逆于得(徐
　　无鬼)郭象注:得中有逆则失耳。
　　(829页)
S':Na+V+Np+Pnl(1) 孔子西

操厕测侧差察¹ 271

藏书于周室(天道)

S':Na＋V＋Np＋Nl(1)王巾笥而藏之庙堂之上(秋水)

S':Na＋V＋Np(10)柙而藏之(刻意)

S':Na＋V＋Np＋Nt(1)藏其血三年而化为碧(外物)

S':Na＋V＋PNl(4)圣人藏于天(达生)

S':Na＋V(3)无人而藏(达生)

非典型位置(4):

宾语(3):知作而不知藏(山木)

主语(1):蕃息畜藏……民之理也(天下)

说明:1.当V具有[＋转移]语义特征时,需要支配转移终点l。2.如果Np由代词"之"充任,S可以转换为S'(Na＋V＋Np＋Nl)。3.V后,Nl、Nt不能共现。

操 (11) cāo 5/50863
持,驾驭(D)
二价:V(a,p)
双向:S:Na＋V＋Np(11)操烟火(徐无鬼)

厕 (1) cè 4/02823
置放(D)
二价:V(a,p)
双向:S:Na＋V＋Np(1)然则厕足而垫之致黄泉(外物)

测 (4) cè 5/01823
量水深,测量(D)
二价:V(a,p)
双向:S:Na＋V＋Np(未出现)
S':Np＋V(4)渊乎其不可测也(天道)

侧 (1) cè 5/90823
倾斜(Z)
一价:V(e)
单向:S:Ne＋V(1)吾不反不侧(达生)

差 (1) chā 3/91370
错,不合(Z)
二价:V(e,d)
双向:S:Ne＋V＋Nd(1)差其时逆其俗者(秋水)

察¹ (17) chá 3/02260
仔细看,辨别(D)
二价:V(a,p)
双向:S:Na＋V＋Np(6)口欲察味(盗跖)
S':Na＋V(2)臣之年二十而好捶钩……非钩无察也(知北游)
S':Np＋V(3)天道之与人道也,相去远矣,不可不察也(在宥)
非典型位置(6):
宾语(5):秉人之知谋以为明察(盗跖)
所字结构(1):意之所不能察致者

(秋水)
说明：Np移至V前,都有助动词"可"作为标记。

察²(4) chá　　3/02260
看得清楚,明察(D)
二价：V(a,d)
双向：S：Na＋V＋Nd(1)鸱鸺夜撮蚤,察毫末(秋水)
S'：Na＋V＋PNd(2)言察乎安危(秋水)
非典型位置(1)：
定语(1)：察士无凌谇之事则不乐(徐无鬼)

诧(1) chà　　5/08011
告诉(D)
二价：V(a,d)
双向：S：Na＋V＋Nd(1)踵门而诧子扁庆子曰(达生)

谄(3) chǎn　　5/08281
献媚,奉承(D)
二价：V(a,p)
双向：S：Na＋V＋Np(1)忠臣不谄其君(天地)
非典型位置(2)：
宾语(2)：希意道言谓之谄(渔父)

产(1) chǎn　　3/01470
生产,生育(D)
一价：V(a)
单向：S：Na＋V(1)天不产而万物化(天道)
说明：《礼记·乡饮酒义》："东方者春,春之言蠢也,产万物者也。"据《礼记》,"产"当是二价双向动词。

尝¹(1) cháng　　3/60083
辨别滋味,吃(D)
二价：V(a,p)
双向：S：Na＋V＋Np(参说明2)
S'：Na＋V(1)退不敢为后,食不敢先尝(山木)
说明：1.p只能由名词语充任。2.《吕氏春秋·察今》："尝一脟肉。"

尝²(19) cháng　　3/60083
尝试(D)
二价：V(a,p)
双向：S：Na＋V＋Vp(19)予尝为女妄言之,女以妄听之(齐物论)
说明：1.p只能由动词语充任。2."尝试"连用作述谓中心语8例。

偿(2) cháng　　5/90694
抵偿,报答(D)
二价：V(a,p)
双向：S：Na＋V＋Np(未出现)
S'：Na＋PNi＋V＋Np(1)因以死偿节(庚桑楚)《广雅》云：偿,报也,复也。(808页)
非典型位置(1)：
宾语(1)：今也然有世俗之偿焉(徐

无鬼)

长¹(3) cháng　　3/87290
擅长(Z)
二价:(e,d)
双向:S:Ne+V+Nd(未出现)
非典型位置(3):
所字结构(3):商之所长也(列御寇)

长²(4) cháng　　3/87290
使长久(D)
准二价:V(a,c)
准双向:S:Na+V+Nc(2)乃可以长生(在宥)
S':V+Nc(2):所以长生安体乐意之道也(盗跖)

唱(4) chàng　　5/88885
领唱,应和(D)
二价:V(a,p)
双向:S:Na+V+Np(2)前者唱于而随者唱喁(齐物论)成玄英疏:于喁,皆是风吹树动前后相随之声也。(48页)
S':Na+V(1)和而不唱(德充符)
非典型位置(1):
宾语(1):未尝有闻其唱者也,常和人而已矣(德充符)

超(1) chāo　　2/39781
超群(Z)
一价:V(e)

单向:S:Ne+V(1)超轶绝尘(徐无鬼)
说明:"超轶"连用,形容骏马奔驰出群超众。

怊(1) chāo　　5/60781
悲伤(D)
一价:V(a)
单向:S:Na+V(1)怊乎若婴儿之失其母也(天地)

朝(2) cháo　　5/33824
上朝,朝见君主(D)
一价:V(a)
单向:S:Na+V(2)明日,余且朝(外物)

巢(1) cháo　　3/66864
筑巢,栖息(D)
一价:V(a)
单向:S:Na+V(参说明)
S':Na+V+PNpl(1)鹪鹩巢于深林(逍遥游)
说明:《礼记·月令》:"鹊始巢。"

彻¹(1) chè　　5/29042
除,毁(D)
二价:V(a,p)
双向:S:Na+V+Np(1)彻志之勃(庚桑楚)成玄英疏:彻,毁也。(810页)

彻²(10) chè　　5/29042

通,通达(Z)
一价:V(e)
单向:S:Ne+V(9)目彻为明(外物)
非典型位置(1):
宾语(1):以彻为名(庚桑楚)

瞋(3) chēn　　5/88797
睁大(眼睛)(D)
二价:V(a,p)
双向:S:Na+V+Np(3)案剑瞋目(盗跖)

沉(4) chén　　5/01310
没入水中,下降(D)
二价:V(a,l)
单向:S:Na+V+PNl(1)乃负石而自沉于庐水(让王)
S':Na+V(2)天下莫不沉浮(知北游)
使没入水中(D)
准三价:V(a,c,l)
准双向:S:Na+V+Nc+PNl(未出现)
S':Np+V+Nl(1)子胥沉江,比干剖心(盗跖)
说明:"沉"兼有[位移]语义特征时,需要支配"终点"语义角色。

臣(3) chén　　2/81223
以……为臣子(D)
准二价:V(a,y)

准双向:S:Na+V+Ny(参说明2)
S':Na+V(3)明君不臣(渔父)
说明:1. S'中,V前皆有否定副词"不"。2.《左传·昭公七年》:"故王臣公,公臣大夫。"

陈¹(2) chén　　5/82564
陈设,陈列(Z)
一价:V(e)
单向:S:Ne+V(参说明2)
S':Ne+V+PNpl(2)利义陈乎前(达生)
说明:1. Ne[-人]。2.《吕氏春秋·贵当》:"竽瑟陈而民知乐。"

陈²(4) chén　　5/82564
陈列(D)
二价:V(a,p)
双向:S:Na+V+Np(参说明2)
S':Na+V+Np+PNpl(1)子綦有八子,陈诸前(徐无鬼)诸,"之于"的合音字
S':Np+V(2)夫刍狗之未陈也(天运)
非典型位置(1):
定语(1):今而夫子亦取先王已陈刍狗(天运)
说明:1. Na[+人]。2.《吕氏春秋·孟冬》:"是月也,工师效功,陈祭器。"

陈³(2) chén　　5/82564

陈述(D)

二价:V(a,p)

双向:S:Na+V+Np(1)屠羊说居处卑贱,而陈义甚高(让王)

S':Np+V(1)粗而不可不陈者,法也(在宥)成玄英疏:法,言教也。以教望理,理妙法粗,取谕筌蹄,故顺陈说故也。(398页)

称⁴(1) chèn 5/26734

相称,符合(Z)

二价:V(e,d)

双向:S:Ne+V+Nd(1)称神明之容(天下)

称¹(1) chēng 5/26734

称量轻重(D)

二价:V(a,p)

双向:S:Na+V+Np(1)为之权衡以称之(胠箧)

称²(17) chēng 5/26734

称赞,称说(D)

二价:V(a,p)

双向:S:Na+V+Np(12)三年而国人称之(徐无鬼)

S':Na+V(3)子无乃称(德充符)

S':Np+V(2)夫大道不称(齐物论)

称³(1) chēng 5/26734

自称(D)

二价:V(a,p)

双向:S:Na+V+Np(1)足以南面称孤矣(盗跖)

盛(5) chéng 2/50773

用器具盛放东西(D)

三价:V(a,p,i)

双向:S:Na+PNi+V+Np(3)夫爱马者,以筐盛矢(人间世)

S':Na+V+PNi(2)盛以箧衍(天运)

说明:Ni可以移至句首作话题,如《韩非子·外储说右上》:"夫瓦器,至贱也,不漏,可以盛酒。"

成¹(74) chéng 2/50720

完成,成就,实现(Z)

一价:V(e)

单向:S:Ne+V

S':Ne+V(46)事若成(人间世)/寒暑之和不成(在宥)

非典型位置(28):

者字结构(3):成者为首(盗跖)

主语(3):其成也,毁也(齐物论)

定语(1):德者,成和之脩也(德充符)

宾语(20):功求成(天地)

判断句谓语(1):其分也,成也(齐物论)

成²(17) chéng 2/50720

成就,完成,实现(D)

二价:V(a,p)

双向:S:Na＋V＋Np(7)长官者不成德(田子方)成玄英疏:上下咸亨,长官不显其德。(722页)
S':Na＋V＋PNp(5)君原于德而成于天(天地)成玄英疏:夫君主人物,必须以德为宗,物各自得,故全成自然之性。(404页)
S':Na＋Np＋V(1)不以人之坏自成也(让王)
S':Na＋V1＋Nc＋V2＋Np(1)大圣之治天下也,摇荡民心,使之成教易俗(天地)
非典型位置(3):
所字结构(3):以为命有所成而形有所适也(至乐)
说明:1.Np由"自"充任,置于V前。2.S'(Na＋V＋PNp)中的P可以不出现,如"成于天"可以说"成天"(《德充符》中有"独成其天");"成于德"(在宥)可以说成"成德"(田子方)。

成³(18) chéng　　2/50720
成为,形成(Z)
二价:V(e,r)
双向:S:Ne＋V＋Nr(18)五者不备而能成大盗者,天下未之有也(胠箧)/禽兽成群(马蹄)

成⁴(3) chéng　　2/50720
生成(Z)
一价:V(e)

单向:S:Ne＋V
S':V＋Ne(3)运斤成风(徐无鬼)

成⁵(1) chéng　　2/50720
成熟(Z)
一价:V(e)
单向:S:Ne＋V(参说明1)
S':Na＋V1＋Np＋V2(1)我树之成而实五石(逍遥游)
说明:1.《吕氏春秋·明理》:"五谷萎败不成。"2. S'中,"成⁵"处于V2位置,b隐含于Np之中。

承¹(3) chéng　　1/18590
承受,接受(D)
二价:V(a,p)
双向:S:Na＋V＋Np(1)承意不彼(外物)成玄英疏:秉承教意以导性,而真道素圆,不彼教也。(939页)
S':Na＋V(1)其孰承翼(秋水)
非典型位置(1):
宾语(1):若不足而不承(大宗师)

乘¹(21) chéng　　1/20600
驾驭,乘坐(D)
二价:V(a,p)
双向:S:Na＋V＋Np(18)子贡乘大马(让王)
S':Na＋V(1)而后敢乘(渔父)
非典型位置(1):
状语(1):乘亦不知也,坠亦不知也

（达生）
使乘坐(D)
准三价：V(a,c,p)
准双向：S：Na＋V＋Nc＋PNp
S'：Na＋V＋PNp(1)越人薰之以艾，乘以王舆（让王）
说明：S'中，Nc(之)承上省。

乘²(2) chéng　　1/20600
欺凌(D)
二价：V(a,p)
双向：S：Na＋V＋Np(2)王公必将乘人而斗其捷（人间世）
说明："乘²"Np[＋人]，"乘¹"Np[－人]。

逞 (1) chěng　　2/09871
显示，施展(D)
二价：V(a,p)
双向：S：Na＋V＋Np(1)未足以逞其能（山木）

庭 (3) chěng　　4/02140
通"逞"，快乐(D)
一价：V(a)
单向：S：Na＋V(2)夫子何为顷间甚不庭乎（山木）王念孙曰："庭"当读为"逞"。不逞，不快也。(698页)
非典型位置(1)：
所字结构(1)：吾所以不庭也（山木）成玄英疏：是故不庭。(699页)

骋 (1) chěng　　5/82527
驰骋，放纵(D)
一价：V(a)
单向：S：Na＋V(1)时骋而要其宿（天地）

持 (17) chí　　5/50330
拿着，支撑，持守(D)
二价：V(a,p)
双向：S：Na＋V＋Np(7)庄子持竿不顾（秋水）/右手持颐（渔父）
S'：Na＋V(3)动而持（天道）
S'：Na＋V＋PNt(1)持以春夏，行以秋冬（说剑）
S'：Np＋V(3)道德不能持（庚桑楚）
非典型位置(3)：
宾语(1)：灵台者有持（庚桑楚）
所字结构(2)：处不知所持（知北游）

驰¹(3) chí　　5/82313
驱策(D)
二价：V(a,p)
双向：S：Na＋V＋Np(3)驰之骤之（马蹄）
说明：Na[＋人]。

驰²(12) chí　　5/82313
奔驰，疾行(D)
一价：V(a)
单向：S：Na＋V(7)火驰而不顾（外

物)/夫子驰亦驰(田子方)
S':Na+V+Npl(1)是犹使蚊负山,商蚷驰河也(秋水)
S':Na+Nt+V+Nm(1)骐骥骅骝一日而驰千里(秋水)
非典型位置(3):
宾语:(3)若骤若驰(秋水)
说明:1.Na[+人]。2."商蚷驰河"中,"商蚷"前承上省"使","商蚷"亦是"使"的受事,在句中为兼语。

挓(1) chǐ　　　5/50220
舍弃(D)
二价:V(a,p)
双向:S:Na+V+Np(1)介者挓画(庚桑楚)郭象注:画,所以饰容貌也。(815页)

耻(5) chǐ　　　5/77013
以……为耻,感到羞耻(D)
准二价:V(a,y)
准双向:S:Na+V+Ny(3)季子闻而耻之(则阳)
S':Na+PNd+V(1)丘窃为将军耻不取焉(盗跖)
S':Ny+V(1)三皇之知,上悖日月之明……而犹自以为圣人,不可耻乎(天运)
说明:Ny在V前,以助动词"可"为标记。

齿(5) chǐ　　　3/27280
并列,排列(D)
二价:V(a,d)
单向:S:Na+PNd+V(参说明)
S':Na+PNi+V(1)百官以此相齿(天下)
S':Na+V(2)神者弗齿(列御寇)
S':Na+PNi+V+Nd(1)虽以事齿之(列御寇)
S':Nd+V(1)所以相齿(知北游)
按:所,犹"可"。
说明:《左传·隐公十一年》:"寡人若朝于薛,不敢与诸任齿。"

胣(1) chǐ　　　5/82912
剖腹刳肠(D)
二价:V(a,p)
双向:S:Na+V+Np(未出现)
S':Np+V(1)比干剖,苌弘胣(胠箧)

饬(1) chì　　　5/91922
整治好(Z)
一价:V(e)
单向:S:Ne+V(1)人伦不饬,百姓淫乱(渔父)
说明:《诗经·小雅·六月》:"戎车既饬。"毛传:饬,正也。

叱(1) chì　　　5/88311
大声呵斥(D)
二价:V(a,p)

双向:S:Na+V+Np(参说明)
非典型位置(1):
者字结构(1):叱者(齐物论)
说明:《战国策·燕策三》:"荆轲怒叱太子。"

斥(1) chì　　　4/22720
排斥(D)
二价:V(a,p)
　双向:S:Na+V+Np(未出现)
　S':Na+V(1)是故其行列不斥(山木)
说明:另见"挥斥"。

扶(1) chì　　　5/50290
用鞭、杖打(D)
二价:V(a,p)
双向:S:Na+V+Np(1)然后扶其背(则阳)

充¹(6) chōng　　　3/01610
满,填充(Z)
二价:V(e,pl)
双向:S:Ne+V+Npl(4)形充空虚(天运)/充满天地(天运)
非典型位置(2):
宾语(1)夫以阳为充孔扬(人间世)成玄英疏:充,满也。(142页)
主语(1)彼其充实,不可以已(天下)

充²(1) chōng　　　3/01610
充任(Z)

二价:V(e,d)
双向:S:Ne+V+Nd(1)夫充一尚可(天下)成玄英疏:夫惠施之辩,诠理不弘,于万物之中,尚可充一数而已。(1114页)

冲(1) chōng　　　5/29224
冲撞(D)
二价:V(a,p)
双向:S:Na+V+Np(未出现)
S':Ni+V+Np(1)梁丽可以冲城(秋水)成玄英疏:梁,屋梁也。丽,屋栋也。(581页)

舂(1) chōng　　　2/59880
用杵臼捣去谷类的壳(D)
二价:(a,p)
双向:S:Na+V+Np(未出现)
S':Na+Nt+V+Np(1)适百里者宿舂粮(逍遥游)

瘳(4) chōu　　　4/02720
病愈,治(Z)
一价:V(e)
单向:S:Ne+V(参说明1)
非典型位置(4):
宾语(4):庶几乎民有瘳乎(田子方)
说明:1.《尚书·说命上》:"厥疾弗瘳。"2.《庄子》4例均为"有瘳"。

丑¹(1) chǒu　　　5/78216
惭愧(D)

一价:V(a)
单向:S:Na+V(1)寡人丑乎(德充符)《释文》:李云:丑,惭也。(209页)

丑²(2) chǒu　　5/78216
认为丑恶(D)
准二价:V(a,y)
准双向:S:Na+V+Ny(2)华子闻而丑之(则阳)

出¹(52) chū　　1/22880
自内而外,与"入"相对(D)
二价:V(a,l)
双向:S:Na+V+Nl(5)日出东方而入于四极(田子方)
S':Na+V+PNl(2)夫子出于山(山木)
S':Nt+Na+V+PNl(1)今尔出于崖涘(秋水)
S':Na+V+Nl+Nt(1)于是文王不出宫三月(说剑)
S':Na+V(34)徐无鬼出(徐无鬼)/日月出矣(逍遥游)
S':Nt+Na+V(1)昔者十日并出(齐物论)
S':Na+Nt+V(2)昼出(秋水)
S':PNd+V(1)与汨偕出(达生)
非典型位置(5):
宾语(2):有乎出(庚桑楚)
状语(2):入先,勇也;出后,义也(胠箧)
所字结构(1):不择所出(则阳)
说明:1.V具有[位移]语义特征。Nl为源点,可以直接进入句法层面,也可靠介词引入;Nl一般不出现,《庄子》中共出现9例(约占"出¹"为核心的句式总数的19%)。Na一般由人充任。2.《达生》篇有"数百步而出"句,我们认为"数百步"(Nm)补充说明的是"游"的度量("游"承上省),而非补充说明"出¹",故将该句归入S'(Na+V)。3.Na之前的Nt均为时点。

出²(49) chū　　1/22880
产生,发出,出现(Z)
二价:V(e,l)
单向:S:Ne+V+PNl(14)知出乎争(人间世)
S':Ne+V+Nl(5)乐出虚(齐物论)
S':Ne+V(15)至言不出(天地)
S':N+V+Ne(7)子綦索然出涕(徐无鬼)
S':Ne+PNl+V(3)明何由出(天下)
非典型位置(4):
状语(1):出无本,入无窍(庚桑楚)
所字结构(3):夫迹,履之所出(天运)/有所出而无窍者有实(庚桑楚)

使显露出来(D)
准二价:V(a,c)
准双向:S:Na+V1V2+Np/c(1)
　拔出公忠之属,而无阿私(天地)
说明:1. S'(N+V+Ne)中,N 与 Ne 具有领属关系,Ne 可以移至 V 前,而转换为 S'(N+Ne+V),句子表达的意思基本不变。如:子綦索然出涕——子綦索然涕出。2. S(Ne+V+Nl)中,Nl 可以由介词引入,而转换为 S'(Ne+V+PNl)。如:乐出虚——乐出于虚。或转换为 S'(Ne+PNl+V)。如:乐出虚——乐由虚出。3. S(Ne+V+Nl)亦可转换为"所"字结构。如:乐出虚——乐,虚之所出。4. "所"字结构转指对象依语境而定。《天运》"履之所出"转指 Ne;《庚桑楚》"所出"转指 Nl。5. 《天地》例"拔出公忠之属","拔出"当是"拔而使出","公忠之属"是"拔"的受事 Np,是"出"的使事 Nc。

出³(7) chū　　1/22880
超出,超越(Z)
二价:V(e,d)
双向:S:Ne+V+Nd(2)乡吾示之以未始出吾宗(应帝王)
S':Ne+V+PNd(5)曷常出乎众哉(在宥)
说明:Nd 与 V 共现,以介词引入为常。

除(3) chú　　5/82960
去掉,清除(D)
二价:V(a,p)
双向:S:Na+V+Np(3)除君之忧(山木)

锄(1) chú　　5/87323
除去(D)
二价:V(a,p)
双向:S:Na+V+Np(1)颜不疑归而师董梧以锄其色(徐无鬼)成玄英疏:锄,除去也。(848页)
说明:"锄"《庄子集释》本作"助",据赵谏议本改。

处¹(57) chǔ　　3/70840
居,止(D)
二价:V(a,pl)
双向:S:Na+V+Npl(35)鱼处水而生(至乐)/处静以息迹(渔父)
S':Na+Npl+V(5)先生将何处(山水)/木处则惴慄恂惧(齐物论)
S':Npl+V(1)仁义,先王之蘧庐也,止可以一宿,而不可久处(天运)
S':Na+V+PNpl(6)处于孤竹(让

王)/周将处乎材与不材之间（山木）
S':Na+V(8)钓鱼闲处(刻意)
非典型位置(2)：
主语(1)：居处无常(在宥)
所字结构(1)：我无所处(外物)
说明：1.Npl+V在句法层面有三种句法关系：(1)述宾关系，Npl为前置宾语，由疑问代词充任，如《山水》例"何处"。(2)偏正关系，Npl为V的修饰语，由普通名词充任，如《齐物论》例"木处"。(3)主谓关系，Npl为主语，由普通名词充任，V前有助动词"可"为标记，如《天运》例"仁义……不可久处"。2.Npl以不用介词引入为常；S(Na+V+Npl)可以转换为S'(Na+V+PNpl)。

处² (6) chǔ   3/70840
交往，相处(D)
二价：V(a,d)
单向：S:Na+PNd+V(6)与能言者处也(外物)
说明：Nd与V共现，靠介词"与"引入。

处³ (2) chǔ   3/70840
治，对待(D)
二价：V(a,p)
双向：S:Na+V+Np(2)吾处身也，若厥株拘(达生)

怵 (2) chù   5/60310
使恐惧，害怕(D)
准二价：V(a,c)
准双向：S:Na+V+Nc(2)劳形怵心者也(应帝王)

怵惕 (1) chùtì   5/60310
害怕(D)
一价：V(a)
单向：S:Na+V(参说明)
非典型位置(1)：
定语(1)：怵惕之恐(盗跖)
说明：《尚书·冏命》："怵惕惟厉。"

触 (2) chù   5/22829
碰撞，接触(D)
二价：V(a,p)
双向：S:Na+V+Np(参说明2)
S':V1+Nth+V2+V3+Np(1)有虚船来触舟(山木)
非典型位置(1)：
所字结构(1)：手之所触(养生主)
说明：1."有虚船来触舟"为兼语式，"触"处在V3的位置。2.《韩非子·五蠹》："兔走触株。"

黜 (2) chù   5/86280
摈弃，消除(D)
二价：V(a,p)
双向：S:Na+V+Np(2)君将黜耆欲(徐无鬼)

诎 (1) chù　　5/08281
通"黜",贬斥(D)
二价:V(a,p)
双向:S:Na＋V＋Np(参说明)
S':Na＋V＋Np＋Ni(1)而卒诎之以非也(则阳)
说明:《战国策·韩策三》:"彼公仲者,秦势能诎之。"

穿¹ (4) chuān　　3/02931
挖掘,穿过孔洞(D)
二价:V(a,p)
双向:S:Na＋V＋Np(4)穿池而养给(大宗师)《释文》"穿池"本亦作"地"。(272页)/ 穿牛鼻(秋水)
说明:Np包含受事和结果,前者如《秋水》例,后者如《大宗师》例。

穿² (1) chuān　　3/02931
破损成洞(Z)
一价:V(e)
单向:S:Ne＋V(1)衣弊履穿(山水)

传¹ (4) chuán　　5/90534
传授,转授(D)
三价:V(a,p,d)
双向:S:Na＋V＋Np＋PNd(1)寡人传国焉(德充符)郭象注:委之以国政。(208页)按:"焉"为PNd。
S':Na＋V＋Np(1)而世因贵言传书(天道)
S':Np＋V(2)夫道……可传而不可受(大宗师)
说明:S'(Np＋V)中,Np前移,V前有助动词"可"作标记。

传² (4) chuán　　5/90534
流传,传继(Z)
二价:V(e,d)
双向:S:Ne＋V＋Nd
S':Ne＋V(2)火传也(养生主)
非典型位置(2):
定语(1):旧法世传之史(天下)
所字结构(1):此上世之所传(盗跖)

传³ (7) chuán　　5/90534
传达,传送,表达(D)
二价:(a,p)
双向:S:Na＋V＋Np(5)言必或传之(人间世)
S':Np＋PNi＋V(1)意之所随者,不可以言传也(天道)
S':Na＋V1V2(1)大儒胪传曰:"东方作矣,事之何若?"(大宗师)
说明:《大宗师》例"曰"后的引语亦可看作是"传³"的p。

吹 (5) chuī　　5/88291
撮口吐气,吹奏(D)

二价:V(a,p)
双向:S:Na+V+Np(3)夫吹筦也（则阳）
S':Na+PNi+V(1)生物之以息相吹也（逍遥游）
非典型位置(1):
判断句谓语(1):夫言非吹也（齐物论）

吹呴(1) chuīxū　　5/88291
言呼吸吐纳以导引神气(D)
一价:V(a)
单向:S:Na+V(1)吹呴呼吸（刻意）

炊(1) chuī　　5/69290
烧火做饭(D)
一价:V(a)
单向:S:Na+V(1)数米而炊（庚桑楚）

炊累(1) chuīlěi　　5/69290
浮动升腾(D)
一价:V(a)
单向:S:Na+V(1)从容无为而万物炊累焉（在宥）郭象注:若游尘之自动。(371页)

垂^1(4) chuí　　1/20704
悬挂(Z)
二价:V(e,pl)
单向:S:Ne+V+PNpl(1)足二分垂在外（田子方）
S':V+Npl(3)翼若垂天之云（逍遥游）《释文》:"垂天之云",司马彪云,若云垂天旁。(3页)
说明:"垂天之云","云"是Ne。

垂^2(3) chuí　　1/20704
下垂(Z)
一价:V(e)
单向:S:Ne+V
S':N+V+Ne(3)吾王所见剑士,皆蓬头突鬓垂冠（说剑）
说明:S'(N+V+Ne)中,N(剑士)与Ne(冠)具有领属关系。

擉(1) chuò　　5/50825
刺(D)
二价:V(a,p)
双向:S:Na+V+Np
S':Na+V+Np+PNpl(1)冬则擉鳖于江（则阳）

辍(3) chuò　　5/50844
停止(D)
一价:V(a)
单向:S:Na+V(3)遂行不辍（人间世）

惙(1) chuò　　5/60840
通"辍",停止(D)
一价:V(a)
单向:S:Na+V(1)而弦歌不惙（秋水）

茨 (1) cí　　3/33190
用茅草覆盖屋顶(D)
一价:V(a)
单向:S:Na+V
S':Na+V+PNi(1)原宪居鲁,环堵之室,茨以生草(让王)成玄英疏:原宪家贫,室唯环堵,仍以草覆舍。(975页)

辞¹ (1) cí　　5/22030
告别(D)
一价:V(a)
单向:S:Na+V(1)起,辞而行(在宥)

辞² (25) cí　　5/22030
推辞,不接受(D)
二价:V(a,p)
双向:S:Na+V+Np(11)伯夷辞之以为名(秋水)
S':Na+V(11)小童辞(徐无鬼)
S':Na+V1V2(2)卜随辞曰(让王)
非典型位置(1):
宾语(1):氾而若辞(德充符)
说明:S(Na+V+Np)中,Np可以由动词语充任(2例),如:伯成子高辞为诸侯而耕(天地),"为诸侯"自指。

辞³ (4) cí　　5/22030
谦让,致歉(D)
一价:V(a)

单向:S:Na+V(1)惠施不辞而应(天下)
S':Na+V1V2(1)将甲者进,辞曰(秋水)
S':Na+V+PNi(1)蹍市人之足,则辞以放骜(庚桑楚)
非典型位置(1):
宾语(1):请辞而退(秋水)

辞让 (2) círàng　　5/22030
谦让(D)
一价:V(a)
单向:S:Na+V(参说明)
非典型位置(2):
宾语(1):不多辞让(秋水)
判断句谓语(1):非虚辞让也(盗跖)
说明:《礼记·曲礼上》:"长者问,不辞让而对,非礼也。"

跐 (1) cǐ　　5/87211
踏(D)
二价:V(a,l)
双向:S:Na+V+Nl(1)且彼方跐黄泉而登大皇(秋水)

刺 (4) cì　　5/56220
用尖锐的东西直戳,刺杀,讽刺,用篙撑(D)
二价:V(a,p)
双向:S:Na+V+Np(1)乃刺船而去(渔父)

S':Na+V1+Nc+V2+Np(1)将使人刺之(则阳)
非典型位置(2):
宾语(1):昔者吾有刺于子(天道)
所字结构(1):耒耨之所刺(胠箧)
成玄英疏:耒耨刺以修农业。(344页)
说明:Np为"舟"、"船"时,V的词义是"用篙撑"。

赐 (5) cì 5/89825
给予(D)
三价:V(a,p,d)
三向:S:Na+V+Nd+Np(2)赐之千金(说剑)
S':Na+V(2)天不赐故岁成(则阳)
非典型位置(1):
宾语(1):蠢动而相使不以为赐(天地)

锡 (1) cì 5/97822
通"赐",给予(D)
三价:(a,p,d)
三向:S:Na+V+Nd+Np(参说明2)
S':Na+V+Np(1)锡车十乘(列御寇)
说明:1."十乘"修饰"车"。2.《尚书·洪范》:"天乃锡禹洪范九畴。"

从 (46) cóng 5/29990
追随,跟随,听从(D)
二价:V(a,d)
双向:S:Na+V+Nd(14)而万物从之乎(天地)
S':Na+V+PNd(2)屠羊说走而从于昭王(让王)
S':Na+V(16)君先而臣从(天道)
S':Nd+V(3)何从何道则得道(知北游)/ 唯命之从(大宗师)/ 不外从(达生)
S':Na+V+Nd+Npl(1)从之丹穴(让王)
S':Na+V1V2+Nd(4)丘将引天下而与之(德充符)
非典型位置(4):
宾语(2):无从无道始得道(知北游)
者字结构(2):顾谓从者曰(徐无鬼)

使跟随(D)
准二价:V(a,c)
准双向:S:Na+V+Nc(2)盗跖从卒九千人(盗跖)
说明:S'(Nd+V)包含两种句法关系:(1)述宾关系,见《知北游》例"何从"、《大宗师》例"唯命之从",前者疑问代词充任Nd,后者以"之"作为宾语前置的标记。(2)偏正关系,见《达生》例"不外从",方位名词"外"充任 Nd,作 V 的修饰语。

从事(2) cóngshì　　5/29990
参与做(D)
二价:V(a,p)
双向:S:Na+V+Np(1)从事华辞(列御寇)
S':Na+V+PNp(1)圣人不从事于务(齐物论)

徂(1) cú　　5/29873
往(D)
一价:V(a)
单向:S:Na+V
S':Na+PNi+Nt+V(1)丘以是日徂(田子方)按,这里有进取之义。
说明:1.《诗经·卫风·氓》有"自我徂尔",依《诗经》,"徂"当是二价双向动词。2.《则阳》中"已死不可徂","徂"依成玄英疏(918页)改作"阻"。3."日"(Nt)为"日日"之义,亦可视为"徂"(V)的方式。

蹙¹(1) cù　　2/50791
迫近(D)
二价:V(a,l)
单向:S:Na+V+PNl(参说明)
使迫近(D)
准三价:V(a,c,l)

准双向:S:Na+V+Nc+PNl(1)敦杖蹙之乎颐(列御寇)
说明:《周礼·考工记·弓人》:"夫角之本,蹙于剨而休于气。"郑玄注:蹙,近也。

蹙²(1) cù　　2/50791
皱,缩(D)
二价:V(a,p)
双向:S:Na+V+Np(1)髑髅深矉蹙頞曰(至乐)

爨(4) cuàn　　3/82091
烧火煮饭(D)
一价:V(a)
单向:S:Na+V(参说明 2)
S':Na+V+Ni(2)吾能冬爨鼎而夏造冰矣(徐无鬼)
S':Na+PNd+V(1)为其妻爨(应帝王)
非典型位置(1):
主语(1):爨无欲清之人(人间世)
成玄英疏:爨人不欲思凉。(154页)按,爨,转指爨人。
说明:1.《孟子·滕文公上》有"许子以釜甑爨"句,这说明 S'(Na+V+Ni)中,Ni 可以借助介词"以"移至 V 前,转换为 Na+PNi+V,如《徐无鬼》例"爨鼎"可以转换成"以鼎爨"。2.《左传·宣公十五年》:"析骸而爨。"

萃（2）cuì　　3/33030
聚集（Z）
一价：V(e)
单向：S:Ne＋V(1)祸之长也兹萃（徐无鬼）
S':V＋Ne(1)萃乎芒乎其送往而迎来（山木）
说明：《山木》例，为修辞故，谓语"萃乎芒乎"移至主语"其送往而迎来"之前。

卒²（1）cuì　　3/01930
通"萃"，聚集（Z）
一价：V(e)
单向：S:Ne＋V
S':Ne＋V＋Npl(1)人卒九州（秋水）

存¹（35）cún　　4/39130
存在（Z）
二价：V(e,pl)
单向：S:Ne＋V＋PNpl(7)机心存于胸中（天地）
S':Ne＋PNpl＋V(1)言恶乎存而不可（齐物论）
S':Ne＋V＋PNt(1)其末存乎千世之后（庚桑楚）
S':Ne＋V(9)道恶乎往而不存（齐物论）
S':V1＋Nth/rh＋V2＋PNpl(2)其有真君存焉（齐物论）
S':V1＋Nth/rh＋V2(2)犹有尊足

者存（德充符）
非典型位置(13)：
主语(3)：存可也（在宥）
宾语(7)：夫凡之亡不足以丧吾存（田子方）/若存若亡乎（则阳）
所字结构(3)：若知大隗之所存乎（徐无鬼）
说明："存"作宾语有自指、转指两种，前者如《则阳》例，后者如《田子方》例。

存²（4）cún　　4/39130
活，与"死"相对（D）
一价：V(a)
单向：S:Na＋V(3)人其尽死，而我独存乎（在宥）
非典型位置(1)：
宾语(1)：遇乱世不为苟存（让王）

存³（12）cún　　4/39130
保全，保存（D）
二价：V(a,p)
双向：S:Na＋V＋Np(8)今臣之知不足以存国（让王）
S':Na＋V＋Np＋PNpl(2)古之至人，先存诸己而后存诸人（人间世）按，诸，"之于"的合音字。
S':Np＋Na＋V(1)六合之外，圣人存而不论（齐物论）
S':V＋PNpl(1)所存己者未定（人间世）
说明：1.S'（Np＋Na＋V）中，Np

("六合之外")移至句首充当话题。2."所存于己者"转指 Np。

撮 (2) cuō　　5/50845
以指爪抓取,束扎(D)
二价:V(a,p)
双向:S:Na＋V＋Np(1)鸥鹊夜撮
　蚤(秋水)
S':Na＋V(1)向也括[撮]而今也
　被发(寓言)成玄英疏:撮,束发
　也。(960页)
说明:郭庆藩本《校》云:"撮"字依
　成疏及《阙误》引张君房本补。
　(960页)

措 (1) cuò　　5/50383
置,安放(D)
三价:V(a,p,l)
三向:S:Na＋V＋Np＋Nl(1)措杯
　水其肘上(田子方)

错¹(1) cuò　　5/97383
通"措",置,安放(D)
三价:V(a,p,l)
三向:S:Na＋V＋Np＋Nl(1)而错
　之牢筴之中(达生)

错²(1) cuò　　5/97383
错杂,错乱(Z)
一价:(e)
单向:S:Ne＋V(1)阴阳错行,则天
　地大骇(外物)成玄英疏:阴阳错
　乱,不顺五行。(922页)

挫¹(4) cuò　　5/50970
折损(Z)
一价:V(e)
单向:S:Ne＋V(3)故朝夕赋敛而
　毫毛不挫(山木)
使折损(D)
准二价:V(a,c)
准双向:S:Na＋V＋Nc
S':PNi＋V＋Nc(1)不以物挫志之
　谓完(天地)

D

答 (5) dá　　3/66981
应对,回答(D)
一价:V(a)
单向:S:Na＋V(2)阳子居不答(寓
　言)
非典型位置(3):
宾语(3):今者吾忘吾答(庚桑楚)

达¹(15) dá　　2/09350
通(与"穷"相对),通达(Z)
一价:V(e)
单向:S:Ne＋V(6)精神四达并流
　(刻意)
非典型位置(5):
主语(2):达有三必(列御寇)/ 穷
　达贫富……是事之变命之行也
　(德充符)
定语(3):而反在通达之国(则阳)
使畅通(D)

准二价：V(a,c)
准双向：S:Na＋V＋Nc(4)去德之累,达道之塞(庚桑楚)

达²(1) dá　　2/09350
至,到达(Z)
二价：V(e,l)
双向：S:Ne＋V＋Nl(1)越勉闻道达耳矣(庚桑楚)
说明：《尚书·禹贡》："达于河。"

达³(19) dá　　2/09350
通晓,通达(D)
二价：V(a,d)
双向：S:Na＋V＋Nd(9)而达万物之理(知北游)
S':Na＋V＋PNd(6)知道者必达于理(秋水)
非典型位置(4)：
宾语(3)：吾自以为至达已(秋水)
者字结构(1)：唯达者知通为一(齐物论)
说明：当 Nd 移至 V 前充当主语时,Na 不能与之共现,V 由动作动词（达³）转化为状态动词（达¹）。

怛 (1) dá　　5/60812
惊动(D)
二价：V(a,p)
双向：S:Na＋V＋Np(1)无怛化(大宗师)

大 (3) dà　　1/30900
以为大(D)
准二价：V(a,y)
准双向：S:Na＋V＋Ny(1)因其所大而大之(秋水)按,后"大"。
非典型位置(2)：
所字结构(2)：夫天地者,古之所大也(天道)

逮 (1) dài　　2/09562
及,赶上(D)
二价：V(a,p)
双向：S:Na＋V＋Np(参说明 2)
非典型位置(1)：
所字结构(1)：至人之所不得逮(盗跖)
说明：1.《庄子·缮性》中尚有"逮德下衰"句,其中的"逮"为介词。
2.《荀子·尧问》："不穀谋事而当,群臣莫能逮。"

待¹(46) dài　　5/29330
等待,依靠(D)
二价：V(a,p)
双向：S:Na＋V＋Np(24)吾待蛇蚹蜩翼邪(齐物论)/ 心不待学而乐之(盗跖)/ 待水波定(渔父)
S':Na＋PNp＋V(1)彼且恶乎待哉(逍遥游)
S':Na＋V(2)则深根宁极而待(缮性)

S':Na/p+V(2)化声之相待(齐物论)

S':Na+V+PNpl(1)窃待于下风(渔父)

S':Np+V(3)而一不可待(天运)/其果也待久(徐无鬼)

S':V+Np(1)而况乎所以待天乎(山木)

非典型位置(12):

宾语(7):吾有待而然者邪(齐物论)

所字结构(5):犹有所待者也(逍遥游)

说明:1.S(Na+V+Np)中,Np既可以由名词语充任,如《齐物论》例,也可以由动词语充任,如《盗跖》例,还可以由小句充任,如《渔父》例。动词语、小句充任Np时自指。只有名词语充任的Np可以移至V前。2.S'(Np+V)有两种情况:(1)V前有助动词"可"作标记,V后为零形式(2例),如《天运》例。(2)V前无助动词"可",V后带补语,如《徐无鬼》例。3.S'(Na+V)有两种情况:(1)Np承上省,如《缮性》例。(2)Na/p,表示Na、Np占据同一个句法位置,V前有"相"作标记,V后为零形式。

待²(4) dài   5/29330

对待(D)

二价:V(a,p)

双向:S:Na+V+Np(2)浑沌待之甚善(应帝王)

S':Na+PNi+V+Np(2)古之真人以天待之(徐无鬼)

代¹(8) dài   5/90300

替代(D)

二价:V(a,p)

双向:S:Na+V+Np(3)而我犹代子(逍遥游)

S':Na/p+Nt+V+PNpl(2)日夜相代乎前(德充符)

S':Na/p+V(2)颉滑有实,古今不代(徐无鬼)

非典型位置(1):

宾语(1):奚必知代而心自取者有之(齐物论)

说明:Na/p,表示Na、Np占据同一个句法位置,V前往往有"相"作标记(3例)。

代²(1) dài   5/90300

谢,隐息(Z)

一价:V(e)

单向:S:Ne+V

S':Nt+Ne+V(1)阴与夜,吾代也(寓言)成玄英疏:代,谢也。(961页)

说明:Nt为时点。

戴¹(1) dài　　2/35895
用头顶着(D)
一价:V(a)
单向:S:Na＋V(1)于是夫负妻戴
　　(让王)
说明:《左传·僖公十五年》:"君履
　　后土而戴皇天。"戴,意谓在头顶
　　上方,是引申义,为二价双向动词。

戴²(1) dài　　2/35895
尊奉,拥戴(D)
二价:V(a,p)
双向:S:Na＋V＋Np(1)天下戴之
　　(天运)
非典型位置(1):
宾语(1):昭景也,著戴也(庚桑楚)

怠 (7) dài　　3/60811
怠惰,松懈(Z)
一价:V(e)
单向:S:Ne＋V(5)汝委蛇故怠(天
　　运)
非典型位置(2):
宾语(2):吾又次之以怠(天运)

带¹(1) dài　　3/31031
以……为带 (D)
准二价:V(a,y)
准双向:S:Na＋V＋Ny(1)带死牛
　　之胁(盗跖)

带²(1) dài　　3/31031
系束(D)

准二价:V(a,p)
准双向:S:Na＋V＋Np
S':Na＋V＋PNi(1)天子之剑……
　　带以常山(说剑)
说明:S' 中,Na 省略,Np(天子之
　　剑)移至句首充当话题。

贷¹(4) dài　　3/93893
施予,借出(D)
三价:V(a,p,d)
三向:S:Na＋V＋Nd＋Np(1)将贷
　　子三百金(外物)
S':Na＋V＋Nd(1)化贷万物(应帝
　　王)
S':Na＋V(1)不贷,无出也(天运)
非典型位置(1):
定语(1):立于不贷之圃(天运)成
　　玄英疏:贷,施与也。(520页)

贷²(1) dài　　3/93893
借入(D)
三价:V(a,p,d)
双向:S:Na＋V＋Np＋PNd(1)故
　　往贷粟于监河侯(外物)

骀荡(1) dàidàng　　5/82684
放纵(Z)
一价:V(e)
单向:S:Ne＋V(1)惜乎惠施之才,
　　骀荡而不得(天下)

单 (1) dān　　3/88856
通"殚",使竭尽(D)

准二价：V(a,c)
准双向：S:Na＋V＋Nc(1)单千金之家(列御寇)
说明：单,通"殚",竭尽,本是一价单向状态动词(Z),如《盐铁论·通有》："日给月单。"

担 (1) dān　　5/50281
肩挑,扛(D)
二价：V(a,p)
双向：S:Na＋V＋Np(1)则负匮揭箧担囊而趋(胠箧)

惮 (1) dàn　　5/60856
畏惧,害怕(D)
一价：V(a)
单向：S:Na＋V(1)以鉤注者惮(达生)
说明：《诗经·小雅·桑蛮》有"岂敢惮行"句,《论语·学而》有"过则勿惮改"句,依《诗经》、《论语》,"惮"是二价双向动词。

澶漫 (1) dànmàn　　5/01013
纵逸(Z)
一价：V(e)
单向：S:Ne＋V(1)澶漫为乐(马蹄)郭庆藩按：李云：澶漫,犹纵逸也。(338页)

当¹ (9) dāng　　3/60085
符合,与之相称(Z)
二价：V(e,d)
双向：S:Ne＋V＋Nd(7)鸣而当律,言而当法(寓言)/圣人不足以当之(则阳)
S':Ne＋V＋PNd(1)犁然有当于人之心(山木)
S':PNd＋V(1)夫或改调一弦,于五音无当也(徐无鬼)
说明：助动词"当"(4例)未列入《〈庄子〉动词配价词典》,如：庄子当能(说剑)。

当² (7) dāng　　3/60085
担当,承受,阻挡,遇上(D)
二价：V(a,p)
双向：S:Na＋V＋Np(6)适当渠公之街(徐无鬼)/故不敢当其赏(让王)/怒其臂以当车辙(人间世)/当尧舜而天下无穷人(秋水)
S':Na＋V(1)说不敢当(让王)按,说,屠羊说,人名。
说明：V的具体词汇意义依语境而定。

党 (2) dǎng　　3/60061
偏私,结党(D)
一价：V(a)
单向：S:Na＋V(2)一而不党(马蹄)
说明：《天下》中有"公而不党",党,郭庆藩本作"当"。《释文》：崔本作"党",云：至公无党也。卢文

弨曰:作"不党"是。(1086页)

当³ (7) dàng　　3/60085
恰当,合适(Z)
一价:V(e)
单向:S:Ne+V(7)称道数当(田子方)

荡(盪)(6) dàng　　3/33022
3/02875
动荡,激荡,流荡(Z)
一价:V(e)
单向:S:Ne+V(2)内保之而外不荡也(德充符)
S':Ne+V+Npl(1)此四六者不荡胸中则正(庚桑楚)
S':Ne+V+PNi(1)德荡乎名(人间世)郭象注:德之所以流荡者,矜名故也。(135页)
非典型位置(1):
所字结构(1):且若亦知夫德之所荡而知之所为出乎哉(人间世)
成玄英疏:汝颇知德荡智出所由乎哉?(135页)
使摇动,鼓动(D)
准二价:V(a,c)
准双向:S:Na+V+Nc(1)摇荡民心(天地)

砀(1) dàng　　5/78823
荡溢(D)
一价:V(a)
单向:S:Na+V(1)吞舟之鱼,砀而失水(庚桑楚)

导(1) dǎo　　3/09303
引导,引向(D)
二价:V(a,p)
双向:S:Na+V+Np(参说明)
S':Na+V+Npl(1)导大窾(养生主)
说明:《孟子·离娄下》:"使人导之出疆。"

道² (3) dǎo　　2/09983
引导,疏通(D)
二价:V(a,p)
双向:S:Na+V+Np(3)其道我也似父(田子方)

道引(2) dǎoyǐn　　2/09983
导气引体(D)
一价:V(a)
单向:S:Na+V(1)不道引而寿(刻意)
非典型位置(1):
定语(1):此道引之士(刻意)

蹈¹ (3) dǎo　　5/87281
踏,奔赴(D)
二价:V(a,l)
双向:S:Na+V+Nl(2)蹈火不热(达生)
S':V+Nl(1)此吾所以蹈之也(达生)

蹈²(1) dǎo　　5/87281
遵循,履行(D)
二价:V(a,d)
单向:S:Na＋V＋PNd(1)乃蹈乎
　　大方(山木)
说明:《穀梁传·隐公元年》有"蹈
　　道则未也"句,据《穀梁传》,
　　"蹈²"为二价双向动词。

倒(2) dào　　5/90720
颠倒(D)
二价:V(a,p)
双向:S:Na＋V＋Np(1)倒道而言
　　(天道)
非典型位置(1):
状语(1):谓之倒置之民(缮性)

到¹(1) dào　　5/77220
至,到达(D)
二价:V(a,l)
双向:S:Na＋V＋Nl(1)归到鲁东
　　门外(盗跖)

到²(1) dào　　5/77220
通"倒",颠倒(D)
二价:V(a,p)
双向:S:Na＋V＋Np(未出现)
非典型位置(1):
状语(1):草木之到植者过半(外
　　物)

悼慄(1) dàolì　　5/60732
战慄,恐惧(D)

一价:V(a)
单向:S:Na＋V(1)振动悼慄(山
　　木)

盗(8) dào　　3/09873
偷盗,窃取(D)
二价:V(a,p)
双向:S:Na＋V＋Np(2)然而田成
　　子一旦杀齐君而盗其国(胠箧)
S':Na＋V(2)财不足则盗(则阳)
非典型位置(4):
定语(1):盗窃之行(则阳)
所字结构(1):所盗者岂独其国邪
　　(胠箧)
者字结构(2):小盗者拘(盗跖)

道¹(12) dào　　2/09983
称说,谈论(D)
二价:V(a,p)
双向:S:Na＋V＋Np(7)诗以道志
　　(天下)
S':Na＋V(2)道昭而不道(齐物
　　论)
S':Na＋V＋Np＋PNpl(1)道尧舜
　　于戴晋人之前(则阳)
非典型位置(2):
定语(1):孰知不言之辩,不道之道
　　(齐物论)按,前"道"。
宾语(1):孰知不言之辩,不道之道
　　(齐物论)按,后"道"。
说明:《庄子》中,"道"还有诡谀之
　　义(4例),如"谓己道人,则勃然

作色"(天地)。郭庆藩按,道人即谄人也。(448页)因4例均作定语,故未归入动词。

得¹(209) dé   5/29832
获得,得到(D)
二价:V(a,p)
双向:S:Na+V+Np(116)客得之(逍遥游)/知不得问(知北游)按,问,所问。/是谓得死(庚桑楚)

S':Na+V+Np+PNd(9)得之于手(天道)/得养生焉(养生主)

S':Na+V+PNp(1)苟得于道,无自而不可(天运)

S':Na+V(36)天不得不高,地不得不广……此其道与(知北游)

S':Np+V(19)素朴而民性得矣(马蹄)/可得而不可见(大宗师)/渔何得(外物)/不自得而得彼(骈拇)

S':Np+V+Np+PNpl(2)盗得于道(徐无鬼)

S':Np+V+PNd(1)故是非不得于身(德充符)

非典型位置(25):
宾语(15):见得而忘其形(山木)
主语(3):且夫得者,时也;失者,顺也(大宗师)
判断句谓语(3):通也者,得也(齐物论)

所字结构(2):不知其所以得(骈拇)/此固越人之所欲得为君也(让王)
者字结构(2):夫得者困(天地)

说明:1. 在句法层面,Nd均与Np共现。2. 充任Np的词语以名词语为常(约占92%),但也可以由动词语充任,如"得养生焉"(养生主),"是谓得死"(庚桑楚)。充任Np的动词语,或转指,如《养生主》例;或自指,如《庚桑楚》例。3. Np移至V前(20例),可以是无标记的(9例),如"素朴而民性得矣"(马蹄);也可以是有标记的(10例),如"可得而不可见"(大宗师),以助动词"可"作标记(8),"渔何得"(外物),疑问代词"何"作标记(1),"不自得而得彼"(骈拇),以代词"自"作标记。4. Np移至V前,一般充当主语,Na不再出现;但由代词"何"、"自"充任的Np仍是宾语。5. "所"字结构转指原因。6. 另有81例助动词"得"未列入本《词典》。

得²(4) dé   5/29832
得当,感到适宜(Z)
一价:V(e)
单向:S:Ne+V(3)而心意自得(让王)

S':Ne+V+PNpl(1)而共伯得乎共首(让王)

得³(2) dé　　5/29832
处在(D)
二价:V(a,pl)
双向:S:Na+V+Npl(2)及其得柂棘枳枸之间也(山木)

登 (14) dēng　　2/19111
升,上(D)
二价:V(a,l)
双向:S:Na+V+Nl(12)孰能登天游雾(大宗师)
S':Na+V+PNl(2)登乎昆仑之丘(天地)
说明:S'可以转换为S。

登假(1) dēnggé　　2/19111
升至某种境界(D)
二价:V(a,l)
单向:S:Na+V+PNl(1)是知之能登假于道者也若此(大宗师)
S':Na+V(1)彼且择日而登假(德充符)郭庆藩按:登假即登格也。假格古通用。(196页)

低 (1) dī　　5/90830
向下垂(Z)
一价:V(e)
单向:S:Ne+V
S':N+V+Ne(1)孔子……色若死灰,据轼低头(盗跖)

说明:"低头"是描写孔子垂头丧气的样子,故归入状态动词;N(孔子)与Ne(头)具有领属关系。

弟 (1) dì　　3/90752
以……为弟(D)
准二价:V(a,y)
准双向:S:Na+V+Ny(1)岂兄尧舜之教民,溟涬然弟之哉(天地)

踶(1) dì　　5/87893
踢(D)
二价:V(a,p)
双向:S:Na+V+Np
S':Na/p+V(1)怒则分背相踶(马蹄)
说明:Na/p 表示 Na、Np 在句法层面占据同一个句法位置,以"相"作标记。

颠 (1) diān　　5/79797
跌倒,倾覆(D)
一价:V(a)
单向:S:Na+V(参说明)
非典型位置(1):
宾语(1):且为颠为灭(人间世)成玄英疏:颠,覆也。(166页)
说明:《论语·季氏》:"危而不持,颠而不扶。"

颠冥(1) diānmíng　　5/79797
迷惑,沉溺(Z)

二价:V(e,pl)
单向:S:Ne+V+PNpl(1)固颠冥乎富贵之地(则阳)
说明:《文子·守弱》:"颠冥乎势利。"

垫(1) diàn　　3/31370
挖掘(D)
二价:V(a,p)
双向:S:Na+V+Np(1)然则厕足而垫之,致黄泉(外物)

彫(4) diāo　　5/82221
刻画,装饰(D)
二价:V(a,p)
双向:S:Na+V+Np(2)辩虽彫万物(天道)
S':Na+V(1)既彫既琢(山木)
非典型位置:
定语(1)加汝肩尻乎彫俎之上(达生)

彫琢(2) diāozhuó　　5/82221
刻画琢磨(D)
一价:V(a)
单向:S:Na+V(2)彫琢复朴(大宗师)

掉(1) diào　　5/50732
掉转(D)
二价:V(a,p)
双向:S:Na+V+Np(1)鸿蒙拊脾雀跃掉头曰(在宥)

钓(9) diào　　5/97220
垂钓(D)
二价:V(a,p)
双向:S:Na+V+Np(1)钓鱼闲处(刻意)
S':Na+V(3)见一丈夫钓(田子方)
S':Na+V+PNpl(1)庄子钓于濮水(秋水)
非典型位置(4):
主语(1)而其钓莫钓(田子方)按,前"钓"。
宾语(2)非持其钓有钓者也(田子方)
判断句谓语(1):常钓也(田子方)
说明:充当主语的"钓"自指;充当宾语的"钓"转指。

吊(7) diào　　1/78522
慰问,吊唁(D)
二价:V(a,p)
双向:S:Na+V+Np(5)惠子吊之(至乐)
S':Na+V(1)向吾入而吊焉(养生主)
非典型位置(1):
主语(1):然则吊焉若此可乎(养生主)

定[1](20) dìng　　3/02790
安,平定,确定(Z)
一价:V(e)

单向:S:Ne+V(15)渊静而百姓定(天地)/ 其所言者,特未定也(齐物论)
非典型位置(2):
宾语(1):立定天下之定(寓言)按,后"定"。
判断句谓语(1):虽饥渴隐约,犹旦胥疏于江湖之上而求食焉,定也(山木)
使平定(D)
 准二价:V(a,c)
准双向:S:Na+V+Nc(3)大王安坐定气(说剑)

定²(7) dìng　　　3/02790
确定,规定(D)
二价:V(a,p)
双向:S:Na+V+Np(4)非至人孰能定之(天道)
S':Na+V+PNp(1)定乎内外之分(逍遥游)
S':Np+V(1)天下是非果未可定也(至乐)
非典型位置(1):
所字结构(1):至人之心有所定矣(天道)
说明:Np移至V前有助动词"可"作标记。

动¹(47) dòng　　　5/27324
移动,振动,活动,与"静"相对(D)
一价:V(a)

单向:S:Na+V(32)神动而天随(在宥)
S':Na+V+PNpl(2)神动于外(渔父)
非典型位置(11):
主语(19):动无非邪也(外物)
判断句谓语(1):为内刑者,动与过也(列御寇)
定语(1):观动静之变(渔父)
使……动,感动(D)
 准二价:V(a,c)
准双向:S:Na+V+Nc(2)不精不诚,不能动人(渔父)
说明:非典型位置的"动¹"用于自指。

动²(4) dòng　　　5/27324
运用(D)
二价:V(a,p)
双向:S:Na+V+Np(3)动刀甚微(养生主)
非典型位置(1):
所字结构(1):夫天机之所动(秋水)

动³(1) dòng　　　5/27324
变化(Z)
一价:V(e)
单向:S:Ne+V
S':V+Ne(1)动容貌(天地)

冻（2) dòng　　　5/01564

受冻(Z)
一价:V(e)
单向:S:Ne+V(参说明)
非典型位置(2):
者字结构(1):夫冻者假衣于春(则)
定语(1):将子有冻馁之患(至乐)
说明:《左传·襄公十八年》:"神雨及之,楚师多冻。"

豆(1) dòu 3/18911
奉祀(D)
准二价:V(a,p)
准双向:S:Na+V+Np
S':Na+V+Np+PNpl(1)今以畏垒之细民,而窃窃焉欲俎豆予于贤人之间(庚桑楚)成玄英疏:今细碎百姓,偶语平章,方欲礼我为贤,尊我为主。(772页)
说明:名词活用作动词。

斗(8) dòu 2/82828
争斗,竞争(D)
三价:V(a,p,d)
双向:S:Na+V+Np(1)王公必将乘人而斗其捷(人间世)
S':Na+PNi+V+Np(1)且以巧斗力者,始乎阳(人间世)
S':Na+PNi+V(1)日以心斗(齐物论)
S':Na+PNd+V(1)而与舟人斗(徐无鬼)

非典型性位置(4):
宾语(2):墨子氾爱兼利而非斗(天下)
定语(2):纪渻子为王养斗鸡(达生)
说明:d与i进入句法层面都必须由介词引入,置于V前,故Nd与Ni在句中不能共现。

读(7) dú 5/08397
诵读,说出(D)
二价:V(a,p)
双向:S:Na+V+Np(3)弟子读书(渔父)
S':Na+V+Np+PNpl(1)桓公读书于堂上(天道)
S':Na+PNi+V+Np(3)不能以言读其所自化(则阳)
非典型位置(3):
所字结构(3):然则君之所读者(天道)
说明:"诵读"之义,Np均为"书",构成S、S'1及所字结构;"说出"之义,Np非"书",构成S'2。

笃(1) dǔ 3/66823
拘泥,局限(Z)
二价:V(e,d)
单向:S:Ne+V+PNd(1)夏虫不可以语于冰者,笃于时也(秋水)

睹（15）dǔ　　5/38815
5/88385

看见(D)

二价:V(a,p)

双向:S:Na＋V＋Np(10)田禾一睹我,而齐国之众三贺之(徐无鬼)按,田禾,齐国君名。/睹有者,昔之君子(在宥)/睹一蝉方得美荫而忘其身(山木)

S':Na＋V＋PNp(1)知巧而睹于泰(天道)

S':Np＋V(3)则差数睹矣(秋水)/理不可睹(则阳)

S':Na＋V(1)目大不覩(山木)

说明:1.Np 既可以由名词语充任,如《徐无鬼》例,也可以由动词语或小句充任,如《在宥》例、《山木》例。2.Np 移至 V 前有两种情况:(1)无标记,如《秋水》例;(2)以助动词"可"作标记,如《则阳》例。

杜（2）dù　　5/36370

堵塞(D)

二价:V(a,p)

双向:S:Na＋V＋Np(2)足殆见吾杜德机也(应帝王)

蠹（1）dù　　3/50067

生蛀虫(Z)

一价:V(e)

单向:S:Ne＋V(1)以为柱则蠹(人间世)

说明:《左传·昭公三年》:"公聚朽蠹。"

短（1）duǎn　　5/99111

欠缺(D)

准二价:V(a,y)

准双向:S:Na＋V＋Ny

非典型位置(1):

所字结构(1):商之所短也(列御寇)

锻（1）duàn　　5/97840

锤击(D)

二价:V(a,p)

双向:S:Na＋V＋Np(1)取石来锻之(列御寇)

断¹（6）duàn　　5/71820

截断(D)

二价:V(a,p)

双向:S:Na＋V＋Np(2)越人断发文身(逍遥游)

S':Ni＋V(1)椎拍輐断(天下)

非典型位置(3):

主语(1):其断在沟中(天地)

宾语(1):比牺尊于沟中之断(天地)

所字结构(1):故性长非所断(骈拇)

说明:充任主、宾语的"断¹"转指。

断²（3）duàn　　5/71820

判断,决断(D)

二价:V(a,p)
双向:S:Na+V+Np(1)圣人以断之矣(知北游)
S':Na+V(1)缓佩玦者事至而断(田子方)
非典型位置(1):
主语(1):是以一人之断制利天下(徐无鬼)
说明:充任主语的"断²"自指。

敦¹(1) duī   5/03941
较量(D)
二价:V(a,p)
双向:S:Na+V+Np
S':Na+V1V2+Nc+V3+Np(1)今日试使士敦剑(说剑)家世父曰:敦剑即治剑之意。(1019页)

对 (19) duì   5/07300
应答(D)
二价:V(a,d)
双向:S:Na+V+Nd(2)颜阖自对之(让王)
S':Na+V(5)冉求未对(知北游)
S':Na+V1V2(12)颜回对曰(让王)
说明:"对曰"连用、充当谓语,是最常见的句式。

蹲 (1) dūn   5/87933
蹲坐(D)
二价:V(a,pl)

单向:S:Na+V+PNpl(1)蹲乎会稽(外物)成玄英疏:蹲,踞也;踞,坐也。(926页)

踆 (1) dūn   5/87641
同"蹲",蹲踞(D)
二价:V(a,pl)
单向:S:Na+V+PNpl(1)帅弟子而踆于窾水(外物)成玄英疏:与弟子蹲踞水旁。(945页)

敦²(1) dùn   5/03941
使直立(D)
准二价:V(a,c)
准双向:S:Na+V+Nc(1)敦杖蹙之乎颐(列御寇)成玄英疏:敦,竖也。(1039页)

遁¹(遯)(6) dùn   2/09862
                 2/09883
逃,逃匿(D)
一价:V(a)
单向:S:Na+V(2)朝令而夜遁(田子方)
非典型位置(4):
定语(1):夫流遁之志(外物)
所字结构(3):犹有所遁(大宗师)

遁²(遯)(4) dùn   2/09862
                 2/09883
违背(D)
二价:V(a,d)
双向:S:Na+V+Nd(4)是遁天倍

情(养生主)

多¹(23) duō　　4/82220
多有(指超出应有的限度),多余
(Z)
一价:V(e)
单向:S:Ne+V
S':N+V+Ne(10)鲁多儒士(田子方)
说明:N 与 Ne 具有广义的领属关系。Ne 可以移至 V 前、构成 N+Ne+V,而表达的意思基本不变,如:鲁多儒士 → 鲁儒士多;Ne 移至 V 前,V(多1)亦自动转换为形容词。

多²(9) duō　　4/82220
赞美,夸耀(D)
二价:V(a,p)
双向:S:Na+V+Np(4)不多仁恩(秋水)
S':Np+V(2)夫孝悌仁义、忠信贞廉……不足多也(天运)/ 此其自多也(秋水)
S':Na+PNi+Np+V(2)而吾未尝以此自多者(秋水)
S':Na+Np+V+PNi(1)不似尔向之自多于水乎(秋水)
说明:1."自"充当宾语只在 V 前。
2.S(Np+V)有两种情况:(1)Np 充当主语,如《天运》例;(2)Np 充当宾语,如《秋水》例。

掇(3) duō　　5/50840
拾取(D)
二价:V(a,p)
双向:S:Na+V+Np(2)犹掇之也(达生)
S':Na+V(1)掇而不跂(秋水)

夺(2) duó　　2/39933
强取(D)
二价:V(a,d)
双向:S:Na+V+Nd(1)在上为乌鸢食,在下为蝼蚁食,夺彼与此,何其偏也(列御寇)按,彼,指代乌鸢;此,指代蝼蚁。
S':Na+V(1)灵公夺而里之(则阳)
说明:《左传·宣公十五年》有"原叔必有大咎,天夺之魄矣"句,"魄"是 Np,"之"代上文"原叔"。据《左传》,"夺"可支配 Nd、Np 两类语义角色,是三价动词。

E

遻(1) è　　2/09832
遇到(D)
二价:V(a,p)
双向:S:Na+V+Np(1)是故遻物而不慑(达生)

恶¹(2) è　　3/77010
认为丑陋(D)
准二价:V(a,y)

准双向:S:Na+V+Ny
S':Na+Ny+V (1)其恶者自恶
　(山木)
非典型位置(1):
所字结构(1):其所恶者为臭腐(知
　北游)
说明:S'中,移至 V 前的 Ny 由代
　词"自"充任。

F

发¹(8) fā　　2/19140
发射,发出,发布(D)
二价:V(a,p)
双向:S:Na+V+Np(3)列御寇为
　伯昏无人射……发之(田子方)
S':Na+V+PNp(2)发乎天光(庚
　桑楚)
S':Na+V(1)夫为剑者……后之
　以发(说剑)
非典型位置(2):
主语(2):发也机(天道)

发²(10) fā　　2/19140
出发,产生(D)
二价:V(a,l)
单向:S:Na+V+PNl(7)夫鹓雏发
　于南海(秋水)
S':Na+V(2)夫春气发(庚桑楚)
非典型位置(1):
主语(1):发动如天地者乎(天运)

发³(3) fā　　2/19140

开掘,打开,启发(D)
二价:V(a,p)
双向:S:Na+V+Np(1)微夫子之
　发吾覆也(田子方)
S':Na+PNi+V+Np(1)儒以诗礼
　发冢(外物)
S':V+Np(1)夫子无所发予之狂
　言而死矣夫(知北游)
说明:《知北游》例中,"所发予"转
　指工具,修饰"狂言"。

发⁴(5) fā　　2/19140
显露,表现(Z)
一价:V(e)
单向:Ne+V(5)真怒未发而威(渔
　父)

乏 (1) fá　　3/90190
荒废(D)
准二价:V(a,c)
准双向:S:Na+V+Nc(1)子往矣,
　无乏吾事(天地)

罚 (12) fá　　3/88024
惩罚(D)
二价:V(a,p)
双向:S:Na+V+Np(2)重为任而
　罚不胜(则阳)
S':Na+V(3)不罚而民畏(天地)
非典型位置(7):
主语(3):赏罚已明(天道)
宾语(4):聚而语赏罚(天道)/九

变而赏罚可言也(天道)
说明:非典型位置7例均"赏罚"连言。

伐¹(17) fá　　5/90500
砍伐,征伐(D)
二价:V(a,p)
双向:S:Na+V+Np(12)伐木者止旁而不取也(山木)/武王伐纣(盗跖)
S':Na+V(4)杀伐以要利(让王)
S':Np+V(1)直木先伐(山木)
说明:Np为"木"、"树"之类,V为"砍伐"之义,如《山木》例;Np为专名(人名、族名、国名等),V为"征伐"之义,如《盗跖》例。

伐²(4) fá　　5/90500
夸耀(D)
二价:V(a,p)
双向:S:Na+V+Np(1)伐其巧(徐无鬼)
S':Na+V(1)积伐而美者以犯之(人间世)郭象注:积汝之才,伐汝之美。成玄英疏:而,汝也。(167页)
S':Np+V(1)自伐者无功(山木)
非典型位置(1):
宾语(1):成固有伐(徐无鬼)
说明:移至V前的Np由代词"自"充任。

法(5) fǎ　　5/01360
效法,取法(D)
二价:V(a,p)
双向:S:Na+V+Np(5)故圣人法天贵真(渔父)

繙(1) fān　　5/66284
反复,演绎(D)
二价:V(a,p)
双向:S:Na+V+Np(1)于是繙十二经以说(天道)

蕃(1) fán　　3/33284
生息,繁殖(Z)
一价:V(e)
单向:S:Ne+V(1)蕃息畜藏(天下)
说明:《周易·坤》:"天地变化,草木蕃。"

燔(1) fán　　5/69284
焚烧(D)
二价:V(a,p)
双向:S:Na+V+Np(参说明2)
S':Np+V1V2(1)子推怒而去,抱木而燔死(盗跖)
说明:1.V2(死)补充说明V1。2.《韩非子·内储说上》:"燔台而鼓之。"

反¹(7) fǎn　　4/12840
覆,翻转(D)
一价:V(a)

单向：Na＋V(3)吾不反不侧（达生）

S'：Na＋V1V2(4)捐弹而反走（山木）

说明：《庄子》中，"反走"有两个意思：(1)转身而跑（2例），如《山木》例，"反"归入"反¹"。(2)小步迅速倒退，以示恭敬（2例），如"孔子趋而进，避席反走，再拜盗跖"（盗跖），"反"归入"反⁴"。

反²(5) fǎn   4/12840
相背(Z)
二价：V(e,d)
单向：S:Ne/d＋V(2)其味相反（天运）
说明："其味"包含 e,d；V 前均有"相"为标记。

反³(10) fǎn   4/12840
违反，反对，反省(D)
二价：V(a,p)
双向：S:Na＋V＋Np(5)反天下之心（天下）
S'：Na＋V(2)不与己同则反（寓言）
S'：Na＋Np＋V(1)计子之德，不足以自反邪（德充符）
S'：Na＋V＋Np＋PNpl(2)若弃名利，反之于心（盗跖）成玄英疏：反，乖逆也。(1002页)

反⁴(59) fǎn   4/12840
返回，复(D)
二价：V(a,l)
双向：S:Na＋V＋Nl(19)昭王反国（让王）/而已反其真（大宗师）
S'：Na＋V＋PNl(9)而反于土（在宥）
S'：Na＋V(24)公反（达生）
S'：Na＋V＋Nl＋PNi(1)喝者反冬乎冷风（则阳）
S'：Na＋Nl＋V(1)夫子何故见之变容失色，终日不自反邪（天地）成玄英疏：反，复也。(436页)
S'：Na＋V1V2(4)庄周反入（山木）
非典型位置(1)：
宾语(1)：以死为反也（庚桑楚）
说明：1. Nl 可以由具体名词充任，如《让王》例之"国"；也可以由抽象名词充任，如《大宗师》例之"其真"。2.移至 V 前的 Nl 由代词"自"充任。

饭 (2) fàn   5/91842
喂养(D)
二价：V(a,p)
双向：S:Na＋V＋Np(2)故饭牛而牛肥（田子方）

汎(1) fàn   5/01810
漂浮(Z)
一价：V(e)
单向：S:Ne＋V

S':V+Ne(参说明)
非典型位置(1):
主语(1):汎若不系之舟(列御寇)
说明:《诗经·鄘风·柏舟》:"汎彼柏舟。"

犯¹(5) fàn　　5/42810
侵犯,触犯,遭受(D)
二价:V(a,p)
双向:S:Na+V+Np(5)积伐而美者以犯之(人间世)

犯²(2) fàn　　5/42810
通"范",铸造(D)
二价:V(a,p)
双向:S:Na+V+Np(2)特犯人之形(大宗师)

放⁴(5) fǎng　　5/02940
依循,仿效(D)
二价:V(a,p)
双向:S:Na+V+Np(3)夫子亦放德而行(天道)
S':Na+V(1)今则民之放也(在宥)郭象注:故为民所放效而不得已也。(388页)
非典型位置(1):
 宾语(1):有人治道若相放(天地)

放¹(4) fàng　　5/02940
驱逐,流放(D)
三价:V(a,p,l)
双向:S:Na+V+Np+PNl(1)尧
于是放讙兜于崇山(在宥)
S':Na+V+Np(3)汤放桀(盗跖)

放²(1) fàng　　5/02940
放纵,放任(Z)
一价:V(e)
单向:S:Ne+V(参说明)
非典型位置(1):
 宾语(1):则辞以放骜(庚桑楚)
说明:《孟子·滕文公下》:"葛伯放而不祀。"

放³(1) fàng　　5/02940
放下(D)
二价:V(a,p)
双向:S:Na+V+Np(1)神农隐几拥杖而起,曝然放杖而笑(知北游)

非 (29) fēi　　5/70700
非难,责怪,否定(D)
二价:V(a,p)
双向:S:Na+V+Np(15)以天下非之(天地)
S':Na+V(7)小国不敢非(胠箧)
S':Na+Np+V(2)至于莫之非而已矣(天下)/奚必伯夷之是,而盗跖之非乎(骈拇)
非典型位置(5):
 所字结构(3):因其所非而非之(秋水)
 宾语(2):外非誉也(庚桑楚)

说明:1. Np 移至 V 前有两种情况:(1)否定句中,代词"之"充任宾语,如《天下》例;(2)以助词"之"作标记,如《骈拇》例。2. 充当宾语 2 例皆"非誉"并举。

飞 (12) fēi　　2/11210
飞翔(D)
一价:V(a)
单向:S:Na+V(8)我决起而飞(逍遥游)
S':Na+V+PNl(1)而飞于北海(秋水)
非典型位置(3):
定语(3):御飞龙(逍遥游)/ 此亦飞之至也(逍遥游)
说明:考察"飞"在先秦其他文献中的分布:《诗经》(39)、《左传》(6)、《春秋》(1)、《孟子》(1)、《荀子》(4)、《墨子》(2)、《韩非子》(8)、《吕氏春秋》(11)、《公羊传》(2)、《穀梁传》(1),均未见"飞"支配语义角色1,这表明语义角色1在"飞"的语义结构中不是不可缺少的,所以我们不把它看作是"飞"的语义价。

飞扬 (1) fēiyáng　　2/11210
轻浮,躁动(D)
一价:V(a)
单向:S:Na+V(1)使性飞扬(天地)

蜚 (1) fēi　　3/77562
通"飞",使飞起,刮走(D)
准二价:V(a,c)
准双向:S:Na+V+Nc(1)夫折大木蜚大屋者,唯我能也(秋水)
说明:蜚,通"飞",本是一价单向动词,如《韩非子·外储说左上》:"墨子为木鸢,三年而成,蜚一日而败。"

诽 (1) fěi　　5/08771
指责过失,毁谤(D)
一价:V(a)
单向:S:Na+V(1)高论怨诽(刻意)
说明:《吕氏春秋·审分》:"有司必诽怨矣。"

废[1] (6) fèi　　4/02140
废弃,废除,放置(D)
二价:V(a,p)
双向:S:Na+V+Np(3)不废穷民(天道)
S':Np+V(1)道德不废(马蹄)
S':Na+V+PNpl(2)废一于堂(徐无鬼)

废[2] (4) fèi　　4/02140
衰败,覆灭,残疾(Z)
一价:V(e)
单向:S:Ne+V(3)左手攫之,则右手废(让王)

非典型位置(1)：
所字结构(1)：不随其所废,不原其所起(则阳)

吠 (2) fèi　　　5/88391
狗叫(D)
一价：V(a)
单向：S：Na＋V(1)鸡鸣狗吠(则阳)
非典型位置(1)：
宾语(1)：狗不以善吠为良(徐无鬼)

费 (1) fèi　　　3/55897
耗费,损耗(Z)
一价：V(e)
单向：S：Ne＋V(1)其行身也,徐而不费(天下)

分¹ (7) fēn　　　2/90720
分开,分裂,分散,背离(Z)
一价：V(e)
单向：S：Ne＋V(3)而天下始分矣(马蹄)
S'：Ne＋V＋PNd(1)远哉,其分于道也(渔父)
S'：N＋V＋Ne(1)夫马……喜则交颈相靡,怒则分背相踶(马蹄)
非典型位置(2)：
主语(1)：其分也,成也(齐物论)
宾语(1)：未形者有分(天地)
说明：S'(N＋V＋Ne)中,N(马)与Ne(背)具有领属关系。

分² (1) fēn　　　2/90720
划分(D)
二价：V(a,p)
双向：S：Na＋V＋Np(1)从之游者与夫子中分鲁(德充符)

分³ (4) fēn　　　2/90720
分配,分给(D)
三价：V(a,p,d)
双向：S：Na＋PNp＋V＋Nd(2)以德分人谓之圣(徐无鬼)
S'：Na＋V1＋Nc＋V2＋Np(1)富而使人分之(天地)
非典型位置(1)：
主语(1)：分均,仁也(胠箧)

分⁴ (14) fēn　　　2/90720
分辨,分别(D)
二价：V(a,d)
双向：S：Na＋V＋Nd(1)仁贤不肖袭情,必分其能(天道)
S'：Na＋V(1)是以分矣(庚桑楚)
S'：PNd＋V(1)所恶乎分者(庚桑楚)
非典型位置(11)：
主语(4)：分无常(秋水)
宾语(6)：定乎内外之分(逍遥游)
所字结构(1)：数之所不能分也(秋水)

分⁵ (1) fēn　　　2/90720
分立(D)

二价:V(a,pl)

双向:S:Na＋V＋Npl(1)万乘之主、千乘之君,见夫子未尝不分庭伉礼(渔父)成玄英疏:分处庭中,相对设礼。(1034页)

焚¹(3) fén　　3/36690

烧(D)

二价:V(a,p)

双向:S:Na＋V＋Np(3)众人焚和(外物)成玄英疏:众人,犹俗人也……内热如火,故烧焰中和之性。(923页)

焚²(1) fén　　3/36690

燃烧(Z)

一价:V(e)

单向:S:Ne＋V(1)至人神矣,大泽焚而不能热(齐物论)

偾(1) fèn　　5/90393

仆倒(D)

一价:V(a)

单向:S:Na＋V(1)一偾一起(天运)

偾骄(1) fènjiāo　　5/90393

奋发骄矜(Z)

一价:V(e)

单向:S:Ne＋V(1)偾骄而不可系者,其唯人心乎(在宥)

奋¹(1) fèn　　2/39987

扬起(D)

二价:V(a,p)

双向:S:Na＋V＋Np(1)鷾扬而奋鬐(外物)

奋²(2) fèn　　2/39987

致力于(D)

二价:V(a,d)

双向:S:Na＋V＋Nd(2)勇敢之士奋患(徐无鬼)

封¹(3) fēng　　5/37300

帝王以爵位、土地、名号等赐人(D)

三价:V(a,p,d)

双向:S:Na＋V＋Nd(1)裂地而封之(逍遥游)

S':V＋Np(1)而傲倪于封侯富贵者也(盗跖)

S':Nd＋PNi＋V(1)或以封(逍遥游)

说明:1.S'中的V用于被动。2.《庄子》中未见 a,p,d 三个语义角色在一句之中共现。《韩非子·十过》中有"破赵国,因封二子者各万家之县一",据《韩非子》,"封¹"是三价三向动词。

封²(1) fēng　　5/37300

封闭(Z)

一价:V(e)

单向:S:Ne＋V(1)纷而封哉(应帝王)

风 (1) fēng   2/81262
刮风(Z)
准一价:V(e)
准单向:S:Ne+V
非典型位置(1):
所字结构(1):问天地所以不坠不
　陷,风雨雷霆之故(天下)

风化 (3) fēnghuà   2/81262
特指不经直接交配而生育(D)
一价:V(a)
单向:S:Na+V(3)虫,雄鸣于上
　风,雌应于下风而风化(天运)

讽 (1) fěng   5/08813
背诵,传述(D)
二价:V(a,p)
双向:S:Na+V+Np(参说明)
非典型位置(1):
定语(1)已而后世轾才讽说之徒
　(外物)
说明:《周礼·春官·瞽蒙》:"讽诵
　诗。"

奉¹ (5) fèng   2/59500
捧着,奉行(D)
二价:V(a,p)
双向:S:Na+V+Np(3)使天下簧
　鼓以奉不及之法非乎(骈拇)
S':V1+Nc+V2+Np+PNpl(1)
　使奉剑于殿下(说剑)
非典型位置(1):

所字结构(1):臣之所奉皆可(说
　剑)

奉² (2) fèng   2/59500
给予,赠送(D)
三价:V(a,p,d)
双向:S:Na+V+Nd+PNp(参说
　明)
S':Na+PNp+V+Nd(1)太子乃
　使人以千金奉庄子(说剑)
S':Na+V+Np(1)谨奉千金以币
　从者(说剑)
说明:《战国策·齐策三》:"孟尝君
　奉夏侯章以四马百人之食。"

伏¹ (7) fú   5/90390
趴,靠,潜藏(D)
二价:V(a,pl)
双向:S:Na+V+Npl(3)御寇伏地
　(田子方)
S':Na+V+PNpl(1)伏于岩穴(山
　木)
S':Na+V(1)卑身而伏(逍遥游)
使趴伏,使潜藏(D)
准二价:V(a,c)
准双向:S:Na+V+Nc(2)非伏其
　身而弗见也(缮性)

伏² (1) fú   5/90390
承受(D)
二价:V(a,p)
双向:S:Na+V+Np(1)故不敢伏

其诛(让王)

浮 (11) fú　　5/01230
漂浮,飘浮,在水上航行(D)
二价:V(a,pl)
单向:S:Na+V+PNpl(4)吴王浮
　于江(徐无鬼)
S':Na+V(3)天下莫不沉浮(知北
　游)
非典型位置(2):
宾语(1):其生若浮(刻意)
定语(1):上绝浮云(说剑)
使浮游(D)
准三价:V(a,c,pl)
准三向:S:Na+V+Nc+Npl(2)浮
　之江湖(至乐)

服¹ (8) fú　　5/82842
行,用,承受(D)
二价:V(a,p)
　双向:S:Na+V+Np(5)孔子勤志
　服知也(寓言)/ 故服其殃(盗
　跖)
S':Na+V(1)无处无服始安道(知
　北游)
S':Np+V(1)何处何服则安道(知
　北游)
非典型位置(1):
定语(1):先生不羞而比之服役(渔
　父)
说明:Np由疑问代词充任时移至
　V前。

服² (11) fú　　5/82842
服从,信服(Z)
一价:V(e)
单向:S:Ne+V(7)天下服矣(说
　剑)
使服从(D)
准二价:V(a,c)
准双向:S:Na+V+Nc(2)直服人
　之口而已矣(寓言)
非典型位置(2):
定语(1):有不服之心者(盗跖)
者字结构(1):屈服者(大宗师)

服³ (2) fú　　5/82842
思念(D)
二价:V(a,p)
双向:S:Na+V+Np(2)吾服女也
　甚忘(田子方)郭象注:服者,思
　存之谓也。(710页)
说明:服¹,V[-心理],Np[-人];
　服³,V[+心理],Np[+人]。

服⁴ (2) fú　　5/82842
服丧(D)
一价:V(a)
单向:S:Na+V(2)今墨子独生不
　歌,死不服(天下)

服⁵ (1) fú　　5/82842
通"伏",趴,倒下(D)
二价:V(a,pl)
双向:S:Na+V+Npl(1)剑士皆服

毙其处也(说剑)

服膺(1) fúyīng　　5/82842
铭记在心(D)
一价:V(a)
单向:S:Na+V(1)服膺而不舍(盗跖)

扶(2) fú　　5/50590
搀扶,扶持(D)
二价:V(a,p)
双向:S:Na+V+Np(1)始萌以扶吾形(则阳)
S':Na+V(1)搏币而扶翼(则阳)郭象注:故搏币而扶翼之。(907页)

拂(4) fú　　5/50554
逆,违逆(D)
二价:V(a,p)
双向:S:Na+V+Np(参说明)
S':Na+PNi+V+Np(1)以下拂其上者(人间世)
S':Na+V+PNi(1)相拂以辞(徐无鬼)
S':Na+V(1)不亦拂乎(盗跖)
非典型位置(1):
所字结构(1):至有所拂者(则阳)
说明:《国语·吴语》:"吾将许越成,而无拂吾虑。"

拊[1](5) fǔ　　5/50930
拍,轻击(D)
二价:V(a,p)

双向:S:Na+V+Np(5)其妻望之而拊心曰(让王)
说明:Np[一人]。

拊[2](1) fǔ　　5/90813
抚慰,抚养(D)
二价:V(a,p)
双向:S:Na+V+Np(1)是皆修其身以下伛拊人之民(人间世)成玄英疏:伛拊,犹爱养也。(139页)
说明:Np[十人]。

俯(8) fǔ　　5/90030　5/90212
低头,屈身,与"仰"相对(D)
一价:V(a)
单向:S:Na+V(7)俯而见其大根(人间世)
非典型位置(1):
定语(1)其疾俯仰之间(在宥)
说明:《庄子》中,"俯"、"俛"为二字,今并入"俯"。

府(1) fǔ　　4/02930
包藏(D)
准二价:V(a,p)
准双向:S:Na+V+Np(1)府万物(德充符)成玄英疏:苞藏宇宙曰府万物。(195页)

辅(1) fǔ　　5/50528
辅助(D)
二价:V(a,p)
双向:S:Na+V+Np(参说明)

S':Na+PNd+V(1)与道相辅而行
（山木）
说明：《论语·颜渊》："君子以文会
友，以友辅仁。"

抚¹(2) fǔ　　5/50966
抚摸,治理(D)
二价：V(a,p)
双向：S:Na+V+Np(2)公抚管仲
之手(达生)

抚²(1) fǔ　　5/50966
临,到(D)
二价：V(a,l)
双向：S:Na+V+Nl(1)其疾俯仰
之间而再抚四海之外(在宥)成
玄英疏：况俯仰之间,不再临四
海哉。(372页)

腐(5) fǔ　　4/02920
腐烂(Z)
一价：V(e)
单向：S:Ne+V(1)以为棺椁则速
腐(人间世)
非典型位置(4)：
主语(1)臭腐复化为神奇(知北游)
宾语(2)神奇复化为臭腐(知北游)
定语(1)于是鸱得腐鼠(秋水)
说明："腐"充当主语、宾语均"臭
腐"并举,转指臭腐之物。

伏³(1) fǔ　　5/90390
孵卵(D)

二价：V(a,p)
双向：S:Na+V+Np(1)越鸡不能
伏鹄卵(庚桑楚)

附¹(1) fù　　5/82930
附着,依附(Z)
二价：V(e,d)
单向：S:Ne+V+PNd(参说明)
S':Ne+V(1)附离不以胶漆(骈
拇)
说明：《左传·襄公三十一年》："衣
服附在吾身。"《周易·剥》："山
附于地。"

附²(1) fù　　5/82930
增益,附加(D)
三价：V(a,p,d)
双向：S:Na+V+Nd+PNp(1)然
后附之以文(缮性)
说明：《孟子·尽心上》："附之以韩
魏之家。"

赴(3) fù　　2/39200
奔向,投入(D)
二价：V(a,l)
双向：S:Na+V+Nl(2)枯槁赴渊
者之所好也(刻意)
S':Na+V(1)无赴而富,无殉而成
(盗跖)成玄英疏：莫奔赴于富
贵,无殉逐于成功。(1007页)

赋(1) fù　　5/89133
给予(D)

二价:V(a,p)
双向:S:Na+V+Np(1)狙公赋芧
（齐物论）
说明:《吕氏春秋·分职》有"出高
库之兵以赋民","赋"支配语义
角色d。

赋敛(2) fùliǎn　　5/89133
聚集财物(D)
一价:V(a)
单向:S:Na+V(1)故朝夕赋敛而
毫毛不挫（山木）
S':Na+PNd+V(1)北宫奢为卫灵
公赋敛以为钟（山木）

负 (15) fù　　3/22893
以背驮物,承载,倚靠(D)
二价:V(a,p)
双向:S:Na+V+Np(14)负赤子
而趋（山木）
S':Na+V(1)于是夫负妻戴（让
王）

复¹(12) fù　　5/29942
返回(D)
二价:V(a,l)
双向:S:Na+V+Nl(11)各复其根
（在宥）
S':Na+V+PNl(1)复于不惑（徐
无鬼）

复²(5) fù　　5/29942
恢复(Z)
一价:V(e)
单向:S:Ne+V(2)夫形全精复（达
生）
S':N+V+Ne(1)万物复情（天地）
郭象注:情复而混冥无迹也。
(443页)
S':Np+Na+V1+V2+Ne(2)近
死之心莫使复阳也（齐物论）
说明:1.S'中,N(万物)与Ne(情)、
Np(近死之心)与Ne(阳)之间具
有领属关系,Ne可以移至V
前,如"万物情复"、"莫使阳复",
而句子的意思基本不变。2.S'
中,"近死之心"是兼语。

复³(2) fù　　5/29942
报复(D)
二价:V(a,p)
双向:S:Na+V+Np(2)复仇者不
折莫干（达生）
说明:"V+Np+者"转指Na,故该
句式Na强制性删除。

复⁴(1) fù　　5/29942
重复做某事(D)
二价:V(a,p)
双向:S:Na+V+Np(参说明)
S':Na+V+PNp(1)丘请复以所闻
（人间世）
说明:《吕氏春秋·先己》:"六卿请
复之。"

傅¹(3) fù　　5/90534
辅佐,教导(D)
二价:V(a,p)
双向:S:Na＋V＋Np(1)颜阖将傅
　　卫灵公大子(人间世)
S':Na＋PNd＋V＋Np(2)为之傅
　　之(则阳)

傅²(1) fù　　5/90534
附着,依附(Z)
二价:V(e,d)
双向:S:Ne＋V＋Nd(1)鱼傅沫(天
　　运)成玄英疏:鱼在水中,傅沫而
　　为牝牡。(533页)

覆¹(6) fù　　3/78246
反,翻转,倾覆(Z)
一价:V(e)
　单向:S:Ne＋V(5)虽天地覆坠
　　(德充符)
倾倒出(D)
准二价:V(a,c)
准双向:S:Na＋V＋Nc(参说明)
S':Na＋V＋Nc＋PNpl(1)覆杯水
　　于坳堂之上(逍遥游)
说明:《论语·子罕》:"譬如平地,
　　虽覆一篑,进,吾往也。"

覆²(8) fù　　3/78246
覆盖,掩蔽(D)
二价:V(a,p)
双向:S:Na＋V＋Np(5)天能覆之

而不能载之(天下)
S':Na＋V(2)夫天无不覆(德充
　　符)
非典型位置(1):
宾语(1):微夫子之发吾覆也(田子
　　方)

G

絯¹(1) gāi　　5/66090
束缚(D)
二价:V(a,p)
双向:S:Na＋V＋Np(未出现)
S':Np＋PNa＋V(1)方且为物絯
　　(天地)
说明:S'为被动句,以"为"作标记。

改(6) gǎi　　5/11940
改变,变更(D)
二价:V(a,p)
双向:S:Na＋V＋Np(3)蹙然改容
　　而问曰(外物)
S':Na＋Nt＋V(1)日改月化(田子
　　方)
非典型位置(2):
宾语(2):恶成不及改(人间世)

盖(4) gài　　3/33373
超过(Z)
二价:V(e,d)
双向:S:Ne＋V＋Nd(3)功盖天下
　　(应帝王)
S':Ne＋PNi＋V＋Nd(1)以善处

丧盖鲁国(大宗师)

甘(2) gān 1/33882
认为……甜美(D)
准二价:V(a,y)
准双向:S:Na＋V＋Ny(2)麋鹿食
荐,蝍蛆甘带(齐物论)

干¹(2) gān 1/70300
求(D)
二价:V(a,p)
双向:S:Na＋V＋Np(2)其欲干酒
肉之味邪(徐无鬼)
说明:《吕氏春秋·举难》有"甯戚
欲干齐桓公"句,"干"为求仕之
义,"齐桓公"是"干"的对象 d。

干²(乾)(1) gān 5/33912
枯死(D)
一价:V(a)
单向:S:Na＋V(1)鲍子立干(盗
跖)成玄英疏:(鲍焦)遂抱木立
枯焉。(998页)

奸(1) gān 5/34730
求仕(D)
二价:V(a,d)
双向:S:Na＋V＋Nd(参说明)
非典型位置(1):
者字结构(1):以奸者七十二君(天
运)
说明:《史记·齐太公世家》有"以
渔钓奸周西伯"句,"西伯"是
"奸"的对象 d。

感¹(7) gǎn 2/50111
感动,感应(D)
一价:V(a)
单向:S:Na＋V(2)感而后应(刻
意)
S':Na＋V＋Nd(1)而无感其名(人
间世)成玄英疏:不可以名智感
物。(149页)
非典型位置(1):
宾语(1):必且有感(列御寇)
使感动(D)
准二价:V(a,c)
准双向:S:Na＋V＋Nc(2)汝又何
帛以治天下感予之心为(应帝
王)按,《庄子引得》校勘记云:
帛……又作"为"。(20页)
非典型位置(1):
所字结构(1):因案人之所感(人间
世)郭象注:人以快事感己,己陵
藉而乃抑挫之。(142页)

感²(2) gǎn 2/50111
触(D)
二价:V(a,p)
双向:S:Na＋V＋Np(2)异鹊感吾
颡(山木)成玄英疏:感,触也。
(695页)
说明:"感¹"[＋心理];"感²"V[－心
理]。

高（3）gāo　　3/01822
认为高尚,尊崇(D)
准二价:V(a,y)
准双向:S:Na+V+Ny(参说明1)
非典型位置(2):
所字结构(2):世之所高(盗跖)
使高尚(D)
准二价:V(a,c)
准双向:S:Na+V+Nc(参说明2)
S':Na+PNi+Nc+V(1)不以人之卑自高也(让王)
说明:1.《吕氏春秋·离俗》:"虽死,天下愈高之。"2.《吕氏春秋·离俗》:"高节厉行。"

告（41）gào　　3/25881
告诉,报告(D)
三价:V(a,p,d)
三向:S:Na+V+Nd+Np(5)吾直告之吾相狗马耳(徐无鬼)
S':Na+V+Nd+PNp(6)若告我以鬼事(盗跖)
S':Na+PNp+V+Nd(11)以圣人之道告圣人之才,亦易矣(大宗师)/宾者以告列子(列御寇)
S':Np+V+Nd(1)使道而可以告人(天运)
S':Na+V+Nd(7)吾固告汝曰(庚桑楚)
S':Na+Nd+V(4)又莫汝告也(列御寇)
S':Na+PNp+V(1)反以告(外物)
S':Na+V+PNp(1)吾告以至人之德(达生)
S':Na+V(5)不告(则阳)
说明:1.PNp移至V前,Np以省略为常(11例),如《列御寇》例;不省倒属特例(1例),如《大宗师》例。2.在句法层面Nd可以不与Np共现(11例),而Np一般都要与Nd共现;Np与Nd共现时,Np可省,Nd不可省;这表明在"告"的语义结构中,d与p受关注的程度不同,d同p相比,更经常作为焦点在句法层面出现。

割（4）gē　　5/08221
切割,宰杀(D)
二价:V(a,p)
双向:S:Na+V+Np(3)自割其股以食交公(盗跖)
非典型位置(1):
判断句谓语(1):良庖岁更刀,割也（养生主)

歌（22）gē　　5/72292
唱(D)
二价:V(a,p)
双向:S:Na+V+Np(3)子之歌诗（大宗师)
S':Na+V(16)又鼓盆而歌(至乐)
S':Na+V1V2+PNpl(1)而弦歌于室(让王)

非典型位置(2):
宾语(1):则若歌若哭(大宗师)
者字结构(1):夫今之歌者其谁乎(山木)
说明:V1V2中,"歌"总处于V2的位置。

更 (6) gēng 1/70404
更换,改变,改正(D)
二价:V(a,p)
双向:S:Na+V+Np(3)良庖岁更刀(养生主)
S':Na+V(1)见过不更(渔父)
S':Np+V(1)典法无更(田子方)
非典型位置(1):
主语(1):每更为失(庚桑楚)

耕 (10) gēng 5/56551
翻土犁地,耕种(D)
一价:V(a)
单向:S:Na+V(8)耕而食(马蹄)
S':Na+V+PNpl(1)则耕在野(天地)
非典型位置(1):
宾语(1):深其耕而熟耰之(则阳)

哽 (2) gěng 5/88745
阻塞(Z)
一价:V(e)
单向:S:Ne+V(2)壅则哽(外物)

攻 (8) gōng 5/77940
攻打(D)
二价:V(a,p)
双向:S:Na+V+Np(5)狄人攻之(让王)
非典型位置(3):
宾语(2):禁攻寝兵(天下)
定语(1):故无攻战之乱(达生)

供 (1) gōng 5/90391
供应(D)
二价:V(a,p)
双向:S:Na+V+Np(1)至无而供其求(天地)

拱 (1) gǒng 5/50391
拱手(D)
一价:V(a)
单向:S:Na+V(1)颜回端拱还目而窥之(山木)

共 (3) gòng 3/37901
共同占有或承受(D)
三价:V(a,p,d)
双向:S:Na+PNd+V+Np(2)吾与汝共之(大宗师)
S':Na+V+Np(1)共其德也(庚桑楚)

钩[1] (1) gōu 5/97221
约束(D)
二价:V(a,p)
单向:S:Na+V+PNp
S':Na+Npl+V+PNp(1)上且钩乎君(徐无鬼)成玄英疏:上以忠

直钩束于君。(845 页)

钩²(1) gōu　　5/97221

回旋(D)

一价:V(a)

单向:S:Na+V

S':Na+V1+Np+V2+Nm (1)使之钩百而反(达生)成玄英疏:任马旋回,如钩之曲,百度反之,皆复其迹。(661 页)

说明:1."百"补充说明 V2"钩"。2. Np"之"为兼语,隐含 V2 的施事。

钩³(鉤)(1) gōu　　5/97221

钩取,取(D)

二价:V(a,p)

双向:S:Na+V+Np(参说明)

非典型位置(1):

　所字结构(1):一君无所钩用(天运)

说明:《荀子·强国》:"劲魏钩吾右。"

觏(1) gòu　　5/53819

见,遇见(D)

一价:V(a)

单向:S:Na+V(1)觏而多责(天运)

说明:《诗经·豳风·伐柯》有"我觏之子"句,据《诗经》,"觏"是二价双向动词。

诟厉(1) gòulì　　5/08882

责骂,侮辱(D)

二价:V(a,p)

双向:S:Na+V+Np(未出现)

S':Np+PNa+V(1)以为不知己者诟厉也(人间世)

说明:S' 为被动句,以"为"作标记。

鼓¹(3) gǔ　　5/31341

击鼓(D)

一价:V(a)

单向:S:Na+V(3)鼓歌以儌之(在宥)

鼓²(16) gǔ　　5/31341

敲击,弹奏,摇动(D)

二价:V(a,p)

双向:S:Na+V+Np(16)庄子则方箕踞鼓盆而歌(至乐)/ 或鼓琴(大宗师)/ 摇臂鼓舌(盗跖)

说明:Np 由指称可敲击、弹奏之物(如"盆"、"琴"之类)的名词语充任,则 V 为"敲击、弹奏"之义;Np 由指称可活动的身体部位(如"舌"、"臂"之类)的名词语充任,则 V 为"摇动"之义。

瞽(2) gǔ　　3/34884

眼睛失明(Z)

一价:V(e)

单向:S:Ne+V(未出现)

非典型位置(2):

　者字结构(2):瞽者无以与乎文章之观(逍遥游)

滑 (5) gǔ　　5/01823
通"汩",扰乱(D)
二价:V(a,p)
双向:S:Na＋V＋Np(3)五曰趣舍滑心(天地)
S':Na＋Np＋V(1)而莫之能滑(田子方)
S':Na＋V＋Np＋PNi(1)滑欲于俗(缮性)
说明:S'中,前移的Np由代词"之"充任。

顾¹(16) gù　　5/07797
回头看,回头,看(D)
二价:(a,p)
双向:S:Na＋V＋Np(1)南荣趎俱然顾其后(庚桑楚)
S':Na＋V1V2(5)孔子顾谓弟子曰(达生)
S':Na＋V(9)孔子不顾(渔父)
S':Na＋PNi＋V(1)为之四顾(养生主)
说明:1.V[＋具体]。2.V1V2中,"顾"均处于V1的位置。

顾²(4) gù　　5/07797
顾念,顾及(D)
二价:V(a,p)
双向:S:Na＋V＋Np(1)不顾父母兄弟(盗跖)
S':Na＋V＋PNp(1)不顾于虑,不谋于知(天下)
S':Na＋Np＋V(1)莫之顾而进之谓之佞(渔父)
S':Na＋V(1)謷然不顾(天地)
说明:1.V[＋心理]。2.Np移至V前的条件是:(1)否定句;(2)Np由代词"之"充任。3.关于PNp。考察先秦其他文献(《左传》、《论语》、《孟子》、《荀子》、《墨子》、《韩非子》、《吕氏春秋》等),均未见"顾²"的受事p用介词引入句法结构,因此,我们推测,"不顾于虑"中"于"的出现,不是句法的要求,只是出于修辞(求音节整齐)的缘故。

寡 (2) guǎ　　3/02723
少(Z)
一价:V(e)
单向:S:Ne＋V
S':N＋V＋Ne(1)其民愚而朴,少私而寡欲(山木)
减少(D)
准二价:V(a,c)
准双向:S:Na＋V＋Nc(1)少君之费,寡君之欲(山木)
说明:1.S'(N＋V＋Ne)中,N(其民)与Ne(欲)具有广义的领属关系。Ne可以移至V前,构成N＋Ne＋V,而表达的意思基本不变,如:其民寡欲——其民欲寡(如《山木》有"赤子之布寡矣");Ne 移至 V 前,V(寡)亦自动转换为形容词。2. S(Na＋V＋Nc)中,V 具有[致使]语义特征。

挂(1) guà　　5/50370
钩取(D)
二价:V(a,p)
双向:S:Na＋V＋Np(1)以挂功名（渔父）

怪¹(2) guài　　5/60870
感到奇怪(D)
准二价:V(a,y)
准双向:S:Na＋V＋Ny(1)回壹怪之(大宗师)
S':Na＋V(1)若勿怪,何邪(徐无鬼)

怪²(1) guài　　5/60870
责怪,抱怨(D)
二价:V(a,p)
双向:S:Na＋V＋Np(1)门人皆怪夫子矣(渔父)

观¹(70) guān　　5/37818
看,观察(D)
二价:V(a,p)
双向:S:Na＋V＋Np(25)弟子厌观之(人间世)/且吾与子观化而化及我(至乐)/如观雀蚊虻相过乎前也(寓言)
S':Na＋PNi＋V＋Np(22)臣也以臣之事观之(天道)
S':Na＋V＋PNp(8)门无鬼与赤张满稽观于武王之师(天地)
S':Na＋V＋Np＋Ni(4)吾观之本（则阳)
S':Na＋V1V2(2)夫子奚不时来入观乎(秋水)
S':Na＋V(2)赐亦可得而观乎(天运)
S':Np＋V(2)不见观(天下)/而諔诡可观(天下)
非典型位置(5):
主语(2):善哉观乎(列御寇)
宾语(2):瞽者无以与乎文章之观（逍遥游)
者字结构(1):观者如市(人间世)
说明:1.Np 由名词语充任,偶尔也可由动词语或小句充任(3 例),如《至乐》、《寓言》例。由动词语或小句充任的 Nd 均自指。2.Np 移至 V 前以"见"、"可"为标记。3.S'(Na＋V＋Np＋Ni)中的 Ni 可以由介词引入而移至 V 前,转换为 Na＋PNi＋V＋Np,如"吾观之本"(则阳)可以转换为"吾自本观之"(《知北游》有"自本观之"句)。4. S'(Na＋V＋PNp)中,PNp 中的 P 可以省略,而转换为 S,如"观于武王之师"(天地)可以转换为"观武王之师"。

观²(8) guān　　5/37818
观览,游览(D)
二价:V(a,d)
单向:S:Na+V+PNd(8)孔子观于吕梁(达生)

官(4) guān　　3/02882
主宰(D)
二价:V(a,p)
双向:S:Na+V+Np(2)吾又欲官阴阳,以遂群生(在宥)
非典型位置(2):
宾语(1):天地有官(在宥)
所字结构(1):而所欲官者(在宥)

灌¹(3) guàn　　5/01375
浇水,灌溉(D)
一价:V(a)
单向:S:Na+V(1)时降雨而犹浸灌(逍遥游)
S':Na+V1V2(1)抱而出灌(天地)
非典型位置(1):
定语(1):趣灌渎(外物)成玄英疏:趋走溉灌之沟渎。(927页)

灌²(1) guàn　　5/01375
注入(Z)
二价:V(e,l)
双向:S:Ne+V+Nl(1)百川灌河(秋水)

冠(2) guàn　　3/02110
戴帽子,戴(D)
二价:V(a,p)
双向:S:Na+V+Np(2)冠枝木之冠(盗跖)按,前"冠"。

广(2) guǎng　　4/02395
扩大(D)
二价:V(a,p)
双向:S:Na+V+Np(1)仲尼恐其广己而造大也(山木)成玄英疏:谓言仲尼广己道德而规范大位之心。(690页)
S':Np+V(1)亲而不可不广者,仁也(在宥)

归¹(26) guī　　5/27132
返回(D)
二价:V(a,l)
双向:S:Na+V+Nl(2)必归其天(天道)
S':Na+V(11)颜不疑归(徐无鬼)
S':Na+V+PNl(1)复归于朴(至乐)
S':Na+V1V2(9)归休乎(逍遥游)/疾走归(盗跖)
非典型结构(2):
宾语(1):予恶乎知恶死之非弱丧而不知归者邪(齐物论)
所字结构(1):茶然疲役而不知其所归(齐物论)
使返回(D)
准三价:V(a、c,l)
准双向:S:Na+V+Nc+PNl(1)

归精神乎无始(列御寇)
说明：1. V1V2 中，"归¹"可以是 V1，如《逍遥游》例；也可以是 V2，如《盗跖》例。2. "l"为抽象的目的地，由抽象名词语充任，如"天"、"朴"、"根"之类，均指自然本性。3. "归¹"与"归²"的方向不同，"归¹"是返回，"归²"是前往。

归²(7) guī　　5/27132
归附，归向(D)
二价：V(a,d)
双向：S:Na＋V＋Nd(3)彼富则人归之(盗跖)
S':Na＋V＋PNd(1)争归于利(马蹄)
S':Na＋V(2)故天下归(天道)
非典型位置(1)：
所字结构(1)：死有所乎归(田子方)
说明：d 为具体的可归附的对象，由具体名词语充任，如《盗跖》例中的"之"、《马蹄》中的"利"。

规¹(3) guī　　5/59813
规定(D)
二价：V(a,p)
双向：S:Na＋V＋Np(1)矜其血气以规法度(在宥)
S':Np＋V＋PNt(2)知命不能规乎其前(田子方)

规³(4) guī　　5/59813
规劝，告诫(D)
二价：V(a,p)
双向：S:Na＋V＋Np(1)予又何规老聃哉(天运)
S':Na＋V＋Np＋PNi(1)是欲规我以利(盗跖)
S':Np＋V＋PNi(1)夫可规以利而可谏以言者(盗跖)
S':Na＋V(1)亦将何规哉(天运)
说明：S'(V＋PNi)中，有"可"作标记，Np 当是"……者"。

轨 (1) guǐ　　5/50314
遵循(D)
一价：V(a)
单向：S:Na＋V(1)孰敢不轨(列御寇)
说明：《韩非子·五蠹》有"其言谈者必轨于法"句，据《韩非子》"轨"当是二价单向动词。

跪 (1) guì　　5/87211
两膝着地，臀部离开脚后跟(D)
一价：V(a)
单向：S:Na＋V(1)跪坐以进之(在宥)

贵 (25) guì　　3/57895
尊重，重视(D)
二价：V(a,y)
双向：S:Na＋V＋Ny(13)世虽贵之

（天道）/故古之人贵夫无为也（天道）
S':Na+V+PNy(1)然则何贵于道邪（秋水）
S':Ny+V(3)子之道岂足贵邪（盗跖）/吾知道之可以贵（知北游）
S':Na+Ny+V(2)（世虽贵之,）我犹不足贵也（天道）成玄英疏:故虽贵之,我犹不足贵者,为言书糟粕,非可贵之物也。（489页）按,据成疏,Ny为上文的"言"、"书"。/自贵而相贱（秋水）
S':V+Ny(2)世之所贵道者,书也（天道）/是所以贵真也（渔父）
非典型位置（4）:
主语(1):为其贵非其贵也（天道）按,前"贵"。
判断句谓语(1):为其贵非其贵也（天道）按,后"贵"。
所字结构(1):语之所贵者,意也（天道）
者字结构(1):夫见下贵者（盗跖）
说明:1."夫见下贵者"（盗跖）中,"见"为被动标记。2.Ny一般由名词语充任(24),偶尔由动词语充任(1),如《天道》例之"夫无为"。3.Ny移至V前有两种情况:(1)Ny充当小句主语,Na不能出现,如《盗跖》、《知北游》例;(2)Ny仍然是宾语,Na可以出现,如《天道》例之"我"。4."所+V"转指所尊之物 Ny;"所+(V+Ny)",或转指方式,如《天道》之"所贵道者",或转指原因,如《渔父》之"所以贵真"。5.《在宥》篇有"故贵以身于为天下,则可以托天下"句,王念孙曰:"《庄子》本作'故贵以身于天下,爱以身于天下'。'于'犹'为'也,后人依《老子》傍记'为'字,而写者因讹入正文。《〈老子〉释文》:'为,于伪反。'此《释文》不出'为'字,以是明之。"（转引自朱谦之《老子校释》50—51页,中华书局,1984年）按,本词典依王说,将该句视为 S(Na+V+Ny)。

聒(1) guō　5/77284
喧扰(D)
一价:V(a)
单向:S:Na+V(1)强聒而不舍者也（天下）成玄英疏:而强劝喧聒,不自废舍也。（1084页）
说明:据成疏,"者"当是语气词,表达肯定语气。

裹¹(2) guǒ　3/01894
包,包裹(D)
二价:V(a,p)
双向:S:Na+V+Np(2)裹饭而往食之（大宗师）

裹²(1) guǒ　　　3/01894
包罗,顺应(Z)
二价:V(e,d)
单向:S:Ne+V+PNd(1)天子之剑……包以四夷,裹以四时(说剑)成玄英疏:顺四时以生化。(1021页)

过¹(20) guǒ　　　2/09822
经过(D)
二价:V(a,l)
双向:S:Na+V+Nl(10)过惠子之墓(徐无鬼)
S':Na+V(7)岂直过也而去之邪(在宥)
S':Na+V+PNl(2)是以不过乎昆仑(知北游)/如观雀蚊虻相过乎前也(寓言)
非典型位置(1):
所字结构(1):所过之邑(盗跖)
说明:V[+位移]。

过²(19) guǒ　　　2/09822
超过,越过(Z)
二价:V(e,d)
双向:S:Ne+V+Nd(17)而马之死者已过半矣(马蹄)/偃鼠饮河,不过满腹(逍遥游)
S':Ne+V(2)虽南面王乐不能过也(至乐)
说明:Nd[+人],偶尔可以由动词语充任(1),如《逍遥游》例之"满腹"。

过³(2) guǒ　　　2/09822
犯过错(D)
一价:V(a)
单向:S:Na+V(1)过而弗悔(大宗师)
非典型位置(1):
所字结构(1):而不知其所以过(人间世)

过⁴(2) guǒ　　　2/09822
拜访,探望(D)
二价:V(a,p)
双向:S:Na+V+Np(1)正縻系履而过魏王(山木)
S':Na+V(1)君过而遗先生食(让王)
说明:Np[+人]。

H

骇(5) hài　　　5/82093
惊骇(D)
一价:V(a)
单向:S:Na+V(2)而天下大骇矣(在宥)
使惊骇(D)
准二价:V(a,c)
准双向:S:Na+V+Nc(3)又以恶骇天下(德充符)
说明:V[+心理]。

絯² (1) hài　　5/66090
通"骇",惊惧(D)
一价:V(a)
单向:S:Na+V (1)阴阳错行,则天地大絯(外物)

駴 (3) hài　　5/82503
使惊骇(D)
准二价:V(a,c)
准双向:S:Na+V+Nc
S':V+Nc (3)圣人之所以駴天下(外物)按,成玄英本"駴"作"骇"。成玄英疏:骇,惊也。(945页)

害 (16) hài　　3/02581
伤害,损害(D)
二价:V(a,p)
双向:S:Na+V+Np (6)而害天下也多(胠箧)
S':Na+V+PNp (1)以为害于性(盗跖)
S':Na+PNi+V+Np (5)明于权者不以物害己(秋水)
S':Na+Np+V (1)莫之能害也(秋水)
S':Na+V (2)寒暑弗能害(秋水)/而外人卒不得害(山木)
非典型位置(1):
定语(1):无有相害之心(盗跖)
说明:1.Np移至V前的条件是:(1)否定句;(2)Np由代词"之"充任。2.S'(Na+V)中,V前均有否定词和助动词。

盖 (1) hài　　3/33373
通"害",侵害(D)
二价:V(a,p)
双向:S:Na+V+Np(参说明2)
S':Na/p+V (1)阴阳相照相盖相治(则阳)
说明:1.S'中,Na、Np占据同一个位置,以"相"为标记。2.《孟子·万章上》:"象曰:'谟盖都君咸我绩。'"

函 (1) hán　　2/28760
把……衔在口中(D)
二价:V(a,p)
双向:S:Na+V+Np
S':V+Np (1)夫函车之兽(庚桑楚)
说明:"夫函车之兽"中,"兽"实为Na。

寒 (1) hán　　3/02512
使……冷(D)
准二价:V(a,c)
准双向:S:Na+V+Nc(参说明2)
S':Na+V (1)河汉沍而不能寒(齐物论)
说明:1.V前有助动词"能"作标记,故Nc可省。2.《孟子·告子上》有"一日暴之,十日寒之"。

含¹ (2) hán　　2/90081

把……衔在口中(D)
二价:V(a,p)
双向:S:Na+V+Np(1)含哺而熙
(马蹄)
说明:V[+具体],Np[-抽象]。

含²(6) hán 2/90081
怀藏,隐含(D)
二价:V(a,p)
双向:S:Na+V+Np(6)人含其聪
(胠箧)
说明:V[-具体],Np[+抽象]。

嗥(1) háo 5/88233
哭叫(D)
一价:V(a)
单向:S:Na+V
S':Na+Nt+V(1)儿子终日嗥(庚桑楚)

号(1) háo 5/88822
吼叫(D)
一价:V(a)
单向:S:Na+V(1)作则万窍怒呺
(齐物论)

号¹(2) háo 5/82711
大声喊叫,大声哭(D)
一价:V(a)
单向:S:Na+V(1)三号而出(养生主)
S':Na+V+Nd(1)号天而哭之曰
(则阳)

号²(3) hào 5/82711
称呼(D)
二价:V(a,p)
双向:S:Na+V+Np(2)号物之数
谓之万(秋水)
S':Na+PNi+V+Np(1)以数之多
者号而读之(则阳)

号³(3) hào 5/82711
发布命令(D)
二价:V(a,p)
双向:S:Na+V+Np
S':Na+V+Np+Nt(1)于是哀公
号之五日(田子方)
S':Na+V+PNpl(1)何不号于国
中(田子方)
S':Na+V1V2(1)号曰(田子方)

好¹(46) hào 5/34130
喜欢,爱好(D)
二价:V(a,p)
双向:S:Na+V+Np(24)而好庶
人之剑(说剑)/ 臣之年二十而
好捶钩(知北游)
S':Na+Np+V(3)墨子真天下之
好也(天下)/ 有以自好也(列御
寇)
非典型位置(19):
主语(2):好恶者,德之失也(刻意)
宾语(8):无以好恶内伤其身(德充
符)/长好恶(徐无鬼)
定语(1):理好恶之情(渔父)

所字结构(8):召其所好(庚桑楚)
说明:1. Np 可以由名词语充任(16),如《说剑》例;也可以由动词语充任(8),如《知北游》例。2. Np 移至 V 前,或以助词"之"作标记,如《天下》例;或 Np 由"自"充任,如《列御寇》例。3. "好恶"(8)、"喜好"(1)并举,充当主语、宾语、定语。或自指,如《渔父》例;或转指,如《徐无鬼》例。

耗 (1) hào　　5/56210
耗损(D)
二价:V(a,p)
双向:S:Na+V+Np(1)未尝敢以耗气也(达生)

合¹ (14) hé　　2/90181
聚合,合拢(D)
一价:V(a)
单向:S:Na+V(8)龙合而成体(天运)
S':Na+PNi+V(3)彼以利合(山木)
S':Na+V+PNpl(1)且而雌雄合乎前(德充符)
S':Na+PNd+V+Npl(1)又与合堂同席而坐(德充符)按,合堂,言同在一堂。
非典型位置(1):
者字结构(1):故合者不为骈(骈拇)

合² (8) hé　　2/90181
聚合,合并(D)
二价:V(a,p)
双向:S:Na+V+Np(8)今我原合六气之精(在宥)

合³ (18) hé　　2/90181
符合,契合(Z)
二价:V(e,d)
双向:S:Ne+V+Nd(3)德合一君(逍遥游)/ 合喙鸣(天地)郭象注:合于喙鸣。(426页)
S':Ne+V+PNd(4)合乎大同(在宥)/ 合于桑林之舞(养生主)
S':Ne+PNi+V+Nd(2)则以天合天(达生)
S':Ne+V(3)必不合矣(天下)/ 喙鸣合(天地)
S':V+Nd(1)小人所以合时(外物)
非典型位置(4):
主语(1):其合缗缗(天地)
宾语(1):与天地为合(天地)
判断句谓语(2):子,天之合也;我,人之合也(天道)成玄英疏:故言子之盛德,远合上天,我之用心,近符人事。(476页)
使符合(D)
准三价:V(a,c,d)
准双向:S:Na+V+Nc+PNd(1)

合气于漠(应帝王)
说明:"子,天之合也"(天道)句,据成疏,"子"、"我"是 Ne;"天"、"人"是 Nd。

核 (1) hé　　5/36090
审查,责求(D)
二价:V(a,p)
双向:S:Na+V+Np(参说明)
非典型位置(1):
主语(1):尅核大至(人间世)成玄英疏:"夫尅切责核,逼迫太甚。"(162页)
说明:马融《长笛赋》序:"融既博览典雅,精核数术。"

涸 (2) hé　　5/01881
水干(Z)
一价:V(e)
单向:S:Ne+V(1)泉涸(大宗师)

阖 (1) hé　　2/82377
关闭(D)
二价:V(a,p)
双向:S:Na+V+Np(1)神农隐几阖户昼瞑(知北游)

龁 (3) hé　　5/28910
咬(D)
二价:V(a,p)
双向:S:Na+V+Np(2)龁之则啼(骈拇)
S':Na+V(1)彼必龁啮挽裂(天运)

和¹ (35) hé　　5/26881
和谐(Z)
二价:V(e,d)
单向:S:Ne+PNd+V(5)与人和者也(天道)
S':Ne+V(1)心和而出(人间世)
S':Ne/d+V(11)妻妾不和(渔父)
非典型位置(18):
主语(1):和之至也(庚桑楚)
宾语(14):夫神者好和而恶奸(徐无鬼)
定语(2):而和理出其性(缮性)
判断句谓语(1):夫德,和也(缮性)
说明:Ne/d 为 Ne 与 Nd 占据同一句法位置。

和² (5) hé　　5/26881
调和(D)
二价:V(a,p)
双向:S:Na+V+Np(5)舐笔和墨(田子方)/ 和喜怒之节(渔父)

和³ (6) hé　　5/26881
合,契合(Z)
二价:V(e,d)
单向:S:Ne+V+PNd(3)和以天倪(寓言)成玄英疏:乃合自然之分也。(947页)
使契合(D)
准三价:V(a,c,d)

准双向:S:Na+V+Nc+PNd(3)和之以天倪(齐物论)

和⁴(5) hè　　5/26881
以声相应(D)
二价:V(a,p)
双向:S:Na+V+Np(1)常和人而已矣(德充符)
S':Na+V(4)和而不唱(德充符)

贺(1) hè　　3/38894
祝贺(D)
二价:V(a,p)
双向:S:Na+V+Np(1)而齐国之众三贺之(徐无鬼)

嚇(1) hè　　5/88321
吓唬(D)
二价:V(a,p)
双向:S:Na+V+Np
S':Na+PNi+V+Np(1)今子欲以子之梁国而嚇我邪(秋水)

候(1) hòu　　5/90290
等候(D)
二价:V(a,p)
双向:S:Na+V+Np(1)以候敖者(逍遥游)

厚(1) hòu　　4/12832
使淳厚(D)
准二价:V(a,c)
准双向:S:Na+V+Nc(1)不足以厚民(庚桑楚)

后(12) hòu　　5/29640
走在后面,落后,与"先"相对(D)
一价:V(a)
单向:S:Na+V(6)而回膛若乎后矣(田子方)
S':Na+V+Nd(3)春秋后伦(渔父)成玄英疏:春秋盟会,落朋伦之后。(1028页)
非典型位置(2):
者字结构(2):视其后者而鞭之(达生)
使……在后(D)
准二价:V(a,c)
准双向:S:Na+V+Nc(1)子而说子之执政而后人者也(德充符)

忽(1) hū　　3/22010
忽视(D)
二价:V(a,d)
单向:S:Na+V+PNd(1)不忽于人(达生)

呼¹(6) hū　　5/88231
高声叫喊,呼唤(D)
一价:V(a)
单向:S:Na+V(5)一呼而不闻(山木)
非典型位置(1):
者字结构(1):有中道而呼者(外物)

呼²(2) hū　　5/88231
把……称作,称呼(D)
三价:V(a,d,p)
三向:S:Na＋V＋Nd＋Np(2)昔者子呼我牛也而谓之牛(天运)

呼吸(1) hūxī　　5/88321
指道家导引吐纳的养生术(D)
一价:V(a)
单向:S:Na＋V(1)吹呴呼吸(刻意)

䭿(1) hú　　5/91325
以粥充实口腹(D)
二价:V(a,p)
双向:S:Na＋V＋Np(1)足以䭿口(人间世)

冱(1) hù　　5/01770
冻结(Z)
一价:V(e)
单向:S:Ne＋V(1)河汉冱而不能寒(齐物论)

鞈(3) hù　　5/35346
束缚(D)
二价:V(a,p)
双向:S:Na＋V＋Np(未出现)
非典型位置(3):
者字结构(3):外内鞈者,道德不能持(庚桑楚)

化¹(11) huà　　5/90310
教化、感化(D)
二价:V(a,p)
双向:S:Na＋V＋Np(3)不足以化子(庚桑楚)
S':Na＋V＋PNp(1)下以化于齐民(渔父)
S':Np＋V(2)行言自为而天下化(天地)
S':Na＋V1＋Np＋V2(1)与人并立而使人化(则阳)
S':Np＋V＋Na(1)不如两忘而化其道(大宗师)按,化其道,化于其道。
非典型位置(3):
主语(1):化贷万物(应帝王)
宾语(1):夫胡可以及化(人间世)
定语(1):兴治化之流(缮性)
说明:S'(Na＋V1＋Np＋V2)中,"化¹"处在V2的位置,Np为兼语。

化²(67) huà　　5/90310
变化(Z)
一价:V(e)
单向:S:Ne＋V(30)而物自化(在宥)
S':Ne＋V1V2＋Nr(6)臭腐复化为神奇(知北游)
S':Ne＋PNd＋V(10)方且与物化(天地)
非典型位置(16):

主语(2):天地虽大,其化均也(天地)
宾语(9):无恒化(大宗师)
定语(2):又况万物之所系,而一化之所待乎(大宗师)
判断句谓语(1):是万物之化也(人间世)
所字结构(2):而止乎无所化(达生)
使变化(D)
准二价:V(a,c)
准双向:S:Na+V+Nc(5)奔蜂不能化藿蠋(庚桑楚)成玄英疏:奔蜂细腰,能化桑虫为己子,而不能化藿蠋。(779页)/浸假而化予之左臂以为鸡(大宗师)
说明:"臭腐复化为神奇"(知北游)可以转换为"化臭腐以为神奇"《大宗师》"化予之左臂以为鸡")。

画 (4) huà　　3/57816
划分界限、描绘(D)
二价:V(a,p)
双向:S:Na+V+Np(2)宋元君将画图(田子方)/画地而趋(人间世)
S':Na+V(1)仲尼方且饰羽而画(列御寇)
非典型位置(1):
者字结构(1):是真画者也(田子方)

说明:Np包含受事和结果,前者如《人间世》例,后者如《田子方》例。

怀 (6) huái　　5/60093
心中包藏(D)
二价:V(a,p)
双向:S:Na+V+Np(5)兼怀万物(秋水)/ 不敢怀非誉巧拙(达生)
非典型位置(1):
所字结构(1):尽其所怀(在宥)
说明:动词语可以充任 Np,自指,如《达生》例之"非誉巧拙"。

坏 (4) huài　　5/37093
毁坏、拆毁(D)
二价:V(a,p)
双向:S:Na+V+Np(3)则又坏之(则)
非典型位置(1):
宾语(1):不以人之坏自成也(让王)

欢 (3) huān　　5/37295
喜悦(D)
一价:V(a)
单向:S:Na+V(2)予果欢乎(至乐)
非典型位置(1):
宾语(1):惠以欢为鹜(外物)

还[1] (4) huán　　2/09894

返回(D)
一价:V(a)
单向:S:Na+V(1)客乃笑而还(渔父)
S':Na+V1V2(3)子贡还报孔子(渔父)
说明:V1V2中,"还"均处在V1的位置。

还²(2) huán　　2/09894
交还(D)
二价:V(a,p)
双向:S:Na+V+Np(参说明)
S':Na+V1V2+Nd(1)孰能去功与名而还众人(山木)
S':Na+V+PNp(1)还以物与人(渔父)成玄英疏:所有功名,还归人物,则物我俱全。(1031页)
说明:《周礼·秋官·司仪》有"还圭",郑玄注引郑司农曰:"还圭,归其玉也。"

还³(1) huán　　2/09894
顾,回头看(D)
二价:V(a,p)
双向:S:Na+V+Np(1)还虷蟹与科斗(秋水)成玄英疏:还,顾视也。(599页)

还⁴(1) huán　　2/09894
围绕(D)
二价:V(a,p)
双向:S:Na+V+Np(参说明)
S':Na+V(1)相与还而观之(至乐)
说明:《战国策·燕策三》有"秦王还柱而走"。

环(4) huán　　5/77894
围绕(D)
二价:V(a,p)
双向:S:Na+V+Np(1)王三环之(说剑)
S':Na+V(1)其妻子环而泣之(大宗师)
非典型位置(2):
定语(2):环堵之室(让王)

桓(1) huán　　5/36112
盘桓(D)
一价:V(a)
单向:S:Na+V(1)鲵桓之审为渊(应帝王)

患(11) huàn　　3/50014
担心,担忧(D)
二价:V(a,p)
双向:S:Na+V+Np(4)太子悝患之(说剑)
S':Na+Np+V(2)吾又何患(知北游)
非典型位置(5):
主语(2):则忧患不能入(刻意)
宾语(1):除病瘦死丧忧患(盗跖)

所字结构(2):越之所患也(庚桑楚)

说明:由疑问代词充任的 Np 移至 V 前。

豢 (1) huàn　　5/25660

养(D)

二价:V(a,p)

双向:S:Na＋V＋Np(1)吾将三月豢汝(达生)

荒 (3) huāng　　3/33010

荒芜,昏暗,迷乱(Z)

一价:V(e)

单向:S:Ne＋V(3)故田荒室露(渔父)

说明:V 在句中的具体词汇意义依 Ne 的词汇意义而定。

荒怠 (1) huāngdài　　3/33010

荒乱怠惰(Z)

一价:V(e)

单向:S:Ne＋V(1)群下荒怠(渔父)

挥 (1) huī　　5/50054

飘散(Z)

一价:V(e)

单向:S:Ne＋V(1)布挥而不曳(天运)

挥绰 (1) huīchuò　　5/50054

悠远(Z)

一价:V(e)

单向:S:Ne＋V(1)其声挥绰(天运)

挥斥 (1) huīchì　　5/50054

奔放,放纵(D)

一价:V(a)

单向:S:Na＋V(未出现)

S':Na＋V＋Npl(1)挥斥八极(田子方)郭象注:挥斥,犹放纵也。(725 页)

堕 (7) huī　　3/82372

毁坏,毁弃(D)

二价:V(a,p)

双向:S:Na＋V＋Np(6)堕汝形骸(天地)

S':Np＋V(1)功成者堕(山木)

毁¹ (14) huǐ　　5/87840

毁坏,毁弃,毁谤(D)

二价:V(a,p)

双向:S:Na＋V＋Np(8)令大王欲废法毁约而见说(让王)

S':Np＋V(4)坚则毁矣(天下)/其党人毁而死者半(外物)

非典型位置(2):

主语(1):毁誉、饥渴、寒暑,是事之变、命之行也(德充符)

宾语(1):以善毁,爵为官师(外物)

毁² (5) huǐ　　5/87840

坏,败坏(Z)

一价:V(e)
单向:S:Ne+V(2)以为器则速毁（人间世）
非典型位置(3):
宾语(1):凡物,无成与毁(齐物论)
判断句谓语(2):其成也,毁也(齐物论)

悔 (3) huǐ　　5/60950
懊悔,悔恨(D)
二价:V(a,d)
双向:S:Na+V+Nd(2)而后悔其泣也(齐物论)
S':Na+V(1)过而弗悔(大宗师)

诲 (1) huì　　5/08951
教导(D)
三价:V(a,p,d)
三向:S:Na+V+Nd+Np(参说明)
非典型位置(1):
定语(1)教诲之人(刻意)
说明:《孟子·告子上》有"使弈秋诲二人弈"句。

会¹ (3) huì　　2/90182
会聚,特指朝见君主(D)
一价:V(a)
单向:S:Na+V
S':V+Npl(1)彼其所以会之(养生主)成玄英疏:众来聚会。(128页)

S':Na+V1+Np+V2 (1)令余且会朝(外物)按,"会朝"并列。
非典型位置(1):
宾语(1):乃中经首之会(养生主)按,会,转指汇聚之处。
说明:S'(Na+V1+Np+V2)中,V1为使令动词,Np为兼语。

会² (2) huì　　2/90182
符合(Z)
二价:V(e,d)
单向:S:Ne+V+PNd(1)会于仁而不恃(在宥)
S':Ne+V(1)事会之适也(达生)成玄英疏:乃契会真道,所在常适。(662页)

讳 (3) huì　　5/08354
回避,避忌(D)
二价:V(a,p)
双向:S:Na+V+Np(1)我讳穷久矣而不免(秋水)
S':Na+V(1)应于礼而不讳(在宥)
S':Np+V(1)可不讳云(徐无鬼)
说明:《徐无鬼》例,"讳"本作"谓",依江南古藏本及李氏本改。(844页)

殙 (1) hūn　　5/72883
神智昏乱(Z)
一价:V(e)

单向:S:Ne+V(1)以黄金注者殙
（达生）

昏 (4) hūn　　4/28382
昏聩,迷乱(Z)
一价:V(e)
单向:S:Ne+V(2)当我,缗乎；远
我,昏乎（在宥）郭象注：物之去
来,皆不觉也。(385页)
非典型位置(2)：
宾语(1):若愚若昏（天地）
定语(1):今处昏上乱相之间（山
木）

活¹ (3) huó　　5/01281
生存,与"死"相对(D)
一价:V(a)
单向:S:Na+V(3)子之先生死矣,
弗活矣（应帝王）

活² (8) huó　　5/01281
使……活,救活(D)
二价:V(a,c)
双向:S:Na+V+Nc(8)再欲活之
（外物）
说明：之所以单列词项"活²",基于
出现频率高的缘故。频率高,则
表明该语言现象为常见的语言
现象,而非偶然的、临时的"活
用"。

火 (4) huǒ　　1/60900
生火(D)

准一价:V(a)
准单向:S:Na+V(4)七日不火食
（让王）成玄英疏：经乎七日,粮
食罄尽,无复炊爨。(513页)
说明：名词活用作动词。

惑 (35) huò　　2/50811
迷惑,昏乱(Z)
一价:V(e)
单向:S:Ne+V(17)则天下不惑矣
（胠箧）
S':Na+V+PNd(1)则俗惑于辩矣
（胠箧）
S':Na+V1+Np+V2(1)使天下
惑也（骈拇）
非典型位置(14)：
主语(2):夫小惑易方（骈拇）
宾语(6):卒乎于惑（天运）
判断句谓语(3):知其惑者,非大惑
也（天地）
者字结构(3):惑者少也（天地）
使迷惑(D)
准二价:V(a,c)
准双向:S:Na+V+Nc(1)非固不
能惑是（达生）
S':Na+PNi+V+Nc(1)皆以利
惑其真（盗跖）
说明：1. S'(Na+V1+Np+V2)
中,V1为使令动词,Np为兼语。
2. S'(Na+V1+Np+V2)与S
(Na+V+Nc)之间具有转换关

系。如"使天下惑"可以转换为"惑天下","惑其真"也可以转换为"使其真惑",其基本意思不变。

获 (1) huò 5/42343
得到(D)
二价:V(a,p)
双向:S:Na＋V＋Np(1)辞不获命（天地）

货 (1) huò 3/91893
卖(D)
一价:V(a)
单向:S:Na＋V(1)不货,恶用商（德充符）

J

积¹(17) jī 5/26593
积聚,积累(D)
二价:V(a,p)
双向:S:Na＋V＋Np(4)多积财而不得尽用(至乐)/ 是故丘山积卑而为高(则阳)
S':Na＋V(2)圣人薄于义而不积（在宥）
S':Na＋PNd＋V(3)不乃为大盗积者也（胠箧）
S':Np＋V(3)节而不可不积者,礼也(在宥)/ 财积而无用(盗跖)
非典型位置(5):
主语(1):而积敛无涯（天道）
宾语(1):以有积为不足（天下）
所字结构(3)天道运而无所积（天道）《释文》:积,谓滞积不通。（458页）
说明:1. Np 移至 V 前有两种情况:(1)以助动词"可"作标记(2),如《在宥》例;(2)无标记(1),如《盗跖》例,"财"移至句首,充当主语。2. "为大盗积者"（胠箧）实为 S'(Na＋PNd＋V)中的 Na。"节而不可不积者"（在宥),即"礼",实为 S'(Np＋V)中的 Np。3. 充当主语、宾语的"积"自指。4. Na 可以由非有生名词语充任,如《则阳》例之"丘山"。

积²(4) jī 5/26593
聚积,滞留(Z)
一价:V(e)
单向:S:Ne＋V(2)风之积也不厚（逍遥游）
非典型位置(2):
宾语(1):彼为积散非积散也（知北游)按,前"积"。
判断句谓语(1):彼为积散非积散也（知北游）按,后"积"。
说明:充当宾语、判断句谓语的"积"自指。

稽¹(2) jī 5/26382
至(D)

二价：V(a,l)

双向：S:Na＋V＋Nl(2)大浸稽天而不溺(逍遥游)

稽²(3) jī　　5/26382

考查,核对(D)

三价：V(a,p,d)

双向：S:Na＋V＋Np＋PNd(参说明)

S':Na＋V＋PNd(1)稽于圣人(天运)

S':Np＋V＋PNi(1)谋稽乎諔(外物)郭象注：諔,急也。急而后考其谋。(942页)

非典型位置(1)：

宾语(1)：以稽为决(天下)

说明：《墨子·节丧下》："上稽之尧舜禹汤文武之道。"按,"之"为Np,引入Nd的介词省。

稽³(1) jī　　5/26382

留,留止(D)

一价：V(a)

单向：S:Na＋V(参说明)

S':Na＋PNi＋V(1)而不以心稽(达生)成玄英疏：稽,留也。(662页)

说明：《管子·君臣上》："是以令出而不稽。"

䅩¹(1) jī　　3/59771

招致(D)

二价：V(a,p)

双向：S:Na＋V＋Np(1)而䅩其所患(列御寇)

䅩²(3) jī　　3/59771

混杂,调和(D)

二价：V(a,p)

双向：S:Na＋V＋Np(2)䅩万物而不为戾(天道)

S':Na/p＋PNi＋V(1)故以是非相䅩也(知北游)郭象注：䅩,和也。(766页)按,一说"攻击"。

说明：S'中,Na/p表示Na和Np占据同一句法位置,以"相"为标记。

激(2) jī　　5/01242

阻遏水流,引导(D)

二价：V(a,p)

双向：S:Na＋V＋Np(1)激西江之水而迎子(外物)

非典型位置(1)：

者字结构(1)：激者(齐物论)按,指水流受阻发出的声音。

击(6) jī　　3/54254

击打,攻击,触及(D)

二价：V(a,p)

双向：S:Na＋V＋Np(2)若击鼓而求亡子焉(天道)

S':Ni＋V(1)目击而道存矣(田子方)

S':Npl+V+Nm(1)水击三千里（逍遥游）
S':Np+V+PNa(1)自掊击于世俗者（人间世）
S':Na/p+V+PNpl(1)日夜相击于前（说剑）
说明：1.S'中，Na/p表示Na和Np占据同一句法位置，以"相"为标记。2."水击"中，"水"充当状语，表示V发生的处所。一说当是"击水三千里"，则"水"为Np。

饥（8）jī　　5/91812
饿（Z）
一价：V(e)
单向：S:Ne+V(2)弟子虽饥，不忘天下（天下）
非典型位置（5）：
主语（2）：饥渴寒暑……天地之行也（山木）
宾语（1）：时其饥饱（人间世）成玄英疏：知饥饱之时。（168页）
定语（2）：容貌有饥色（让王）
　使饥饿（D）
准二价：V(a,c)
准双向：S:Na+V+Nc(1)饥之渴之（马蹄）
说明：充当主语、宾语"饥渴"、"饥饱"并举。

讥（1）jī　　5/08651
非议，指责（D）
二价：V(a,p)
双向：S:Na+V+Np(参说明2)
S':Na/p+V(1)诞信相讥（在宥）
说明：1.S'中，Na/p表示Na和Np占据同一句法位置，以"相"为标记。2.《左传·隐公元年》："称郑伯，讥失教也。"

迹（1）jī　　2/09020
留下痕迹（D）
准一价：V(a)
准单向：S:Na+V(未出现)
非典型位置（1）：
所字结构（1）：夫《六经》，先王之陈迹也，岂其所以迹哉（天运）郭象注：所以迹者，真性也。（532页）

资⁴（1）jī　　3/19893
通"赍"，送（D）
二价：V(a,p)
双向：S:Na+V+Np(参说明)
S':Na+PNp+V(1)其人之葬也，不以晏资（德充符）《释文》：李云：资，送也。（211页）
说明：《汉书·严助传》："资衣粮。"

殛（1）jí　　5/72111
诛杀（D）
二价：V(a,p)
双向：S:Na+V+Np(参说明)
非典型位置（1）：
宾语（1）：以至此殛也（徐无鬼）

说明:《左传·僖公二十八年》:"明神殛之。"

藉³(2) jí 3/33583
践踏,系(D)
二价:V(a,p)
双向:S:Na+V+Np
S':V+Np(1)藉夫子者无禁(让王)
非典型位置(1):
宾语(1):猨狙之便、执嫠之狗来藉(应帝王)
说明:"藉夫子者"转指Na。

集(2) jí 3/97363
鸟停在树上,止(D)
二价:V(a,pl)
单向:S:Na+V+PNpl(1)而集于栗林(山木)
S':Na+V+Npl(1)唯道集虚(人间世)成玄英疏:唯此真道,集在虚心。(148页)

疾¹(3) jí 4/02990
生病(Z)
一价:V(e)
单向:S:Ne+V(2)夫醉者之坠车,虽疾不死(达生)
非典型位置(1):
宾语(1):可谓疾矣(盗跖)

疾²(2) jí 4/02990
担忧,害怕(D)
二价:V(a,p)
双向:S:Na+V+Np(2)草食之兽不疾易薮(田子方)成玄英疏:疾,患也。(715页)
说明:Np由动词语充任。

汲(1) jí 5/01740
汲水(D)
一价:V(a)
单向:S:Na+V
S':Na+V+Npl(1)绠短者不可以汲深(至乐)按,汲深,汲于深。

极¹(2) jí 5/36711
到达极点(Z)
一价:V(e)
单向:S:Ne+V(2)反要而语极(秋水)

极²(2) jí 5/36711
至(D)
二价:V(a,l)
单向:S:Na+V+PNl(参说明)
非典型位置(2):
所字结构(2):无所不极(刻意)
说明:《国语·鲁语下》:"齐朝驾则夕极于鲁国。"

极³(3) jí 5/36711
穷究(D)
二价:V(a,p)
双向:S:Na+V+Np(3)极物之真(天道)

辑(1) jí　　　5/50838
和睦相处(Z)
一价:V(e)
单向:S:Ne＋V(1)民孰敢不辑(天地)成玄英疏:辑,和也。(430页)

及¹(20) jí　　　1/78240
追上、赶得上(D)
二价:V(a,p)
双向:S:Na＋V＋Np(12)有虞氏不及泰氏(应帝王)/而不及子之无足(秋水)/走及匠石(人间世)
S':Na＋V(6)列子追之不及(应帝王)
非典型位置(2):
定语(1):使天下簧鼓以奉不及之法非乎(骈拇)
所字结构(1):贤人之所不能及(盗跖)

及²(30) jí　　　1/78240
至,达到,涉及(Z)
二价:V(e,d)
双向:S:Ne＋V＋Nd(26)泽及万世而不为仁(大宗师)
S':Ne＋V(2)言辩而不及(齐物论)
S':Ne/d＋V(1)外内不相及(大宗师)
非典型位置(1):

所字结构(1):神有所不及也(外物)
说明:另有9例归入介词。其特点是处在小句之首,引入小句,如"及其牵而入于大庙,虽欲为孤犊,其可得乎。"(列御寇)

挤(1) jǐ　　　5/50071
排斥(D)
二价:V(a,p)
双向:S:Na＋V＋Np(1)故其君因其修以挤之(人间世)

给¹(1) jǐ　　　5/66981
供给(D)
二价:V(a,p)
双向:S:Na＋V＋Np(1)足以给飦粥(让王)

给²(1) jǐ　　　5/66981
使丰足(D)
准二价:V(a,c)
准双向:S:Na＋V＋Nc(1)共给之之为安(天地)
说明:形容词用作动词,使动用法。

暨(1) jì　　　3/21814
至,到(D)
二价:V(a,l)
单向:S:Na＋V＋Pnl(1)列子提屦,跣而走,暨乎门(列御寇)

稷(1) jì　　　5/26844

为……立稷(D)
准二价:V(a,d)
准双向:S:Na+V+Nd(1)子胡不相与尸而祝之,社而稷之乎(庚桑楚)成玄英疏:为立社稷,建其宗庙。(771页)
说明:名词活用作动词。

忌 (1) jì　　3/11010
禁止(D)
二价:V(a,p)
双向:S:Na+V+Np
S':Np+V(1)未生不可忌(则阳)
说明:Np 移至 V 前,以助动词"可"作标记。

寄¹ (2) jì　　3/02321
寄居,依附(D)
二价:V(a,d)
单向:S:Na+V+PNd(1)彼亦直寄焉(人间世)
S':Na+V(1)楚人寄而蹢闾者(徐无鬼)

寄² (4) jì　　3/02321
寄托,托付(D)
三价:V(a,p,d)
双向:S:Na+V+Np+PNd
S':Nd+V+Np(1)则可以寄天下(在宥)
非典型位置(3):
主语(2):今寄去则不乐(缮性)

者字结构(1):物之傥来,寄者也(缮性)
说明:1. Nd 移至 V 前,以助动词"可以"作标记。2."寄²"充当主语,转指寄托之物。

计 (13) jì　　5/08301
计算,谋划,考虑(D)
二价:V(a,p)
双向:S:Na+V+Np(8)今吾日计之而不足(庚桑楚)
S':Na+V+PNp(1)而何计以有虞氏为(天地)
S':Na+V+Np+Ni(2)计之利(盗跖)
S':Na+V(1)且女亦大早计(齐物论)
S':Np+V(1)其为乐可胜计邪(大宗师)
说明:Np 移至 V 前,以助动词"可"作标记。

祭 (5) jì　　2/29160
祭祀,供奉鬼神(D)
二价:V(a,e)
双向:S:Na+V+Np(2)不祭先祖(盗跖)
S':Na+V(1)市南宜僚受酒而祭(徐无鬼)
非典型位置(2):
主语(1):翛翛乎若祭之有社(秋水)

定语(1):是祭祀之斋(人间世)

继¹(1) jì   5/66710
延续,继续(Z)
二价:V(e,d)
双向:S:Ne+V+Nd(1)哀又继之
　(知北游)

继²(3) jì   5/66710
继续,继承(D)
二价:V(a,p)
双向:S:Na+V+Np(参说明2)
S':Na+PNi+V+Np(2)则以伪继
　之(则阳)/夫贵者夜以继日(至
　乐)
　S':Na/p+V(1)三代殊继(秋水)
说明:1."三代殊继"中,"三代"包
　含a、p。2.《左传·宣公二年》:
　"不入,则子继之。"

纪(1) jì   5/66811
记载(D)
二价:V(a,p)
双向:S:Na+V+Np
S':Np+V(1)此名实之可纪(则
　阳)
说明:Np移至V前,以助动词
　"可"作标记。

际(1) jì   5/82260
交会(Z)
二价:V(e,d)
单向:S:Ne+V+PNd(1)上际于
　天,下蟠于地(刻意)

冀(2) jì   3/71895
希望(D)
二价:V(a,p)
双向:S:Na+V+Vp(2)冀得为其
　后世(天下)

跽(1) jì   5/87812
长跪(D)
一价:V(a)
单向:Na+V(参说明)
非典型位置(1):
主语(1):擎跽曲拳,人臣之礼也
　(人间世)
说明:《战国策·秦策三》:"秦王跽
　曰。"

记(1) jì   5/08812
记住(D)
二价:V(a,p)
双向:S:Na+V+Np(1)弟子记之
　(山木)

济¹(2) jì   5/01070
渡,过河(D)
二价:V(a,l)
单向:S:Na+V+PNl(2)方舟而济
　于河(山木)
说明:Nl为所经过的空间。

济²(3) jì   5/01071
救助,成就(D)

二价:V(a,p)
双向:S:Na+V+Np(2)窃窃乎又何足以济世哉(庚桑楚)
S':Na+V+PNp(1)以济乎人之死(德充符)

济³(1) jì 5/01071
停止(D)
一价:V(a)
单向:S:Na+V(1)厉风济则众窍为虚(齐物论)

加¹(2) jiā 5/32881
把此物放在彼物之上(D)
三价:V(a,p,l)
双向:S:Na+V+Np+PNl(2)加汝肩尻乎彫俎之上(达生)

加²(5) jiā 5/32881
加给,增加(D)
三价:V(a,p,d)
双向:S:Na+V+Nd+PNp(1)夫加之以衡扼(马蹄)
S':Na+V+Np+Nm(1)加富二等(让王)
S':Np+V(3)弗可以加矣(庚桑楚)
说明:Np移至V前,均为否定句,且均以助动词"可"作标记。

加³(1) jiā 5/32881
超过(Z)
二价:V(e,d)
双向:S:Ne+V+Nd
S':Ne+PNi+V+Nd(1)何以加此(列御寇)

嘉(1) jiā 3/37882
善待(D)
二价:V(a,p)
双向:S:Na+V+Np(1)嘉孺子(天道)

夹(1) jiā 1/30900
聚在两旁(D)
二价:V(a,p)
双向:S:Na+V+Np(1)剑士夹门而客三千余人(说剑)

假¹(2) jiǎ 5/90841
借出(D)
三价:V(a,p,d)
双向:S:Na+PNp+V+Nd(1)不以身假物(天下)
S':Na+V+PNd+Np(1)且假乎禽贪者器(徐无鬼)郭象注:仁义可见,则夫贪者将假斯器以获其志。(862页)

假²(2) jiǎ 5/90841
借入(D)
三价:V(a,p,d)
双向:S:Na+V+Np+PNd(2)夫冻者假衣于春(则阳)
说明:从语义上看,"假¹"表示物的内向转移(借入),"假²"表示外向转移(借出);转移方向不同,句式有别。

假³(8) jiǎ　　5/90841
凭借(D)
二价:V(a,p)
双向:S₁Na+V+Np(4)假之而生(至乐)
S':Na+V+PNp(1)假于异物(大宗师)
非典型位置(3):
判断句谓语(1):生者,假借也(至乐)
所字结构(2):所假而行(则阳)

兼¹(5) jiān　　2/90755
同时涉及几种事物(Z)
二价:V(e,d)
单向:S:Ne+V+PNd(5)技兼于事(天地)

兼²(3) jiān　　2/90755
兼有,兼并(D)
二价:V(a,p)
双向:S:Na+V+Np(2)兼人之土地(徐无鬼)
非典型位置(1):
者字结构(1):致功并兼者之所好也(刻意)

缄(1) jiān　　5/66501
闭藏(Z)
一价:V(e)
单向:S:Ne+V
非典型位置(1):
宾语(1):其厌也如缄(齐物论)王先谦集解引宣颖曰:厌然闭藏。

煎(1) jiān　　3/91862
消熔(Z)
一价:V(e)
单向:S:Ne+V(1)膏火自煎也(人间世)《释文》引司马云:膏起火,还自消。(186页)

监²(3) jiān　　3/86876
明察(D)
二价:V(a,d)
单向:S:Na+V+PNd(3)不监于道(盗跖)
S':Na+V+Nd+Ni(1)反监之度(盗跖)按,言依度反察之。

简¹(1) jiǎn　　3/66826
选择(D)
二价:V(a,p)
双向:S:Na+V+Np(1)简发而栉(庚桑楚)成玄英疏:譬如择简毛发。(775页)

简²(2) jiǎn　　3/66826
使简约,使简省(D)
准二价:V(a,c)
准双向:S:Na+V+Nc(1)唯简之而不得(大宗师)
非典型位置(1):

所字结构(1):夫已有所簡矣(大宗师)

蹇¹(1) jiǎn　3/02593
抵触(Z)
二价:V(e,d)
单向:S:Ne＋PNd＋V(1)与道大蹇(秋水)

翦(2) jiǎn　3/91822
剪断,砍伐(D)
二价:V(a,p)
双向:S:Na＋V＋Np(参说明)
S':Na＋Np＋V(1)不爪翦(德充符)
非典型位置(1):
宾语(1):且几有翦乎(人间世)
说明:《吕氏春秋·顺民》:"于是翦其发。"

贱(8) jiàn　5/89553
轻视(D)
二价:V(a,y)
双向:S:Na＋V＋Ny(5)论则贱之(盗跖)
S':Na/y＋V(2)自贵而相贱(秋水)
非典型位置(1):
所字结构(1):小人所贱也(盗跖)
说明:S'中,Na/y 表示 Na 与 Ny 占据同一句法位置,以"相"为标记。

间¹(1) jiàn　2/82826
间隔(Z)
二价:V(e,d)
双向:S:Ne＋V＋Nd(1)而物或间之邪(庚桑楚)

建(3) jiàn　2/14502
立(D)
二价:(a,p)
双向:S:Na＋V＋Np(1)无建己之患(天下)
S':Na＋V＋Np＋PNi(2)建之以大清(天运)

谏(6) jiàn　5/08561
规劝尊长(D)
二价:V(a,p)
双向:S:Na＋V＋Np(1)其谏我也似子(田子方)
S':Na＋V(1)申徒狄谏而不听(盗跖)
S':Np＋V＋PNi(1)夫可规以利而可谏以言者(盗跖)
非典型位置(3):
主语(2):忠谏不听(至乐)
宾语(1):闻谏愈甚(渔父)
说明:1. Np 移至 V 前,以"可"作标记。2. 当 S'(Np＋V＋PNi)构成者字结构时,Np 不能出现在句法层面,"(V＋PNi)者"转指 Np。

监¹(1) jiàn　　3/86876
照(D)
二价:V(a,p)
双向:S:Na＋V＋Np(1)监照下土
（天运）

践(5) jiàn　　5/87551
踏(D)
二价:V(a,p)
双向:S:Na＋V＋Np(2)行者践其
首脊（天运）
S':Na＋Ni＋V＋Np(1)马,蹄可以
践霜雪（马蹄）
S':Na＋PNp＋V(1)故足之于地也
践（徐无鬼）成玄英疏:夫足之能
行,必履于地。（872页）
S':Na＋V(1)虽践（徐无鬼）

见¹(210) jiàn　　3/88213
看见;拜见,会见(D)
二价:V(a,p)
双向:S:Na＋V＋Np(129)妇人见
之（德充符）/ 孔子见老聃（田子
方）/ 见一丈夫钓（田子方）
S':Na＋Np＋V(5)仲父何见（达
生）/而盲者不能自见（庚桑楚）/
王未之见（则阳）
S':Np＋V(3)道不可见（知北游）
S':Na＋V(28)王子庆忌见而问焉
（山木）
S':Na＋V1V2＋Np(14)庄子往见
之（秋水）

S':Na＋PNi＋V＋Np(3)东野稷以
御见庄公（达生）
S':Na＋V＋Np＋PNpl(6)黄帝将
见大隗乎具茨之山（徐无鬼）/
见大木焉（人间世）
S':Na＋PNd＋V＋Np(4)列子与
之见壶子（应帝王）
S':Na＋Nt＋PNpl＋V＋Np(1)吾
乃今于是乎见龙（天运）
S':Na＋V＋PNp(1)故乃肯见于寡
人（徐无鬼）
S':V＋PNpl(1)见所尝见于中国者
喜（徐无鬼）按,后"见"。
非典型位置(15):
所字结构(8):目无所见（在宥）
者字结构(3):见者惊犹鬼神（达
生）
宾语(4):其于家有不见也（徐无
鬼）
说明:1.Np一般由名词语充任,有
时也可由动词语或小句充任(10
例),如《田子方》例。由动词语
或小句充任的S不能派生出其
他各式。2.Np移至V前有两种
情况:(1)构成 S'(Na＋Np＋
V),Np仍充当宾语;(2)构成S'
(Np＋可＋V),Np充当主语,以
助动词"可"作标记。3."见"与
其他动词连用(V1V2),处于V2
的位置。4."见"的词义为"看

见"时,Np[＋人],可以由名词语充任,也可由动词语或小句充任;"见"的词义为"拜见"、"会见"时,Np[＋人],只能由名词语充任。5. S'(Na＋V＋Np＋PNpl)中,PNpl一般由"焉"替代(5例),如《人间世》例。6. Np由介词引入,如《徐无鬼》之"见于寡人",属特例。考察先秦文献,S'(Na＋V＋PNp)式中,Np[＋人]者共检得10例(《左传》3例、《韩非子》2例、《墨子》1例、《战国策》4例),Np均为君王,V均为"拜见"之义,或许由P引入Np与恭敬义的表达有关。7.《田子方》中有"每见之客也,必入而叹,何也"句,考其上文,有"出而见客,入而叹;明日见客,又入而叹"句,"见之客"当是"见客"的变式,"之"为助词,出现在动宾结构中间,其作用当与插入主谓结构中的"之"同,属特例。8. S'(V＋PNpl)出现在"所"字结构中,Na不能出现在句法层面;"所＋(V＋PNpl)"转指Np。

荐(1) jiàn　　3/33022
献(D)
二价:V(a,p)
双向:S:Na＋V＋Np(1)请尝荐之(天地)成玄英疏:荐,献也。

(430页)

鉴[1](3) jiàn　　5/97876
照影(D)
二价:V(a,pl)
单向:Na＋V＋PNpl(3)人莫鉴于流水(德充符)

鉴[2](1) jiàn　　3/88976
察看(D)
二价:V(a,p)
双向:Na＋V＋Np(参说明)
非典型位置(1):
所字结构(1):而一无所鉴,以窥其所不休者(天运)
说明:《吕氏春秋·离谓》:"鉴其表而弃其意。"

渐(1) jiàn　　5/01524
渐进,逐步发展(Z)
一价:V(e)
单向:S:Ne＋V(参说明)
非典型位置(1):
定语(1):名之曰日渐之德不成(人间世)
说明:《周易·坤》:"其所由来者渐矣。"

强[3](1) jiāng　　5/12662
通"僵",使仆倒(D)
准二价:V(a,c)
准双向:S:Na＋V＋Nc(1)推而强之(则阳)

将¹(2) jiāng　　5/27230
养,奉养(D)
二价:V(a,p)
双向:S:Na＋V＋Np(2)备物以将
　　　形(庚桑楚)
说明:Np[一人]。

将²(4) jiāng　　5/27230
送行(D)
二价:V(a,p)
双向:S:Na＋V＋Np(参说明3)
S':Na＋V(2)不将不迎(应帝王)
S':Na＋PNp＋V(1)为能与人相将
　　　迎(知北游)
非典型位置(1):
所字结构(1):无有所将,无有所迎
　　　(知北游)
说明:1.Np[＋人]。2. 4 例或
　　"将"、"迎"并举,或"将"、"迎"对
　　举。3.《诗经·召南·鹊巢》:
　　"之子于归,百两将之。"

将³(1) jiāng　　5/27230
行,施行(D)
二价:V(a,p)
双向:S:Na＋V＋Np(参说明2)
非典型位置(1):
所字结构(1):不知义之所适,不知
　　　礼之所将(山木)
说明:1.Np[一人]。2.《尚书·胤
　　征》:"今予以尔有众奉将天罚。"

将⁴(2) jiàng　　5/27320
统率,率兵(D)
二价:V(a,p)
双向:S:Na＋V＋Np
S':V＋Np(1)将甲者进辞曰(秋
　　　水)
S':Na＋V1＋Np＋V2(1)吴王使
　　　之将(逍遥游)
说明:1."(V＋Np)者"转指 Na。
　　2. S'(Na＋V1＋Np＋V2)中,
　　V1 为使令动词,Np 为兼语。

讲 (1) jiǎng　　5/08557
说,讲解(D)
二价:V(a,p)
单向:S:Na＋V＋PNp(1)请讲以
　　　所闻(德充符)

降¹(1) jiàng　　5/82251
停止(D)
一价:V(a)
单向:S:Na＋V
S':Na＋Nt＋V(1)日夜无降(外
　　　物)成玄英疏:降,止也。(940
　　　页)

降²(3) jiàng　　5/82251
降下,落下(D)
一价:V(a)
单向:S:Na＋V(2)霜雪既降(让
　　　王)
S':Na＋PNpl＋V(1)神何由降(天

下)

说明:《老子·三十二章》有"天地相合,以降甘露"句,据《老子》,则"降"为二价双向动词。

降³(1) jiàng　　5/82251
降给,给予(D)
三价:V(a,p,d)
双向:S:Na+V+Nd+PNp(1)天降朕以德(在宥)

焦(2) jiāo　　3/97603
枯焦,烧焦(Z)
一价:V(e)
单向:S:Ne+V(2)而已与豕俱焦也(徐无鬼)

交¹(6) jiāo　　3/01940
交错,交接(Z)
二价:V(e,d)
单向:S:Ne/d+V(2)其寐也魂交(齐物论)
S':Ne/d+V+PNpl(1)白刃交于前(秋水)
S':N+V+Ne/d(2)则是罪人交臂历指(天地)
S':N1+PN2+V+Ne/d(1)吾终身与汝交一臂而失之(田子方)
说明:1. Ne/d 表示 Ne 与 Nd 占据同一句法位置。2. S'(N+V+Ne/d) V 后的 Ne/d 与 V 前的 N 具有广义的领属关系。

交²(1) jiāo　　3/01940
雌雄交合(D)
二价:V(a,d)
单向:S:Na+PNd+V(1)麋与鹿交(齐物论)

交³(7) jiāo　　3/01940
交往,结交(D)
二价:(a,d)
单向:S:Na+PNd+V(1)不与物交(刻意)
非典型位置(6):
主语(4):且君子之交淡如水(山木)/亲交益疏,徒友益散(山木)
宾语(2):析交离亲谓之贼(渔父)

懏(1) jiāo　　5/60222
骄傲(D)
一价:V(a)
单向:S:Na+V(1)方虚懏而恃气(达生)

骄(3) jiāo　　5/82225
怠慢(D)
二价:V(a,d)
双向:S:Na+V+Nd
S':Na+PNi+V+Nd(3)无以汝色骄人哉(徐无鬼)

胶(1) jiāo　　5/82722
黏住(D)
二价:V(a,p)

双向:S:Na+V+Np(1)胶离朱之目(胠箧)
S':Np+V(1)置杯焉则胶(逍遥游)

教(23) jiāo　　5/33940
传授,教导(D)
三价:V(a,p,d)
三向:S:Na+V+Nd+Np(1)子教子路菹此患(盗跖)
S':Na+PNp+V+Nd(5)太子何以教周(说剑)
S':Na+V+Nd(7)必能教其弟(盗跖)
S':Na+V(6)立不教(德充符)
非典型位置(4):
宾语(3):弟不受兄之教(盗跖)/始以汝为可教(寓言)
定语(1):其言虽教谪之实也(人间世)

矫(2) jiǎo　　5/99222
纠正(D)
二价:V(a,p)
双向:S:Na+V+Np(1)为之仁义以矫之(胠箧)
S':Na+PNi+Np+V(1)以绳墨自矫(天下)
说明:Np由代词"自"充任,移至V前。

觉[1](13) jiào　　3/82013
睡醒(D)
一价:V(a)
单向:S:Na+V(7)匠石觉而诊其梦(人间世)
非典型位置(6):
主语(4):其觉无忧(刻意)
宾语(1):而愚者自以为觉(齐物论)
者字结构(1):其觉者乎(大宗师)

效[3](1) jiào　　5/04940
通"校",考(D)
二价:V(a,p)
双向:S:Na+V+Np
S':Na+V+Np+PNi(1)彼将任我以事而效我以功(列御寇)成玄英疏:必将任我以物务而验我以功绩。(1038页)/《释文》:效,本又作"校"。(1038页)

接[1](8) jiē　　5/50040
交接,触及(D)
二价:V(a,d)
双向:S:Na+V+Nd(1)接万物以别宥为始(天下)
S':Na+V+PNd(1)接于事而不辞(在宥)
S':Na+PNd+V(1)故其与万物接也(天地)
S':Na+V(2)是接而生时于心者也(德充符)
非典型位置(3):

宾语(2):与接为构(齐物论)
判断句谓语(1):知者,接也(庚桑楚)

接²(1) jiē　　5/50040
连接(Z)
二价:V(e,d)
单向:S:Ne＋V＋PNd(1)足迹接乎诸侯之境(胠箧)

接³(2) jiē　　5/50040
抓住,承托(D)
二价:V(a,p)
双向:S:Na＋V＋Np(2)接其鬓(外物)成玄英疏:接,撮也。(928页)

揭(7) jiē　　5/50822
高举,举,负(D)
二价:V(a,p)
双向:S:Na＋V＋Np(7)夫揭竿累(外物)

竭(13) jié　　5/01822
干涸,亡,尽(Z)
一价:V(e)
单向:S:Ne＋V(12)夫川竭而谷虚(胠箧)/唇竭则齿寒(胠箧)
使……尽(D)
　准二价:V(a,c)
　准双向:S:Na＋V＋Nc(1)求尽性竭财(盗跖)

节(4) jié　　3/66222
节制(D)
二价:V(a,p)
双向:S:Na＋V＋Np(参说明1)
S':Na＋V(1)节而不可不积者(在宥)
S':Np＋V(2)礼乐不节(渔父)
非典型位置(1):
所字结构(1):鹤胫有所节(徐无鬼)
说明:1.《吕氏春秋·论人》:"节嗜欲。"2.《天下》有"命之曰《节用》",未计在内。

絜²(1) jié　　3/52660
使纯洁(D)
准二价:V(a,c)
准双向:S:Na＋V＋Nc(1)不如避之以絜吾行(让王)
说明:形容词用作动词,使动用法。

劫(2) jié　　5/36220
掠取(D)
二价:V(a,p)
双向:S:Np＋Na＋V(1)古之真人……盗人不得劫(田子方)
非典型位置:
定语(1):内则疑劫请之贼(盗跖)
说明:《庄子》中为"劫"、"刦"二字。

结¹(4) jié　　5/66381
打结,结合,束缚(D)

二价:V(a,p)
双向:S:Na+V+Np(3)民结绳而用之(胠箧)
S':Na/p+V+PNi(1)相结以隐(外物)

结²(3) jié　　5/66381
凝聚,连接(Z)
一价:V(e)
单向:S:Ne+V(1)地气郁结(在宥)
S':Ne+V+PNpl(1)车轨结乎千里之外(胠箧)
S':V+Ne+Nm(1)结驷千乘(人间世)
说明:PNm补充说明V的度量。

解¹(7) jiě　　5/22755
消散,融化,离散(Z)
一价:V(e)
单向:S:Ne+V(5)吾形解而不欲动(田子方)
使离散(D)
准二价:V(a,c)
准双向:S:Na+V+Nc(1)故君子苟能无解其五藏(在宥)《释文》:无解,如字。……散也。(370页)

解²(27) jiě　　5/22755
分割牛或动物的肢体,解开,解释,解除,理解(D)
二价:V(a,p)

双向:S:Na+V+Np(13)大阴解之(徐无鬼)
S':Na+PNd+V+Np(1)庖丁为文惠君解牛(养生主)
S':Na+V+Np+PNi(1)故解之以牛之白颡者……不可以适河(人间世)
S':Na+V(2)大惑者终身不解(天地)
S':Np+V(6)连环可解也(天下)/謋然已解(养生主)
S':Np+V+PNpl(1)不可解于心(人间世)
S':Na+V+PNp(2)已为道者解乎此(田子方)成玄英疏:唯当修道达人,方能解此。(716页)
非典型位置(1):
所字结构(1):所解数千牛矣(养生主)
说明:1.Np移至句首有两种情况:(1)以助动词"可"为标记(3例),如《天下》例之"连环";(2)无标记(4例),如《养生主》例之"牛"(承上省)。2.Np偶或为求音节的整齐,用介词引入句法层面,如《田子方》例之"乎"。

戒¹(8) jiè　　2/50330
戒备,警戒(D)
二价:V(a,p)
双向:S:Na+V+Np(4)汝戒之哉

(徐无鬼)
S':Na+PNi+V(1)怵然为戒(养生主)
非典型位置(3):
宾语(2):天下有大戒二(人间世)
判断句谓语(1):夜行昼居,戒也(山木)

戒²(2) jiè　　2/50330
劝诫,开导(D)
三价:V(a,p,d)
双向:S:Na+PNp+V+Nd(1)子将何以戒我乎(天运)
S':Na/d+V(1)则父子兄弟相戒也(达生)

戒³(4) jiè　　2/50330
斋戒(D)
一价:V(a)
单向:S:Na+V(3)乃齐戒以言之(在宥)
S':Na+Nt+V(1)十日戒(达生)
说明:"齐戒"并举3例,如《在宥》。

介(1) jiè　　2/90220
间隔(Z)
二价:V(e,d)
双向:S:Ne+V+Nd(参说明)
非典型位置(1):
所字结构(1):而况得丧祸福之所介乎(田子方)
说明:《左传·襄公九年》:"天祸郑国,使介居二大国之间。"杜预注:"介犹间也。"

藉¹(1) jiè　　3/33583
把……当作草垫,铺垫(D)
准二价:V(a,y)
准双向:S:Na+V+Ny(1)藉白茅(达生)
说明:名词的用作动词,意动用法。

藉²(2) jiè　　3/33583
凭借,依靠(D)
二价:V(a,d)
双向:S:Na+V+Nd(2)吾藉王倪以要之(天地)

借(2) jiè　　5/90383
求助(D)
二价:V(a,d)
双向:S:Na+V+Nd(1)事焉不借人(秋水)成玄英疏:终不假借于人。(575页)
非典型位置(1):
判断句谓语(1):生者,假借也(至乐)

矜¹(3) jīn　　5/12920
自夸,自恃(D)
二价:V(a,p)
双向:S:Na+V+Np(1)筋力之士矜难(徐无鬼)
S':Na+V(1)其载焉终矜尔(外物)

非典型位置(1)：
宾语(1)：不同于己，虽善不善，谓之矜(渔父)

矜²(2) jīn　　5/12920
尚，崇尚(Z)
二价：V(e,d)
单向：S:Ne＋V＋PNd(2)故夫三皇五帝之礼仪法度，不矜于同而矜于治(天运)

矜³(1) jīn　　5/12920
谨慎(D)
二价：V(a,d)
双向：S:Na＋V＋Nd(参说明)
非典型位置(1)：
所字结构(1)：而有所矜(达生)
说明：《尚书·旅獒》："不矜细行，终累大德。"

矜⁴(1) jīn　　5/12920
使劳苦(D)
准二价：V(a,c)
准双向：S:Na＋V＋Nc(1)矜其血气以规法度(在宥)郭庆藩按：矜其血气，犹《孟子》言苦其心志也。矜者，苦也，训见《尔雅·释言》篇。(374页)

巾(3) jīn　　1/38020
用巾覆盖，覆盖(D)
一价：V(a)
单向：S:Na＋V(1)王巾笥而藏之庙堂之上(秋水)
S':Na＋V＋PNi(2)巾以文绣(天运)

谨(5) jǐn　　5/08374
谨慎，敬(D)
二价：V(a,d)
单向：S:Na＋V＋PNd(1)谨于去就(秋水)
S':Na＋V(1)子不谨(德充符)
非典型位置(3)：
状语(3)：谨修尔身，慎守其真(渔父)/谨奉千金以币从者(说剑)
说明："敬"义只处在非典型位置，如《说剑》例。

近(10) jìn　　2/09820
接近(Z)
二价：V(e,d)
双向：S:Ne＋V＋Nd(5)不近富贵(天地)
S':Ne＋PNd＋V(2)我与汝终不近也(知北游)
S':Ne＋V(1)是亦近矣(齐物论)
S':Ne＋Ni＋V(1)奚故不近(知北游)
使接近(D)
准三价：(a,c,d)
准三向：S:Na＋V＋Nc＋Nd(1)彼近吾死(大宗师)成玄英疏：彼，造化也。而造化之中，令我近死。(263页)

进¹(20) jìn　　2/09973
前进,上前(D)
一价:V(a)
单向:S:Na+V(13)孔子趋而进(盗跖)
S':Na+PNi+V(3)不以多少进退者(秋水)
非典型位置(2):
主语(2):进退中绳(达生)
使上前(D)
准二价:(a,c)
准双向:S:Na+V+Nc(1)揖御寇而进之(田子方)
说明:《则阳》中,尚有"史鰌奉御而进所"句,依句意,"进"当是进入之义,考察先秦文献,"进"与"入"有较为严格的区别,"进"不支配目标语义角1,进入之义当是后起义,故"进所"在先秦文献中属特例,列于此以备考。

进²(5) jìn　　2/09973
进献,献上(D)
三价:V(a,p,d)
双向:S:Na+V+Np+PNd(1)则人莫不进之于其亲(天运)
S':Na+V+Np(3)跪坐以进之(在宥)
S':Np+V(1)使道而可进(天运)
说明:Np 移至 V 前,以助动词"可"作标记。

进³(5) jìn　　2/09973
增进,推进,长进(D)
二价:V(a,p)
双向:S:Na+V+Np(1)而皆进其独志(天地)
S':Np+V(3)业可得进乎(外物)/人心排下而进上(在宥)郭象注:排之则下,进之则上。(372页)
S':Na+V+Np+Ni(1)滀乎进我色也(大宗师)按,进我色,犹进我以色。
说明:Np 移至句首充当话题主语,有两种情况:(1)以助动词"可"为标记(1例),如《外物》例;(2)无标记(2例),如《在宥》例。

进⁴(4) jìn　　2/09973
超过(D)
二价:V(a,d)
单向:S:Na+V+PNd(3)臣之所好者道也,进乎技矣(养生主)成玄英疏:进,过也。(119页)
S':Na/d+V(1)相进而已矣(天下)
说明:S' 中,Na/d 表示 Na 与 Nd 占据同一句法位置,以"相"为标记。

尽¹(19) jìn　　3/57675
穷尽,达到极点(Z)
二价:V(e,d)
双向:S:Ne+V+Nd(4)终日言而

尽道(则阳)
S':Ne+V+PNd(2)身劳于国,而知尽于事(列御寇)
S':Ne+V+PNpl(1)生熟不尽于前(天道)
S':Ne+V(8)彼已尽矣(田子方)
非典型位置(4):
宾语(3):不忘以待尽(齐物论)
所字结构(1):此物之所有,言之所尽(则阳)
说明:S(Ne+V+Nd)可以转换为S'(Ne+V+PNd)。

尽² (9) jìn   3/57675
竭尽,使达到极点(D)
二价:V(a,c)
双向:S:Na+V+Nc(8)尽垩而鼻不伤(徐无鬼)
S':Na+Nc+V(1)未之尽者(天下)
说明:否定句中,由代词"之"充任的Nc移至V前。

浸 (3) jìn   5/01140
灌溉(D)
二价:V(a,p)
 双向:S:Na+V+Np(1)一日浸百畦(天地)
S':Na+V(1)时雨降矣,而犹浸灌(逍遥游)
非典型位置(1):
主语(1):大浸稽天而不溺(逍遥游)

禁 (9) jìn   3/36160
禁止(D)
二价:V(a,p)
双向:S:Na+V+Np(5)禁攻寝兵(天下)
S':Na+V(1)斧钺之威弗能禁(胠箧)
S':Np+V(2)来者勿禁(山木)
S':Na+V1+Np+V2(1)此重利盗跖而使不可禁者(胠箧)
说明:S'(Na+V1+Np+V2)中,V1为使令动词,Np为兼语。

经¹ (1) jīng   5/66170
吊,悬挂(D)
一价:V(a)
单向:S:Na+V
S':Na+Ni+V(1)熊经鸟申(刻意)按,"熊"作状语。

经² (1) jīng   5/66170
经过,经历(D)
二价:V(a,l)
单向:S:Na+V+PNl(1)其神经乎大山而无介(田子方)

经³ (3) jīng   5/66170
治理,分析(D)
二价:V(a,p)
双向:S:Na+V+Np(2)好经大事(渔父)

S':Na＋V＋PNp(1)其不可与经于世亦远矣(外物)

惊 (18) jīng　　3/34824

二价:V(a,d)

双向:S:Na＋V＋Nd(1)吾惊怖其言(逍遥游)

S':Na＋PNd＋V(3)若是则汝何为惊已(列御寇)/恶乎惊(列御寇)成玄英疏:重问御寇于何事迹而起惊心。(1016页)/吾是以惊(列御寇)

S':Na＋V(9)皆惊而相告也(外物)

非典型位置(1):

主语(1):死生惊惧不入乎其胸中(达生)

使惊骇(D)

准二价:V(a,c)

准双向:S:Na＋V＋Nc(2)今汝饰知以惊愚(达生)

S':Na＋V(1)疾雷破山风振海而不能惊(齐物论)

S':Na＋V＋Nc＋PNi(1)吾惊之以雷霆(天运)

说明:1.《达生》有"见者惊犹鬼神"句,成玄英疏曰:"见者惊疑,谓鬼神所作也。"(658页)本词典将其看作连谓句式,而归入 Na＋V。2.《齐物论》例 Nc 省略,以助动词"能"为标记。

敬 (13) jìng　　5/32941

尊敬,敬重(D)

二价:V(a,p)

双向:S:Na＋V＋Np(4)吾敬鬼尊贤(山木)

S':Na＋V(3)夫遇长不敬(渔父)

非典型位置(6):

宾语(3):以敬孝易(天运)

状语(3):敬闻命矣(山木)

说明:"敬"充当状语为谦词。

竞 (3) jìng　　5/01012

争逐,争竞(D)

二价:V(a,d)

双向:S:Na＋V＋Nd(1)形与影竞走也(天下)

S':Na＋V1＋Np＋V2 使民心竞(天运)

非典型位置(1):

宾语(1):有竞有争(齐物论)

说明:S'中,V1 为使令动词,Np 为兼语。

静 (1) jìng　　5/52254

使安静(D)

准二价:V(a,c)

准双向:S:Na＋V＋Nc(1)必齐以静心(达生)

说明:形容词用作动词,使动用法。

九 (1) jiū　　1/38010

通"鸠",聚集(D)

二价:V(a,p)

双向:S:Na+V+Np(1)而九杂天下之川(天下)《释文》:九音鸠,本亦作鸠,聚也。(1077页)

究(1) jiū　　3/02910

穷尽(Z)

二价:V(e,d)

双向:S:Ne+V+Nd(1)穷美究埶(盗跖)

愁(7) jiū　　3/29010

通"揪",敛束,束缚(D)

二价:V(a,p)

双向:S:Na+V+Np(5)反愁我躯(庚桑楚)

S':Nt+Np+V(1)十日自愁(庚桑楚)

非典型位置(1):

所字结构(1):唯种也不知其身之所以愁(徐无鬼)

说明:S'中,Nt为时段;移至V前的Np由代词"自"充任。

灸(1) jiū　　2/29690

中医的一种疗法,用燃烧的艾绒熏灼人体的穴位(D)

二价:V(a,p)

双向:S:Na+V+Np(参说明2)

S':Na+Np+V(1)丘所谓无病而自灸也(盗跖)

说明:1. S'中,移至V前的Np由代词"自"充任。2.《史记·扁鹊仓公列传》:"灸其足少阳脉口。"

就(22) jiù　　5/06311

趋向、接近(D)

二价:V(a,l)

双向:S:Na+V+Nl(13)夫子休就舍(说剑)/ 故其就义若渴者(列御寇)

S':Na+Nl+V(2)奚就奚去(至乐)/ 治国去之,乱国就之(人间世)

S':Na+V(3)形莫若就(人间世)按,"形"充当状语。

非典型位置(4):

主语(3):夫欲恶避就(盗跖)

宾语(1):谨于去就(秋水)

说明:1. Nl移至V前有两种情况:(1)疑问代词充任Nl,如《至乐》例;(2)Nl前移后,原位用"之"复指,如《人间世》例。2. 处在非典型位置的"就"均先与其反义词并举、构成并列结构,而后充当主、宾语,如"去就"、"避就"。

救(6) jiù　　5/36940

阻止,平息;救助(D)

二价:(a,p)

双向:S:Na+V+Np(3)救民之斗(天下)

S':Na+PNi+V+Np(2)是以火救火(人间世)

S':Na＋V(1)忧而不救(人间世)
成玄英疏:心中扰乱则忧患斯起……已尚不立,焉能救物哉。(134页)

拘(6) jū　　5/50221
拘禁,拘束,限制(D)
二价:V(a,p)
双向:S:Na＋V＋Np(2)无拘而志(秋水)
S':Np＋V＋PNa(2)不拘于俗(渔父)
S':Np＋V＋Npl(1)文王拘羑里(盗跖)
S':Np＋V(1)小盗者拘(盗跖)
说明:"拘"以用于被动为常(4例)。

居(55) jū　　4/82382
坐,居住,处于,止息(D)
二价:V(a,pl)
双向:S:Na＋V＋Npl(15)先生居山林(徐无鬼)
S':Na＋Ni＋V＋Npl(2)吾闻至人尸居环堵之室(庚桑楚)
S':Na＋V＋PNpl(4)居于田亩之中(让王)
S':Na＋V(12)静居则溺(盗跖)
S':Na＋V＋Nt(2)闲居三月(在宥)
S':Na＋PNd＋V(8)同与禽兽居(马蹄)/拥肿之与居(庚桑楚)/而谁与居(寓言)

S':Na＋Npl＋V(4)于是民皆巢居以避之(盗跖)/远而不可不居者,义也(在宥)
S':Na＋Ni＋V(3)尸居而龙见(在宥)
S':Na＋V1V2(4)免而归居(天道)
非典型位置(1):
定语(1):游居学者之所好也(刻意)
说明:1.V前Ni为状语,表示方式。2.V前Npl为宾语,有两种情况:(1)无标记,如《盗跖》例之"巢居";(2)以助动词"可"为标记,如《在宥》例。3.PNd中,介词宾语偶或居于介词之前;或以助词"之"为标记,如《庚桑楚》例,或Nd由疑问代词充任,如《寓言》例。

沮(1) jǔ　　5/01873
颓丧(D)
一价:V(a)
单向:S:Na＋V(1)举世而非之而不加沮(逍遥游)
说明:V[＋心理]。

举(20) jǔ　　3/87950
举起,举荐,称说(D)
二价:V(a,p)
双向:S:Na＋V＋Np(11)举足愈数而迹愈多(渔父)/举贤则民相轧(庚桑楚)/不足以举其大

〈秋水〉

S':Na+V+Np+Npl(1)举之童土之地〈徐无鬼〉

S':Na+V(3)文王欲举而授之政〈田子方〉

S':Np+V(4)五变而形名可举〈天道〉／其坚不能自举也〈逍遥游〉／舌举而不下〈秋水〉

S':Np+V+PNpl(1)舜举乎童土之地〈徐无鬼〉

说明:1.Np一般由名词语充任(14例)。由动词语、形容词语充任的Np(3例)，或转指(举起、举荐义)，如《庚桑楚》例；或自指(称说义)，如《秋水》例。2.Np移至V前有三种情况：(1)Np充当主语，以助动词"可"为标记，如《天道》例；(2)Np充当宾语，由代词"自"充任，如《逍遥游》例；(3)Np充当主语，V可视为转化为状态动词，Np亦转化为Ne，如《秋水》例。

据 (7) jù　　5/50760
靠着，依据(D)
二价：V(a,p)
双向：S:Na+V+Np(5)左据槁木〈山木〉
S':Na+Np+V(1)今奚为奚据〈至乐〉
非典型位置(1):

宾语(1):地有人据〈寓言〉
说明:1.疑问代词充任Np，移至V前。2."据"充当宾语转指，犹"所据"。

距¹(1) jù　　5/87812
至，到达(D)
二价：V(a,l)
双向：S:Na+V+Nl(1)距陆而止〈渔父〉

距²(3) jù　　5/87812
通"拒"，抗拒(D)
二价：V(a,p)
双向：S:Na+V+Np(1)强足以距敌〈盗跖〉
S':Na+V(2)由中出者，有正而不距〈则阳〉

聚 (13) jù　　3/74263
聚积，集合(D)
二价：V(a,p)
双向：S:Na+V+Np(7)聚人之所争〈则阳〉
S':Np+V(3)实不聚，名不立〈徐无鬼〉
S':Na+V(1)聚则为生〈知北游〉
非典型位置(2):
主语(1):祸福相生，缓急相摩，聚散以成〈则阳〉
判断句谓语(1):人之生，气之聚也〈知北游〉

惧（13）jù　　5/60879
恐惧,戒惧(D)
一价:V(a)
单向:S:Na＋V(8)胥靡登高而不惧(庚桑楚)
非典型位置(5):
主语(1):死生惊惧不入乎其胸中（达生）
宾语(3):始於惧(天运)/多男子则多惧(天地)/则何惧之有(天地)
定语(1):不惧之实(德充符)成玄英疏:内怀不惧之志。(195页)

倨¹（2）jù　　5/90882
傲慢(D)
一价:V(a)
单向:S:Na＋V(1)君无形倨(山木)成玄英疏:勿恃高尊,形容倨傲。(674页)
非典型位置(1):
定语(1):夫子犹有倨傲之容(渔父)

倨²（1）jù　　5/90882
通"踞",蹲坐(D)
二价:V(a,pl)
双向:S:Na＋V＋Npl(1)老聃方将倨堂而应微(天运)

踞（1）jù　　3/66393
蹲坐(D)
二价:V(a,pl)
双向:S:Na＋V＋Npl(参说明)
S':Na＋Ni＋V(1)庄子则方箕踞鼓盆而歌(至乐)
说明:见"倨²"。又《史记·高祖本纪》:"沛公方踞床。"

具（3）jù　　3/87904
置办,准备(D)
二价:V(a,p)
双向:S:Na＋V＋Np(2)具太牢以为膳(至乐)
S':Na＋PNd＋V＋Np(1)为具太牢以飨之(达生)

捐（7）juān　　5/50823
舍弃(D)
二价:V(a,p)
双向:S:Na＋V＋Np(6)黄帝退,捐天下(在宥)
S':PNi＋V＋Np(1)是之谓不以心捐道(大宗师)

倦（1）juàn　　5/61320
疲倦(Z)
一价:V(e)
单向:S:Ne＋V(1)学道不倦(应帝王)

攫（6）jué　　5/50849
抓取(D)
二价:V(a,p)
双向:S:Na＋V＋Np(4)左手攫之

（让王）
S':Na＋V(2)寡人不攫也(让王)

觉²(2) jué　　　3/82013
省悟(D)
一价:V(a)
单向:S:Na＋V(2)莫觉莫悟(列御寇)

绝¹(6) jué　　　5/66712
断,尽,灭绝(Z)
一价:V(e)
单向:S:Ne＋V(6)正冠而缨绝(让王)

绝²(16) jué　　　5/66712
使断绝,使尽(D)
二价:V(a,c)
双向:S:Na＋V＋Nc(15)毁绝钩绳（胠箧）/绝力而死(渔父)
非典型位置(1):
定语(1):决绝之行(外物)

绝³(2) jué　　　5/66712
横渡,穿越,超越(D)
二价:V(a,l)
双向:S:Na＋V＋Nl(2)绝云气(逍遥游)

掘(1) jué　　　5/50881
挖(D)
二价:V(a,p)
双向:S:Na＋V＋Np

S':Na＋V＋Np＋Nm(1)掘之数仞（则阳）

决¹(1) jué　　　5/01591
排除壅塞,导引水流(D)
二价:V(a,p)
双向:S:Na＋V＋Np(1)决江河（天下）
说明:Np只由指称河流的名词充任。

决²(3) jué　　　5/01591
断,裂(Z)
一价:V(e)
单向:S:Ne＋V(1)纳屦而踵决(让王)
S':V＋Ne(1)以死为决疣溃痈（大宗师）郭象注:若疣之决,痈之自溃。(269页)
非典型位置(1):
定语(1):决绝之行(外物)
说明:1.Ne[一人]。2.S'可以转换为S,参郭象注。

决³(8) jué　　　5/01591
撕裂,截断,决断(D)
二价:V(a,p)
双向:S:Na＋V＋Np(5)决之则泣（骈拇）
S':Na＋Ni＋V(1)椎凿决焉（在宥）
S':Na＋V(1)至今不决(天下)成

玄英疏:对争胜负不能决定也。
(1080页)

非典型位置(1):

宾语(1):以稽为决(天下)

说明:1.自行断、裂为"决²",断、裂他物为"决³"。2."撕裂、截断"之义,Na[＋有生]、Np[＋具体];"决断"之义,Na[＋人]、Np[－具体]。

决骤(1) juézhòu　　5/01591

迅速奔跑(D)

一价:V(a)

单向:S:Na＋V(1)鸟见之高飞,麋鹿见之决骤(齐物论)

抉(1) jué　　5/50591

挖出(D)

二价:V(a,p)

双向:S:Na＋V＋Np(参说明2)

S':N＋V＋Np(1)比干剖心,子胥抉眼(盗跖)

说明:1.S'中,充当主语的N"子胥"与Np"眼"具有领属关系。V用于被动。如果Np移至V前,则句式转换为S'(Np＋V),仍为被动句;如果N移至V后,则句式转换为主动句S(Na＋V＋Np)。2.《战国策·韩策二》:"因自皮面抉眼。"

蹶¹(1) jué　　5/87891

踏(D)

二价:V(a,p)

双向:S:Na＋V＋Np(1)蹶泥则没足灭跗(秋水)

蹶²(1) jué　　5/87891

跌倒(D)

一价:V(a)

单向:S:Na＋V(参说明)

非典型位置(1):

宾语(1):为崩为蹶(人间世)

说明:《吕氏春秋·慎小》:"人之情,不蹶于山而蹶于垤。"

蹞步(1) juébù　　5/87849

快步前行(D)

一价:V(a)

单向:S:Na＋V(1)蹇裳蹞步(山木)成玄英疏:蹞步,犹疾行也。(696页)

屈²(1) jué　　4/82281

竭,尽(Z)

一价:V(e)

单向:S:Ne＋V(参说明)

S':Ne＋V＋PNd(1)力屈乎所欲逐(天运)

说明:《孙子·作战》:"攻城则力屈。"

君(5) jūn　　4/85883

统治(D)

二价:V(a,p)

双向:S:Na+V+Np(5)始也吾以
南面而君天下(德充符)

龟(2) jūn 3/22812
通"皲",使皮肤因受冻或干燥而开
裂(D)
准二价:V(a,c)
准双向:Na+V+Nc(2)能不龟手
一也(逍遥游)

均调(1) jūntiáo 5/37220
使均衡协调(D)
准二价:V(a,c)
准双向:S:Na+V+Nc
S':V+Nc(1)所以均调天下,与人
和者也(天道)

K

开¹(9) kāi 2/82735
打开,张开,开导(D)
二价:V(a,p)
双向:S:Na+V+Np(6)不开人之
天(达生)/ 吾无所开吾喙(秋
水)
S':Na+V+Np+PNi(1)开之以利
(说剑)
S':Na+V+PNi(1)开以阴阳(说
剑)
S':Np+V(1)天门弗开也(天运)

开²(1) kāi 2/82735
分开(Z)

一价:V(e)
单向:S:Ne+V(1)其寐也魂交,其
觉也形开(齐物论)

恺(1) kǎi 5/60212
和乐(Z)
一价:V(e)
单向:S:Ne+V(1)中心物恺(天
道)成玄英疏:忠诚之心,愿物安
乐。(479页)

堪(1) kān 5/37313
承受得起(Z)
一价:V(e)
单向:S:Ne+V(1)天下不堪(天
下)

伉(1) kàng 5/90010
使匹敌,相当(D)
准二价:V(a,c)
准双向:S:Na+V+Nc(1)见夫子
未尝不分庭伉礼(渔父)

亢(1) kàng 3/01810
抗衡,后作"抗"(D)
二价:V(a,d)
单向:S:Na+PNd+V
S':Na+PNd+V(1)而以道
与世亢,必信(应帝王)

考(1) kǎo 4/33720
敲击(D)
二价:V(a,p)

双向:S:Na+V+Np(未出现)
S':Na+V(1)故金石有声,不考不鸣(天地)

可 (6) kě　　2/72881
以……为合宜(D)
二价:V(a,y)
双向:S:Na+V+Ny(2)可不可(天地)按,前"可"。
非典型位置(4):
所字结构(4):物固有所可(齐物论)
说明:助动词"可"(241例)、"可以"(29例)未列入本《词典》。

渴 (5) kě　　5/01822
口渴(Z)
一价:V(e)
单向:S:Ne+V(1)虽饥渴隐约(山木)
非典型位置(3):
主语(2):饥渴寒暑,是事之变、命之行也(德充符)
宾语(1):故其就义若渴者(列御寇)
使口渴(D)
准二价:V(a,c)
准双向:S:Na+V+Nc(1)饥之渴之(马蹄)

刻¹ (5) kè　　5/09220
雕刻,克制(D)
二价:V(a,p)
双向:S:Na+V+Np(5)刻之雕之(马蹄)/刻意尚行(刻意)《释文》:刻意,谓削意令峻也。(536页)
说明:"雕刻"义,Np[+具体];"克制"义,Np[-具体]。

剋¹ (1) kè　　2/31221
战胜(D)
二价:V(a,p)
双向:S:Na+V+Np(1)汤遂与伊尹谋伐桀,剋之(让王)

剋² (1) kè　　2/31221
限制(D)
一价:V(a)
单向:S:Na+V(未出现)
非典型位置(1):
主语(1):剋核大至(人间世)成玄英疏:夫剋切责核,逼迫太甚。(162页)

客 (1) kè　　3/02281
做食客(Z)
准一价:V(e)
准一向:S:Ne+V(1)剑士夹门而客三千余人(说剑)
说明:名词用作动词。

恐¹ (4) kǒng　　3/71010
害怕(D)
一价:V(a)
单向:S:Na+V(1)于是惠子恐(秋

水)
非典型位置:
主语(3):小恐惴惴(齐物论)

恐²(17) kǒng　　3/71010
担心(D)
二价:V(a,p)
双向:S:Na＋V＋Np(17)吾恐鸟鸢之食夫子也(列御寇)/恐回与齐侯言尧舜黄帝之道(至乐)/生恐不得饱(天下)
说明:1. Np 一般由带标记"之"的小句充任(11 例),如《列御寇》例;也可由无标记小句充任(3 例),如《至乐》例;还可由动词语充任(3 例),如《天下》例。充任 Np 的小句或动词语均自指。Np 不能由名词语充任。2. Np 如果不出现,则"恐"²"转变为"恐"¹"。

控¹(1) kòng　　5/50070
投,落(D)
二价:V(a,l)
单向:S:Na＋V＋Pl(1)时则不至而控于地而已矣(逍遥游)

寇(1) kòu　　3/02110
砍伐(D)
二价:V(a,p)
双向:S:Na＋V＋Np(未出现)
S':Np/a＋V(1)山木自寇也(人间世)成玄英疏:寇,伐也。(186

页)

刳(4) kū　　5/32220
剖开,洗除(D)
二价:V(a,p)
双向:S:Na＋V＋Np(3)乃刳龟(外物)
S':N＋V＋Np(1)神龟……不能避刳肠之患(外物)
说明:S' 中,V 用于被动,p 为"神龟之肠","神龟" N 与"肠"Np 具有领属关系。

哭(16) kū　　3/88392
啼哭(D)
二价:V(a,d)
双向:S:Na＋V＋Nd(6)号天而哭之曰(则阳)
S':Na＋V(6)人哭亦哭(大宗师)
非典型位置(4):
宾语(2):则若歌若哭(大宗师)
判断句谓语(1):哭而非哭(天下)
按,后"哭"。
者字结构(1):故强哭者虽悲不哀(渔父)

哭泣(4) kūqì　　3/88392
哭泣(D)
一价:V(a)
单向:S:Na＋V(1)旦而哭泣(齐物论)
非典型位置(3):

主语(1):哭泣无涕(大宗师)
定语(1):哭泣衰絰隆杀之服(天道)
者字结构(1):梦哭泣者(齐物论)

苦¹(3) kǔ　　3/33381
痛苦,劳苦(Z)
一价:V(e)
单向:Ne＋V(1)何苦也(至乐)
非典型位置(2):
宾语(2):以为有苦而欲死也(达生)

苦²(9) kǔ　　3/33381
使痛苦、劳苦(D)
二价:V(a,c)
双向:S:Na＋V＋Nc(7)以苦一国之民(徐无鬼)
S':Nc＋V(2)必自苦以腓无胈、胫无毛相进而已矣(天下)

苦³(5) kǔ　　3/33381
对……感到劳苦,苦于(D)
二价:V(a,d)
单向:S:Na＋V＋PNd(1)苦于山林之劳(徐无鬼)
S':Na＋V＋Nd(1)万民苦之(盗跖)
非典型位置(3):
所字结构(3):此胥靡之所苦也(则阳)

苦⁴(1) kǔ　　3/33381
吊慰(D)
二价:V(a,p)
双向:S:Na＋V＋Np(1)苦死者(天道)成玄英疏:民有死者,辄悲苦而慰之。(475页)

夸(1) kuā　　2/39120
炫耀(D)
二价:V(a,p)
双向:S:Na＋V＋Np(参说明)
非典型位置(1):
者字结构(1):则夸者悲(徐无鬼)
说明:《晏子春秋·问下》:"夸礼貌以华世。"

跨跱(1) kuàzhì　　5/87321
犹据有,把持(D)
二价:V(a,p)
双向:S:Na＋V＋Np(1)且夫擅一壑之水,而跨跱埳井之乐,此亦至矣(秋水)

脍(1) kuài　　5/82984
细切(D)
二价:V(a,p)
双向:S:Na＋V＋Np(1)脍人肝而餔之(盗跖)

宽容(1) kuānróng　　2/02313
宽厚能容忍(Z)
二价:V(e,d)
单向:S:Ne＋V＋PNd(1)常宽容于物(天下)

匡 (2) kuāng　　2/81770
匡正(D)
二价:V(a,p)
双向:S:Na+V+Np(2)匡诸侯
　　(说剑)

亏¹(10) kuī　　5/77723
欠缺,亏损(Z)
一价:V(e)
单向:S:Ne+V(6)形精不亏(达生)
非典型位置(4):
宾语(4):有成与亏(齐物论)

亏²(6) kuī　　5/77723
损伤(D)
二价:V(a,p)
双向:S:Na+V+Np(1)谓其不亏
　　其神也(刻意)
S':Np+V(3)仁可为也,义可亏也
　　(知北游)
非典型位置(2):
所字结构(2):道之所以亏(齐物论)
说明:Np 移至 V 前,均以助动词"可"为标记。

窥(闚)(7)kuī　　2/82517
　　　　　　　　3/02913
窥视,泛指看(D)
二价:V(a,p)
双向:S:Na+V+Np(5)无窥其情
　　(在宥)
S':Np+V1V2(1)乌鹊之巢可攀
　　援而窥(马蹄)
S':Na+V+Npl(1)宋元君夜半而
　　梦人被发窥阿门(外物)
说明:Np 移至 V 前,以助动词"可"为标记。

规⁴(1) kuī　　5/59813
通"窥",窥测,观察(D)
二价:V(a,p)
双向:S:Na+V+Np(参说明)
S':Na+V+PNp(1)而不知不能规
　　乎其始者也(德充符)
说明:《韩非子·制分》:"其务令之
　　相规其情者也。"

暌 (1) kuí　　5/88193
违背(D)
二价:V(a,p)
双向:S:Na+V+Np(1)下暌山川
　　之精(天运)

匮 (3) kuì　　2/81595
穷尽,匮乏(Z)
一价:V(e)
单向:S:Ne+V(3)运量万物而不
　　匮(知北游)

馈¹(1) kuì　　5/91597
赠送(D)
二价:V(a,d)
双向:S:Na+V+Nd(参说明)

S': Na+V(2)吾尝食于十浆,而五浆先馈(列御寇)《释文》:王云,皆先馈进于己。(1037页)

说明:《左传·桓公六年》有"齐人馈之饩"句,据《左传》,"馈"当是三价三向动词。

愧 (5) kuì　　　5/60214
惭愧(D)
二价:V(a, d)
双向:S:Na+V+Nd(2)愧遗父母妻子之丑(至乐)
S': Na+V+PNd(1)余愧乎道德(骈拇)
非典型位置(2):
宾语(1):其无愧而不知耻也(在宥)
定语(1):子贡逡巡而有愧色(让王)
说明:S 中,Nd 均由动词语充任,充任 Nd 的动词语自指。

馈² (1) kuì　　　5/91216
通"愧",惭愧。(D)
二价:V(a, d)
双向:S:Na+V+Nd
S': Na+V(1)夫复謵不馈而忘人(庚桑楚)成玄英疏:餽,本亦有作"愧"字者,随字读之。

溃 (2) kuì　　　5/01595
溃烂(Z)

一价:V(e)
单向:S:Ne+V
S': V+Ne(1)以死为决疣溃痈(大宗师)
使溃破(D)
准二价:V(a, c)
准双向:S:Na+V+Nc(1)破痈溃痤者(列御寇)
说明:"(V+Nc)+者"转指 Na。

愦 (1) kuì　　　5/60393
使糊涂(D)
准二价:V(a, c)
准双向:Na+V+Nc(1)乃愦吾心(天运)
说明:"愦"郭庆藩本作"愤"。郭庆藩按:愤,《释文》本又作"愦",当从之。(523页)今依郭说改。

困 (6) kùn　　　2/88360
困惑,困窘(Z)
二价:V(e, d)
单向:S:Ne+V+PNd(2)心困焉而不能知(田子方)
非典型位置(2):
所字结构(2):而神未尝有所困也(天道)
使困窘(D)
准二价:V(a, c)
准双向:S:Na+V+Nc(2)困百家之知(秋水)

困惾(1) kùnzōng　2/88360
壅塞不通(Z)
一价:V(e)
单向:S:Ne＋V(1)困惾中颡(天地)成玄英疏:壅塞不通而中伤颡额也。(454页)

困窘(1) kùnjiǒng　2/88360
贫困窘迫(Z)
一价:V(e)
单向:S:Ne＋V(1)困窘织屦(列御寇)

困苦(1) kùnkǔ　2/88360
艰难穷苦(Z)
一价:V(e)
单向:S:Ne＋V(未出现)
非典型位置(1):
所字结构(1):安所困苦哉(逍遥游)

困畏(1) kùnwèi　2/88360
怯弱(Z)
一价:V(e)
单向:S:Ne＋V(1)缘循,偃佒,困畏,不若人(列御寇)

括撮(1) kuòcuō　5/50281
束扎(D)
二价:V(a,p)
双向:S:Na＋V＋Np(参说明1)
S':Na＋V(1)向也括[撮]而今也被发(寓言)成玄英疏:撮,束发也。(960页)
说明:1.《仪礼·聘礼》:"出,袒括发。"2.郭庆藩本《校》云:撮字依成疏及《阙误》引张君房本补。(960页)

L

来(69) lái　1/30600
由彼处到此处,与"往"相对(D)
一价:V(a)
单向:S:Na＋V(40)小子来(庚桑楚)
S':Na＋PNpl＋V(3)子自楚之所来乎(庚桑楚)
S':Na＋PNd＋V(7)彼来则我与之来(寓言)按,后"来"。
S':Na＋V1V2(12)神将来舍(知北游)
非典型位置(5):
宾语(1):其送往而迎来(山木)
所字结构(3):财用有余而不知其所自来(天地)
者字结构(1):来者勿禁(山木)
使……来,招致(D)
准二价:V(a,c)
准双向:S:Na＋V＋Nc(2)虎豹之文来田(应帝王)成玄英疏:虎豹之皮有文章,故来田猎。(296页)
说明:1.S'(Na＋V1V2)中,"来"均

处在 V1 的位置。2. V 前只有一个 PN 的位置,PNpl、PNd 不能共现。3. Nc 2 例均由动词充任,如《应帝王》例之"田";充任 Nc 的动词自指。4. 所字结构 3 例均为"所+介词+来",如《天地》例之"所自来"。5. 充当宾语的"来"转指,犹"来者"。

赖(1) lài　5/56795
依恃(D)
二价:V(a,p)
双向:S:Na+V+Np(参说明)
S':Na+V(1)其于富贵也,苟可得已,则必不赖(让王)
说明:《左传·宣公二年》:"岂惟群臣赖之。"

藾(1) lài　3/33595
荫庇(D)
二价:V(a,p)
双向:S:Ni+V+Np(未出现)
非典型位置(1):
所字结构(1):结驷千乘,隐将芘其所藾(人间世)《释文》:藾,向云:荫也,可以荫芘千乘也。(176 页)

览(1) lǎn　3/88819
察看(D)
二价:V(a,p)
双向:S:Na+V+Np

S':V+Np(1)所以览古今之时(盗跖)
说明:S'(V+Np)中,"V+Np"构成"所"字结构,Na 强制性不能出现。

揽(1) lǎn　5/50819
通"览",察看(D)
二价:V(a,p)
双向:S:Na+V+Np
S':Na+V+PNp(1)此揽乎三王之利而不见其患者也(在宥)《释文》:本亦作"览"。(393 页)

揽蔓(1) lǎnmàn　5/50819
把捉,攀缘(D)
二价:V(a,p)
双向:S:Na+V+Np(1)揽蔓其枝而王长其间(山木)

滥(1) làn　5/01876
使淫乱(D)
准二价:V(a,c)
准双向:S:Na+V+Nc
S':Nc+Na+V(1)古之真人,知者不得说,美人不得滥(田子方)
说明:Nc 前移充当话题,以助动词"得"为标记。

烂(1) làn　5/69824
溃烂(Z)
一价:V(e)
单向:S:Ne+V(1)则口烂而为伤

（人间世）

烂漫(1) lànmàn　　5/69824
散乱(Z)
一价：V(e)
单向：S：Ne+V(1)而性命烂漫矣（在宥）成玄英疏：烂漫，散乱也。（375页）

劳¹(19) láo　　3/69020
劳苦，疲劳，烦劳(Z)
一价：V(e)
单向：S：Ne+V(12)巧者劳而知者忧（列御寇）
S'：Ne+V+PNd(1)身劳于国（列御寇）
S'：Ne+V+Nd(1)而形劳天下也如此（天下）
非典型位置(5)：
宾语(3)：苦于山林之劳（徐无鬼）
所字结构(1)：任士之所劳（秋水）
者字结构(1)：若是劳者之务也（外物）

劳²(8) láo　　3/69020
使劳苦(D)
二价：V(a,c)
双向：S：Na+V+Nc(5)苦心劳形（渔父）
S'：Na+V+Nc+PNi(2)夫大块载我以形，劳我以生（大宗师）
S'：Na+V+PNc(1)今子外乎子之神，劳乎子之精（德充符）成玄英疏：劳苦精灵。（223页）
说明：Nc由介词引入句法层面属特例。

劳³(9) lào　　3/69020
慰问(D)
二价：V(a,d)
双向：S：Na+V+Nd(6)我将劳君（徐无鬼）
S'：Na+V+PNd(3)我则劳于君（徐无鬼）成玄英疏：是故我将慰劳于君。（819页）

乐¹(55) lè　　3/66362
高兴，快乐(D)
一价：V(a)
单向：S：Na+V(18)吾乐与（秋水）
S'：Na+V+PNpl(2)而交乐乎天（庚桑楚）
S'：Na+PNd+V+Npl(1)若无与乐是国也（德充符）按，乐是国，犹乐乎是国。
非典型位置(34)：
主语(13)：悲乐者，德之邪（刻意）/全之谓得志（缮性）
宾语(15)：安知鱼之乐（秋水）/酒以乐为主（渔父）
判断句谓语(6)：是鱼之乐也（秋水）
说明："乐¹"充当主语常"哀乐"、"悲乐"反义词并举(7例)，如《刻意》例；充当宾语无此种情况。

乐²(7) lè　　　3/66362
使快乐(D)
二价：V(a,c)
双向：S:Na＋V＋Nc(4)奏九韶以乐之(达生)
S':Na＋Nc＋V(1)所学夫子之道者,尽以自乐也(让王)
S':V＋Nc(2):所以长生安体乐意之道也(盗跖)
说明：1. Nc 由代词"自"充任,移至 V 前。2. 致使者 Na 可以是事物,如《让王》例之"夫子之道"。

乐³(18) lè　　　3/66362
喜好,喜爱(D)
二价：V(a,p)
双向：S:Na＋V＋Np(11)独乐其志(让王)/兵革之士乐战(徐无鬼)
S':Na＋Np＋V(3)奚乐奚恶(至乐)/未之乐也(至乐)
非典型位置(4)：
所字结构(4):吾观夫俗之所乐(至乐)
说明：1. Np 可以由名词语充任(6例),如《让王》例之"志",也可以由动词语充任(5例),如《徐无鬼》例之"战"；由动词语充任的 Np 自指。2. 只有代词充任的 Np 可以移至 V 前。Np 移至 V 前有两种情况：(1)由疑问代词充任的 Nd 充当宾语,如《至乐》前例；(2)否定句中,由非疑问代词充任的 Np 充当宾语,如《至乐》后例。3. 如果 Np 不出现(所字结构除外),则"乐³"转变为"乐¹"。

雷霆(1) léitíng　　　3/73884
打雷(Z)
准一价：V(e)
准单向：S:Ne＋V
非典型位置(1)：
所字结构(1):问天地所以不坠不陷,风雨雷霆之故(天下)

纍(1) léi　　　3/88869
同"累¹",堆积(D)
二价：V(a,p)
双向：S:Na＋V＋Np(1)纍瓦结绳(骈拇)

累¹(3) lěi　　　3/88664
堆积(D)
二价：V(a,p)
双向：S:Na＋V＋Np(3)五六月累丸二而不坠(达生)成玄英疏：累二丸于竿头。(640页)

累²(13) lèi　　　3/88664
牵累,烦劳(D)
二价：V(a,p)
双向：S:Na＋V＋Np(1)恶欲喜怒

哀乐六者,累德也(庚桑楚)
S':Na+PNi+V+Np(1)虽贫贱不以利累形(让王)
S':Na+PNi+Np+V(1)知足者不以利自累也(让王)
S':Na+PNd+V(1)愿以境内累矣(秋水)
S':Na/p+V(1)物固相累(山木)
S':Np+V(1)则胡可得而累邪(山木)
S':Np+V+PNa(1)不累于俗(天下)
非典型位置(6):
宾语(5):去德之累(庚桑楚)
所字结构(1):则无所累矣(渔父)
说明:1.Np 移至 V 前有三种情况:(1)代词"自"充任 Np,如《让王》例;(2)以助动词"可"为标记,如《山木》例;(3)以介词"于"为标记。2.S'Na/p 以"相"为标记。

累³(13) lèi　　3/88664
困扰,忧患(Z)
一价:V(e)
单向:S:Ne+V(5)形累不知太初(列御寇)
非典型位置(8):
　主语(1):赤子之累多矣(山木)
宾语(6):弃世则无累(达生)/故未免乎累(山木)
判断句谓语(1):皆生人之累也(至乐)

类(4) lèi　　5/69793
相似,像(G)
二价:V(th,rh)
双向:S:Nth+V+Nrh(参说明)
S':Nth+PNrh+V(2)不知其与是类乎(齐物论)
非典型位置(2):
主语(2):类与不类,相与为类(齐物论)按,前二"类"。
说明:《易·系辞下》:"于是始作八卦,以通神明之德,以类万物之情。"

离¹(11) lí　　5/02973
分开,分离(Z)
一价:V(e)
单向:S:Ne+V(8)同乎无知,其德不离(马蹄)
使分开,离析(D)
准二价:V(a,c)
准双向:S:Na+V+Nc(3)合同异,离坚白(秋水)/离而腊之(外物)

离²(22) lí　　5/02973
离开,背离(D)
二价:V(a,d)
双向:S:Na+V+Nd(14)介而离山(庚桑楚)/离其性(则阳)

S':Na+V+PNd(6)未始离于岑(徐无鬼)不离于真(天下)

S':Na+V(1)终身不离(在宥)

S':Nd+V(1)性情不离(马蹄)

说明:1.Nd既可以是具体处所,如"山",又可以是抽象事物,如"性"前者可看作动词位移的空间,而后者亦可看作动作所涉及的对象,二者相关,并无分明的界限,这里统一为d。2.《山木》有"无须臾离居"句,未计在内。俞樾曰:崔譔本无"离"字,而以"居"字连上句读,当从之。俞说详见《庄子集释》(671页)。

离³(7) lí　　5/02973

通"罹",遭遇(D)

二价:V(a,p)

双向:S:Na+V+Np(7)天下有大灾,子独先离之(则阳)

礼(1) lǐ　　5/06517

使以礼相待(D)

准二价:V(a,c)

准双向:S:Na+V+Nc(1)礼君臣,正上下(刻意)成玄英疏:致君臣之盛礼。(536页)

说明:名词用作动词,使动用法。

里(1) lǐ　　1/88704

使……为里,居住(D)

准二价:V(a,c)

准双向:S:Na+V+Nc(1)灵公夺而里之(则阳)《释文》:一本作"夺而埋之",是也。(908页)

说明:名词用作动词。

理¹(4) lǐ　　5/77874

治理,调理(D)

二价:V(a,p)

双向:S:Na+V+Np(3)理其心(则阳)

S':Na/p+V(1)随序之相理(则阳)

说明:S'中,Na/p以"相"为标记。

理²(1) lǐ　　5/77874

申诉,辩白(D)

二价:V(a,d)

双向:S:Na+V+Nd

S':Na+Nd+V(1)申子不自理(盗跖)成玄英疏:不自申理。(1007页)

说明:"自"充任Nd,移至V前。

理³(1) lǐ　　5/77874

顺乎规律(Z)

准一价:V(e)

准单向:S:Ne+V(1)道无不理,义也(缮性)

说明:名词用作动词。

离⁴(1) lí　　5/02973

通"丽",附着(Z)

一价:V(e)

单向:S:Ne＋V(1)附离不以膠漆（駢拇）

说明:《诗经·小雅·渐渐之石》："月离于毕。"据《诗经》,"离⁴"当是二价单向动词。

擺(1) lí　　5/50112
折断(D)
二价:V(a,p)
双向:S:Na＋V＋Np(1)擺工倕之指(胠篋)

慄¹(4) lì　　5/60764
害怕,恐惧(D)
一价:V(a)
单向:S:Na＋V(3)登高不慄(大宗师)
S':Na＋V＋PNpl(1)而万乘之君忧慄乎庙堂之上(在宥)

慄²(1) lì　　5/60764
害怕(D)
二价:V(a,p)
双向:S:Na＋V＋Np(1)吾甚慄之（人间世）

戾(1) lì　　4/22391
通"厉",砥砺(D)
准二价:V(a,c)
准双向:S:Na＋V＋Nc(1)高节戾行,独乐其志(让王)按,《吕氏春秋·离俗》作"高节厉行,独乐其志"。

历(1) lì　　4/12260
观察(D)
二价:V(a,d)
双向:S:Na＋V＋Nd(1)历物之意（天下）

厉(1) lì　　4/12324
通"戾",至(D)
二价:V(a,l)
单向:S:Na＋V＋PNl(1)且汝梦为鸟而厉乎天(大宗师)

厉爽(1) lìshuǎng　　4/12324
犹伤害(Z)
一价:V(e)
单向:S:Ne＋V(未出现)
S':Na＋V1＋Np＋V2(1)五味浊口,使口厉爽(天地)郭庆藩按:使口厉爽,病伤滋味也。(454页)
说明:V1为使令动词,Np为兼语,"厉爽"处在V2的位置。

利¹(15) lì　　5/26220
有利,对……有利(Z)
二价:V(e,d)
双向:S:Ne＋V＋Nd(10)夫尧知贤人之利天下也,而不知其贼天下也(徐无鬼)
S':Ne＋V(2)不任则不利(盗跖)
S':Ne＋PNi＋Nd＋V(1)不以遭时自利也(让王)

非典型位置(2):
所字结构(2):物之所利(山木)

利²(2) lì　　5/26220
以……为利(D)
准二价:V(a,y)
准双向:S:Na＋V＋Ny(2)不利货财,不近贵富(天地)
说明:名词用作动词,意动用法。

立¹(41) lì　　3/01910
站着,特指登位(D)
一价:V(a)
单向:S:Na＋V(20)夫子立而天下治(逍遥游)
S':Na＋V＋PNpl(7)余立于宇宙之中(让王)
S':Na＋V＋Npl(1)柴立其中央(达生)
S':Na＋PNi＋V(1)块然独以其形立(应帝王)
S':Na＋PNd＋V(1)与人并立(则阳)
S':Na＋V＋Nt(1)立有间(列御寇)
非典型位置(7):
主语(1):立未定(应帝王)
宾语(1):树木固有立矣(天道)按,立,转指,犹所立。
定语(1):召前立臣而语之曰(田子方)
状语(4):颜成子游立侍乎前(齐物

论)
使……站着(D)
准二价:V(a,c)
准双向:S:Na＋V＋Nc(1)立其百体而谓之马也(则阳)
S':Na＋V＋Nc＋Npl(2)立之涂(逍遥游)

立²(11) lì　　3/01910
设立,建立(D)
二价:V(a,p)
双向:S:Na＋V＋Np(6)立大名(刻意)
S':Np＋V(2)名不立(徐无鬼)
S':Np＋PNt＋V(1)刑自此立(天地)
S':V＋Np(1)所以立宗庙社稷(胠箧)
非典型位置(1):
宾语(1):德成之谓立(天地)

连¹(6) lián　　2/09504
连接(Z)
二价:V(e,d)
双向:S:Ne＋V＋Nd(2)连无用之肉也(骈拇)
S':Ne/d＋V(1)民相连而从之(让王)
非典型位置(3):
定语(2):以日月为连璧(列御寇)
所字结构(1):五帝之所连(秋水)
说明:Ne/d以"相"为标记。

连²(1) lián   2/09504
连接(D)
二价:V(a,p)
双向:S:Na+V+Np
S':Na+V+Np+PNi(1)连之以羁縶(马蹄)

怜 (6) lián   5/60651
爱慕,哀怜(D)
二价:V(a,p)
双向:S:Na+V+Np(5)蛇怜风(秋水)
S':Np+V(1)可怜哉(庚桑楚)
说明:Np 移至句首,充当话题主语,以助动词"可"为标记。

廉刿(1) liánguì   4/02955
尖利(Z)
一价:V(e)
单向:S:Ne+V(1)廉刿雕琢(在宥)

量 (3) liáng   3/81876
衡量,量度(D)
二价:V(a,p)
双向:S:Na+V+Np(2)为之斗斛以量之(胠箧)
S':Np+Na+PNi+V(1)死者以国量(人间世)
说明:S'中,Np"死者"移至句首,充当话题主语。

缭 (1) liáo   5/66362
使缠绕(D)
准二价:V(a,c)
准双向:S:Na+V+Nc(1)缭意体而争此(盗跖)
说明:缭,缠绕,《礼记·玉藻》:"再缭四寸。"当是一价单向动词。

料 (1) liào   5/66030
触,撩拨(D)
二价:V(a,p)
双向:S:Na+V+Np(1)疾走料虎头(盗跖)

列 (1) liè   5/74220
排列(D)
一价:V(a)
单向:S:Na+V
S':Na+V+PNpl(1)列于五藏哉(骈拇)
说明:《吕氏春秋·孝行》:"施五彩,列文章。"据《吕氏春秋》"列"当是二价双向动词。

裂 (3) liè   3/72090
分割,撕裂(D)
二价:V(a,p)
双向:S:Na+V+Np(1)裂地而封之(逍遥游)
S':Na+V(1)彼必龁啮挽裂(天运)
S':Np+PNa+V(1)道术将为天下裂(天下)

说明:Np 移至句首,充当话题主语,V 用于被动,以"为"作标记。

临¹(10) lín 5/87986
俯视,面对,对待(D)
二价:V(a,p)
双向:S:Na+V+Np(8)临百仞之渊(田子方)/ 问临尸而歌(大宗师)
S':Na+V+Np+PNi(1)临人以德(人间世)成玄英疏:若用五德临于百姓。(185 页)
S':Na+PNi+V+Np(1)以贤临人(徐无鬼)
说明:PNi 的位置既可以置于 V+Np 之前,亦可置于 V+Np 之后。

临²(1) lín 5/87986
来到(D)
二价:V(a,l)
双向:S:Na+V+Nl(1)祝宗人玄端以临牢筴(达生)

临莅(1) línlì 5/87986
来到,这里指统治(D)
二价:V(a,p)
双向:S:Na+V+Np(1)故君子不得已而临莅天下(在宥)

凌 (1) líng 5/01340
欺侮(D)
二价:V(a,p)
双向:S:Na+V+Np(参说明)
非典型位置(1):
定语(1):察士无凌谇之事则不乐(徐无鬼)
说明:屈原《九歌·国殇》:"凌余阵兮躐余行。"

陵 (2) líng 5/82340
侵陵,欺侮(D)
二价:V(a,p)
双向:S:Na+V+Np
S':Na+PNi+V+Np(1)以强陵弱(盗跖)
非典型位置(1):
所字结构(1):乃无所陵(渔父)

灵 (1) líng 3/73873
机敏(Z)
一价:V(e)
单向:S:Ne+V(1)大愚者终身不灵(天地)

令¹(1) lìng 2/90020
发布命令(D)
一价:V(a)
单向:S:Na+V
S':Na+Nt+V(1)朝令而夜遁(田子方)

令²(2) lìng 2/90020
命令,使(D)
二价:V(a,p)
双向:S:Na+V1+Np+V2(2)郑

子阳即令官遗之粟(让王)
说明:"令²"处在 V1 的位置,属兼语动词。

留¹(4) liú　　3/82884
止(D)
一价:V(a)
单向:S:Na+V(2)无留居(山木)
　　郭象注:留居,滞守之谓。(674页)
使停止(D)
准二价:V(a,c)
准双向:S:Na+V+Nc(2)至人不留行焉(外物)

留²(1) liú　　3/82884
留存(D)
二价:V(a,p)
双向:S:Na+V+Np(1)宁其死为留骨而贵乎(秋水)

留³(1) liú　　3/82884
通"流",流动(Z)
一价:V(e)
单向:S:Ne+V(1)留动而生物(天地)《释文》:留,或作"流"。(425页)

流¹(17) liú　　5/01010
流动,传布(Z)
一价:V(e)
单向:S:Ne+V(6)金与火相守则流(外物)

S':Ne+V+PNpl(1)水流乎无形(列御寇)
S':V+Ne+Nm(3)流血百里(盗跖)
非典型位置(4):
定语(4):流水之审为渊(应帝王)
使流动(D)
准二价:V(a,c)
准双向:S:Na+V+Nc(1)流光其声(天运)
S':Na+V+Nc+PNpl(1)流之于无止(天运)
S':Nc+V+PNpl(1)故伍员流于江(外物)成玄英疏:取马皮作袋,为鸱鸟之形,盛伍员尸,浮之江水,故云流于江。(921页)
说明:Nc 移至 V 前,充当话题主语。

流²(3) liú　　5/01010
放逐(D)
三价:V(a,p,l)
双向:S:Na+V+Np+PNl(1)流共工于幽都(在宥)
S':Na+V+Np(1)舜流母弟(盗跖)
非典型位置(1):
定语(1):子不闻夫越之流人乎(徐无鬼)按,流,被动用法。

留⁴(1) liú　　3/82884
等候(D)

二价:V(a,p)
双向:S:Na+V+Np(1)执弹而留之(山木)成玄英疏:留,伺候也。(696页)

隆(1) lóng　5/82270
通"降",降下(D)
二价:V(a,p)
双向:S:Na+V+Np(1)孰隆施是(天运)俞樾曰:此承上云雨而言。"隆"当作"降",谓降施此云雨也。(495页)

笼(3) lóng　3/66012
将……置于笼中,网罗(D)
准二价:V(a,p)
准双向:S:Na+V+Np
S':Na+PNi+V+Np(3)是故汤以胞人笼伊尹(庚桑楚)
说明:名词活用作动词。

漏(1) lòu　5/01821
滴下(Z)
一价:V(e)
单向:S:Ne+V(1)上漏下潜(让王)

虏(1) lǔ　3/70824
俘获(D)
二价:V(a,p)
双向:S:Na+V+Np(1)虏其人民(则阳)

戮(10) lù　5/72500
杀戮,刑戮(D)
二价:V(a,p)
双向:S:Na+V+Np(参说明3)
S':Np+V(2)比干戮(外物)/ 为刑戮(人间世)
非典型位置(8):
主语(1):戮耻不足以为辱(秋水)
宾语(2):而身不免乎戮(胠箧)
定语(4):故有亡国戮民无已(徐无鬼)
者字结构(1):刑戮者相望也(在宥)
说明:1.Np移至V前充当主语有两种情况:(1)无标记,如《外物》例;(2)以"为"作标记,如《人间世》例。2."戮"充当定语均用于被动。3.《左传·成公二年》:"我戮之不祥。"

露(1) lù　3/73882
破败(Z)
一价:V(e)
单向:S:Ne+V(1)故田荒室露(渔父)

履[1](4) lǔ　4/82243
踩踏(D)
二价:V(a,p)
双向:S:Na+V+Np(3)履危石(田子方)
非典型位置(1):

所字结构(1):足之所履(养生主)

履²(2) lǚ　　　4/82243
穿,穿鞋(D)
准二价:V(a,p)
准双向:S;Na＋V＋Np(1)履句屦者知地形(田子方)
非典型位置(1):
状语(1):履行遂进(天道)
说明:名词用作动词。

虑(13) lǜ　　　3/70814
思考,谋划(D)
二价:V(a,p)
双向:S;Na＋V＋Np(3)虑其反(盗跖)/欲虑之而不能知也(天运)
S';Np＋V(1)何思何虑则知道(知北游)
S';Na＋V(4)不虑而对(天下)
S';Na＋PNd＋V(1)为后世虑(列御寇)
非典型位置(4):
主语(1):喜怒哀乐虑叹(齐物论)
宾语(3):仲尼之尽虑(则阳)
说明:1. Np可以由动词语充任,如《盗跖》例。2. Np由疑问代词"何"充任移至V前,如《知北游》例。3.《逍遥游》"何不虑以为大樽而浮乎江湖"句,成玄英疏云:虑者,绳络之也。《释文》引司马云:虑,犹结缀也。(39页)本词典未采此说,列此以备考。

卵(1) luǎn　　　5/82820
生育(D)
一价:V(a)
单向:S;Na＋V(1)而又奚卵焉(应帝王)

乱¹(37) luàn　　　5/22210
无秩序,惑乱(Z)
一价:V(e)
单向:S;Ne＋V(13)天下大乱(天下)
S';Ne＋V＋PNpl(3)则鸟乱于上矣(胠箧)
非典型位置(21):
主语(4):乱莫大焉(天运)
定语(10):吾生乎乱世(让王)/乱之率也(天地)
宾语(7):可谓乱矣(盗跖)

乱²(21) luàn　　　5/22210
使无秩序,扰乱(D)
二价:V(a,c)
双向:Na＋V＋Nc(14)乱五色(骈拇)
S';Na＋V＋PNc(1)是乱于德也(在宥)成玄英疏:偏爱故乱德。(368页)
非典型位置(6):
定语(6):衍,乱人,不可听也。(则阳)成玄英疏:犀首(按,即衍)方

为祸乱,不可听从。(890 页)

沦 (1) lún　　　5/01923
沉,沉没(Z)
二价:V(e,l)
单向:S:Ne＋V＋PNl(1)沦于不测
　　(秋水)

论 (26) lùn　　　5/08924
议论,述说,衡量(D)
二价:V(a,p)
双向:S:Na＋V＋Np(10)论先王
　　之道(天运)
S':Np＋Na＋V(2)六合之内,圣人
　　论而不议(齐物论)
S':Na＋V(6)彼至则不论(知北
　　游)
S':Na＋V＋PNi(1)论以刑德(说
　　剑)
S':Na＋PNd＋V(1)而民始可与论
　　议(胠箧)
S':V＋Np(2)所以论道,而非道也
　　(知北游)
非典型位置(4):
所字结构(2):言之所不能论(秋
　　水)
者字结构(2):可以言论者(秋水)
说明:S'(Np＋Na＋V)中,Np 移至
　　句首充当话题主语。

罗 (1) luó　　　3/88676
罗列(Z)

一价:V(e)
单向:S:Ne＋V(1)万物毕罗(天
　　下)

臝(1) luǒ　　　3/01217
裸露(Z)
一价:V(e)
单向:S:Ne＋V(1)则解衣般礴臝
　　(田子方)成玄英疏:解衣箕坐,
　　倮露赤身。(720 页)

锥 (1) luò　　　5/28974
烧烙(D)
二价:V(a,p)
双向:S:Na＋V＋Np(1)刻之锥之
　　(马蹄)

落¹ (2) luò　　　3/33081
落下(Z)
一价:V(e)
单向:S:Ne＋V(1)草木不待黄而
　　落(在宥)
S':V＋Ne(1)虽落其实(山木)成
　　玄英疏:假令衔食落地。(693
　　页)
说明:S' 可以转换为 S,如"落其
　　实"可以转换为"其实落"。

落²(1) luò　　　3/33081
废,妨碍(D)
二价:V(a,p)
双向:S:Na＋V＋Np(1)无落吾事
　　(天地)成玄英疏:落,废也。

(424页)

落³(2) luò　　　3/33081

通"络",笼住,笼络(D)

二价:V(a,p)

双向:S:Na＋V＋Np(2)落马首,穿牛鼻(天道)成玄英疏:然牛鼻可穿,马首可络。(591页)

M

埋(2) mái　　　5/37874

埋藏(D)

二价:V(a,p)

双向:S:Na＋V＋Np(1)血牲而埋之(让王)

S':Na＋Np＋V＋PNpl(1)是自埋于民,自藏于畔(则阳)

说明:1."自"充任Np,移至V前。
2.《则阳》篇有"灵公夺而里之",《释文》:"一本作'夺而埋之',是也。"(908页)列于此以备考。

买(1) mǎi　　　3/88896

以钱易物,与"卖"相对(D)

二价:V(a,p)

双向:S:Na＋V＋Np(参说明)

S':Na＋V＋Np＋Ni(1)请买其方百金(逍遥游)

说明:《左传·昭公二十六年》:"鲁人买之。"

卖(3)mài　　　3/37896

出卖(D)

三价:V(a,p,d)

双向:S:Na＋V＋Np＋PNd(1)独弦哀歌以卖名声于天下者乎(天地)

S':Na＋V＋Np(2)我必卖之(徐无鬼)

满(14) mǎn　　　5/01321

充盈,充满(Z)

二价:V(e,pl)

双向:S:Ne＋V＋Npl(7)声满天地(让王)

S':Ne＋V(3)则户外之屦满矣(列御寇)按,当是屦满户外。

S':V＋Ne(1)为之踌躇满志(养生主)

S':Npl＋V(3)注焉而不满(齐物论)

说明:Ne为充盈之物,Npl为空间(或容器)。

曼(1) màn　　　3/88845

狂突(D)

一价:V(a)

单向:S:Na＋V(1)闉扼鸷曼(马蹄)《释文》:李云:鸷,抵也。曼,突也。(340页)

漫(2) màn　　　5/01845

沾污(D)

二价:V(a,p)

双向:S:Na+V+Np(参说明)
S′:Na+V+Np+PNi(1)而无道之人再来漫我以其辱行(让王)
S′:Na+PNi+V+Np(1)又欲以其辱行漫我(让王)
说明:《吕氏春秋·诚廉》:"与其并乎周以漫吾身也。"

慢¹(1) màn　　　5/60845
急慢,傲慢(D)
一价:V(a)
单向:S:Na+V(1)其慢若彼之甚也,见贤人若此其肃也(则阳)

慢²(1) màn　　　5/60845
通"墁",涂抹(D)
二价:V(a,p)
双向:S:Na+V+Np
S′:Na+Ni+V+Np(1)郢人垩慢其鼻端(徐无鬼)

慢訑(1) màndàn　　　5/60845
急忽,放纵(Z)
一价:V(e)
单向:S:Ne+V(1)天知予僻陋慢訑(知北游)

盲(4) máng　　　3/01283
目失明(Z)
一价:V(e)
单向:S:Ne+V(参说明2)
非典型位置(4):
宾语(2):岂唯形骸有聋盲哉(逍遥游)
者字结构(2):而盲者不能自见(庚桑楚)
说明:1."盲"充当宾语均自指。2.《韩非子·解老》:"盲则不能避昼日之险。"

冒(2) mào　　　3/88885
乱(Z)
一价:V(e)
单向:S:Ne+V(2)德则不冒(缮性)成玄英疏:冒,乱也。(550页)

美(6) měi　　　3/91390
以为美(D)
二价:V(a,y)
双向:S:Na+V+Ny(2)其里之丑人见而美之(天运)
S′:Na+Ny+V(1)其美者自美(山木)
非典型位置(3):
所字结构(3):是其所美者为神奇(知北游)
说明:"自"充任宾语Ny移至V前。

寐(4) mèi　　　3/02260
睡着(D)
一价:V(a)
单向:S:Na+V(4)则通昔不寐矣(天运)/啮缺睡寐(知北游)按,

啮缺,人名。

媚(2) mèi　　5/34885
讨好,逢迎(D)
二价:V(a,p)
双向:S:Na＋V＋Np(2)而媚养己者(人间世)

蒙(2) méng　　3/33060
蒙受(D)
二价:V(a,p)
双向:S:Na＋V＋Np(1)彼正而蒙己德(缮性)
非典型位置(1):
定语(1):谓之蒙蔽之民(缮性)

盟(2) méng　　3/82877
在神前立誓缔约(D)
二价:V(a,d)
单向:S:Na＋PNd＋V(1)与盟曰(让王)
S′:Na/d＋V(1)割牲而盟以为信(让王)

萌(3) méng　　3/33824
萌发,萌动(Z)
一价:V(e)
单向:S:Ne＋V(1)始萌以扶吾形(则阳)
非典型位置(2):
所字结构(2):日夜相代乎前而莫知其所萌(齐物论)/生有所乎萌(田子方)成玄英疏:萌于无物。(713页)
说明:"所萌"与"所乎萌"同,转指"萌"之源Npl。

梦(20) mèng　　3/33823
梦见,做梦(D)
二价:V(a,p)
双向:S:Na＋V＋Np(10)梦饮酒者(齐物论)/昔者庄周梦为胡蝶(齐物论)/宋元君夜半而梦人被发闚阿门(外物)
S′:Na＋V(8)其寝不梦(大宗师)/方其梦也(齐物论)
非典型位置(2):
定语(1):梦之中又占其梦焉(齐物论)按:前"梦"。
者字结构(1):其觉者乎?其梦者乎(大宗师)
说明:Np可以由名词语充任(4),如《齐物论》前例;也可以由动词语充任(5),如《齐物论》后例;偶尔还可以由小句充任(1),如《外物》例。

迷(4) mí　　2/09660
迷惑,迷乱(Z)
一价:V(e)
单向:S:Ne＋V(2)七圣皆迷(徐无鬼)
S′:Ne＋V＋PNd(1)观于浊水而迷于清渊(山木)
使迷惑(D)

准二价:V(a,c)
准双向:S:Na＋V＋Nc(1)以迷天
　下之主(盗跖)

迷惑(2) míhuò　　2/09660
迷乱(Z)
一价:V(e)
单向:S:Ne＋V
S':Ne＋V＋PNd(1)迷惑于宇宙形
　累(列御寇)
使迷乱(D)
准二价:V(a,c)
准双向:S:Na＋V＋Nc(1)以迷惑
　天下之主(盗跖)

靡[1](1) mí　　4/02370
浪费(D)
二价:V(a,p)
单向:S:Na＋V＋PNp(1)不靡于
　万物(天下)
说明:《墨子·节葬下》有"靡民之
　财",据《墨子》,"靡"[1]当是二价
　双向动词。

靡[2](1) mí　　4/02370
亲顺(D)
二价:V(a,d)
单向:S:Na＋PNd＋V
S':Na/d＋V＋PNi(1)凡交近则必
　相靡以信(人间世)
说明:S'中,Na/d以"相"为标记。

靡[3](1) mí　　4/02370

糜烂(Z)
一价:V(e)
单向:S:Ne＋V(1)子胥靡(胠箧)
成玄英疏:靡,烂也,碎也。(347
　页)

眯[1](1) mǐ　　5/88663
灰沙入眼而使视物不清(D)
准二价:V(a,c)
准双向:S:Na＋V＋Nc(1)夫播糠
　眯目(天运)
说明:致使"眯目"之物为"糠"。致
　使者Na亦可以由指称无生之物
　的名词语充任。

眯[2](2) mì　　5/88663
梦魇(Z)
一价:V(e)
单向:Ne＋V(1)必且数眯焉(天
　运)
非典型位置(1):
判断句谓语(1):是非其眯邪(天
　运)

密(3) mì　　3/02080
藏而不露,沉默(Z)
一价:V(e)
单向:S:Ne＋V(2)公密而不应(达
　生)
非典型位置(1):
者字结构(1):密者(齐物论)

瞑(2) mián　　5/88095

同"眠",睡(D)
一价:V(a)
单向:S:Na+V(2)据槁梧而瞑(德充符)

冥(1)mián 3/02892
通"瞑",睡(D)
一价:V(a)
单向:S:Na+V
S':Na+V+PNpl(1)而甘冥乎无何有之乡(列御寇)《释文》:冥,本亦作瞑。又音眠。俞樾曰:甘瞑即甘眠。(1048页)

勉(6)mián 2/21322
勉励,努力去做(D)
二价:V(a,p)
双向:S:Na+V+Np(2)子勉之(渔父)
S':Np+V(1)此皆自勉以役其德者也(天运)
S':Na+V(1)勉而一(人间世)
非典型位置(2):
状语(2):子皆勉居矣(让王)
说明:"自"充任Np移至V前。

免(27)mián 3/72812
免除,避免(D)
二价:V(a,d)
双向:S:Na+V+Nd(3)几不免虎口哉(盗跖)/夫欲免为形者(达生)

S':Na+V+PNd(15)苟免于咎(天下)/此虽免乎行(逍遥游)
S':Na+V(4)我讳穷久矣而不免(秋水)
非典型位置(4):
宾语(2):其为不免矣(达生)/而几于不免矣(渔父)
所字结构(2):固人之所不免也(知北游)
使免除灾难(D)
准二价:V(a,c)
准双向:S:Na+V+Nc(1)恐不免其身(渔父)
说明:1.Nd可以由名词语充任(11),如《盗跖》例;也可以由动词语充任(7),如《达生》例。2.S(Na+V+Nd)与S'(Na+V+PNd)之间可以相互转换。3.《吕氏春秋·观世》篇有"今免子于患"句,依《吕氏春秋》,"免"当是准三价准双向动词,其配价结构为V(a,c,d)。

眄睨(1)miǎnnì 5/88724
斜视(D)
一价:V(a)
单向:S:Na+V(1)虽羿、蓬蒙不能眄睨也(山木)

面(10)miàn 3/72885
面向(Z)
二价:V(e,pl)

双向:S:Ne+Npl+V(10)足以南面称孤矣(盗跖)

说明:1.Npl 均由方位名词(南、北、东)充任。2.Npl+V 不独立充当谓语。在连谓结构中,Npl+V 一般位置在前(7),如《盗跖》例;偶尔在后(1),如"明此以北面,舜之为臣也。"(天道)

搣(1) miè　　5/34500
通"搣",按摩(D)
一价:V(a)
单向:S:Na+V(未出现)
非典型位置(1):
主语(1):眥搣可以休老(外物)《释文》:搣,本亦作搣,音灭。《广韵》:搣,按也,摩也。(944 页)

灭¹(4) miè　　5/01500
熄灭,消失,灭亡(Z)
一价:V(e)
单向:S:Ne+V(3)已灭矣,已失矣(应帝王)
非典型位置(1):
宾语(1):为颠为灭(人间世)

灭²(6) miè　　5/01500
消灭(D)
二价:V(a,p)
双向:S:Na+V+Np(5)灭文章(胠箧)
S':Np+V(1)白公争而灭(秋水)

灭³(2) miè　　5/01500
淹没,掩盖(Z)
二价:V(e,d)
双向:S:Ne+V+Nd(2)蹶泥则没足灭跗(秋水)/文灭质(缮性)

灭亡(1) mièwáng　　5/01500
灭亡(Z)
一价:V(e)
单向:S:Ne+V
S':Ne+PNd+V(1)与形灭亡(天地)

灭裂(3) mièliè　　5/01500
粗疏草率(Z)
一价:V(e)
单向:S:Ne+V(2)治民焉勿灭裂(则阳)
粗疏草率地对待(D)
准二价:V(a,d)
准双向:S:Na+V+Nd(1)芸而灭裂之(则阳)

鸣(14) míng　　5/88223
鸟兽昆虫及其他物体发出声音,争鸣(D)
一价:V(a)
单向:S:Na+V(10)鸡鸣狗吠(则阳)
S':Na+PNi+V(1)子以坚白鸣(德充符)
S':Na+V+PNpl(1)虫雄鸣于上

风(天运)
非典型位置(2):
者字结构(2):鸡虽有鸣者(达生)

名¹(4) míng　　4/82881
称名,命名(D)
二价:V(a,d)
双向:S:Na+V+Nd(3)三命而名诸父(列御寇)
S':Nd+V(1)道不当名(知北游)

名²(1) míng　　4/82881
立名(D)
准一价:V(a)
准单向:S:Na+V(1)圣人无名(逍遥游)郭庆藩按引司马云:圣人无名,不立名也。(22页)

明¹(31) míng　　5/88824
明白,通晓(D)
　二价:V(a,p)
双向:S:Na+V+Np(8)先明天而道德次之(天道)
S':Na+V+PNp(13)明于天,通于圣(天道)
S':Np+V(8)道德已明而仁义次之(天道)
非典型位置(2):
所字结构(2):皆有所明(天下)

明²(3) míng　　5/88824
显示,明示(D)
三价:V(a,p,d)

双向:S:Na+PNp+V+Nd(1)欲以明之(齐物论)成玄英疏:欲将己之道术明示众人也。(77页)
S':Na+V+Nd(2)彼圣人者,天下之利器也,非所以明天下也(胠箧)

明³(5) míng　　5/88824
彰显,阐明(D)
准二价:V(a,c)
准双向:S:Na+V+Nc(4)修身以明污(达生)成玄英疏:修营身形,显他污秽。(664页)
S':Nc+V(1)甚矣夫!人之难说也,道之难明邪(天运)

命¹(8) mìng　　2/90121
命名,称说(D)
二价:V(a,d)
双向:S:Na+V+Nd(7)无以命之(大宗师)/ 命之曰畜人(人间世)
S':Na+V(1)命曰天放(马蹄)
说明:"命之曰"是常式(5),S'"命曰"是"命之曰"之省。

命²(11) mìng　　2/90121
命令,任命,主宰(D)
二价:V(a,p)
双向:S:Na+V+Np(3)其命阍也不以完(徐无鬼)
S':Np+V(6)正考父一命而伛(列

御寇)

S':Na+V1+Np+V2(2)王命相者趋射之(徐无鬼)

说明:1. S'(Np+V)中,Np前移至句首,充当话题主语,V用于被动。2. S'(Na+V1+Np+V2)中,"命"处在V1的位置,为兼语动词。

谟(2) mó　　　　5/08393
谋虑(D)
二价:V(a,p)
双向:S:Na+V+Np(1)不谟士(大宗师)
非典型位置(1):
判断句谓语(1):知者,谟也(庚桑楚)

摩¹(3) mó　　　　4/02350
摩擦(D)
二价:V(a,d)
单向:S:Na+PNd+V(1)木与木相摩则然(外物)
S':Na/d+V(2)利害相摩(外物)
说明:无论 S,还是 S',V 前均有"相"修饰。

摩²(1) mó　　　　4/02350
磨灭(Z)
一价:V(e)
单向:S:Ne+V(1)循古而不摩(徐无鬼)

靡⁴(3) mó　　　　4/02370
通"摩",摩擦(D)
二价:V(a,d)
单向:S:Na+PNd+V(2)与物相刃相靡(齐物论)
S':Na/d+V(1)喜则交颈相靡(马蹄)
说明:S' 中,Na/d 以"相"为标记。

默(5) mò　　　　5/86390
静默,不说话(Z)
一价:V(e)
单向:S:Ne+V(1)默,汝无言(田子方)
非典型位置(4):
主语(1):言默不足以载(则阳)
宾语(2):辩不若默(知北游)
判断句谓语(1):非言非默(知北游)

没¹(1) mò　　　　5/01240
淹没(D)
二价:V(a,p)
双向:S:Na+V+Np(1)蹶泥则没足灭跗(秋水)

没²(5) mò　　　　5/01240
潜入(水中),沉没(D)
二价:V(a,l)
单向:S:Na+V+PNl(2)其子没于渊(列御寇)
S':Na+V(1)牵巨钩,錎没而下

(外物)

非典型位置(2)：

定语(2)：若乃夫没人(达生)

侔 (2) móu　　5/90650

齐等,相当(Z)

二价：V(e,d)

双向：S：Ne＋V＋Nd(1)声侔鬼神(外物)

S'：Ne＋V＋PNd(1)畸于人而侔于天(大宗师)

谋 (21) móu　　5/08363

谋划,商量,图谋(D)

三价：V(a,p,d)

双向：S：Na＋PNd＋V＋Np(2)汤遂与伊尹谋伐桀(让王)

S'：Na＋V＋Np(3)万人谋之(外物)

S'：Na＋V＋PNp(1)不谋于知(天下)

S'：Na＋PNd＋V(2)汤又因瞀光而谋(让王)

S'：Na＋PNi＋V(4)为蟲谋则去之,自为谋则取之(达生)

S'：Na＋V＋PNd(1)后之伐桀也谋乎我(让王)

S'：Na＋V(7)圣人不谋,恶用知(德充符)

S'：Np＋V(1)贤则谋(山木)成玄英疏：贤以志高,为人所谋。(670页)

说明：1. Np 可以由名词语充任(5),如《外物》例；也可以由动词语充任(2),如《让王》例。2. Np 由介词引入,如《天下》例之"于知",属特例。3. S'(Na＋V＋PNd)中,PNd 可以移至 V 前,转换为 Na＋PNd＋V,如"谋乎我"可以转换为"因我谋"。

牧 (5) mù　　5/25940

放牧(D)

二价：V(a,p)

双向：S：Na＋V＋Np(4)臧与谷二人相与牧羊(骈拇)

非典型位置(1)：

宾语(1)：吾未尝为牧(徐无鬼)按,转指放牧之事。

沐 (2) mù　　5/01360

洗发(D)

一价：V(a)

单向：S：Na＋V(1)老聃新沐(田子方)

S'：Na＋V＋Ni(1)沐甚雨,栉疾风(天下)

募 (1) mù　　3/33822

征求(D)

二价：V(a,d)

双向：S：Na＋V＋Nd(1)募左右曰(说剑)

慕 (2) mù　　3/33802

思念(D)
二价:V(a,p)
双向:S:Na+V+Np(2)蚁慕羊肉
（徐无鬼）

N

纳¹(1) nà　　5/66320
缝缀(D)
二价:V(a,p)
双向:S:Na+V+Np(1)纳屦而踵
决（让王）

纳²(1) nà　　5/66320
吸纳(D)
二价:V(a,p)
双向:S:Na+V+Np(1)吐故纳新
（刻意）

南¹(1) nán　　3/30820
向南行(D)
一价:V(a)
单向:S:Na+V(1)奚以之九万里
而南为（逍遥游）

南²(1) nán　　3/30820
向南(Z)
准一价:V(e)
准单向:S:Ne+V
S':N+V+Ne(1)广成子南首而卧
（在宥）
说明:1.方位名词活用作动词。
　　2.N与Ne具有领属关系。

挠¹(1) náo　　5/50310
扰乱(D)
二价:V(a,p)
双向:S:Na+V+Np(1)自虞氏招
仁义以挠天下也（骈拇）

挠²(1) náo　　5/50310
弯曲,动(D)
一价:V(a)
单向:S:Na+V
S':Na+Ni+V(1)手挠顾指（天
地）成玄英疏:挠,动也。言动手
指挥,举目顾眄。(441页)

挠挑(1) náotiāo　　5/50310
犹宛转(Z)
一价:V(e)
单向:S:Ne+V
S':Ne+V+Npl(1)挠挑无极（大
宗师）成玄英疏:挠挑,犹宛转
也。（265页）

铙 (1) náo　　5/97310
通"挠",扰乱(D)
二价:V(a,p)
双向:S:Na+V+Np(1)万物无足
以铙心者（天道）

桡 (1) náo　　5/36310
使屈服(D)
准二价:V(a,c)
准双向:S:Na+V+Nc
S':Na+V(1)非夫佞人正德,其孰

能桄焉(则阳)
说明:Nc脱落,以助动词"能"为标记。

馁 (1) něi　　5/91242
饥饿(Z)
一价:V(e)
单向:S:Ne+V(参说明)
非典型位置(1):
定语(1):将子有冻馁之患(至乐)
说明:《左传·桓公六年》:"今民馁而君逞欲。"

能 (17) néng　　5/62712
有能力做(D)
二价:V(a,p)
双向:S:Na+V+Np(7)唯全人能之(庚桑楚)/ 知能能而不能所不能(知北游)
S':Na+V(6)鲁鸡固能矣(庚桑楚)
非典型位置(4):
者字结构(2):有能与不能者(庚桑楚)
所字结构(1):知能能而不能所不能(知北游)
宾语(1):知能能而不能所不能(知北游)按,"能能"中后一"能"。
说明:不能独立充当谓语、必须后附谓词性成分的"能"是助动词;独立充当谓语或带体词性宾语的"能"是动词。体词性词语出现在助动词"能"后都转化为谓词性成分,如"故深之又深而能物焉"(天地)、"能儿子乎"(庚桑楚)、"唯虫能虫,唯虫能天"(庚桑楚),等等。凡不能转化的,如代词"之"、所字结构、转指的"能"等,只出现在动词"能"后。

倪 (2) ní　　5/90810
区分(D)
二价:V(a,p)
双向:S:Na+V+Np(2)恶至而倪贵贱(秋水)

拟 (1) nǐ　　5/50790
比拟(D)
二价:V(a,d)
双向:S:Na+V+Nd(1)子非夫博学以拟圣(天地)

睨 (2) nì　　5/88813
斜视,偏斜(Z)
一价:V(e)
单向:S:Ne+V(1)日方中方睨(天下)
非典型位置(1):
宾语(1):犹睨也(庚桑楚)

溺[1] (4) nì　　5/01120
淹没(D)
二价:V(a,p)
双向:S:Na+V+Np(1)博溺心(缮性)

S':Np＋V(1)之人也……大浸稽天而不溺(逍遥游)
S':Na＋V(2)水弗能溺(秋水)
说明:Na 为"水"。

溺²(3) nì　　5/01120
沉溺(Z)
二价:V(e,d)
单向:S:Ne＋V＋PNd(2)俙溺于冯气(盗跖)成玄英疏:心中俙塞,沉溺愤懑。(1013 页)/其溺之所为(齐物论)按,前"之"犹"于"。
S':Ne＋V(1)静居则溺(盗跖)

逆¹(1) nì　　2/09930
不顺(Z)
一价:V(e)
单向:S:Ne＋V(1)事必大逆(说剑)

逆²(17) nì　　2/09930
违背,触犯(D)
二价:V(a,p)
双向:S:Na＋V＋Np(10)武王逆纣而不肯顺(天运)
S':Na＋V＋PNp(4)莫逆于心(大宗师)
S':Na＋V(1)文王顺纣而不敢逆(天运)
非典型位置(2):
判断句谓语(1):故其杀者,逆也(人间世)
所字结构(1):无所于逆(刻意)

逆³(1) nì　　2/09930
迎,迎面(D)
一价:V(a)
单向:S:Na＋V(1)今渔父杖拏逆立(渔父)

匿 (2) nì　　2/81381
隐藏(D)
二价:V(a,p)
双向:S:Na＋V＋Np(1)匿为物而愚不识(则阳)成玄英疏:藏匿罪名,愚妄不识。(903 页)
S':Na＋V(1)匿而不可不为者,事也(在宥)郭象注:夫事藏于彼,故匿也。(398 页)

蹍(3) niǎn　　5/87893
踩,踏(D)
二价:V(a,p)
双向:S:Na＋V＋Np(2)蹍市人之足,则辞以放骜(庚桑楚)/轮不蹍地(天下)
非典型位置(1):
所字结构(1):恃其所不蹍(徐无鬼)
说明:Na 可以是人,如《庚桑楚》例;也可以是无生命的"轮",如《天下》例。

跈(2) niǎn　　5/87921

践踏(D)

一价:V(a)

单向:S:Na+V(2)哽而不止则跈(外物)郭象注:当通而塞,则理有不泄而相腾践也。(939页)

说明:一说通"捻",乖戾之义。

念 (1) niàn　　2/90010

顾念(D)

二价:(a,p)

双向:S:Na+V+Np(1)不念本养寿命者也(盗跖)

啮 (1) niè　　3/52280

咬(D)

一价:V(a)

单向:S:Na+V(1)彼必龁啮挽裂(天运)

宁 (3) níng　　3/02023
　　　　　　　　3/02024

安于(Z)

二价:V(e,d)

单向:S:Ne+V+PNd(1)宁于祸福(秋水)

S':Ne+V+Nd(1)因众以宁所闻(在宥)《释文》:因众人之所闻见,委而任之,则自宁安。(393页)

使安宁(D)

准二价:V(a,c)

准双向:S:Na+V+Nc(1)则深根宁极而待(缮性)成玄英疏:既而深固自然之本,保宁至极之性。(556页)

凝 (2) níng　　5/01790

凝结,凝聚(Z)

一价:V(e)

单向:S:Ne+V(1)其神凝(逍遥游)

使凝结,使凝聚(D)

准二价:V(a,c)

准双向:S:Na+V+Nc(1)其寒凝冰(在宥)

说明:《达生》有"乃凝于神"句,俞樾曰"凝当作疑"(641页),列于此以备考。

纽 (1) niǔ　　5/66772

看作关键(D)

准二价:V(a,y)

准双向:S:Na+V+Ny(未出现)

非典型位置(1):

所字结构(1):禹舜之所纽也(人间世)成玄英疏:言此心斋之道,夏禹虞舜以为应物纲纽。(152页)

说明:名词活用作动词,意动用法。

弄 (1) nòng　　3/77330

戏耍(D)

二价:V(a,p)

双向:S:Na+V+Np(1)市南宜僚弄丸(徐无鬼)

怒¹(36) nù　　　3/34010
生气,愤怒(D)
一价:V(a)
单向:S:Na＋V (17)魏莹怒(则
　　阳)
非典型位置(19):
主语(10):真怒未发而威(渔父)
宾语(5):出怒不怒(庚桑楚)按,前
　　"怒"。
定语(3):和喜怒之节(渔父)/达其
　　怒心(人间世)
者字结构(1):强怒者虽严而不威(渔
　　父)
说明:充当主、宾语均自指。

怒²(1) nù　　　3/34010
对……愤怒(D)
二价:V(a,d)
双向:S:Na＋V＋Nd (1)务光怒
　　之(外物)

怒³(6) nù　　　3/34010
气势很盛,奋发(Z)
　一价:V(e)
单向:S:Ne＋V(1)怒而飞(逍遥
　　游)
非典型位置(2):
状语(2):草木怒生(外物)
使奋发,奋举(D)
准二价:V(a,c)
准双向:S:Na＋V＋Nc(2)怒其臂
　　以当车辙(人间世)

非典型位置(1):
者字结构(1):怒者其谁邪(齐物
　　论)郭象注:谁主怒之使然哉?
　　(50页)

P

排¹(2) pái　　　5/50770
推移(D)
一价:V(a)
单向:S:Na＋V(未出现)
非典型位置(2):
宾语(2):献笑不及排(大宗师)郭
　　象注:排者,推移之谓也。(277
　　页)

排²(1) pái　　　5/50770
摈斥,排挤(D)
二价:V(a,p)
双向:S:Na＋V＋Np(1)人心排下
　　而进上(在宥)

徘徊(1) páihuái　　5/29770
周旋变化(D)
一价:V(a)
单向:S:Na＋V
S':Na＋PNd＋V(1)与道徘徊(盗
　　跖)成玄英疏:徘徊,犹转变意
　　也。(1006页)

攀 (1) pān　　　3/36350
攀引(D)
二价:V(a,p)

双向:S:Na+V+Np(参说明2)
S':Np+Na+V(1)鸟鹊之巢,可攀援而窥(马蹄)

说明:1. S'中,Np移至句首,充当话题主语,以助动词"可"为标记,Na未在句法层面出现。
2.《国语·晋语八》:"攀辇即利而舍。"

蟠(1) pán　　5/56286
充满,遍及(Z)
二价:V(e,d)
单向:S:Ne+V+PNd(1)下蟠于地(刻意)

般礴(1) pánbó　　5/23840
箕坐(D)
一价:V(a)
单向:S:Na+V
S':Na+V1+V2(1)则解衣般礴臝(田子方)成玄英疏:解衣箕坐,倮露赤身。(720页)

判(1) pàn　　5/65220
分裂,割裂(D)
二价:V(a,p)
双向:S:Na+V+Np(1)判天地之美(天下)

旁礴(1) pángbó　　3/01920
混同(D)
二价:V(a,p)
双向:S:Na+V+Np(1)之人也,之德也,将旁礴万物以为一(逍遥游)成玄英疏:旁礴,犹混同也。(32页)

彷徨(4) pánghuáng　　5/29020
优游自得(Z)
一价:V(e)
单向:S:Ne+V
S':Ne+V+PNpl(4)芒然彷徨乎尘垢之外,逍遥乎无为之业(达生)成玄英疏:彷徨、逍遥,皆自得逸豫之名也。(270页)

培(1) péi　　5/37081
凭借(D)
二价:V(a,p)
双向:S:Na+V+Np(1)而后乃今培风(逍遥游)郭庆藩按:王念孙曰:培之言冯也。冯,乘也。(8页)

配(7) pèi　　5/78112
合,匹配(Z)
二价:V(e,d)
双向:S:Ne+V+Nd(6)帝王之德配天地(天道)
非典型位置(1):
宾语(1):为天下配(在宥)成玄英疏:配,匹也。先感为主,应者为匹也。(396页)

佩(1) pèi　　5/90810
佩带(D)
二价:V(a,p)

双向:S:Na+V+Np(1)缓佩玦者
　事至而断(田子方)
说明:由 V+Np 构成的者字结构
　指称 Na。

喷 (1) pēn　　　5/88394
喷吐(D)
一价:V(a)
单向:S:Na+V(1)喷则大者如珠
　(秋水)

烹 (1) pēng　　　3/01861
煮(D)
二价:V(a,p)
双向:S:Na+V+Np(1)命竖子杀
　雁而烹之(山木)

朋 (1) péng　　　5/82824
结为朋党(D)
一价:V(a)
单向:S:Na+V(1)古之真人,其状
　义而不朋(大宗师)

捧 (2) pěng　　　5/50550
双手承托(D)
二价:V(a,p)
双向:S:Na+V+Np(2)则捧其首
　而立(达生)

被 (5) pī　　　5/09340
散乱(Z)
一价:V(e)
单向:S:Ne+V

S':V+Ne(4)向也括而今也被发
　(寓言)
S':N+V+Ne(1)家元君夜半而梦
　人被发(外物)
说明:1. S' 中,N("人")与 Ne
　("发")之间具有领属关系。2.5
　例均"被发"连用。

毗 (3) pí　　　5/88714
破坏,损伤(D)
二价:V(a,p)
单向:S:Na+V+PNp(2)人大喜
　邪? 毗于阳(在宥)
S':Np+V(1)阴阳并毗,四时不至
　(在宥)

疲 (2) pí　　　4/02340
疲病(Z)
一价:V(e)
单向:S:Ne+V(1)其魂不疲(天
　道)
S':Ne+V+Nd(1)茶然疲役而不
　知其所归(齐物论)

罢² (1) pí　　　3/88615
通"疲",疲病(Z)
一价:V(e)
单向:S:Ne+V(1)其魂不罢(刻
　意)

匹 (1) pǐ　　　2/81210
匹配,比(D)
二价:V(a,p)

双向:S:Na＋V＋Np(1)众人匹之
　(逍遥游)

比⁶(2) pǐ　　5/71710
通"庀",治理(D)
一价:V(a)
单向:S:Na＋V(2)农夫无草莱之
　事则不比(徐无鬼)

辟³(3) pì　　5/88032
开,通达(Z)
一价:V(e)
单向:S:Ne＋V(3)口辟焉而不能
　言(田子方)

譬(8) pì　　3/83083
譬如,比喻(Z)
一价:V(e)
单向:S:Ne＋V
S':V＋Ne(3)故譬三皇五帝之
　礼义法度,其犹柤梨桔柚邪(天
　运)/是以一人之断制天下,譬
　之犹一覕也(徐无鬼)
S':V1＋V2(4)譬犹狗马(则阳)
非典型位置(1):
宾语(1):合譬饰辞聚众也(天地)
　成玄英疏:夫合于譬喻,饰于浮
　词。(448页)
说明:1.S'(V＋Ne)不独立成句,
　总是和关系动词"犹"、"若"、
　"如"等连用;连用时,"譬"处在
　V1的位置。2.Ne常常移至V

前,原位用"之"复指,如《徐无
鬼》例。3."譬"处在宾语位置
上,转指。

骈(8) pián　　5/82233
并连(Z)
二价:V(e,d)
单向:S:Ne＋V＋PNd(5)是故骈
　于足者(骈拇)
非典型位置(3):
宾语(1):故合者不为骈(骈拇)
定语(2):骈拇枝指(骈拇)/故此皆
　多骈旁枝之道(骈拇)
说明:由V＋PNd构成的"者"字结
　构指称Ne。

便²(1) pián　　5/90744
安(Z)
一价:V(e)
单向:S:Ne＋V(1)孔子便而待之
　(田子方)

飘(1) piāo　　5/76816
飘落,飘荡(Z)
一价:V(e)
单向:S:Ne＋V(参说明)
非典型位置(1):
定语(1):虽有忮心者不怨飘瓦(达
　生)
说明:《战国策·赵策三》:"鸿毛,
　至轻也……夫飘于清风。"

覕(1) piē　　5/01813

嚮(D)
一价:V(a)
单向:S:Na+V
非典型位置(1):
宾语(1)譬之犹一覕也(徐无鬼)

贫 (1) pín   2/90793
使贫穷(D)
准二价:V(a,c)
准双向:S:Na+V+Nc(1)天地岂私贫我哉(大宗师)
说明:形容词活用作动词,使动用法。

矉 (5) pín   5/88096
皱眉,后作"颦"(D)
一价:V(a)
单向:S:Na+V(1)𪖈蝼深矉蹙頞曰(至乐)
S':Na+V+Npl(2)故西施病心而矉其里(天运)
非典型位置(2):
主语(1):彼知矉美(天运)
定语(1):而不知矉之所以美(天运)

聘 (1) pìn   5/77527
用礼物延请,聘请(D)
二价:V(a,d)
单向:S:Na+V+PNd(1)或聘于庄子(列御寇)
说明:《战国策·齐策四》:往聘孟尝君。据《战国策》,聘当是二价双向动词。

冯 (1) píng   5/01823
凭依(D)
二价:V(a,p)
双向:S:Na+V+Np(1)不冯其子（则阳）

平 (5) píng   1/70300
达到均平(Z)
一价:V(e)
单向:S:Ne+V
S':Ne+PNi+V(1)以不平平(列御寇)
使平息,使平定(D)
准二价:V(a,c)
准双向:S:Na+V+Nc(4)欲静则平气(庚桑楚)

平易(3) píngyì   1/70300
温和宁静(Z)
一价:V(e)
单向:S:Nc+V(3)圣人休休焉,则平易矣(刻意)

平均(1) píngjūn   1/70300
平和安宁(Z)
一价:V(e)
单向:S:Ne+V(1)是以天下平均(达生)

洴澼(3) píngpì   5/01230
漂洗(D)

二价:V(a,p)

双向:S:Na+V+Np(3)我世世为洴澼絖(逍遥游)

追(5) pò　　2/09282

局促,困厄(Z)

二价:V(e,d)

双向:S:Ne+V+Nd(1)廉贪之实,非以迫外也(盗跖)成玄英疏:夫廉贪实性,非过迫于外物也。(1011页)

S':Ne+V(2)迫而后动(刻意)

非典型位置(2):

状语(2):夫以利合者,迫穷祸患害相弃也(山木)

破¹(3) pò　　5/78341

使破碎,使破裂(D)

准二价:V(a,c)

准双向:S:Na+V+Nc(3)焚符破玺(胠箧)

破²(1) pò　　5/78341

剖开(D)

二价:V(a,p)

双向:S:Na+V+Np(未出现)

S':Np+V1(1)百年之木,破为牺尊(天地)

剖(5) pōu　　5/08221

破开(D)

二价:V(a,p)

双向:S:Na+V+Np(1)剖之以为瓢(逍遥游)

S':Np+V(1)比干剖(胠箧)

S':N+V+Np(3)比干剖心(盗跖)/此比干之见剖心征也夫(山木)成玄英疏:比干忠谏,剖心而死,岂非征验。(689页)

说明:1.V用于被动有两种情况:(1)无标记,如《胠箧》、《盗跖》例;(2)以"见"为标记,如《山木》例。2.无标记的 S'(N+V+Np)中,N 与 Np 有领属关系。如果 Np 移至 V 前,则句式转换为 S'(Np+V),仍为被动句;如果 N 移至 V 后,则句式转换为主动句 S(Na+V+Np)。

掊(2) pǒu　　5/50081

打破(D)

二价:V(a,p)

双向:S:Na+V+Np(2)吾为其无用而掊之(逍遥游)

掊击(3) pǒujī　　5/50081

抨击,打破(D)

二价:V(a,p)

双向:S:Na+V+Np(2)掊击圣人(胠箧)

S':Np+V+PNa(1)自掊击于世俗者也(人间世)

剥(2) pū　　5/26220

通"攴",击,打(D)

二价:V(a,p)

双向:S:Na＋V＋Np(参说明2)

S':Np＋V(2)实熟则剥(人间世)

说明:1. S'(Np＋V)中,V用于被动。2.《诗经·豳风·七月》:"八月剥枣。"

仆(1) pú　　　5/90090

附着(Z)

一价:V(e)

单向:S:Ne＋V(1)适有蚊虻仆缘(人间世)王念孙曰:仆之言附也,言蚊虻附缘于马体也。(169页)

匍匐(1) púfú　　　2/22524

爬行(D)

一价:V(a)

单向:S:Na＋V(1)直匍匐而归耳(秋水)

暴²(1) pù　　　3/88363

暴露,显露(Z)

二价:V(e,d)

单向:S:Ne＋V＋PNd(参说明)

非典型位置(1):

宾语(1):名溢乎暴(外物)

说明:《孟子·万章上》:"暴之于民。"按,暴,使动用法。

Q

栖(6) qī　　　5/36542/36781

歇息,居住(D)

二价:V(a,pl)

双向:S:Na＋V＋Npl(1)暮栖木上(盗跖)

S':Na＋V＋PNpl(2)栖于会稽(徐无鬼)

S':Na＋V(1)迫胁而栖(山木)

使歇息(D)

准三价:V(a,c,pl)

准三向:S:Na＋V＋Nc＋Npl(2)宜栖之深林(达生)

期¹(5) qī　　　5/39825

相约,约会(D)

二价:V(a,d)

单向:S:Na＋PNd＋V(1)急与之期而观其信(列御寇)

S':Na＋PNd＋V＋PNpl(1)尾生与女子期于梁下(盗跖)

S':Na＋V(3)信矣而不期(刻意)

说明:《诗经·鄘风·桑中》有"期我乎桑中"句,Nd直接置于V后充当宾语,《诗经》中的"期¹"当是二价双向动词。

期²(1) qī　　　5/39825

限止(D)

一价:V(a)

单向:S:Na＋V(1)今计物之数,不止于万,而期曰万物者(则阳)成玄英疏:期,限也。(913页)

期³(3) qī　　　5/39825

待(D)

二价:V(a,d)

双向:S:Na+V+Nd(2)而无经纬本末以期年耆者(寓言)郭象注:期,待也。(949页)

S':Na+V+PNd(1)期于有形者也(秋水)

期⁴(1) qī　　5/39825

预知(D)

二价:V(a,d)

单向:S:Na+V+PNd(1)期以岁月旬日,若神(应帝王)

欺(4) qī　　5/39293

欺骗,欺侮(D)

二价:V(a,p)

双向:S:Na+V+Np(参说明2)

S':Na+V(1)知不足则欺,财不足则盗(则阳)

S':Na/p+V(1)愚知相欺(在宥)

S':Np+V(1)不肖则欺(山木)

非典型位置(1):

定语(1):是欺德也(应帝王)成玄英疏:欺诳之德非实道。(291页)

说明:1. Na/p 以"相"为标记。2. 《论语·子罕》:"吾谁欺?欺天乎?"

戚(1) qī　　2/50760

忧愁,悲伤(D)

一价:V(a)

单向:S:Na+V(1)中心不戚(大宗师)

齐(5) qí　　3/01771

使齐同(D)

准二价:V(a,c)

准双向:S:Na+V+Nc(3)整之齐之(马蹄)

S':Na+V+Nc+PNi(1)齐之以月题(马蹄)

S':Na+V+PNi(1)齐于法而不乱(在宥)成玄英疏:以法齐之,故不乱也。(400页)

祈(3) qí　　5/06820

向天或神求告(D)

二价:V(a,p)

双向:S:Na+V+Np(1)时祀尽敬而不祈喜(让王)

非典型位置(2):

宾语(2):予虽有祈向,不可得也(天地)成玄英疏:祈,求也。(449页)

期⁵(2) qí　　5/39825

通"綦",极,穷尽(D)

准二价:V(a,c)

准双向:S:Na+V+Nc(2)券外者志乎期费(庚)俞樾曰:期费者,极费也。……此谓穷极其财用也。(796页)

蕲(10) qí　　3/33826
求（D）
二价：V(a,p)
双向：S：Na＋V＋Np(7)予恶乎知夫死者不悔其始之蕲生乎（齐物论）
S'：Na＋V＋PNp(2)世蕲乎乱（逍遥游）
S'：Na＋PNi＋V＋PNp(1)而独以己言蕲乎而人善之，蕲乎而人不善之邪（人间世）郭象注：故善与不善，付之公当耳，一无所求于人也。（143页）按，"而"当是音节助词。
说明：1. Np均由动词语充任，自指。2. Np、PNp可互相转换。

骑(2) qí　　5/82324
骑（D）
二价：V(a,p)
双向：S：Na＋V＋Np(2)乘云气，骑日月（齐物论）

起(29) qǐ　　2/39811
站起来，起来，兴起（D）
一价：V(a)
单向：S：Na＋V(22)曩子坐，今子起（齐物论）／我决起而飞（逍遥游）
S'：Na＋V＋PNpl(2)今子蓬蓬然起于北海（秋水）
S'：Na＋V＋Npl(1)风起北方（天运）
非典型位置(4)：
所字结构(3)：一之所起（天地）
判断句谓语(1)：其废，起也（天地）
说明：与V共现的Npl、PNpl均为V的源点。

启(3) qǐ　　2/04882
开启，张开（D）
二价：V(a,p)
双向：S：Na＋V＋Np(1)而吾君未尝启齿（徐无鬼）
非典型位置(2)：
主语(1)：喜怒哀乐虑叹哲姚佚启态（齐物论）
定语(1)：今休，款启寡闻之民也（达生）

跂(3) qǐ　　5/87341
盼望，企求（D）
二价：V(a,p)
双向：S：Na＋V＋Np(1)县跂仁义以慰天下之心（马蹄）
S'：Na＋V(2)掇而不跂（秋水）

稽首(5) qǐshǒu　　5/26382
叩头至地，古时最恭敬的叩拜礼（D）
一价：V(a)
单向：S：Na＋V
S'：Na＋V1V2(5)黄帝再拜稽首（徐无鬼）

说明:均"再拜稽首"连用。

乞 (1) qǐ　　1/90810
乞讨(D)
三价:V(a,p,d)
双向:S:Na＋V＋Np＋PNd(参说明)
非典型位置(1):
者字结构(1):操瓢而乞者(盗跖)
说明:《左传·僖公十三年》:"晋荐饥,使乞籴于秦。"

弃 (34) qì　　3/01662
抛弃,舍去(D)
二价:V(a,p)
双向:S:Na＋V＋Np(25)弃事则形不劳(达生)
S':PNd＋Na＋V＋Np(2)于蚁弃知(徐无鬼)
S':Na＋V(3)郑人见之,皆弃而走(应帝王)
S':Na/p＋V(2)迫穷祸患害相弃也(山木)
S':Np＋V(1)事奚足弃而生奚足遗(达生)
非典型位置(1):
所字结构(1):皆吾之所弃也(盗跖)
说明:《徐无鬼》"于蚁弃知"句,Na为"蚁",承上省。

泣 (5) qì　　5/01010
无声或低声地哭(D)
二价:V(a,d)
双向:S:Na＋V＋Nd(1)其妻子环而泣之(大宗师)
S':Na＋V(4)今夫子闻之而泣(徐无鬼)

谦 (1) qiān　　5/08955
谦逊(Z)
一价:V(e)
单向:S:Ne＋V
非典型位置(1)
宾语(1):以濡弱谦下为表(天下)

嗛[1] (1) qiān　　5/88956
通"谦",谦逊(Z)
一价:V(e)
单向:S:Ne＋V(1)大廉不嗛(齐物论)成玄英疏:夫玄悟之人……何所谦让。(87页)

迁 (6) qiān　　2/09714
变更,改变(D)
二价:V(a,p)
双向:S:Na＋V＋Np(4)不迁其德(在宥)
S':Na＋PNd＋V(2)审乎无假而不与利迁(天道)

搴[2] (1) qiān　　3/02593
通"褰",提起(D)
二价:V(a,p)
双向:S:Na＋V＋Np(1)搴裳躩步

(山木)

搴 (1) qiān　　3/02572
拔取,取(D)
二价:V(a,p)
双向:S:Na＋V＋Np(1)搴德搴性
　　以收名声(骈拇)
说明:搴,《庄子集释》本作"塞"。
王念孙曰:"塞"与"攓"义不相
类。"塞"当为"搴",攓、搴,皆拔
取之也。(315页)

攓 (1) qiān　　5/50093
拔取(D)
二价:V(a,p)
双向:S:Na＋V＋Np(1)攓蓬而指
　　之曰(至乐)

牵 (3) qiān　　3/01650
拉(D)
二价:V(a,p)
双向:S:Na＋V＋Np(1)牵巨钩錎
　　没而下(外物)
S':Na＋V(1)王乃牵而上殿(说
　　剑)
S':Np＋V(1)及其牵而入于大庙
　　(列御寇)

掔 (1) qiān　　3/84253
除去(D)
二价:V(a,p)
双向:S:Na＋V＋Np(1)君将黜耆
　　欲,掔好恶(徐无鬼)

潜¹ (1) qiān　　5/01584
在水下活动,沉溺(D)
一价:V(a)
单向:S:Na＋V(1)至人潜行不窒
　　(达生)
S':Na＋V＋PNl(1)潜之万物(徐
　　无鬼)按:之,犹"于"。

潜² (1) qiān　　5/01584
测,探测(D)
二价:V(a,p)
双向:S:Na＋V＋Np(1)上窥青
　　天,下潜黄泉(田子方)郭庆藩
　　按:潜,测也,与窥之意相近。古
　　训潜为测,见《尔雅》。(725页)

黔 (1) qián　　5/86920
晒黑(D)
一价:V(a)
单向:S:Na＋V
S':Na＋Nt＋V(1)乌不日黔而黑
　　(天运)
说明:"日"为每日之义。

钳 (2) qián　　5/97382
夹住(D)
二价:V(a,p)
双向:S:Na＋V＋Np(1)钳杨墨之
　　口(胠箧)
S':Np＋V(1)口钳而不欲言(田子
　　方)

谴 (1) qiǎn　　5/08095

责问(D)
二价:V(a,p)
双向:S:Na+V+Np(1)不谴是非
　(天下)

控²(1) qiāng　　5/50070
击(D)
二价:V(a,p)
双向:S:Na+V+Np
S':Na+PNi+V+Np(1)儒以金椎
　控其颐(外物)

抢(1) qiāng　　5/36983
触,撞(D)
二价:V(a,p)
双向:S:Na+V+Np(1)我决起而
　飞,抢榆枋(逍遥游)

强¹(1) qiáng　　5/12662
使强大(D)
准二价:V(a,c)
准双向:S:Na+V+Nc(1)尊主强
　国之人(刻意)

强²(2) qiǎng　　5/12662
勉强,强迫(D)
二价:V(a,p)
双向:S:Na+V+Np(2)知其不可
　得也而强之(天地)

翘(1) qiáo　　2/31720
举起(D)
二价:V(a,p)
双向:S:Na+V+Np(1)翘足而陆
　(马蹄)成玄英疏:翘,举也。
　(330页)

招²(1) qiáo　　5/50781
举(D)
二价:V(a,p)
双向:S:Na+V+Np(1)自虞氏招
　仁义以挠天下也(骈拇)

撽(1) qiào　　5/50242
从旁敲击(D)
一价:V(a)
单向:S:Na+V
S':Na+V+PNi(1)撽以马捶(至乐)
成玄英疏:撽,打击也。(617页)

挈¹(4) qiè　　3/52250
提举,带领(D)
二价:V(a,p)
双向:S:Na+V+Np(3)挈妻子而
　去之走(天运)
S':Na+PNi+V+Np(1)狶韦氏
　得之,以挈天地(大宗师)成玄英
　疏:提挈二仪。(248页)

窃(12) qiè　　3/02920
偷盗(D)
二价:V(a,p)
双向:S:Na+V+Np(10)窃仁义
　(胠箧)
非典型位置(2):
宾语(1):圣人不为窃(山木)按,

窃,作宾语,自指。
定语(1):盗窃之行(则阳)

嗛² (1) qiè　　5/88956
通"慊",满足,快意(Z)
二价:V(e,d)
单向:S;Ne＋V＋PNd(1)口嗛于
　　刍豢醪醴之味(盗跖)

侵 (4) qīn　　5/90140
侵犯,欺负(D)
二价:V(a,p)
双向:S;Na＋V＋Np(4)侵人自用
　　(渔父)

亲 (13) qīn　　5/06813
亲近,亲附(D)
二价:V(a,d)
双向:S;Na＋V＋Nd(参说明3)
S':V＋Nd(1)亲权者不能与人柄
　　(天运)
S':Na/d＋V(1)父子相亲(天运)
S':Na＋V(9)爱之则亲(徐无鬼)
S':Na＋PNd＋P＋V(1)于事无与
　　亲(应帝王)
非典型位置(1):
所字结构(1):故无所甚亲(徐无鬼)
说明:1. S'(V＋Nd)中,V＋Nd 构
　　成"者"字结构,转指 Na,故 Na
　　不能在句法层面出现。2.《应帝
　　王》"于事无与亲"句,"与"的宾
　　语为"事",与"于"的宾语同指,

故承前省。3.《吕氏春秋·诬
徒》:"人之情,不能亲其所怨。"

寝¹ (8) qǐn　　3/02240
睡觉(D)
一价:V(a)
单向:S;Na＋V(4)孙叔敖甘寝秉
　　羽(徐无鬼)
S':Na＋V＋Npl(3)遊居寝卧其下
　　(天运)
S':Na＋V＋PNpl(1)人且偃然寝
　　于室(至乐)

寝² (2) qǐn　　3/02240
使止息(D)
准二价:V(a,c)
准双向:S;Na＋V＋Nc(2)禁攻寝
　　兵(天下)

轻 (3) qīng　　5/50174
看轻(D)
准二价:V(a,y)
准双向:S;Na＋V＋Ny(2)皆离名
　　轻死(盗跖)/且夫我尝闻少仲尼
　　之闻而轻伯夷之义者(秋水)
S':Na＋V＋PNy(1)使人轻乎贵老
　　(列御寇)《释文》:谓重御寇过于
　　老人。(1038页)
说明:1. 形容词活用作动词,意动
　　用法。2.《列御寇》中"乎"的作
　　用一是为求句式音节整齐;二是
　　凸显结构层次。

黥（2）qíng　5/86061
古代刑罚，在脸上刺字，并涂上墨（D）
二价：V(a,p)
双向：S：Na＋V＋Np
S'：Na＋V＋Np＋PNi(1)夫尧既黥汝以仁义（大宗师）
非典型位置(1)：
宾语(1)：庸讵知夫造物者不息我黥而补我劓（大宗师）

擎（1）qíng　3/34251
举（D）
二价：V(a,p)
双向：S：Na＋V＋Np（未出现，参成疏）
非典型位置(1)：
主语(1)：擎跽曲拳,人臣之礼也（人间世）成玄英疏：擎手跽足，磬折曲躬，俯仰拜伏者，人臣之礼也。（144页）

请¹（47）qǐng　5/08523
请求（D）
二价：V(a,p)
双向：S：Na＋V＋Np(34)请与之（逍遥游）/又请之（则阳）
S'：Na＋V＋PNd (1)请于父母曰（德充符）
S'：Na＋V1＋V2(11)请问为天下（应帝王）
非典型位置(1)：

定语(1)：内则疑劫请之贼（盗跖）
说明：1. Np 由动词语充任（33例），由代词"之"充任仅1例。2. 在 S'（Na＋V1＋V2）中，"请¹"只见与"问"连用（11例），"请¹"表示谦敬，语义重心在"问"上。3. 在 Na 指称第一人称的 S 中，"请¹"多表示自己的意愿，并非真请求对方允许。在这种情况下，"请¹"的"请求"义已经虚化，"请¹"的作用主要是表达敬意。如：丘也请从而后也（大宗师）、吾请释吾之所有（渔父）。但在 Na 指称第一人称的 S 中，"请¹"也有不虚化者，如：柏矩学于老聃，曰："请之天下游。"老聃曰："已矣。天下犹是也。"又请之。（则阳）虚化与否，随语境而定。4."请"的对象 d 偶见。

请²（1）qǐng　5/08523
召，邀请（D）
二价：V(a,p)
双向：S：Na＋V＋Np(1)待命令设戏请夫子（说剑）成玄英疏：待设剑戏，然后邀延也。（1019页）
说明：Np[＋人]。

请³（3）qǐng　5/08523
问，请示（D）
三价：V(a,p,d)

双向:S:Na＋V＋Np＋PNd(参说
 明2)
S':Na＋V＋Np(1)请奚杀(山木)
S':Na＋V＋Nd(1)向者弟子欲请
 夫子(寓言)
S':Na＋V(1)竖子请曰(山木)
说明:1.Np 由动词语充任。2.《吕
 氏春秋·任数》:"有司请事于齐
 桓公。"

庆 (1) qìng　　　4/02342
赏赐(D)
一价:V(a)
单向:S:Na＋V(参说明)
非典型位置(1):
宾语(1):斋三日而不敢怀庆赏爵
 禄(达生)
说明:《周礼·地官·族师》:"刑罚
 庆赏,相及相共。"

謦欬(2) qǐngkài　　　3/34083
咳嗽,借指谈笑(D)
一价:V(a)
单向:S:Na＋V
S':Na＋V＋Npl(1)又况乎兄弟亲
 戚之謦欬其侧者乎(徐无鬼)
S':Na＋PNi＋V＋Npl(1)莫以真
 人之言謦欬吾君之侧乎(徐无
 鬼)

磬折(1) qìngzhé　　　3/34783
弯腰,表示谦恭(D)

一价:V(a)
单向:S:Na＋V(1)而夫子曲要磬
 折(渔父)

穷¹(51) qióng　　　3/02923
穷尽(Z)
二价:V(e,d)
双向:S:Ne＋V＋Nd(5)求穷其至
 大之域(秋水)/ 能虽穷海内,不
 自为也(天道)成玄英疏:艺术才
 能冠乎海内。(466 页)
S':Ne＋V＋PNd(2)目知穷乎所欲
 见(天运)成玄英疏:夫目知所
 见,盖有涯限,所以称穷。(507
 页)
S':Ne＋PNd＋V(1)与物穷者(庚
 桑楚)
S':Ne＋V(6)应物而不穷也(天
 运)
非典型位置(32):
宾语(26):以应无穷(齐物论)
所字结构(6):大知人焉而不知其
 所穷(知北游)
使……尽(D)
准二价:V(a,c)
准双向:S:Na＋V＋Nc(4)存形穷
 生(天地)成玄英疏:尽生龄之夭
 寿。(413 页)
S':Na＋V＋Nc＋PNi(1)是穷响以
 声(天下)

穷²(38) qióng　　　3/02923

困窘(Z)
一价:V(e)
单向:S:Ne＋V(7)子列子穷(让王)
S':Ne＋V＋PNpl(7)孔子穷于陈蔡之间(让王)
S':Ne＋V＋PNd(2)穷于道之谓穷(让王)按,前"穷"。
S':Ne＋V1＋V2(2)仲尼、墨翟穷为匹夫(盗跖)
S':Ne＋PNi＋V(1)八者俱过人也,因以是穷(列御寇)
非典型位置(17):
主语(4):穷达贫富……是事之变命之行也(德充符)
宾语(6):我讳穷久矣而不免(秋水)
判断句谓语(1):所乐非穷通也(让王)
定语(4):不废穷民(天道)
状语(2):迫穷祸患害相收也(山木)
使困窘(D)
准二价:V(a,c)
准双向:S:Na＋V＋Nc(1)穷困人之身(则阳)
S':Na＋PNi＋V＋Nc(2)不以知穷天下(缮性)

囚 (1) qiú　　2/88900
拘禁,束缚(D)
二价:V(a,p)
双向:S:Na＋V＋Np(参说明)
S':Na＋V(1)上下囚杀(在宥)《释文》:言囚杀万物也。(372页)
说明:《韩非子·难四》:"景公乃囚阳虎。"

求 (76) qiú　　1/30600
寻求,寻找,要求(D)
三价:V(a,p,d)
双向:S:Na＋V＋Np＋PNd(4)吾求之于阴阳(天运)
S':Na＋PNd＋V＋Np(3)子恶乎求之哉(天运)
S':Na＋V＋Np＋Nd(2)今不修之身而求之人(渔父)
S':Na＋V＋Np(45)人皆求福(天下)/且予求无所可用久矣(人间世)
S':Na＋V＋Np＋PNpl(2)而求推之于陆(天运)
S':Na＋V＋Np＋PNi(1)子乃规规然而求之以察(秋水)
S':Na＋Np＋V(3)子将何求(渔父)
S':Na＋Ni＋V＋Np(2)功求成(天地)
S':Na＋V＋PNd(1)彼将内求于己而不得(至乐)
S':Na＋V(3)其马力竭矣,而犹求焉(达生)

S':Na＋PNi＋V(1)且又为不神者求邪(知北游)
非典型位置(9)：
主语(1)：而百姓求竭矣(在宥)
宾语(5)：不喜求(齐物论)
所字结构(3)：浮游不知所求(在宥)
说明：1. Np 一般由名词语充任(35例)，如《天下》例；也可以由动词语充任(10 例)，如《人间世》例。2. Np 由疑问代词充任时，移至 V 前。3. PNd 移至 V 前均为"恶乎"，如《天运》例。4. Np 由代词"之"充任时，PNd 的 P 可以省略，如《渔父》例之"求之人"。5.《盗跖》篇有"故观之名则不见，求之利则不得"句，本文将其中的"之"看作相当于"其"，故该句未计入 S'(Na＋V＋Np＋Nd)。

呿(1) qū　　5/88361
张口(D)
一价：V(a)
单向：S:Na＋V(1)公孙龙口呿而不合(秋水)

曲(2) qū　　1/55886
弯曲(Z)
一价：V(e)
单向：S:Ne＋V
S':N＋V＋Ne(2)而夫子曲要磬折(渔父)
说明：N 与 Ne 具有领属关系。

屈¹(2) qū　　4/82281
弯曲，屈折(D)
一价：V(a)
单向：S:Na＋V(1)蹢躅而屈伸(秋水)
非典型位置(1)：
者字结构(1)：屈服者，其嗌言若哇(大宗师)成玄英疏：屈折起伏，气不调和，咽喉之中恒如哇碍也。(228 页)

屈折(2) qūzhé　　4/82281
屈身(D)
一价：V(a)
单向：S:Na＋V(2)屈折礼乐(骈拇)《释文》：谓屈折支体为礼乐也。(321 页)

趋¹(15) qū　　2/39200
疾行，快步走(D)
一价：V(a)
单向：S:Na＋V(12)负赤子而趋(山木)
S':Na＋V1＋V2(3)孔子再拜趋走(盗跖)

趋²(2) qū　　2/39200
趋向，奔赴(D)
二价：V(a,l)
双向：S:Na＋V＋Nl(1)不为穷约

趋俗(缮性)
S':Na+V(1)画地而趋(人间世)
说明:《人间世》例,一说,画地而自投,则"趋²"为一般用法;成玄英疏"犹如画地作迹,使人走逐"(185页),则"趋²"为使动用法。

驱(1) qū　　5/82816
赶(D)
二价:V(a,p)
双向:S;Na+V+Np(1)驱人牛马(盗跖)

趣¹(5) qū　　2/39743
趋,奔赴(D)
二价:V(a,l)
双向:S;Na+V+Nl(4)赢粮而趣之(胠箧)
S':Na+V(1)吾观夫俗之所乐举群趣者(至乐)

趣²(3) qǔ　　2/39743
通"取"(D)
二价:V(a,p)
双向:S;Na+V+Np(1)且夫趣舍声色以柴其内(秋水)
S':Na+V(1)吾辞受趣舍(秋水)
非典型位置(1):
主语(1):五曰趣舍称心(天地)
说明:均"趣舍"连用。

取¹(37) qǔ　　5/77843
拿取,采用(D)

三价:V(a,p,d)
双向:S;Na+V+Np+PNd(3)又恶取君子小人于其间哉(骈拇)/大匠取法焉(天道)
S':Na+V+Np(20)人皆取实(天下)/士民安取不伪(则阳)
S':Np+V(2)名,公器也,不可多取(天运)/饮食取足而不知其所从(天地)
S':Na+V(7)将复取而盛以箧衍(天运)
S':Na+V+PNd(1)圣人之爱人也终无已者,亦乃取于是者也(知北游)
S':V+Np(1)今子之所取大者,先生也(德充符)
非典型位置(3):
主语(2):怨恩取与谏教生杀,八者,正之器也(天运)
所字结构(1):非我无所取(齐物论)
说明:1.Np一般由名词语充任,如《天下》例;也可由动词语充任,如《则阳》例。2.Np移至V前有两种情况:(1)无标记,如《天地》例;(2)以"可"为标记,如《天运》例。3.《达生》篇有"人之所取畏者",郭庆藩校云:《阙误》引江南古藏本"取"作"最"。(648页)本词典依郭校。

取²(1) qǔ　　5/77843
娶(D)
二价:V(a,p)
双向:S:Na＋V＋Np(1)取妻者止于外(德充符)

去¹(37) qù　　3/37600
离开(D)
二价:V(a,l)
双向:S:Na＋V＋Nl(12)故余将去女,入无穷之门(在宥)
S':Na＋Nl＋V(1)奭然奭去(至乐)
S':Na＋V(15)乃刺船而去(渔父)
S':Nl1＋V＋Nl2(1)治国去之,乱国就之(人间世)
S':Na＋V＋Nt(3)去国数日(徐无鬼)
S':Na＋V＋PNt(1)去以六月息者也(逍遥游)郭象注:夫大鸟一去半岁,至天池而息。(5页)
S':Na＋V1＋V2(1)亟去走归,无复言之(盗跖)
非典型位置(3):
主语(2):欲恶去就,于是桥起(则阳)
宾语(1):谨于去就(秋水)
说明:1."去¹"[＋位移],故常与位移动词(如:入、就、走等)对举或连用,见《在宥》、《至乐》、《盗跖》诸例。2. Nl 为位移源点。

3."去¹"可独自一读,用于命令("退下"之义),如:无名人曰:"去,汝鄙人也,何问之不豫也!"(应帝王)4. S'(Nl1＋V＋Nl2)中,Nl2 由代词"之"充任,复指移至句首的 Nl1。5.《大宗师》有"安排而去化"句,郭象注云:"安于推移而与化俱去。"(278页)有的学者认为,"去化"当作"任化"(张默生《庄子新释》220页),"去化"为"随行变化"(曹础基《庄子浅注》107页)。此例当为特例,列于此以备考。

去²(35) qù　　3/37600
舍弃,除去(D)
二价:V(a,p)
双向:S:Na＋V＋Np(27)为鼃谋则去之,自为谋则取之(达生)/吾愿君去国捐俗(山木)/世去至重,弃至尊(盗跖)
S':Na＋V(4)因于物而不去(在宥)
S':Np＋V(2)而朴鄙之心,至今未去(渔父)
S':V＋Np(1)无所去忧也(骈拇)成玄英疏:虽为无劳去忧,忧自去也。(318页)
非典型位置(1):
所字结构(1):今子之言,大而无用,众所同去也(逍遥游)

说明:"去²"[＋动作,－位移],常与"取舍"义动词(如:取、捐、弃等)对举或连用,见《达生》、《山木》、《盗跖》诸例。

去³(4) qù　　3/37600
距离(Z)
二价:V(e,d)
双向:S:Ne＋V＋Nd(2)则去之远也(天运)
S':Ne/d＋V(2)天道之与人道也,相去远矣(在宥)
说明:S'中,Ne/d以"相"为标记。

全(12) quán　　2/90770
保全(D)
二价:V(a,c)
双向:S:Na＋V＋Nc(12)黄帝尚不能全德(盗跖)
说明:"保全"义属本用,但考其源,仍为使动用法,Nc不可省。

劝¹(5) quàn　　5/37325
勉励,鼓励(D)
二价:V(a,p)
双向:S:Na＋V＋Np(4)孰居无事淫乐而劝是(天运)成玄英疏:自励劝彼。(495页)
非典型位置(1):
宾语(1):世之爵禄不足以为劝(秋水)

劝²(5) quàn　　5/37325
奋勉(Z)
一价:V(e)
单向:S:Ne＋V(5)不赏而民劝(天地)

缺(2) quē　　5/98591
残破(Z)
一价:V(e)
单向:S:Ne＋V(参说明)
非典型位置(1):
定语(1):人休乎缺甃之崖(秋水)成玄英疏:人则休息乎破砖之涯。(599页)
使残破(D)
准二价:V(a,c)
准双向:S:Na＋V＋Nc(1)则缺衔毁首碎胸(人间世)
说明:《易林·未济之恒》:"瓮破盆缺。"

却¹(3) què　　5/36820/98821
退(D)
一价:V(a)
单向:S:Na＋V(2)于是逡巡而却(秋水)
非典型位置(1):
定语(1):覆却万方陈乎前(达生)

却²(2) què　　5/98821
拒绝(D)
二价:V(a,p)
双向:S:Na＋V＋Np(参说明)

S′:Np＋V(2)生之来不能却(达生)/吾以其来不可却也(田子方)

说明:《吕氏春秋·知接》:"固却其忠言。"

逡巡(1) qūnxún 2/09640

后退(D)

一价:V(a)

单向:S:Na＋V(1)背逡巡(田子方)成玄英疏:逡巡,犹却行也。(725页)

蹲循(1) qūnxún 5/87933

逡巡,退让(D)

一价:V(a)

单向:S:Na＋V(1)蹲循勿争(至乐)郭庆藩按:蹲循即逡巡。(611页)

群(1) qún 4/85853

与……群聚(D)

准二价:V(a,d)

准单向:S:Na＋V＋PNd(1)故群于人(德充符)成玄英疏:群聚世间。(219页)

说明:名词活用作动词。

R

然¹(1) rán 3/29600

燃烧(Z)

一价:V(e)

单向:S:Ne＋V(1)木与木相摩则然(外物)

然²(11) rán 3/29600

以……为然(D)

二价:V(a,y)

双向:S:Na＋V＋Ny(5)是不是,然不然(齐物论)

S′:Na＋V(2)亲之所言而然(天地)

非典型位置(4):

所字结构(4):因其所然而然之(秋水)按,前"然"。/不知吾所以然而然(达生)按,前"然"。

说明:S′中,"然"的宾语"亲之所言"之所以可省,在于其移至句首充当话题。

壤(1) ráng 5/37094

通"穰",丰收(Z)

一价:V(e)

单向:S:Ne＋V(1)畏垒大壤(庚桑楚)

攘(5) rǎng 5/50094

排除,侵扰,捋起衣袖(D)

二价:V(a,p)

双向:S:Na＋V＋Np(3)攘弃仁义(胠箧)/则支离攘臂而游于间(人间世)

S′:Na/p＋V(2)则六凿相攘(外物)《释文》引司马云:谓六情攘

夺。(941页)/擅相攘伐(渔父)

说明:1."攘"的具体词义缘语境而定:"捋起衣袖"义,只见于"攘臂";与"弃"连用,则为"排除"义;与"伐"连用,则为"侵扰"义。2.S'中,Na/p以"相"为标记。

让¹(15) ràng　　　5/08095
让给,禅让(D)
三价:V(a,p,d)
双向:S:Na+V+Np+PNd(2)尧让天下于许由(逍遥游)
S':Na+PNp+V+Nd(5)尧以天下让许由(让王)
S':Na+V+Nd(2)胜桀而让我(让王)
S':Na+V+PNd(1)又让于子州支父(让王)
S':Na+V+Np(2)以富为是者不能让禄(天运)
S':Na+V(2)之哙让而绝(秋水)
非典型位置(1):
定语(1):争让之礼(秋水)

让²(2) ràng　　　5/08095
谦让(D)
一价:V(a)
单向:S:Na+V(1)田子无让(达生)
非典型位置(1):
宾语(1):语仁义忠信,恭俭推让

(刻意)

扰¹(1) rǎo　　　5/50743
扰乱(D)
二价:V(a,p)
双向:S:Na+V+Np(参说明)
S':Na+V(1)鬼神不扰(缮性)
说明:《尚书·胤征》:"俶扰天纪。"

扰²(2) rǎo　　　5/50743
乱(Z)
一价:V(e)
单向:S:Ne+V(2)多则扰(人间世)

绕(1) rào　　　5/66310
环绕(D)
二价:V(a,p)
双向:S:Na+V+Np(参说明)
S':Np+V+PNi(1)天子之剑……绕以渤海(说剑)
说明:《吕氏春秋·知分》:"子尝见两蛟绕船能两活者乎?"

忍¹(7) rěn　　　3/72010
容忍,忍心(D)
二价:V(a,p)
双向:S:Na+V+Np(6)夫不忍一世之伤(外物)/宪不忍为也(让王)
S':Na+V(1)吾不忍也(让王)
说明:Np由动词语充任,自指。

忍²(1) rěn　　3/72010
抑制(D)
二价:V(a,p)
双向:S:Na＋V＋Np(1)忍性以视民(列御寇)
说明:Np 由名词语充任。

任¹(8) rèn　　5/90270
承担,用(D)
二价:V(a,p)
双向:S:Na＋V＋Np(4)则任事者责矣(天道)/任知则民相盗(庚桑楚)
S':Np＋V(3)不信则不任(盗跖)/贱而不可不任者,物也(在宥)
S':Na＋V(1)墨子虽独能任(天下)
说明:Np 移至 V 前,用于被动,有两种情况:(1)无标记,如《盗跖》例;(2)以"可"为标记,如《在宥》例。

任²(1) rèn　　5/90270
委任(D)
三价:V(a,p,d)
双向:S:Na＋V＋Nd＋PNp (1)彼将任我以事(列御寇)

任³(1) rèn　　5/90270
听凭,听任(D)
二价:V(a,d)
双向:S:Na＋V＋Nd(1)任其性命之情而已矣(骈拇)

刃 (1) rèn　　1/78220
犹"逆"(Z)
二价:V(e,d)
单向:S:Ne＋PNd＋V(1)与物相刃相靡(齐物论)成玄英疏:刃,逆也。(60页)

容 (13) róng　　3/02981
容纳(Z)
二价:V(e,d)
双向:S:Ne＋V＋Nd(6)焉能容人(庚桑楚)
S':V＋Nd＋PNe(1)不容身于天下(盗跖)
S':Nd＋V＋Ne(1)轩车不容巷(让王)
S':Nd＋V(1)其身之不能容(庚桑楚)
S':Ne＋V(2)德无不容,仁也(缮性)
非典型位置(2):
所字结构(2):则瓠落无所容(逍遥游)

容与(1) róngyǔ　　3/02981
使逍遥自在(D)
准二价:V(a,c)
准双向:S:Na＋V＋Nc(1)以求容与其心(人间世)
说明:形容词活用作动词,使动用

法。

荣（2）róng　　　3/69060
以……为荣(D)
准二价：V(a,y)
准双向：S:Na＋V＋Ny(2)不荣通
（天地）成玄英疏：富贵荣达，不
以为荣华。(410页)
说明：形容词活用作动词，意动用
法。

荣华（1）rónghuá　　3/69060
感到荣耀(D)
准二价：V(a,y)
准双向：S:Na＋V＋Ny(未出现)
S':Na＋V(1)子三为令尹而不荣
华（田子方）
说明：形容词活用作动词，意动用
法。

濡（4）rú　　　5/01720
沾湿(Z)
一价：V(e)
单向：S:Ne＋V(2)入乎渊泉而不
濡（田子方）
滋润对方(D)
准二价：V(a,c)
准双向：S:Na＋V＋Nc(未出现)
S':Na/c＋V＋PNi(2)相濡以沫
（天运）
说明：S'中，Na/c 以"相"为标记。

如¹（73）rú　　　5/34881

像，及，比得上(G)
二价：V(th,rh)
双向：S:Nth＋V＋Nrh(60)民如野
鹿（天地）食豕如食人（应帝王）
夫水行莫如用舟（天运）
S':Nth＋Nrh＋V(9)天王之用心
何如（天道）
S':Np＋V1＋V2＋Nrh(2)形固可
使如槁木（齐物论）
S':V1＋V2＋Nrh(1)譬如耳目鼻
口（天下）
S':Nth＋V(1)予无如矣（秋水）
说明：1. Nrh 原则上不能省略，"予
无如矣（秋水）"1例当属特例。
2. Nth 既可由名词语充任，如
《天地》例，也可由动词语充任，
如《应帝王》例；Nrh 亦然。3. 疑
问代词充任 Nrh 原则上移至 V
前，仅1例仍在 V 后，见《天运》：
"夫三王五帝之治天下不同，其
系声名一也，而先生独以为非圣
人，如何哉？""何如"、"如何"均
属惯用语，在句中充当谓语，问
方式、原因等。4. S'(Np＋V1＋
V2＋Nrh)中，Np 为兼语，前移
至句首，以助动词"可"为标记，
"如¹"处在 V2 的位置。

如²（2）rú　　　5/34881
往，到……去(D)
二价：V(a,l)

双向:S:Na＋V＋Nl(参说明2)
非典型位置(2):
宾语(1):民其无如也(人间世)
所字结构(1):不知所如往(庚桑楚)
说明:1."如"处在宾语位置转指,犹"所如"。2.《左传·隐公六年》:"郑伯如周。"

茹 (1) rú　　3/33381
吃 (D)
二价:V(a,p)
双向:S:Na＋V＋Np(1)唯不饮酒不茹荤者数月矣(人间世)

辱¹(2) rǔ　　4/12130
侮辱(D)
二价:V(a,p)
双向:S:Na＋V＋Np(参说明)
S':Na＋V＋Np＋PNi(1)易辱人以言(盗跖)
S':Np＋V(1)实熟则剥,剥则辱(人间世)
说明:《吕氏春秋·不侵》:"万乘之严主辱其使者。"

辱²(1) rǔ　　4/12130
看作耻辱(D)
准二价:V(a,y)
准双向:S:Na＋V＋Ny(未出现)
S':Na＋V(1)见侮不辱(天下)
说明:名词活用作动词,意动用法。

孺 (1) rǔ　　5/13720
通"乳",孵化(D)
一价:V(a)
单向:S:Na＋V(1)乌鹊孺(天运)

入¹(71) rù　　1/90000
进入,与"出"相对(D)
二价:V(a,l)
双向:S:Na＋V＋Nl(17)故余将去女,入无穷之门(在宥)
S':Na＋V＋PNl(17)勇士一人,雄入于九军(德充符)
S':Na＋V(20)列子入(应帝王)
S':Na＋PNd＋V(1)与齐俱入(达生)
S':Na＋V1＋V2(13)谒者入通(盗跖)/鱼闻之而下入(至乐)
S':Na＋PNd＋V＋PNl(1)为女入于窈冥之门矣(在宥)
S':Na＋PNpl＋V(2)由外入者,无主于中(天运)
说明:1.Na[＋有生]。之所以将"进入"义的"入"分为"入¹"、"入²",是由于"入"的施事有"有生"、"无生"之别。由此,其基本式、派生式均有差异。2.PNl中P的有无是自由的。3."入¹"与其他动词连用时,以处在V1的位置为主(11例),如《盗跖》例之"入通";很少处在V2的位置上(2例),如《至乐》例之"下入"。

4.《天运》例"由外入者",PNpl+V出现在"者"字结构之中,Na不能出现在句法层面。

入²(25) rù　　1/90000
进入,与"出"相对(D)
二价:V(a,l)
单向:S:Na+V+PNl(10)日出东方而入于西极(田子方)/百里奚爵禄不入于心(田子方)
S':Na+V+Nl(1)虽使丘陵草木之缦,入之者十九(列御寇)俞樾曰:入者,谓入于丘陵草木所掩蔽之中也。(884页)
S':Na+V(12)名实不入(应帝王)
S':Na+PNpl+V+PNl(1)其神无郤,物奚自入焉(达生)成玄英疏:故世俗事物,何从而入于灵府哉。(636页)
非典型位置(1):
宾语(1):有乎入(庚桑楚)
说明:1. Na[+有生]。2. 只有代词"之"充任 Nl 时,P才可以省略,属特例。3."入²"不与其他动词连用。

入³(1) rù　　1/90000
纳,娶(D)
二价:(a,p)
双向:S:Na+V+Np(1)昔者桓公小白杀兄入嫂(盗跖)
说明:Np[+女人]。

入⁴(1) rù　　1/90000
犹"干犯"(D)
二价:(a,p)
双向:S:Na+V+Np
S':Na+PNi+V+Np(1)古之真人,以天待人,不以人入天(徐无鬼)成玄英疏:不用人事取舍,乱于天然之智。(867页)
说明:Np[一有生]。

若¹(238) ruò　　3/33381
好像,如,比得上(G)
二价:V(th,rh)
双向:S:Nth+V+Nrh(229)其翼若垂天之云(逍遥游)/绰约若处子(逍遥游)/挈水若抽(天地)/吾相狗又不若吾相马也(徐无鬼)/吾执臂也若槁木之枝(达生)
S':Nth+Nrh+V(5)事之何若(外物)/莫吾能若也(秋水)/以为莫己若者(秋水)
S':Nth+PNrh+V(1)与仲尼相若(德充符)
S':Nth+V(1)不知论之不及与,知之弗若与(秋水)
S':Np+V1+V2+Nrh(2)心固可使若死灰乎(徐无鬼)
说明:1. Nth 既可由名词语充任,如《逍遥游》例,也可由动词语充任,如《天地》例,还可以由小句充任,如《徐无鬼》例;Nrh 亦然。当 Nth 由小句充任时,Nth 与 V 之间可以插入语气词"也",如《达生》例。2. Nrh 原则上不能省略,"知之弗若与(秋水)"1 例当属特例。3. Nrh 移至 V 前,有三种情况:(1)Nrh 由疑问代词充任(1 例),见《外物》例;(2)否定句中,Nrh 由人称代词充任(4 例),如《秋水》例;(3)Nrh 由 P 引入,以"相"为标记,如《德充符》例。4. Nrh 由疑问代词充任,亦可在 V 后(3 例),如《知北游》:"其数若何?"5. S'(Np+V1+V2+Nrh)中,Np 为兼语,前移至句首,以助动词"可"为标记,"如¹"处在 V2 的位置。

若² (5) ruò　　3/33381
犹"奈"(D)
准三价:V(a,d,rh)
准三向:S:Na+V+Nd+Nrh(5)吾若是何哉(在宥)/独若之何(德充符)
说明:"若²"只构成"若……何"格式,其中 Nd 由代词"之"、"是"充任,该格式在句中充当谓语,意思是"对……怎么办"。另有 4 例在句中充当状语、相当于副词的"若之何"未计在内,如《寓言》:"若之何其有命也?"

若³ (1) ruò　　3/33381
顺(Z)
二价:V(e,d)
双向:S:Ne+V+Nd(1)若化为物(大宗师)成玄英疏:若,顺也。(275 页)

润 (1) rùn　　5/01824
滋润(Z)
二价:V(e,d)
双向:S:Ne+V+Nd(1)河润九里(列御寇)

S

散 (19) sàn　　5/32943
分散,离散(Z)
一价:V(e)
单向:S:Ne+V(9)散而成章(天运)
S':Ne+V+PNpl(2)其数散于天下而设于中国者(天下)
非典型位置(3):
宾语(2):聚散以成(则阳)
判断句谓语(1):彼为积散非积散也(知北游)按,后"散"。
者字结构(1):而况散焉者乎(人间世)
使离散(D)
准二价:V(a,c)
准双向:S:Na+V+Nc(5)散五采(胠箧)

丧(23) sàng　　3/37292
丧失,失去(D)
二价:V(a,p)
双向:S:Na＋V＋Np(12)今者吾丧我(齐物论)
S':Na＋V＋Np＋PNd(1)丧己于物(缮性)
S':Na＋V(3)予恶乎知恶死之非弱丧而不知归者邪(齐物论)成玄英疏:弱者弱龄,丧之言失。(103页)
S':Na/p＋V(1)世丧道矣,道丧世矣,世与道交相丧也(缮性)按,后"丧"。
S':Np＋V(1)我悲人之自丧者(徐无鬼)
非典型位置(5):
主语(1):夫风波易以动,实丧易以危(人间世)
宾语(1):将以生为丧也(庚桑楚)
定语(1):而况得丧祸福之所介乎(田子方)
判断句谓语(1):言者,风波也;行者,实丧也(人间世)郭嵩焘曰:实丧,犹言得失。(161页)
所字结构(1):而不见其所丧(德充符)
说明:《缮性》例中,"世与道"(Na/p)占据同一句法位置,以"相"为标记。

搔(1) sāo　　5/50890
抓(D)
一价:V(a)
单向:S:Na＋V(1)委蛇攫搔(徐无鬼)

塞(7) sè　　3/02572
堵塞(D)
二价:V(a,p)
双向:S:Na＋V＋Np(4)人则顾塞其窦(外物)
非典型位置(3):
宾语(3):达道之塞(庚桑楚)

杀¹(39) shā　　5/46840
杀死,杀戮(D)
二价:V(a,p)
双向:S:Na＋V＋Np(26)纣杀王子比干(人间世)
S':Na＋Np＋V(2)十年而缓自杀(列御寇)按,缓,人名。／请奚杀(山木)
S':N＋V＋Np(1)十杀一人(达生)成玄英疏:十人同行,一人被杀。(647页)
S':Na＋V(5)饿虎杀而食之(达生)
S':Na/p＋V(1)四时相代相生相杀(则阳)
S':Na＋Ni＋V(1)绳墨杀焉(在宥)成玄英疏:圣人用礼法以伤道。(376页)

非典型位置(3)：
主语(1)：怨恩取与谏教生杀,八者,正之器也(天运)
判断句谓语(1)：杀盗非杀(天运)按,后"杀"。
定语(1)：无杀戮之刑者(达生)
说明：1. S'(N＋V＋Np)中,N 与 Np 具有广义的领属关系；Np 若移至 V 前,V 则用于被动。见《达生》例及成疏。2. Np 移至 V 前有两种情况：(1) Np 由代词"自"充任,见《列御寇》例；(2) Np 由疑问代词充任,见《山木》例。

杀² (1) shài　　　5/46840
减省(D)
二价：V(a, p)
双向：S:Na＋V＋Np(参说明)
S':Na＋PNd＋V＋Np(1)民有为其亲杀其服(天运)成玄英疏：为降杀之服以别亲疏。(528 页)按,"服"原作"杀",依唐写本改。
说明：《周礼·地官·廪人》："诏王杀邦用。"

杀³ (7) shài　　　5/46840
衰,衰败(Z)
一价：V(e)
单向：S:Ne＋V(2)其杀如秋冬(齐物论)成玄英疏：夫素秋摇落,玄冬肃杀。(53 页)

非典型位置(5)：
主语(1)：盛衰之杀,变化之流也(天道)
判断句谓语(1)：彼为衰杀非衰杀(知北游)按,后"杀"。成玄英疏：老病为衰杀。(754 页)
宾语(2)：谓盈虚衰杀(知北游)
定语(1)：哭泣衰绖隆杀之服,哀之末也(天道)

善¹ (16) shàn　　　3/91581
认为……善(D)
二价：V(a, y)
双向：S:Na＋V＋Ny(12)丘甚善之(至乐)/故善吾生者,乃所以善吾死也(大宗师)郭象注：故若以吾生为善乎？则吾死亦善也。(243 页)
S':Ny＋PNa＋V(1)烈士为天下见善矣,未足以活身(至乐)成玄英疏：夫忠烈之士,忘身循节,名传今古,见善世间。(610 页)
S':Na＋V(2)亲之所言然,所行而善(天地)
非典型位置(1)：
所字结构(1)：皆知非其所不善(胠箧)
说明：S'(Ny＋PNa＋V)中,V 被动用法,值得注意的是《至乐》例出现两个被动标记,一是"为",引入施事"天下"(即成疏所云"世间"),一是"见"。该例当属不规范的被动句。

善²(17) shàn　　3/91581
善于,擅长(D)
二价:V(a,d)
双向:S:Na＋V＋Nd(17)伯乐善治马(马蹄)
说明:1. 由动词语充任 Nd,自指。
2. Nd 不可省。

善³(1) shàn　　3/91581
犹"拭"(D)
二价:V(a,p)
双向:S:Na＋V＋Np(1)善刀而藏之(养生主)《释文》:善,犹拭也。(124 页)

擅(3) shàn　　5/50013
独揽,据有(D)
二价:V(a,p)
双向:S:Na＋V＋Np(3)且夫擅一壑之水(秋水)成玄英疏:我独专一壑之水。(599 页)

禅(3) shàn　　5/06856
禅让,替代(D)
二价:(a,p)
双向:S:Na＋V＋Np (1)化其万物而不知其禅之者(山木)
S':Na＋V(1)帝王殊禅(秋水)
S':Na/p＋PNi＋V(1)万物皆种也,以不同形相禅(寓言)

说明:Na/p 以"相"为标记。

缮(1) shàn　　5/66981
修养(D)
二价:V(a,p)
双向:S:Na＋V＋Np
S':Na＋V＋Np＋PNi(1)缮性于俗(缮性)

觞(1) shāng　　5/22926
用酒款待(D)
二价:V(a,p)
双向:S:Na＋V＋Np(1)仲尼之楚,楚王觞之(徐无鬼)
S':Na＋V＋Np＋PNpl(1)鲁侯御而觞之于庙(至乐)

伤(37) shāng　　5/90922
伤害,损害(D)
二价:V(a,p)
双向:S:Na＋V＋Np(15)圣人处物不伤物(知北游)
S':Na＋PNi＋V＋Np(2)能尊生者,虽富贵不以养伤身(让王)
S':Na＋PNi＋Npl＋V＋Np(2)言人之不以好恶内伤其身(德充符)
S':Ni＋V(1)物亦不能伤也(知北游)
S':Ni＋V＋Np(2)小识伤德,小行伤道(缮性)
S':Na＋Np＋V(7)故莫之能伤也

(达生)/物莫之伤(逍遥游)/公则自伤(达生)/万物不伤(缮性)
非典型位置(8):
宾语(4):则口烂而为伤(人间世)
定语(1):重伤之人(让王)
所字结构(1):唯无所伤者(知北游)
者字结构(2):死伤者岁百余人(说剑)
说明:1. Ni 既可以由 P 引入,如《德充符》例;也可以直接进入句法层面充当主语,如《知北游》、《缮性》例。2. Np 移至 V 前有三种情况:(1)否定句中,Np 由人称代词·之·充任,充当宾语,如《达生》、《逍遥游》例;(2)Np 由代词"自"充任,充当宾语,如《达生》例;(3)无标记,Np 移至句首,充当话题主语,V 用于被动,如《缮性》例。3. V 前出现两个修饰语时,由介词 P 引入的在前(离 V 相对较远的位置),无介词 P 引入的在后(靠近 V 的位置),如《德充符》例。

上¹(11) shàng   1/70700
由低处到高处,登上(D)
二价:V(a,l)
双向:S:Na+V+Nl(2)出门上车(盗跖)
S':Na+V(9)我腾跃而上(逍遥游)

上²(1) shàng   1/70700
进献(D)
二价:V(a,p)
双向:S:Na+V+Np(1)宰人上食(说剑)

上³(1) shàng   1/70700
居……上,统治(D)
二价:V(a,p)
双向:S:Na+V+Np(1)夫何足以上民(列御寇)

赏(17) shǎng   3/60094
赏赐,奖赏(D)
二价:V(a,d)
双向:S:Na+V+Nd(2)昭王反国,将赏从者(让王)
S':Na+V(3)不赏而民劝(天地)/今子赏罚(天地)
非典型位置(12):
主语(3):赏罚已明(天道)
宾语(9):骤而语赏罚(天道)
说明:1."赏"处在非典型位置上自指。2."赏罚"连用 9 例:其中 1 例充当谓语,见《天地》例,其余均处在非典型位置上。

尚¹(8) shàng   3/60821
推崇,尊重(D)
二价:V(a,y)
双向:S:Na+V+Ny(8)宗庙尚亲

（天道）

尚²(1) shàng　　　3/60821
使高尚(D)
准二价：V(a,c)
准双向：S：Na＋V＋Nc(1)刻意尚行(刻意)成玄英疏：刻励身心，高尚其行。(535页)

烧(1) shāo　　　5/69310
灼烧(D)
二价：V(a,p)
双向：S：Na＋V＋Np(1)烧之剔之（马蹄）

少¹(2) shǎo　　　1/60200
缺少(Z)
一价：V(e)
单向：S：Ne＋V
S'：N＋V＋Ne(2)鲁少儒（田子方）
说明：N与Ne具有广义的领属关系，Ne可以移至V前，句子表达的意思基本不变，而V则转化为形容词。

少²(1) shǎo　　　1/60200
轻视(D)
准二价：V(a,y)
准双向：S：Na＋V＋Ny(1)且夫我尝闻少仲尼之闻而轻伯夷之义者（秋水）

少³(1) shǎo　　　1/60200
减少(D)
准二价：V(a,c)
准双向：S：Na＋V＋Nc(1)少君之费（山木）

舍²(16) shě　　　2/90281
舍弃，放弃(D)
二价：V(a,p)
双向：S：Na＋V＋Np(8)舍之则仰（天运）
S'：Na＋V＋PNp(1)能舍诸人而求诸己乎（庚桑楚）成玄英疏：诸，于也。舍弃效彼之心，追求己身之道。(786页)
S'：Na＋V(6)然且语而不舍（秋水）
非典型位置(1)：
主语(1)：五日趣舍滑心（天地）

舍¹(12) shè　　　2/90281
住宿，停留(D)
二价：V(a,pl)
单向：S：Na＋V＋PNpl(4)舍于鲁（田子方）
S'：Na＋V＋Npl(1)有恒者，人舍之（庚桑楚）成玄英疏：为苍生之所舍止。(791页)
S'：Na＋V(1)业入而不舍（庚桑楚）
S'：Na＋V1V2(2)神将来舍（知北游）
非典型位置(4)：

所字结构(1):人之所舍(庚桑楚)
者字结构(3):舍者迎将(寓言)

射 (10) shè 5/22303
射(箭)(D)
二价:V(a,p)
双向:S:Na+V+Np(2)王射之(徐无鬼)
S':Na+V(1)若能射乎(田子方)
S':Na+PNd+V(1)列御寇为伯昏无人射(田子方)
非典型位置(6):
宾语(1):射者非前期而中谓之善射(徐无鬼)按,后"射"。
定语(2):是射之射(田子方)按,前"射"。
判断句谓语(2):是射之射(田子方)按,后"射"。
者字结构(1):射者非前期而中谓之善射(徐无鬼)按,前"射"。

涉 (2) shè 5/01220
蹚水过河(D)
二价:V(a,l)
双向:S:Na+V+Nl(1)犹涉海凿河而使蚉负山也(应帝王)
S':Na+V+PNl(1)君其涉于江而浮于海(山木)
说明:Nl为所经之处。

赦 (1) shè 5/32940
赦免(D)
二价:V(a,p)
双向:S:Na+V+Np(参说明)
非典型位置(1):
宾语(1):其于罪也,无赦如虎(则阳)
说明:《易·解》:"君子以赦过宥罪。"

设¹ (1) shè 5/08841
产生(Z)
一价:V(e)
单向:S:Ne+V(1)故忿设无由(人间世)郭象注:夫忿怒之作,无他由也。(161页)

设² (6) shè 5/08841
设置,施行(D)
二价:V(a,p)
双向:S:Na+V+Np(2)设采色(天地)
S':Np+V+PNpl(2)其数散于天下而设于中国者(天下)
S':Na+Np+V(1)子何术之设(山木)
S':Na+V(1)无敢设也(山木)
说明:Np移至V前有两种情况:(1)无标记,Np移至句首充当主语,V用于被动,如《天下》例;(2)以助词"之"为标记,Np移至V前仍充当宾语,如《山木》例。

摄 (2) shè 5/50739

收拢,收敛(D)
二价:V(a,p)
双向:S:Na+V+Np(2)摄汝知
(知北游)

慴(1) shè　　5/60782
恐惧(D)
一价:V(a)
单向:S:Na+V(1)是故遰物而不
慴(达生)成玄英疏:是故遰于外
物而情无慴惧。(637页)

社(1) shè　　5/06370
为……立社(D)
准二价:V(a,d)
准双向:S:Na+V+Nd(1)子胡不
相与尸而祝之,社而稷之乎(庚
桑楚)成玄英疏:为立社稷,建其
宗庙。(771页)
说明:名词活用作动词。

伸(1) shēn　　5/90504
伸展(D)
一价:V(a)
单向:S:Na+V(1)蹢躅而屈伸(秋
水)

申(1) shēn　　1/58084
伸展(D)
一价:V(a)
单向:S:Na+V
S':Na+Ni+V(1)熊经鸟申(刻
意)成玄英疏:如熊攀树而自经,

类鸟飞空而伸脚。(536页)
说明:"鸟"充当状语。

呻吟(1) shēnyín　　5/88505
吟咏,诵读(D)
一价:V(a)
单向:S:Na+V
S':Na+V+Npl(1)郑人缓也,呻
吟裘氏之地(列御寇)郭象注:呻
吟,吟咏之谓。(1042页)

审(8) shěn　　3/02284
详察,明察(D)
二价:V(a,d)
双向:S:Na+V+Nd(4)不若审之
(让王)
S':Na+V+PNd(3)彼审乎禁过
(天地)
S':Na+V(1)察而审(天道)

慎(5) shèn　　5/60794
谨慎地对待(D)
二价:V(a,d)
双向:S:Na+V+Nd(3)戒之慎之
(人间世)
S':Na+V(2)可不慎与(人间世)

生¹(56) shēng　　1/25700
生长,出生,产生(D)
一价:V(a)
单向:S:Na+V(18)夫春气发而百
草生(庚桑楚)/圣人生而大盗
起(胠箧)

S':Na+V+PNpl(12)吾生于陵而安于陵故也(达生)/圣人生焉(人间世)

S':Na+V+Npl(4)人生天地之间(知北游)/俄而柳生其左肘(至乐)

S':Na+V+PNd(8)精神生于道(知北游)/有伦生于无形(知北游)

S':Na+V+PNt(1)必生于尧舜之间(庚桑楚)

S':Na+PNd+V(1)与忧俱生(至乐)

非典型位置(12):

主语(2):生者,德之光也(庚桑楚)

定语(3):不若未生之时(秋水)

宾语(1):万物有乎生而莫见其根(则阳)

所字结构(6):圣有所生(天下)/谷食之所生(秋水)/孟氏不知所以生(大宗师)

说明:"所"字结构或转指所生之源 Nd,如《天下》例;或转指所生之处 Npl,如《秋水》例;或转指原因 Ni,如《大宗师》例。

生² (32) shēng　　　1/25700

生育,生出(D)

二价:V(a,p)

双向:S:Na+V+Np(19)天生万民(天地)/虚室生白(人间世)

S':Na+Nt+V+Np(2)民孕妇十月生子(天运)/厉人夜半生其子(天地)

S':Na+PNi+V+Np(1)不以生生死(知北游)成玄英疏:故不用生生此死。(763页)

S':Na+V+Np+PNpl(1)是接而生时于心者也(德充符)

S':Np+V+Nt(1)子生五月而能言(天运)

S':Na+Np+V(2)开天者德生(达生)

S':Np+Na+V(2)八窍者卵生(知北游)

S':Na/p+V(3)祸福相生(则阳)

S':Na/p+PNi+V(1)而万物以形相生(知北游)

说明:1. Na 可以是有生之物,如《天运》中的"孕妇";也可以是无生之物,如《人间世》中的"虚室";也可以是介乎两者之间的事物,如《天地》中的"天"。2. Na/p 以"相"为标记。3. V 前的 Nt 或为时段,如《天运》例中的"十月";或为时点,如《天地》中的"夜半"。而 V 后的 Nt 只表示时段,如《天运》例中的"五月"。

生³ (106) shēng　　　1/25700

生存,活着,与"死"相对(D)

一价：V(a)
单向：S：Na＋V(32)万物群生（马蹄）/物方生方死（天下）
S'：Na＋PNd＋V(2)天地与我并生（齐物论）
非典型位置(70)：
主语(18)：死生亦大矣（田子方）/生也死之徒（知北游）成玄英疏：气聚而生，犹是死之徒类。(733页)
宾语(32)：物有死生（秋水）/不知说生，不知恶死（大宗师）
判断句谓语(1)：其死，生也（天地）
定语(11)：不敢以生物与之（人间世）/死也生之始（知北游）
状语(6)：则苟生有轩冕之尊（达生）成玄英疏：则苟且生时有乘轩戴冕之尊。(649页)
者字结构(2)：生者，假借也（至乐）
使……复活(D)
准二价：V(a,c)
准双向：S：Na＋V＋Nc(2)吾使司命复生子形（至乐）
说明："生"充当主语、宾语、判断句谓语时皆自指；凡转指者，如"养生"、"杀生"、"残生"等，皆归入名词。

省² (2) shěng　　4/62883
免除，除去(D)
二价：V(a,p)
双向：S：Na＋V＋Np(参说明)
非典型位置(2)：
主语(2)：因任已明而原省次之（天道）成玄英疏：省者，除废。(472页)
说明：《国语·周语下》："夫天道导可而省否。"

胜¹ (6) shèng　　5/82622
能够承担，禁得起(Z)
二价：V(e,d)
双向：S：Ne＋V＋Nd(5)能不胜任（渔父）/月固不胜火（外物）
非典型位置(1)：
宾语(1)：重为任而罚不胜（则阳）

胜² (31) shèng　　5/82622
战胜，胜过，克制(D)
二价：V(a,p)
双向：S：Na＋V＋Np(12)若胜我（齐物论）
S'：Na＋Np＋V(5)我不若胜（齐物论）/未能自胜也（让王）
S'：Na＋PNi＋V＋Np(3)无以谋胜人（徐无鬼）
S'：Na＋V(3)惑者胜也（天地）
S'：Na/p＋V(1)天与人不相胜也（大宗师）
非典型位置(7)：
主语(1)：胜之恶乎在（徐无鬼）成玄英疏：不知此胜于何处在。(830页)

宾语(5):为大胜者(秋水)
所字结构(1):名实者,圣人之所不能胜也(人间世)
说明:1.宾语 Np 移至 V 前有两种情况:(1)否定句中,Np 由人称代词充任,如《齐物论》例;(2)Np 由代词"自"充任,如《让王》例。2.Na/p 须以"相"为标记。

胜³(4) shèng　　5/82622
穷尽(Z)
一价:V(e)
单向:S:Ne+V(1)亦神者不胜(外物)郭嵩焘曰:神者不胜,言发生万物,不可胜穷也。(941页)
非典型位置(3):
状语(3):杂而下者不可胜数也(秋水)

施¹(6) shī　　5/02910
散布,铺陈(Z)
一价:V(e)
单向:S:Ne+V(2)云行而雨施矣(天道)
S':Ne+V+PNpl(1)哀乐不易施乎前(人间世)
非典型位置(2):
宾语(2):中堕四时之施(胠箧)
使散布(D)
准二价:V(a,c)
准双向:S:Na+V+Nc(1)孰隆施

是(天运)

施²(7) shī　　5/02910
施予,施加(D)
三价:V(a,p,d)
双向:S:Na+V+Np+PNd(未出现)
S':Na+V+Np(1)兖而施髢(天地)
S':Np+V+PNd(2)利泽施于万世(天运)
S':Na+V+PNd(1)施于人而不忘(列御寇)
S':Na+V(1)生不布施(外物)
非典型位置(2):
定语(1):而使吾君有妄施之名乎(让王)
所字结构(1):而一闲其所施(则阳)

尸¹(1) shī　　1/88281
主持(D)
二价:V(a,p)
双向:S:Na+V+Np(1)而我犹尸之(逍遥游)
说明:《诗经·召南·采蘋》:"谁其尸之,有齐季女。"

尸²(1) shī　　1/188281
尊奉……为尸(D)
准二价:V(a,y)
准双向:S:Na+V+Ny(1)子胡不

相与尸而祝之(庚桑楚)成玄英疏:何不相与尊而为君。(771页)
说明:"尸"与"祝"共同支配宾语"之"(Ny)。

师(11) shī　　5/28732
效法,取法(D)
二价:V(a,d)
双向:S:Na+V+Nd(10)是犹师天而无地(秋水)/师治而无乱乎(秋水)
S':Na+V+PNd(1)而与郑子产同师于伯昏无人(德充符)
说明:动词语偶尔充任Nd,自指,如《秋水》后例。

失¹(74) shī　　1/25900
丧失,迷失,改变(D)
二价:V(a,p)
双向:S:Na+V+Np(51)莫不失其性(胠箧)
S':Na+V+PNp(3)通而不失于兑(德充符)成玄英疏:不失其适悦也。(214页)
 S':Na+V(9)守而勿失(刻意)
S':Na+V+Np+PNi(1)丧己于物,失性于俗者(缮性)
非典型位置(10):
主语(2):失者,顺也(大宗师)
宾语(6):为之伪谓之失(庚桑楚)
者字结构(2):则失者十一(达生)

失²(1) shī　　1/25900
犯过失,做错(D)
二价:V(a,p)
双向:S:Na+V+Np(参说明)
非典型位置(1):
所字结构(1):丘不知所失,而离此四谤者何也(渔父)成玄英疏:丘无罪失而遭罹四谤。(1031页)
说明:《吕氏春秋·察微》:"孔子曰:'赐失之矣。自今以往,鲁人不赎人矣。'"

实(1) shí　　3/02897
使充实,证实(D)
准二价:V(a,c)
准双向:S:Na+V+Nc
S':Na+PNd+V+Nc(1)臣请为君实之(则阳)
说明:形容词活用作动词,使动用法。

时¹(1) shí　　5/88332
伺,窥伺(D)
二价:V(a,p)
双向:S:Na+V+Np(1)时其饥饱(人间世)

时²(3) shí　　5/88332
适时(Z)
准一价:V(e)
准单向:S:Ne+V(3)寒暑不时(渔父)

说明:名词活用作动词。

识（12）shí　　5/08053
知道,懂得(D)
二价:V(a,p)
双向:S:Na＋V＋Np(8)汝何足以识之(徐无鬼)
S':Na/p＋V(1)心与心识知(缮性)
S':Np＋V(1)德固不小识(缮性)
非典型位置(2):
主语(1):小识伤德(缮性)
宾语(1):匿为物而愚不识(则阳)
说明:"识"充当主语、宾语时自指。

拾（1）shí　　5/50981
捡拾(D)
二价:V(a,p)
双向:S:Na＋V＋Np(1)昼拾橡栗（盗跖）

食[1]（46）shí　　2/90092
吃（D）
二价:V(a,p)
双向:S:Na＋V＋Np(15)已而鱼食之(外物)
S':Na＋V(11)耕而食(盗跖)
S':Na/p＋V(3)其必有人与人相食者也(庚桑楚)
S':Na＋Ni＋V(1)圣人鹑居而鷇食(天地)
S':Na＋Nt＋Ni＋V(4)七日不火食(天运)
S':Na＋PNd＋V(2)夫与国君同食(徐无鬼)
S':Na＋V＋PNpl(3)食于苟简之田(天运)
S':Na＋V＋PNd(1)适见豚？子食于其死母者(德充符)
S':Na＋V＋PNi(1)不多食乎力(秋水)
S':Np＋PNpl＋PNa＋V(2)在上为乌鸢食(列御寇)
S':Np＋V(2)草食之兽不疾易数(田子方)/桂可食(人间世)
非典型位置(1):
所字结构(1):为鱼鳖所食(盗跖)
说明:1.Na/p 以"相"为标记。
2.Np 处在 V 前有三种情况:
(1)Np 充当主语,V 用于被动,以"为"为标记,如《列御寇》例；
(2)Np 充当主语,V 用于被动,以"可"为标记,如《人间世》例；
(3)Np 充当宾语,如《田子方》例之"草食"。3.V 后可以出现一个 PN,但仅限于一个,且未见与 Np 同现；V 前可以出现二个 PN,引入空间(Npl)者在前,引入施事(Na)者在后,如《列御寇》例。未见 PN 在 V 的前后共现。

始（47）shǐ　　5/34681
开始(Z)

二价:V(e,l)
单向:S:Ne+V+PNl(10)始于懼(天运)
S':Ne+PNl+V(1)自此始矣(天地)
S':Ne+Nl+V(1)汝将何始(则阳)
S':Ne+V(4)巍巍乎其终则复始也(知北游)
S':Ne+PNd+V(3)与物终始(则阳)
非典型位置(28):
主语(3):终始无故(秋水)
宾语(21):散则成始(达生)
判断句谓语(2):死也,生之始(知北游)
所字结构(2):焉知其所始(山木)
说明:1.语义角色l表示开始之源点,可以是空间、时间,也可以是事物。2.Nl由疑问代词"何"充任时,直接移至V前。3.PNl的基本位置在V后,P由介词"于"、"乎"充任,如《天运》例;PNl偶尔出现在V前,P由介词"自"充任,如《天地》例。

使¹(91) shǐ 5/90542
命令,派遣,让(D)
二价:V(a,p)
双向:S:Na+V1+Np+V2(74)公使人视之(田子方)/山林与,皋壤与,使我欣欣而乐与(知北游)/使日夜无郤(德充符)
S':Np+V1+V2(5)形固可使若槁骸(徐无鬼)
S':Np+Na+V1+V2+Ne(1)近死之心莫使复阳也(齐物论)
S':Na+ Np+V1+V2(1)吾谁使正之(齐物论)
S':Na+V1+V2(10)天之生是使独也(养生主)
说明:1."使¹"处在V1的位置,为兼语动词。"使¹"的词义或实或虚,依语境而定。2.致使者Na,既可以是人,如《田子方》例之"公",也可以是物,如《知北游》例之"山林"、"皋壤"。3.Np为兼语。Np移至V1前有三种情况:(1)移至句首充当主语,以助动词"可"为标记,致使者Na不出现,如《徐无鬼》例;(2)移至句首充当主语,致使者Na出现,如《齐物论》前例之"莫";(3)Np由疑问代词充任,移位后仍充当宾语,如《齐物论》后例。4.V2以二价双向动词构成的述宾结构为常,如《田子方》例之"视之"、《德充符》例之"无郤"、《徐无鬼》例之"若槁骸"。

使²(25) shǐ 5/90542
使用,役使(D)

二价:V(a,p)
双向:S:Na＋V＋Np(10)故君子远使之而观其忠(列御寇)/今子之使万足(秋水)
S':Na＋V(6)回之未始得使,实自回也(人间世)郭象注:未始使心斋,故有其身。(148页)
S':Na/p＋V(2)蠢动而相使不以为赐(天地)
S':Np＋PNa＋V(5)方且为绪使(天地)/鞅掌之为使(庚桑楚)
S':Np＋V(1)取妻者止于外,不得复使(德充符)
非典型位置(1):
所字结构(1):而不知其所为使(齐物论)

使³(18) shǐ 5/90542
出使(D)
二价:V(a,l)
双向:S:Na＋V＋Nl
S':Na＋Npl＋V＋Nl(4)臣请南使吴越(盗跖)
S':Na＋V＋PNl(2)叶公子高将使于齐(人间世)
S':Na＋PNd＋V＋Nl(2)为宋王使秦(列御寇)
非典型位置(9):
者字结构(9):使者去(让王)
派……出使(D)
准二价:V(a,c)

准双向:S:Na＋V＋Nc(1)王使诸梁也甚重(人间世)按,诸梁,人名。

释¹(7) shì 5/26833
放下,舍弃(D)
二价:V(a,p)
双向:S:Na＋V＋Np(7)庖丁释刀对曰(养生主)

释²(1) shì 5/26833
消溶(Z)
一价:V(e)
单向:S:Ne＋V(1)是乃所谓冰解冻释者(庚桑楚)

耆(1) shì 4/33782
爱好,后作"嗜"(D)
二价:V(a,p)
双向:S:Na＋V＋Np(1)鸱鸦耆鼠(齐物论)

事¹(9) shì 1/50084
从事,用,做(D)
二价:V(a,p)
双向:S:Na＋V＋Np(3)周尚安所事金乎(说剑)
S':Na＋Np＋V(4)予又奚事焉(徐无鬼)
S':Na＋V(1)事焉不借人(秋水)
S':Na＋V＋PNpl(1)不事于世(让王)
说明:1.Np指称物。2.Np由疑问

代词充任时,移至 V 前,如《徐无鬼》例。

事²(12) shì　　1/50084
侍奉(D)
二价:V(a,p)
双向:S:Na＋V＋Np(7)夫事其君者(人间世)
S':Na＋V＋Np＋PNi(3)事之以皮帛而不受(让王)
S':Na＋PNi＋V＋Np (1)以此事上(天道)
S':V＋Np (1)下之所以事上(天道)
说明:Np 指称人。

视¹(54) shì　　5/06813
看(D)
二价:V(a,p)
双向:S:Na＋V＋Np(24)夫仰而视其细枝(人间世)/周顾视车辙中有鲋鱼焉(外物)
S':Na＋PNi＋V(1)而不以目视(养生主)
S':Na＋PNi＋V＋Np(5)自其异者视之(德充符)/自大视细者不明(秋水)
S':Na＋V(15)危行侧视(山木)
S':Na/p＋V(3)二人相视而笑曰(让王)
S':Na＋Npl＋V(2)内视而败矣(列御寇)

非典型位置(4):
主语(3):视为止(养生主)/视若营四海(外物)
宾语(1):一汝视(知北游)
说明:1.充任 Np 的词语以名词语(包括代词)为常;偶尔为形容词语(2 例),转指,如《秋水》例;偶尔为小句(2 例),如《外物》例。
2.Np 中的修饰语偶尔可以移至句首,原位用"其"复指,如"物视其所一,而不见其所丧(德充符)"。3."视¹"处在宾语位置,转指。"视¹"处在主语位置,或转指,如《养生主》例;或自指,如《外物》例;依语境而定。

视²(7) shì　　5/06813
看待(D)
二价:V(a,p)
双向:S:Na＋V1＋Np＋V2(5)视其丧足,犹遗土也(德充符)/彼视渊若陵(达生)
S':Na＋Np＋V1＋V2(2)吾自视缺然(逍遥游)/其自视也,亦若此矣(逍遥游)
说明:1."视²"处在 V1 的位置;V2 与 V1 共现,V2 由"若"、"犹"等关系动词充任(仅 1 例例外,见《逍遥游》前例)。2.Np 由代词"自"充任时,移至 V1 前。

视³(2) shì　　5/06813

通"示",给……看,教示(D)

二价:V(a,d)

双向:S:Na+V+Nd(1)忍性以视民(列御寇)成玄英疏:以华伪之迹教示苍生。(1051页)

S':V+Nd(1)非所以视民也(列御寇)

饰 (13) shì 5/91932

修饰,掩饰(D)

二价:V(a,p)

双向:S:Na+V+Np(10)鲍焦饰行非世(盗跖)

S':Na+PNi+V+Np(1)不以辩饰知(缮性)

S':Np+V(1)舆马之饰,宪不忍为也(让王)

S':Na+V+PNi(1)不饰于物(天下)

说明:Np 移至 V 前,以"之"为标记。

试 (15) shì 5/08301

尝试(D)

二价:V(a,p)

双向:S:Na+V+Np(14)且吾尝试问乎汝(齐物论)/愿得试之(说剑)

S':Na+V(1)请先言而后试(说剑)

说明:1. Np 须由动词语充任(13例),偶或由代词"之"充任(1

例)。2. Np 原则上不省略。

恃 (15) shì 5/60330

依靠,依赖(D)

二价:V(a,p)

双向:S:Na+V+Np(11)而愚者恃其所见(列御寇)/兵,恃之则亡(列御寇)

S':Na+V(3)而民弗恃(应帝王)

S':Na+V+PNp(1)恃于民而不轻(在宥)

说明:1. Np 本无须 P 引入句法层面,"恃于民而不轻(在宥)"中,"于"的使用,出于修辞(排比)的原因。兹引原文如下:"故圣人观于天而不助,成于德而不累,出于道而不谋,会于仁而不恃,薄于义而不积,应于礼而不讳,接于事而不辞,齐于法而不乱,恃于民而不轻,因于物而不去。"2. Np 移至句首充当主语,原位用代词"之"复指,如《列御寇》例。

示 (10) shì 3/11600

给……看(D)

三价:V(a,p,d)

双向:S:Na+V+Nd+PNp(7)乡吾示之以地文(应帝王)/吾示子乎吾道(徐无鬼)

S':Na+PNp+V+Nd(1)以予示之(应帝王)

S':Np+P+V+Nd(1)国之利器不可以示人(胠箧)

S':Na/d+V(1)众人辩之以相示也(齐物论)

说明:1. Np 不直接与 V 组合,须介词引入,介词以"以"为常,偶尔为"乎"(1 例)。2. Np 须与 Nd 共现。3. PNp 中的 Np 移至句首充当主语,以助动词"可"为标记,见《胠箧》例。4. S'(Na+V)中,Na 包含 d,以"相"为标记。

是 (14) shì   3/88792
认为正确(D)
二价:V(a,y)
双向:S:Na+V+Ny(8)欲是其所非(齐物论)

S':Na+Ny+V(2)奚必伯夷之是,而盗跖之非乎(骈拇)/古之道人,至于莫之是莫之非而已矣(天下)

非典型位置(4):
 所字结构(4):而非其所是(齐物论)

说明:Ny 移至 V 前有两种情况:(1)用助词"之"为标记,如《骈拇》例;(2)否定句中,代词充任 Ny,如《天下》例。

侍¹ (2) shì   5/90330
陪从尊长(D)
二价:V(a,d)
单向:S:Na+V+PNd(参说明)

S':Na+V+PNd(1)田子方侍坐于魏文侯(田子方)

S':Na+V+PNpl(1)颜成子游立侍乎前(齐物论)

说明:《左传·襄公十四年》:"师旷侍于晋侯。"

侍² (2) shì   5/90330
侍奉(D)
二价:V(a,p)
双向:S:Na+V+Np(2)开之操拔篲以侍门庭(达生)成玄英疏:参侍门户,洒扫庭前而已。(645 页)

逝 (5) shì   2/09520
去,往(D)
一价:V(a)
单向:S:Na+V(2)翼殷不逝(山木)

S':Na+PNd+V(1)言与之偕逝之谓也(山木)

非典型位置(2):
 宾语(2):沛乎其为万物逝也(天地)成玄英疏:故为群生之所归往也。(409 页)

舐 (2) shì   5/28831
舔(D)
二价:V(a,p)

双向：S：Na＋V＋Np(2)舐痔者
（列御寇）

咶(1) shì　　5/88282
通"舐"，舔(D)
二价：V(a,p)
双向：S：Na＋V＋Np(1)咶其叶
（人间世）

弑(1) shì　　5/46300
臣杀君，子杀父母(D)
二价：V(a,p)
双向：S：Na＋V＋Np
S'：Na＋Nt＋V＋Np(1)越人三世
弑其君（让王）

仕(6) shì　　5/90370
做官(D)
一价：V(a)
单向：S：Na＋V(5)曾子再仕而心
再化（寓言）
S'：Na＋PNt＋V(1)吾及亲仕（寓
言）

适¹(27) shì　　2/09021
往(D)
二价：V(a,l)
双向：S：Na＋V＋Nl(14)孔子适楚
（人间世）
S'：Na＋Nl＋V(5)彼且奚适也（逍
遥游）/将奚以汝适（大宗师）
S'：Na＋V＋PNl(1)宋人资章甫而
适诸越（逍遥游）按，诸，犹"于"。

S'：Na＋PNpl＋V＋PNl(2)故自无
适有（齐物论）
非典型位置(5)：
宾语(2)：无适而非君也（人间世）
按，适，转指，犹"所适"。
定语(1)：挈汝适复之猖狂（在宥）
俞樾曰：适复，犹往复也……惟
大人则提挈其适复之猖狂者。
(396页)
所字结构(2)：所适者犹可致也（天
地）
说明：1.疑问代词充任 Nl，移至 V
前。2.动词语偶尔充任 Nl(2
例)，自指，如《齐物论》例之"适
有"。

适²(27) shì　　2/09021
适合(Z)
二价：V(e,d)
双向：S：Ne＋V＋Nd(1)自喻适志
与（齐物论）
S'：Ne＋V(7)始乎适而未尝不适
者（达生）按，后"适"。
S'：Ne＋PNd＋V(1)是以与众不适
也（天下）
非典型位置(17)：
宾语(11)：义设于适（至乐）
判断句谓语(1)：忘适之适也（达
生）按，后"适"。
所字结构(5)：以为命有所成而形
有所适也（至乐）

使适合(D)

准二价:V(a,c)

准双向:S:Na+V+Nc(1)适受与之度,理好恶之情(渔父)

适³(7) shì　　2/09021

以……为适意,满足(D)

二价:V(a,y)

双向:S:Na+V+Ny(7)而自适一时之利者(秋水)

收(3) shōu　　5/27940

收取,容纳(D)

二价:V(a,p)

双向:S:Na+V+Np(1)以收名声(骈拇)

S':Na/p+V(1)以天属者,迫穷祸患害相收也(山木)

非典型位置(1):

主语(1):夫相收之与相弃亦远矣(山木)

收敛(1) shōuliǎn　　5/27940

收获(D)

一价:V(a)

单向:S:Na+V(1)秋收敛(让王)

收养(1) shōuyǎng　　5/27940

收养(D)

二价:V(a,p)

双向:S:Na+V+Np(1)收养昆弟(盗跖)

守(35) shǒu　　3/02300

守护,保持(D)

二价:V(a,p)

双向:S:Na+V+Np(21)我守其一(在宥)

S':Na+V(3)吾犹守而告之(大宗师)

S':Na/p+V(2)金与火相守则流(外物)

S':Na+PNd+V(2)有不为大盗守者乎(胠箧)

S':Np+V(2)唯神是守(刻意)/是纯气之守也(达生)成玄英疏:乃是保守纯和之气。(634页)

非典型位置(5):

宾语(4):臣有守也(知北游)按,守,犹"所守"。/柴生乎守(外物)

主语(1):其天守全(达生)

说明:1. Np 移至 V 前,以助词"是"、"之"为标记。2."守"处在非典型位置,或自指,如《外物》例;或转指,如《知北游》例。3. Na/p 以"相"为标记。

受¹(54) shòu　　3/22040

接受,承受(D)

三价:V(a,p,d)

双向:S:Na+V+Np+PNd(8)臣之子亦不能受之于臣(天道)

S':Na+V+Np(23)而孔子受币

(盗跖)/受揖而立(田子方)
S':Na+V+PNd(1)由中生者不受于外(天运)
S':Na+V(16)许由不受(让王)
S':Np+V(1)可传而不可受(大宗师)
S':V+PNd(2)/尽其所受乎天(应帝王)/真者,所以受于天也(渔父)成玄英疏:真实之性,禀乎大素。(1032页)
非典型位置(3):
定语(1):适受与之度(渔父)
所字结构(2):忘其所受(养生主)
说明:1.动词语偶尔充任 Np(3例),自指,如《田子方》例之"揖"。2."所受"、"所受乎天"、"所以受于天"均转指 Np。3.Np可以移至句首,充当话题主语,以助动词"可"为标记,见《大宗师》例。

受² (1) shòu　　3/22040
使恢复(D)
准二价:V(a,c)
 准双向:S:Na+V+Nc
S':Na+PNi+V+Nc(1)而又乃以人受天(天地)郭象注:用知以求复其自然。(417页)

授 (14) shòu　　5/50240
授予(D)
三价:V(a,d,p)
三向:S:Na+V+Nd+Np(6)卒授之国(德充符)
S':Na+V+Nd(7)尧授舜(天地)
S':Na+V+Np(1)子路授绥(渔父)

疏¹ (1) shū　　5/17010
疏远(D)
二价:V(a,d)
双向:S:Na+V+Nd(参说明)
非典型位置(1):
所字结构(1):故无所甚亲,无所甚疏(徐无鬼)
说明:《史记·屈原贾生列传》:"王怒而疏屈平。"

疏² (1) shū　　5/17010
疏忽(D)
一价:V(a)
单向:S:Na+V(1)其为形也亦疏矣(至乐)

疏³ (1) shū　　5/17010
洗涤(D)
二价:V(a,p)
双向:S:Na+V+Np(1)汝斋戒,疏而心(知北游)

殊 (1) shū　　5/72260
死 (D)
一价:V(a)
单向:S:Na+V(参说明)
非典型位置(1):

者字结构(1):今世殊死者相枕也(在宥)
说明:《史记·淮南衡山列传》:"太子即自到,不殊。"

熟(3) shú   3/01601
成熟(Z)
一价:V(e)
单向:S:Ne+V(3)实熟则剥(人间世)

数(6) shǔ   5/54946
计算(D)
二价:V(a,p)
双向:S:Na+V+Np(1)数米而炊(庚桑楚)
S':Na+PNt+V(2)不以旬数矣(应帝王)
S':Np+V(1)杂而下者不可胜数也(秋水)
非典型位置(2):
宾语(2):不可为数(徐无鬼)
说明:Np移至句首充当话题主语,以助动词"可"为标记。

属³(1) shǔ   4/82126
隶属(Z)
二价:V(e,d)
单向:S:Ne+V+PNd
S':V+PNd(1)所以属于人也(德充符)
说明:V+PNd构成"所"字结构,

Ne不能出现在句法层面。

树(4) shù   5/36331
种植;树立,建立(D)
二价:V(a,p)
双向:S:Na+V+Np(2)我树之成而实五石(逍遥游)
S':Na+V+Np+PNpl(1)何不树之于无何有之乡(逍遥游)
非典型位置(1):
宾语(1):犹有未树也(逍遥游)

术(1) shù   5/29320
通"述",述说(D)
二价:V(a,p)
双向:S:Na+V+Np
S':Na+PNp+V+Npl(1)而强以仁义绳墨之言术暴人之前者(人间世)郭嵩焘曰:术暴人之前,犹言述诸暴人之前。(137页)

束(2) shù   1/50602
约束(D)
二价:V(a,p)
双向:S:Na+V+Np(参说明)
S':Np+V+PNa(1)曲士不可以语于道者,束于教也(秋水)
非典型位置(1):
主语(1):约束不以纆索(骈拇)
说明:《商君书·画策》:"束之以令。"

束缚(1) shùfù   1/50602

捆扎(D)

一价:V(a)

单向:S:Na＋V(1)其求鈃钟也以
束缚(徐无鬼)

衰 (15) shuāi　　3/01892

衰落,衰弱(Z)

一价:V(e)

单向:S:Ne＋V(10)而天下衰矣
(在宥)

S':Ne＋PNt＋V(1)德自此衰(天地)

非典型位置(4):

定语(1):盛衰之杀(之道)

宾语(2):谓盈虚衰杀(知北游)

判断句谓语(1):彼为衰杀非衰杀
(知北游)按,后"衰"。

帅 (1) shuài　　5/28302

率领(D)

二价:V(a,p)

双向:S:Na＋V＋Np(1)帅弟子而
跂于窾水(外物)

率 (1) shuài　　3/01230

带领(D)

二价:V(a,p)

双向:S:Na＋V＋Np(1)聚众率兵
(盗跖)

睡 (3) shuì　　5/88277

打瞌睡(D)

一价:V(a)

单向:S:Na＋V(3)啮缺睡寐(知北
游)

说² (20) shuì　　5/08912

劝说,说服(D)

二价:V(a,p)

双向:S:Na＋V＋Np(10)使臣上
说大王(说剑)

S':Na＋V(2)上说下教(天下)

S':Np＋V(1)甚矣夫人之难说也,
道之难明邪(天运)

S':Np＋Na＋V(1)古之真人,知者
不得说(田子方)

S':Na＋PNi＋V＋Np(3)先生独何
以说吾君乎(徐无鬼)

S':V＋Np(2)吾所以说吾君者(徐
无鬼)

非典型位置(1):

宾语(1):老聃中其说(天道)

说明:1.Np[＋人]。2.S'(Np＋
V)中,宾语"夫人"移至V前,以
"之"为标记。

瞚(1) shùn　　5/88097

眨眼(D)

一价:V(a)

单向:S:Na＋V(1)终日视而目不
瞚(庚桑楚)

眴³(1) shùn　　5/60222

眨(眼)(D)

二价:V(a,p)

双向:S:Na+V+Np(1)今汝怵然
有恂目之志(田子方)
说明:"恂目"充当定语,Na不出现
在句法层面。

顺(33) shùn　　5/20293
顺着,顺应,顺从(D)
二价:V(a,d)
双向:S:Na+V+Nd(16)黄帝顺下
风膝行而进(在宥)/文王顺纣而
不敢逆(天运)
S':Na+V+PNd(4)不顺于理(盗
跖)
S':Na+V+Nd+PNi(1)顺之以天
理(天运)
S':Na+V(4)是故顺而不一(缮
性)
S':Na/d+V(1)名相反而实相顺
也(庚桑楚)
非典型位置(7):
宾语(5):同乎大顺(天地)/安时而
处顺(养生主)
判断句谓语(2):失者,顺也(大宗
师)

说¹(10) shuō　　5/08912
解说,陈述(D)
一价:V(a)
单向:S:Na+V(5)说而不休(天
下)
S':Na+PNd+V(1)徧为万物说
(天下)

非典型位置(4):
宾语(2):有说则可(天道)
定语(2):已而后世轻才讽说之徒
(外物)

烁(1) shuò　　5/69662
通"铄",销熔(D)
二价:V(a,p)
双向:S:Na+V+Np(1)下烁山川
之精(胠箧)成玄英疏:烁,销也。
(362页)

铄(2) shuò　　5/97662
销毁,毁坏(D)
二价:V(a,p)
双向:S:Na+V+Np(1)铄绝竽瑟
(胠箧)
S':Np+V(1)则天下不铄矣(胠
箧)

斯(1) sī　　5/39823
剖析(D)
二价:V(a,p)
双向:S:Na+V+Np(1)斯而析之
(则阳)

司(2) sī　　1/18821
主持,掌管(D)
二价:V(a,p)
双向:S:Na+V+Np(2)其司是非
之谓也(齐物论)成玄英疏:司,
主也。(53页)

思 (9) sī　　3/88014
思考,想(D)
二价:V(a,p)
双向:S:Na＋V＋Np(2)吾思夫使我至此极者而弗得也(大宗师)
S':Na＋Np＋V(1)何思何虑则知道(知北游)
S':Na＋PNi＋V＋Np(1)愿以所闻思其则(人间世)
S':Na＋V(2)思而不能去也(德充符)
非典型位置(3):
宾语(3):无思无虑始知道(知北游)
说明:疑问代词充任 Np,移至 V 前。

思虑(6) sīlǜ　　3/88014
思考(D)
二价:V(a,p)
双向:S:Na＋V＋Np(1)夫贵人,夜以继日,思虑善否(至乐)
S':Na＋V(4)不思虑(刻意)
非典型位置(1):
定语(1):知士无思虑之变则不乐(徐无鬼)

死(180) sǐ　　1/70210
生命终结,与"生"相对(D)
一价:V(a)
单向:S:Na＋V(79)老聃死(逍遥游)/臣之质死久矣(徐无鬼)

S':Na＋V＋PNpl(4)萇宏死于蜀(外物)
S':Na＋PNi＋V(1)以不才死(山木)
S':Na＋V1V2(2)尾生溺死(盗跖)
非典型位置(88):
主语(17):死生有待邪(知北游)/死生亦大矣(德充符)/死生,命也(大宗师)
宾语(38):不知恶死(大宗师)/息我以死(大宗师)
定语(16):子食于其死母者(德充符)/近死之心莫使复阳也(齐物论)
状语(7):今墨子独生不歌,死不服(天下)
判断句谓语(1):其罪死(田子方)
者字结构(8):其党人毁而死者半(外物)
所字结构(1):不知所以死(大宗师)
使……死(D)
准二价:V(a,c)
准双向:S:Na＋V＋Nc(1)而勇不足以死寇(让王)
S':Na＋PNi＋V＋Nc(1)不以死死生(知北游)按,后"死"。成玄英疏:故不用死死此生。(763—764 页)
为……而死(D)

准二价：V(a,d)
准双向：S：Na＋V＋Nd(1)而身犹死之(大宗师)
S'：Na＋V＋Nd＋PNpl(2)伯夷死名于首阳之下(骈拇)
非典型位置(1)：
所字结构(1)：二人者所死不同(骈拇)按，"所死"转指 Nd。

食²(10) sì　　2/90092
给……吃，供养，喂养(D)
三价：V(a,p,c)
双向：S：Na＋V＋Nc＋PNp(1)食之以委蛇(达生)
S'：Na＋V＋Nc＋Np(1)食之鳅鰌(至乐)
S'：Na＋V＋Nc(5)食豕如食人(应帝王)
S'：Na＋V＋PNp(2)不如食以糠糟(达生)
非典型位置(1)：
判断句谓语(1)：天鬻者，天食也(德充符)
说明：1.V 不能与 Np 直接组合。Np 进入句法层面，或需介词引入，如《达生》例之"以糠糟"；或与 Nc 共现，如《至乐》例之"之鳅鰌"。2."之"充任 Nc，PNp 的 P 可省，如《至乐》例之"食之鳅鰌"。考其上文，为"宜栖之深林，游之坛陆，浮之江湖"，省 P 也是修辞的需要。考察先秦他书，亦偶有名词充任 Nc，而省 P 者，如《左传·宣公四年》："食大夫鼋。"3."食²"充当判断句谓语转指，犹"所食"。

似(39) sì　　5/90290
像，类似(G)
二价：V(th,rh)
双向：S：Nth＋V＋Nrh(38)似口(齐物论)/似遗物离人而立于独也(田子方)/ 此其比万物也，不似毫末之在于马体乎(秋水)
非典型位置(1)：
宾语(1)：则有似也(秋水)
说明：1.Nth 可省略，Nd 不可省略。2.Nrh 可以由名词语充任(24 例)，如《齐物论》；也可以由动词语充任(10 例)，如《田子方》例；还可以由小句充任，如《秋水》例(4 例)。3.当 Nth 由小句充任时，Nth 与 V 之间可以插入语气词"也"，如《秋水》例。

肆(1) sì　　5/86502
放纵(D)
二价：V(a,p)
双向：S：Na＋V＋Np
S：Na＋PNd＋V＋Np(1)故不为轩冕肆志(缮性)

祀(2) sì　　5/06811

祭祀(D)
二价：V(a,p)
双向：S:Na＋V＋Np(参说明)
非典型位置(2)：
主语(1)：时祀尽敬而不祈喜（让王）
定语(1)：是祭祀之斋（人间世）
说明：《墨子·非攻下》："下祀纣先王。"

诵 (2) sòng　　5/08125
诵读(D)
二价：V(a,p)
双向：S:Na＋V＋Np(2)丘诵之久矣（让王）

送 (4) sòng　　2/09990
送行(D)
二价：V(a,p)
双向：S:Na＋V＋Np(3)庄子送葬（徐无鬼）
非典型位置(1)：
宾语(1)：万物为赍送（列御寇）
说明："送"处在非典型位置,转指所送之物。

讼 (1) sòng　　5/08961
争论(D)
三价：V(a,d,p)
双向：S:Na＋PNd＋V＋Np
　　S':Na＋Nt＋PNd＋V＋PNp(1)吾日与子讼于无约（盗跖）

颂 (2) sòng　　5/96793
歌颂,颂扬(D)
二价：V(a,p)
双向：S:Na＋V＋Np(1)颂论形躯（在宥）
非典型位置(1)：
宾语(1)：故有焱氏为之颂曰（天运）
说明："颂"处在非典型位置,转指所颂之辞。

搜 (1) sōu　　5/50840
搜寻(D)
一价：V(a)
单向：S:Na＋V
　　S':Na＋V＋PNpl(1)搜于国中（秋水）
说明：《韩非子·外储说左下》："皆搜索于虎也。"据《韩非子》,"搜"当是二价单向动词。

苏 (1) sū　　3/33264
割草,取草(D)
一价：V(a)
单向：S:Na＋V(参说明)
非典型位置(1)：
者字结构(1)：苏者取而爨之而已（天运）成玄英疏：取草曰苏。(512页)
说明：《史记·淮阴侯列传》："樵苏后爨。"

宿（4）sù　　　3/02982
住宿,过夜(D)
一价：V(a)
单向：S:Na＋V(1)止可以一宿(天运)
S':Na＋V＋PNpl(1)宿于逆旅(山木)
非典型位置(2)：
宾语(2)：托宿于义(天运)
说明："宿"处在非典型位置,转指所宿之处所。

随（21）suí　　5/82092
跟随,顺从,顺应(D)
二价：V(a,d)
双向：S:Na＋V＋Nd(13)尧随之曰(天地)
S':Na＋PNi＋V＋Nd(2)则必以恶声随之(山木)/以有涯随无涯(养生主)
S':Na＋V(3)神动而天随(在宥)
非典型位置(3)：
所字结构(2)：意有所随(天道)
者字结构(1)：前者唱于而随者唱喁(齐物论)
说明：Nd 以名词语充任为常,有时也可以由动词语充任(3 例),如《养生主》例。

遂¹(1) suì　　2/09960
完成(D)
二价：V(a,p)

双向：S:Na＋V＋Np(1)武者遂之（让王）

遂²(4) suì　　2/09960
达,顺(Z)
二价：V(e,d)
双向：S:Ne＋V＋Nd(1)以遂群生(在宥)成玄英疏：遂,顺也。(379 页)
S':Ne＋V＋PNd(1)达于情而遂于命也(天运)
S':Ne＋PNi＋V＋PNd(1)我为女遂于大明之上矣(在宥)
S':Ne＋V(1)可谓稠适而上遂矣（天下）

隧(1) suì　　5/82090
旋转(Z)
一价：V(e)
单向：S:Ne＋V(1)若磨石之隧(天下)

碎(1) suì　　5/78031
使破碎,弄碎(D)
准二价：V(a,c)
准双向：S:Na＋V＋Nc(1)则缺衔毁首碎胸(人间世)

祟(2) suì　　3/28160
带来灾祸(D)
一价：V(a)
单向：S:Na＋V(2)其鬼不祟(天道)

诼 (2) suì　　5/08031
责问,责骂(D)
二价:V(a,p)
双向:S:Na＋V＋Np(1)虞人逐而
　诼之(山木)
非典型位置(1):
定语(1):察士无凌诼之事则不乐
　(徐无鬼)

损 (15) sǔn　　5/50894
损害,减损(D)
二价:V(a,p)
双向:S:Na＋V＋Np(5)若其残生
　损性(骈拇)
S':Na＋Nt＋V(3)为道者日损(知
　北游)
S':Np＋V(1)夫不可损益(至乐)
S':Np＋PNi＋V(1)而崖不为加
　损(秋水)
非典型位置(5):
宾语(5):风之过河也有损焉(徐无
　鬼)成玄英疏:而风吹日累,必有
　损伤。(869 页)

宿 (1) suō　　3/02982
通"缩",取(D)
二价:V(a,p)
双向:S:Na＋V＋Np(1)枯槁之士
　宿名(徐无鬼)俞樾曰:宿读为
　缩……枯槁之士缩名,犹言取名
　也。(835 页)

索 (6) suǒ　　3/30060
寻找,求取(D)
二价:V(a,p)
双向:S:Na＋V＋Np
S':Na＋V＋Np＋PNpl(2)而子索
　我于形骸之外(德充符)
S':Na＋V＋Np＋PNi(1)索之以辩
　(秋水)
S':Na＋V1＋Np1＋V2＋Np2(3)
　使离朱索之而不得(天地)
说明:V1 为使令动词,Np1 为兼
　语。

T

大息(太息)(2)tàixī　1/30900
大声长叹(D)
一价:V(a)
单向:S:Na＋V(2)公子牟隐机大
　息(秋水)

贪 (5) tān　　2/90093
贪图,贪求(D)
二价:V(a,p)
双向:S:Na＋V＋Np(5)夫子贪生
　失理而为此乎(至乐)

弹 (1) tán　　5/12856
弹射(D)
二价:V(a,p)
双向:S:Na＋V＋Np(1)弹千仞之
　雀(让王)

谈(4) tán　　5/08691
谈论,讲话(D)
一价:V(a)
单向:S:Na＋V(3)三日不谈(天运)/子之谈者似辩士(至乐)
非典型位置(1):
定语(1):辩士无谈说之序则不乐(徐无鬼)

谭(1) tán　　5/08737
通"谈",称说(D)
二价:V(a,p)
双向:S:Na＋V＋Np
S':Na＋V＋Np＋PNd(1)夫子何不谭我于王(则阳)成玄英疏:谭,犹称说也。(876页)
说明:谈¹:谈论、讲话;谈²:称说。

探(1) tàn　　5/50060
掏(D)
二价:V(a,p)
双向:S:Na＋V＋Np(1)将为胠箧探囊发匮之盗而为守备(胠箧)
说明:"探囊"充当定语,Na不出现在句法层面。

叹(15) tàn　　5/39293
叹息(D)
一价:V(a)
单向:S:Na＋V(5)孔子愀然而叹(渔父)/仰天而叹(达生)
S':Na＋PNi＋V(2)先生何为叹乎(达生)
S':Na＋V1＋V2(7)孔子仰天而叹曰(盗跖)
非典型位置(1):
主语(1):喜怒哀乐,虑叹变慹,姚佚启态(齐物论)
说明:1.未见"叹"单独充当谓语,如上述诸例。2.S'(Na＋V1＋V2)中,"叹"均处在V1的位置,V2均为"曰"。

饕(1) tāo　　3/81993
贪求(D)
二价:V(a,p)
双向:S:Na＋V＋Np(1)不仁之人,决性命之情而饕富贵(骈拇)

陶¹(2) táo　　5/82220
烧制陶器(D)
一价:V(a)
单向:S:Na＋V(参说明)
非典型位置(2):
定语(1):而陶匠善治埴木(马蹄)
者字结构(1):陶者曰(马蹄)
说明:《孟子·告子下》:"万室之国,一人陶,则可乎?"

陶²(1) táo　　5/82220
造就(D)
二价:V(a,p)
双向:S:Na＋V＋Np(1)是其尘垢秕糠将犹陶铸尧舜者也(逍遥

游)

逃¹(8) táo　　2/09010
逃跑,逃往(D)
二价:V(a,l)
双向:S:Na+V+Nl(1)夫逃虚空者(徐无鬼)
S':Na+V+PNl(3)逃于大泽(山木)
S':Na+V(1)故逃也(应帝王)
非典型位置(3):
所字结构(3):则雀无所逃(庚桑楚)
说明:1."逃¹"与"逃²"都是逃跑之义,其区别在于:"逃¹"是逃往,"逃²"是逃离。故"逃¹"的后附成分N指称逃的终点(Nl),"逃²"的后附成分N指称逃的源点(Nr)。2."所逃"转指逃的终点Nl。

逃²(6) táo　　2/09010
逃避(D)
二价:V(a,d)
双向:S:Na+V+Nd(4)许由逃之(外物)
非典型位置(2):
所字结构(2):无适而非君也,无所逃于天地之间(人间世)成玄英疏:然六合虽宽,未有无君之国,若有罪责,亦何处逃愆。(156页)

说明:"所逃",据成疏转指逃避的处所。

忒(1) tè　　2/30010
差错(Z)
一价:V(e)
单向:S:Ne+V(1)终古不忒(大宗师)成玄英疏:忒,差也。(249页)

腾(2) téng　　5/82625
跳跃(D)
一价:V(a)
单向:S:Na+V(1)我腾跃而上(逍遥游)
非典型位置(1):
定语(1):王独不见夫腾猿乎(山木)

提(2) tí　　5/50892
垂手拿着(D)
二价:V(a,p)
双向:S:Na+V+Np(2)列子提屦(列御寇)

啼(2) tí　　5/88031
哭泣(D)
一价:V(a)
单向:S:Na+V(2)有弟而兄啼(天运)

体(5) tǐ　　5/82519
体悟,悟解(D)
二价:V(a,p)

双向:S:Na+V+Np(5)体性抱神（天地）/ 能体纯素（刻意）成玄英疏:体,悟解也。(547页)

说明:《知北游》有"皆有所一体"句,郭象注云"死与生各自成体","一体"活用作动词,据郭注,当是"成一体"之义。列于此以备考。

替(1) tì　　3/59882
废缺(D)
一价:V(a)
单向:S:Na+V(1)与世偕行而不替（则阳）成玄英疏:替,废也,堙塞也。(886页)

剔(1) tì　　5/82222
通"剃",剪去毛发(D)
二价:V(a,p)
双向:S:Na+V+Np(1)烧之剔之（马蹄）成玄英疏:剔,谓鬄其毛。(331页)

田(3) tián　　2/88304
打猎(D)
一价:V(a)
单向:S:Na+V
S':Na+V+PNpl(1)桓公田于泽（达生）
非典型位置(2):
宾语(2):虎豹之文来田（应帝王）
《释文》:李云:虎豹以皮有文章见猎也。(296页)

田猎(2) tiánliè　　2/88304
打猎(D)
一价:V(a)
单向:S:Na+V(2)旦而田猎（齐物论）

调¹(5) tiáo　　5/08822
调和,调节,调理(D)
二价:V(a,p)
双向:S:Na+V+Np(3)以调海内（天下）
S':Na+V+Np+PNi(1)调之以自然之命（天运）
S':Na+PNd+V+Np(1)于是为之调瑟（徐无鬼）

调²(4) tiáo　　5/08822
协调(Z)
一价:V(e)
单向:S:Ne+V(4)六气不调（在宥）

跳梁(2) tiàoliáng　　5/87011
即"跳踉",跳跃(D)
一价:V(a)
单向:S:Na+V(1)东西跳梁（逍遥游）
S':Na+V+PNpl(1)出跳梁乎井干之上（秋水）

听¹(29) tīng　　5/77316

听,听从,治理(D)
二价:V(a,p)
双向:S:Na+V+Np(10)耳欲听声(盗跖)
S':Na+V+Np+PNi(4)而听之以心(人间世)
S':Na+PNi+V+Np(1)以耳听耳(徐无鬼)
S':Na+V+PNp(1)听乎无声(天地)成玄英疏:绝声不可以耳听。(413页)
S':Na+V(8)夫子亦听矣(庚桑楚)
S':Np+V(2)衒,乱人,不可听也(则阳)
非典型位置(3):
主语(1):听止于耳(人间世)自指
宾语(1):无视无听(在宥)
者字结构(1):恐听者谬而遗使者罪(让王)

听² (1) tīng　　5/77316
任凭,随心所欲(Z)
一价:V(e)
单向:S:Ne+V(1)匠石运斤成风,听而斫之(徐无鬼)

听荧 (1) tīngyíng　　5/77316
疑惑(D)
二价:V(a,d)
双向:S:Na+V+Nd(未出现)
非典型位置(1):

所字结构(1):是黄帝之所听荧也(齐物论)《释文》:向司马云:听荧,疑惑也。(99页)
说明:"所听荧"转指黄帝听荧之言Nd。

停 (1) tíng　　5/90021
静止(Z)
一价:V(e)
单向:S:Ne+V(1)平者,水停之盛也(德充符)成玄英疏:停,止也。(215页)

通¹ (4) tōng　　2/09124
达到(Z)
二价:V(e,l)
双向:S:Ne+V+Nl(1)而通四夷九州也(天下)
非典型位置(3):
定语(2):而反在通达之国(则阳)
所字结构(1):舟车之所通(秋水)

通² (19) tōng　　2/09124
通畅,显达(Z)
一价:V(e)
单向:S:Ne+V(12)三年而通(寓言)
非典型位置(7):
主语(2):则穷通为寒暑风雨之序矣(让王)
判断句谓语(1):所乐非穷通也(让王)

宾语(2):求通久矣(秋水)
定语(1):当桀纣而天下无通人(秋水)
状语(1):古之得道者,穷亦乐,通亦乐(让王)

通³(16) tōng　　2/09124
贯通(Z)
二价:V(e,d)
双向:S:Ne+V+Nd(5)喜怒通四时(大宗师)
S':Ne+V+PNd(2)而知通于神(天地)
S':Ne+V(3)道通为一(齐物论)
S':Ne/d+V(2)利害不通(大宗师)/譬若耳目鼻口,皆有所明,不能相通(天下)
S':Nd+V(1)乐物之通而保已焉(则阳)成玄英疏:虽复通物而不丧我。(879页)
非典型位置(3):
主语(2):通也者,得也(齐物论)
判断句谓语(1):用也者,通也(齐物论)
说明:Nd 移至 V 前,以助词"之"为标记。

通⁴(10) tōng　　2/09124
通晓,了解(D)
二价:V(a,p)
双向:S:Na+V+Np(1)不能说其志意、养其寿命者,皆非通道者

也(盗跖)
S':Na+V+PNp(9)君子通于道之谓通(让王)按,前"通"。
说明:"通⁴"Na[＋人];"通¹"、"通³"Ne[一人]。

通⁵(3) tōng　　2/09124
通报(D)
一价:V(a)
单向:S:Na+V(1)谒者复通(盗跖)
S':Na+V1+V2(2)谒者入通(盗跖)/孔子复通曰(盗跖)
说明:"通³"与其他动词连用时,其位置或前或后,与其连用动词的类别有关。当连用动词是位移动词时,"通³"处在 V2 的位置;当连用动词是"曰"时,"通³"处在 V1 的位置。

同¹(36) tóng　　2/82181
与……相同(Z)
二价:V(e,d)
单向:S:Ne+V+PNd(19)人同于己则可(渔父)/既同乎我矣(齐物论)
S':Ne+PNd+V(6)骨节与人同(达生)
S':N1+PN2+V+Ne/d(8)下与上同德则不臣(天道)
S':Ne+V(1)道之所一者,德不能同也(徐无鬼)

使相同(D)
准二价:V(a,c)
准双向:S;Na＋V＋Nc(2)故先圣
　不一其能,不同其事(至乐)
说明:1.S'(N1＋PN2＋V＋Ne/d)
　中,V后的N兼指e、d两种语
　义角色,并分别与N1、N2具有
　领属关系。2.PNd既可出现在
　V前,亦可出现在V后;出现在
　V后,P为"于"、"乎";出现在V
　前,P为"与"。

同²(1) tóng　　　2/82181
共用(D)
三价:V(a,p,d)
双向:S;Na＋PNd＋V＋Np(1)与
　王同筐床(齐物论)

投¹(2) tóu　　　5/50840
置,放下(D)
二价:V(a,p)
双向:S;Na＋V＋Np(1)而邾人投
　兵(徐无鬼)
非典型位置(1):
者字结构(1):投迹者众(天地)

投²(3) tóu　　　5/50840
跳入(D)
二价:(a,l)
双向:S;Na＋V＋Nl(2)因自投清
　冷之渊(让王)
S':Na＋V＋PNl(1)负石自投于河

　(盗跖)

投³(2) tóu　　　5/50840
掷向,流放(D)
三价:V(a,p,l)
三向:S;Na＋V＋Np＋Nl(1)投竿
　东海(外物)
S':Na＋V＋Np＋PNl(1)投三苗于
　三峗(在宥)
说明:三价动词"投"凸显"投"的方
　向。

突 (2) tū　　　3/02990
竖起(Z)
一价:V(e)
单向:S;Ne＋V
S':N＋V＋Ne(2)然吾王所见剑
　士,皆蓬头突鬓垂冠(说剑)成玄
　英疏:发乱如蓬,鬓毛突出。
　(1017页)
说明:N("剑士")与Ne("鬓")之间
　具有广义的领属关系。

屠 (7) tú　　　4/82383
宰杀(D)
二价:V(a,p)
双向:S;Na＋V＋Np(6)愿复反吾
　屠羊之肆(让王)
非典型位置(1):
者字结构(1):不知屠者之一旦鼓
　臂布草(徐无鬼)

涂 (2) tú　　　3/06370

堵塞,污染(D)
二价:V(a,p)
双向:S:Na+V+Np(2)涂卻守神
（天运）成玄英疏：涂,塞也。
(505页)/其并乎周以涂吾身也
（让王）成玄英疏：涂,污也。
(989页)

图（3）tú　　　2/88882
谋划(D)
二价:V(a,p)
双向:S:Na+V+Np(2)而后乃今
图南（逍遥游）
非典型位置(1):
所字结构(1):圣人之所图也（齐物
论）

吐（2）tǔ　　　5/88371
吐出,舍弃(D)
二价:V(a,p)
双向:S:Na+V+Np(2)吐故纳新
（刻意）

抟（2）tuán　　　5/50534
环绕,盘旋(D)
二价:V(a,p)
双向:S:Na+V+Np(2)抟扶摇而
上者九万里（逍遥游）

推（15）tuī　　　5/50973
用手推,推行,推开(D)
二价:V(a,p)
双向:S:Na+V+Np(4)孔子推琴

而起（渔父）
S':Na+V+Np+PNpl(2)是犹推
舟于陆也（天运）
S':Na+PNi+V+PNp(1)言以虚
静推于天地（天道）成玄英疏：祇
言用虚静之智,推寻二仪之理。
(464页)
S':Na/p+V(1)桁杨者相推也（在
宥）
S':Na+V(5)孰居无事推而行是
（天运）郭象注：然则无事而推行
是者谁乎哉。(494页)/故莫若
释之而不推（天地）
S':Na+PNi+V(1)夫不为倾久推
移（秋水）
非典型位置(1):
宾语(1):语仁义忠信,恭俭推让
（刻意）
说明："用手推"这一动作,或是推
物目的在于使其运动,如《天运》
篇中之"推舟",由此而引申出
"推动"、"推行"、"推寻"、"推举"
诸义;或是推物目的在于使其离
开,如《渔父》篇中之"推琴",由
此而引申出"排除"、"推托"、"拒
绝"诸义。这两组词义的动核结
构、基本句式未见不同,故未分
列词项。

退[1]（13）tuì　　　2/09892
后退,退下(D)

一价:V(a)

单向:S:Na+V(8)黄帝退(在宥)

S':Na+PNi+V(3)此以域退(徐无鬼)

非典型位置(2):

主语(2):进退中绳(达生)

退² (1) tuì 2/09892

排除(D)

二价:(a,d)

双向:S:Na+V+Nd(1)退仁义(天道)

蜕 (1) tuì 5/56913

脱去,除掉(D)

一价:V(a)

单向:S:Na+V(1)其来不蜕(天下)成玄英疏:蜕,脱舍也。(1102页)

脱³ (1) tuì 5/82913

同"蜕",蜕变(D)

一价:V(a)

单向:S:Na+V(未出现)

非典型位置(1):

宾语(1):其状若脱(至乐)

吞 (1) tūn 2/29881

吞咽(D)

二价:V(a,p)

双向:S:Na+V+Np(1)吞舟之鱼(庚桑楚)

说明:Na+V+Np 可以转换为 V+Np之+Na。

屯 (1) tún 1/50810

集聚(Z)

一价:V(e)

单向:S:Ne+V(1)火与日,吾屯也(寓言)成玄英疏:屯,聚也。……有火有日,影即屯聚。(961页)

托 (8) tuō 5/08211

托付,寄托(D)

三价:V(a,p,d)

双向:S:Na+V+Np+Nd(1)托宿于义(天运)

S':Na+PNd+V+Np(1)将恶乎托业以及此言邪(庚桑楚)

S':Nd+V+Np(2)唯无以天下为者,可以托天下也(让王)

S':Na+V+Np(2)托不得已以养中(人间世)成玄英疏:不得已,理之必然也。寄必然之事,养中和之心。(163页)/托生与民并行(天地)

S':Na+V+PNd(2)而托于无穷之间(盗跖)

说明:1. PNd 只有由"恶乎"充任时,才移至 V 前。2. 由动词语充任 Np 时转指,如《人间世》例。3. Nd 移至句首充当话题主语,以"可以"为标记,Na 不出现在句法层面。

脱¹ (3) tuō 5/82913

脱去,免除(D)
二价:V(a,p)
双向:S:Na+V+Np(1)王脱白刃待之(说剑)
S':Na+V+Np+Npl(1)脱屦户外(寓言)
S':Na+Np+V(1)夫民死已脱矣(徐无鬼)成玄英疏:免脱伤死。(830页)
说明:"脱白刃"不同于"脱屦"。"脱白刃"是脱去剑鞘,露出白刃;脱,犹"拔出"。

脱²(4) tuō　　5/82913
脱离,摆脱(束缚)(D)
二价:V(a,d)
单向:S:Na+V+PNd(3)鱼不可脱于渊(胠箧)
S':Na+V(1)纵脱无行(天下)

唾(2) tuò　　5/88275
吐唾沫(D)
一价:V(a)
单向:S:Na+V(参说明)
非典型位置(2):
定语(1):幸闻咳唾之音(渔父)
者字结构(1):子不见夫唾者乎(秋水)
说明:《左传·僖公三十三年》:"不顾而唾。"

W

外(12) wài　　5/22200
把……置于外,疏远,排斥(D)
二价:V(a,p)
双向:S:Na+V+Np(9)而外其形骸(大宗师)
S':Na+V+PNp(3)今子外乎子之神(德充符)

完(1) wán　　3/02110
使完整、完好,保全(D)
准二价:V(a,c)
准双向:S:Na+V+Nc
S':V+Nc(1)非所以完身养生也(让王)

宛转(1) wǎnzhuǎn　　3/02210
随顺变化(Z)
一价:V(e)
单向:S:Ne+V
S':Ne+PNd+V(1)与物宛转(天下)成玄英疏:宛转,变化也。(1089页)

挽(1) wǎn　　5/50212
拉扯(D)
一价:V(a)
单向:S:Na+V(1)彼必龁啮挽裂(天运)

亡¹(13) wáng　　1/01810
丧失(D)
二价:v(a,p)
双向:S:Na+V+Np(8)而俱亡其羊(骈拇)

非典型位置(5):
主语(1):存亡可也,亡可也(在宥)
宾语(2):若有亡也(德充符)——转指,犹"所失"
定语(1):女亡人哉(庚桑楚)《释文》崔云:丧亡性情之人也。(782页)
所字结构(1):意有所至而爱有所亡(人间世)

亡²(22) wǎng　　1/01810
逃亡,灭亡(D)
一价:V(a)
单向:S:Na+V(9)桀纣亡(外物)
非典型位置(10):
主语(2):孰知死生存亡之一体者(大宗师)
宾语(4):悗然若亡而存(知北游)
定语(4):唯种也能知亡之所以存(徐无鬼)/若击鼓而求亡子焉(天道)成玄英疏:亡子,逃人也。(480页)
使灭亡(D)
准二价:V(a,c)
准双向:S:Na+V+Nc(3)轻用吾身而亡其国(德充符)

亡³(2) wǎng　　1/01810
不在(Z)
二价:V(e,d)
单向:S:Ne+V+PNd(2)其在彼邪?亡乎我(田子方)郭庆藩按:彼我皆亡,言不在我,不在彼也。(727页)

往(70) wǎng　　5/29070
去,与"来"相对(D)
一价:V(a)
单向:S:Na+V(26)子往矣(天地)
S':Na+PNd+V(5)彼往则我与之往(寓言)按,后"往"。
S':Na+Nl+V(2)恶往而不暇(达生)
S':Na+PNl+V(2)道恶乎往而不存(齐物论)
S':Na+V1+V2(25)子祀往问之(大宗师)
S':Na+PNd+V1+V2(1)与使者俱往见太子(说剑)
非典型位置(9):
主语(2):其往无穷(则阳)
宾语(2):其送往而迎来(山木)
者字结构(1):往者勿止(山木)
所字结构(4):猖狂不知所往(在宥)
说明:1.所往之处Nl出现频率低(只有4例),且Nl只有由疑问代词充任时,才在句法层面与V共现,据此,本词典未将Nl看作"往"的支配语义角色。2.Nl的位置均在V前;或由介词引入,如《齐物论》例之"恶乎往",或直接进入句法层面,如《达生》例之"恶往"。3. S'(Na＋V1＋V2) 中,"往"只处在 V1 的位置,如《大宗师》例。

望¹(11) wàng　　　3/02272
远看(D)
二价:V(a,p)
双向:S:Na＋V＋Np(7)望之而不能见也(天运)
S':Na/p＋V(3)邻邑相望(胠箧)
S':Na＋Npl＋V(1)而南望还归(天地)

望²(1) wàng　　　3/02272
使……饱(D)
准二价:V(a,c)
准双向:S:Na＋V＋Nc(1)无聚禄以望人之腹(德充符)成玄英疏引李桢曰:腹满则饱,犹月满为望,故以拟之。(207页)

忘(85) wàng　　　3/01210
忘记(D)
二价:V(a,p)
双向:S:Na＋V＋Np(56)忘其肝胆(达生)
S':Na＋V＋PNp(5)忘乎天(天地)/相忘以生(大宗师)郭象注:忘其生。(265页)
S':Na/p＋V＋PNpl(3)鱼相忘乎江湖(大宗师)

S':Na＋V(15)终身不忘(徐无鬼)
S':Np＋V(1)伦与物忘(在宥)成玄英疏:身心两忘。(391页)
非典型位置(5):
宾语(1):此谓诚忘(德充符)
者字结构(1):吾有不忘者存(田子方)
所字结构(3):人不忘其所忘(德充符)按,后"忘"。
说明:1.Np 由介词引入,以"乎"为主(5 例),其次为"于"(2 例)、"以"(1 例)。2.Np 移至 V 前,无标记,属特例。

王¹(6) wàng　　　1/70700
称王,统治(D)
二价:V(a,p)
双向:S:Na＋V＋Np(4)一心定而王天下(天道)
S':Na＋V(2)汤武争而王(秋水)

王²(1) wàng　　　1/70700
胜过(Z)
二价:V(e,d)
双向:S:Ne＋V＋Nd(1)而王先生(德充符)《释文》:李云:胜也。(189页)

危(4) wēi　　　3/22810
使……危,危害(D)
准二价:V(a,c)
准双向:S:Na＋V＋Nc(4)以危其

真(渔父)

维 (2) wéi　　5/66973
维系(Z)
二价:V(e,d)
双向:S:Ne＋V＋Nd(2)知维天地
　　(盗跖)

围 (13) wéi　　2/88353
包围,环绕(D)
二价:V(a,p)
双向:S:Na＋V＋Np(2)故围之
　　(秋水)
S':Na＋V＋Np＋Nm(1)宋人围之
　　数匝(秋水)
S':Np＋V＋PNpl(6)孔子围于陈
　　蔡之间(山木)
S':Np＋V(4)至大不可围(秋水)/
　　鲁酒薄而邯郸围(胠箧)
说明:Np 移至 V 前有两种情况:
(1)以助动词"可"为标记,如《秋
水》例;(2)无标记,如《胠箧》例。

违 (6) wéi　　2/09353
离开,避开,违背(D)
二价:V(a,d)
双向:S:Na＋V＋Nd(2)不违害(齐
　　物论)/ 不违其度(盗跖)
S':Na＋PNd＋V(1)方且与世违
　　(则阳)成玄英疏:道与俗反,固
　　违于世。(896 页)
S':Na＋V(2)圣人遭之而不违(知

北游)
非典型位置(1):
所字结构(1):常人之所不违(人间
　　世)

为¹ (79) wéi　　3/22822
是;叫做;算是(G)
二价:V(th,rh)
双向:S:Nth＋V＋Nrh(77)弟为盗
　　跖(盗跖)/其名为鲲(逍遥游)/
　　死生为昼夜(至乐)/先天地生而
　　不为久(大宗师)
S':V＋Nrh(2)是其所以为灵公也
　　(则阳)
说明:1.在句法层面上,"为¹"的两
个语义角色 th、rh 必须共现。
2.语义角色 th、rh 一般由名词
语充任,如果由动词语或形容词
语充任,如"死生"、"先天地生"、
"久",则自指。3.Nrh 不可由代
词"之"充任。

为² (60) wéi　　3/22822
变为,成为(Z)
二价:V(e,r)
双向:S:Ne＋V＋Nr(49)乌足之根
　　为蛴螬,其叶为胡蝶。(至乐)
S':Ne＋PNd＋V＋Nr(6)而万物
　　与我为一(齐物论)
S':Ne＋ V1＋V2＋Nr(5)臭腐复
　　化为神奇(知北游)按:"臭腐"、
　　"神奇"转指臭腐、神奇之物。/

汤、武立为天子(盗跖)
说明:1. S'(Ne+V1+V2+Nr)中,V1只见动词"化"充任。2. S(Ne+V+Nr)可以转换为 S'(Ne+V1+V2+Nr),如:其叶为胡蝶——其叶化(而)为胡蝶[胡蝶胥也化而为虫(至乐)]。3. Nr 不可由代词"之"充任。

为³(8) wéi   3/22822
把……变为(D)
三价:V(a,p,r)
双向:S:Na+PNp+V+Nr(7)夫造物者将以予为此拘拘也(大宗师)/以汝为鼠肝乎(大宗师)
S':Na+Nr+PNp+V(1)又将奚以汝为(大宗师)
说明:Nr 由疑问代词充任,移至 V 前。

为⁴(199) wéi   3/22822
当作,认为(D)
三价:V(a,d,p)
双向:S:Na+PNd+V+Np(137)吾以夫子为天地(德充符)/以天下之美为尽在己(秋水)/任公子为大钩巨缁,五十犗以为饵(外物)按,后"为"。
S':Na+P+V+Np(41)夫子以为孟浪之言(齐物论)/奏九韶以为乐(至乐)
S':Nd+Na+V+Np(3)凡物无成与毁,复通为一(齐物论)成玄英疏:通而一之。(72页)
S':Nd+V+Np(15)天子之剑,以燕谿石城为锋,齐岱为锷,晋卫为脊,周宋为镡,韩魏为夹(说剑)按,后四个"为"。/故圣人有所游,而知为孽,约为胶,德为接,工为商(德充符)
S':Nd+Na+P+V+Np(1)猨猵狙以为雌(齐物论)《释文》向云:猵狙以猨为雌也。(95页)
S':V+Np(2)此乃神人之所以为大祥也(人间世)
说明:1. 在施事的意念中,客事 d 与受事 p 或具有广义的同一性,如《德充符》中的"夫子"与"天地";或构成一个命题,客事 d 是主题,受事 p 是陈述,如《秋水》中的"美"与"尽在己"。2. Nd 偶尔可以承上省略,但 Np 不可省。3. Nd 有时可以移至"以"前(4例),如《外物》例之"五十犗"。4. 将 Nd 引入句法层面的介词为"以";介词"以"有时可以承前省略,如《说剑》例之"齐岱"。5. Np 不可由代词"之"充任。6.《说剑》例中的"天子之剑"是话题主语,Na 当是话题主语之中的"天子"。7. Nd 可以移至句首充当话题,原位只留下标记

P,如《齐物论》之"猨"。8."为⁴"是主观的意念,"为³"是客观的变化。

为⁵(488) wéi　　3/22822
做,在具体语言环境中为各种具体行为(D)
二价:V(a,p)
双向:S:Na＋V＋Np(256)任公子为大钩巨缁(外物)/昔予为禾(则阳)/彼且为无崖(人间世)

S':Na＋Np＋V(20)莫之为(则阳)/何为而不得。(达生)/故古之王天下者,奚为哉?(天道)

S':Np＋V(7)仁可为也(知北游)物者莫足为也,而不可不为(在宥)

S':Na＋PNd＋V＋Np(34)与天为徒(人间世)/亦与之为无崖(人间世)/吾谁与为亲(齐物论)

S':Na＋PNi＋V＋Np(17)以为舟则沉(人间世)/尝试为寡人为之(徐无鬼)/而何以为存(则阳)/规不可以为圆(天下)

S':Na＋Np＋PNi＋V(2)吾何以天下为哉

S':Na＋PNpl＋V＋Np(1)君自此为之(徐无鬼)

S':Na＋V＋PNp(1)夫胡为于大方(则阳)

S':Na＋V＋Np＋PNpl(3)为坛乎郭门之外(山木)

S':Na＋V1＋V2＋Np(3)吾子立为诸侯(天地)/百年之木,破为牺尊(天地)

S':Na＋V1＋V2＋Np＋Nm(1)黄帝立为天子十九年(在宥)

S':Na＋V(26)羞而不为也。(天地)

S':Na＋V＋PNpl(1)相为于无相为(大宗师)

S':Na＋V＋PNd(1)难为于布衣之士(让王)

S':Na＋PNi＋V(1)子何术以为焉(达生)

非典型位置(91):
主语(2):则为出于无为矣(庚桑楚)按,前"为"。
宾语(71):下有为也,上亦有为也(天道)转指,犹所为。
所字结构(18):知天之所为,知人之所为者,至矣(大宗师)

给……做(D)
准三价:V(a,p,d)
准三向:S:Na＋V＋Nd＋Np(22)则芥为之舟(逍遥游)/与为人妻,宁为夫子妾者,数十而未止也(德充符)

S':Na＋PNi＋V＋Nd＋Np(1)以天下为之笼,则雀无所逃(庚桑楚)

说明：1. Np 移至 V 前有三种情况：(1)否定句中,代词充任宾语(3例),如《则阳》例；(2)疑问代词充任宾语(17例),如《达生》例；(3)Np 移至句首,以助动词"可"为标记(7例),如《知北游》例。2. 在 S(Na＋V＋Nd＋Np)中,"为^5"附加上了[转移]语义特征,在语义层面增加了转移、或依凭的客事 d,在句法层面增加了一个宾语 Nd。Nd 多由代词"之"充任(16例),如《逍遥游》例；也可由单音节名词或双音节名词语充任(7例),如《德充符》例。3. Np 由动词语充任时,"为^5"的词义有时有虚化的倾向。例如"知是非之不可为分"(秋水)、"莫若为致命"(人间世),"不可为分"的意思就是"不可分","莫若为致命"的意思就是"莫若致命","为^5"的词义已经很空泛了。4. "为^4"与"为^5"亦有纠葛,如《外物》"任公子为大钩巨缁,五十犗以为饵",前一小句中,"为"是制作之义,是"为^5",没有异议；而后一小句似乎可以有两种理解：一是用五十犗当作钓饵,一是把五十犗制作成钓饵；前者是"为^4",后者是"为^5"。

委^1(5) wěi　　3/26340
托付,交付(D)
三价：V(a,p,d)
双向：S:Na＋V＋Nd＋PNp(1)委之以财而观其仁(列御寇)
S':Na＋V＋Np(4)是天地之委形也(知北游)俞樾曰：谓天地所付属之形也。(740页)

委^2(1) wěi　　3/26340
堆积(Z)
二价：V(e,pl)
双向：S:Ne＋V＋Npl(1)如土委地(养生主)

慰^1(2) wèi　　3/83011
安慰(D)
二价：V(a,p)
双向：S:Na＋V＋Np(2)以慰天下之心者(骈拇)

慰^2(1) wèi　　3/83011
通"蔚",病(Z)
一价：V(e)
单向：S:Ne＋V(未出现)
非典型位置(1)：
宾语(1)：贪财而取慰(盗跖)郭庆藩按：蔚、慰二字,古训通用。(1013页)

慰暋(1) wèimín　　3/83011
郁闷(D)
一价：V(Z)

单向:S:Ne＋V(1)心若县于天地之间,慰暋沈屯(外物)

畏 (10) wèi　　3/88794
害怕(D)
二价:V(a,p)
双向:S:Na＋V＋Np(7)鱼不畏网(外物)
S':Na＋V(1)不罚而民畏(天地)
非典型位置(2):
宾语(1):可谓畏矣(盗跖)
所字结构(1):人之所取畏者(达生)

卫 (4) wèi　　5/29322
保护,保养(D)
二价:V(a,p)
双向:S:Na＋V＋Np(4)卫生之经(庚桑楚)

遗² (5) wèi　　2/09595
赠送(D)
三价:V(a,p,d)
三向:S:Na＋V＋Nd＋Np(4)君过而遗先生食(让王)
S':Na＋V＋Np(1)愧遗父母妻子之丑(至乐)
说明:《至乐》例"愧遗父母妻子之丑","父母妻子"当是Nd,"之"当是助词。《吕氏春秋·孝行》有"无遗父母恶名",其意与此例同。

位 (3) wèi　　5/90010
居,处在(Z)
二价:V(e,pl)
双向:S:Ne＋V＋Npl(1)跟位其空(徐无鬼)《释文》引司马云:位其空,谓处虚空之间也。(824页)
S':Ne＋V＋PNpl(2)不位乎其形(秋水)

谓¹ (36) wèi　　5/08827
对……说,告诉(D)
三价:V(a,d,p)
三向:S:Na＋V＋Nd＋Np(2)予谓女梦,亦梦也(齐物论)/尧谓我:"汝必躬服仁义而明言是非。"(大宗师)
S':Nd＋P＋V＋Np(2)临难不见谓不勇(达生)成玄英疏:临于危难,不见道我无勇武。(663页)
S':Na＋V＋Nd(31)惠子谓庄子曰(外物)
S':Na/d＋V(1)二人相谓曰(让王)
说明:1.Np由直接引语充任时,均以连谓的形式由动词"曰"引入,如《外物》例;偶尔不用"曰",如《大宗师》例。2.Nd 移至 V 前,以"见"为标记,如《达生》后例。

谓² (94) wèi　　5/08827
说(D)
二价:V(a,p)

双向:S:Na＋V＋Np(6)非谓其薄之也(秋水)

S':Na＋Np＋V(12)何谓也(达生)

S':Np＋V(10)今之所谓得志者,轩冕之谓也(缮性)按,后"谓"。

S':Na＋PNi＋V＋Np(1)子何以谓不同(天运)

S':Np1＋V＋Np2(1)物谓之而然(齐物论)

非典型位置(64):

宾语(8):其果无谓乎(齐物论)成玄英疏:谓,言也。(81页)

所字结构(56):得其所谓(天地)/是非吾所谓情也(德充符)/丘所谓无病而自灸也(盗跖)

说明:1.Np 移至V前有二种情况:(1)Np 由疑问代词充任,如《达生》前例;(2)以助词"之"为标记,如《缮性》例。2."所谓"转指 Np。值得注意的是:(1)"所谓"以修饰其所转指的事物为常(49例),如《德充符》例"所谓"修饰"情",《盗跖》例"所谓"修饰"无病而自灸"。(2)"所谓"与中心语之间不能出现助词"之"。

谓³(207) wèi 5/08827
叫做,称为(D)
三价:V(a,d,p)
三向:S:Na＋V＋Nd＋Np(3)人谓我朱愚(庚桑楚)/谓己谀人(天地)

S':Nd1＋Na＋V＋Nd2＋Np(71)吾有大树,人谓之樗(逍遥游)/谓之朝三(齐物论)/物得以生谓之德(天地)/古者谓是帝之县解(养生主)/无财谓之贫(让王)

S':Na＋Nd＋V＋Np(3)而不自谓道谀(天地)

S':Na＋PNi＋V＋Nd＋Np(1)何以谓之人(德充符)

S':Nd＋V＋Nrh(126)何谓朝三(齐物论)/何谓坐忘(大宗师)/此谓坐忘(大宗师)/何谓丘里之言(则阳)/此之谓丘里之言(则阳)/无为言之之谓德(天地)我之谓风波之民(天地)子华子可谓知轻重矣(让王)

S':Na＋V＋Np(1)相谓别墨(天下)成玄英疏:相呼为别墨。(1079页)

S':Na＋V1＋Nd＋V2＋Np(2)天下何故不谓子为盗丘(盗跖)

说明:1.S'(Na＋V＋Np)中,Na 包含 d,以"相"为标记。2.S 中,Nd 仅见代词"己"、"我"。3.S'(Nd1＋Na＋V＋Nd2＋Np)中,Nd 前移为 Nd1 作话题,原位为 Nd2,以代词"之"(69例)、"是"(2例)充任,复指前移的 Nd1。

4.回答"何谓朝三"(齐物论),可以说"此谓朝三"(《大宗师》有"何谓坐忘"、"此谓坐忘"),也可以说"此之谓朝三"(《则阳》有"何谓丘里之言"、"此之谓丘里之言"),还可以说"谓之朝三"(齐物论);基于"何"(疑问代词)、"此"(以"之"为标记)符合宾语置于 V 前的条件,故将"何"、"此"看作前移的 Nd。5. Nd 前移后,原位为零形式的,为被动句;原位用代词复指的,为主动句。6. S'(Na+V1+Nd+V2+Np)中,V2 仅见"为",V2 脱落,则转换为 S。

味 (1) wèi　　5/88561
进食,吃(D)
准二价:V(a,p)
准双向:S:Na+V+Np(未出现)
非典型位置(1):
所字结构(1):食不知所味(知北游)

文 (5) wén　　3/01400
刺画、编织花纹,文饰(D)
二价:V(a,p)
双向:S:Na+V+Np(1)越人断发文身(内篇)
　　S':Na+Ni+V+Np(1)青黄而之(天地)成玄英疏:又加青黄文饰。(453 页)

非典型位置(3):
主语(1):庄公以为文弗过也(达生)成玄英疏:庄公以为组绣织文,不能过此之妙也。(660 页)
宾语(2):不求文以待形(山木)

闻[1](170) wén　　2/82737
听见,听说(D)
三价:V(a,p,d)
双向:S:Na+V+Np+PNd(7)吾闻言于接舆(逍遥游)/无声之中,独闻和焉(天地)/且吾闻诸夫子曰(山木)
　　S':Na+V+Np+Nd(13)洛诵之孙闻之瞻明(大宗师)/闻之夫子曰(达生)
　　S':Na+Np+V+PNd(2)亦何闻于夫子(达生)/亦何闻焉(达生)
　　S':Na+PNd+V+Np(1)子独恶乎闻之(大宗师)
　　S':Na+V+Np(116)狂屈闻之(知北游)/吾闻夫子圣人也(天道)/不闻治天下也(在宥)
　　S':Na+Np+V(3)非谓其闻彼也,自闻而已矣(骈拇)按,后"闻"。/彼唯人言之恶闻(至乐)
　　S':Np+V(5)道不可闻(知北游)/鸡狗之音相闻(胠箧)
　　S':Na+V+PNd(1)愿闻于鸿蒙(在宥)

S':Na＋V(10)且女独不闻邪(至乐)
S':Na＋V＋Np＋Nm(1)闻道百(秋水)
非典型位置(11):
主语(1):闻不若塞(知北游)
宾语(3):其于国有不闻也(徐无鬼)
所字结构(7):耳无所闻(在宥)
说明:1.S'(Na＋V＋Np＋Nd)中,Np均由代词"之"充任,复指"所闻之事"。2."所闻之事"如是直接引语,则在S之后,采用连谓形式,由动词"曰"引入;"所闻之事"如非直接引语,则或在S之后,或在S之前。3.Nd由介词P引入句法层面;只有与由代词"之"充任的Np共现时,介词才可以不出现。PNd移至V前,属特例,仅见"恶乎"。4.Np既可以由名词语充任(94例),也可以由动词语或小句充任(22例)。5.Np移至V前有以下5种情况:(1)Np由疑问代词充任,如《达生》例之"何闻";(2)Np由代词"自"充任,如《骈拇》例之"自闻";(3)以助词"之"为标记,如《至乐》例之"唯人言之恶闻";(4)Np移至句首充当主语,V用于被动,以助动词"可"为标记,如《知北游》例之"不可闻";(5)Np移至句首充当主语,V用于被动,无标记,如《胠箧》例。

闻²(4) wén　　2/82737
闻名(Z)
一价:V(e)
单向:S:Ne＋V(2)道人不闻(秋水)
S':V＋PNpl(1)此非臣之所以闻于天下也(让王)
S':Ne＋PNi＋V(1)彼且蕲以諔诡幻怪之名闻(德充符)

问¹(159) wèn　　2/82885
询问,请教(D)
三价:V(a,p,d)
三向:S:Na＋V＋Nd＋Np(2)问臧奚事(骈拇)
S':Na＋V＋Np＋PNd(2)商太宰荡问仁于庄子(天运)
S':Na＋V＋PNd＋Np(1)正获之问于监市履狶也(知北游)成玄英疏:凡今问于屠人买猪之法,云:履践豕之股脚之间,难肥之处,愈知豕之肥瘦之意况也。(751页)
S':Na＋PNp＋V＋PNd(2)知以之言也问乎狂屈(知北游)
S':Na＋V＋Np(52)阳子问其故(山木)/昔者吾问未有天地可知

乎(知北游)
S':Na＋V＋Nd(16)知问黄帝曰(知北游)/既已知吾知之而问我(秋水)
S':Na＋V＋PNd(48)弟子问于庄子曰(山木)/今予问乎若(知北游)
S':Na＋V＋PNp(1)公即召而问以国事(田子方)
S':Na＋V(22)十日又问(达生)
S':Np＋V(1)道无问(知北游)
S':V＋Np(1)七圣皆迷,无所问涂(徐无鬼)
非典型位置(11):
主语(3):善哉问乎(人间世)/何问之不豫也(应帝王)
宾语(7):有问而应之(在宥)/冉求失问而退(知北游)
所字结构(1):而所欲问者(在宥)
说明:1."问"虽为三价三向动词,但在《庄子》中,Nd 与 Np 在句法层面很少共现(仅 7 例,约占总数的 4%)。Nd 与 Np 在句法层面共现的句式中,S'(Na＋V＋PNd＋Np)、S'(Na＋PNp＋PNd)均为特例。2."所欲问"(在宥)转指 Np,"所问涂"(徐无鬼)转指 Nd。

问² (6) wèn　　2/82885
责问,过问 (D)
二价:V(a,p)
双向:S:Na＋V＋Np(1)处丧以哀,无问其礼矣(渔父)
S':Na＋V(5)非佚者之所未尝过而问焉(外物)成玄英疏:故未尝暂过而顾问焉。(944 页)
说明:Np[一人],可省略。

问³ (1) wèn　　2/82885
告 (D)
二价:V(a,d)
双向:S:Na＋V＋Nd(1)长梧封人问子牢曰(则阳)成玄英疏:封人有道,故戒子牢。(898 页)

问⁴ (3) wèn　　2/82885
探望,慰问 (D)
二价:V(a,d)
双向:S:Na＋V＋Nd(3)俄而子舆有病,子祀往问之(大宗师)
说明:Np[＋人],不可省略。

卧 (7) wò　　5/87903
躺 (D)
一价:V(a)
单向:S:Na＋V(3)广成子南向而卧(在宥)
S':Na＋V＋Npl(3)逍遥乎寝卧其下(天运)
非典型位置(1):
主语(1):其卧徐徐(应帝王)

握 (1) wò　　5/50871

攥着,执持(D)
一价:V(a)
单向:S:Na+V
S':Na+Nt+V(1)终日握而手不挽(庚桑楚)郭象注:任手之自握。(787页)
说明:1. Na"手"也是工具。2.《诗经·小雅·小宛》:"握粟出卜。"据《诗经》,"握"当是二价双向动词。

诬(1) wū 5/08771
欺骗(D)
二价:V(a,p)
双向:S:Na+V+Np(参说明)
非典型位置(1):
判断句谓语(1):非愚则诬也(秋水)成玄英疏:则是故为诬罔。(583页)
说明:《左传·隐公八年》:"诬其祖矣。"

无¹(555) wú 1/70310
4/90363
没有,与"有¹"相对(G)
二价:V(th,rh)
双向:S:Nth+V+Nrh(528)夫道,有情有信,无为无形(大宗师)/目芒然无见(盗跖)/而刀刃者无厚(养生主)
S':Nth+V+PNrh(4)有实而无乎处者,宇也(庚桑楚)成玄英疏:方物之生,谓其有实,寻责宇中,竟无来处。(801页)
S':Nth+V+Nrh+PNpl(5)死,无君于上,无臣于下(至乐)成玄英疏:夫死者……宁有君臣上下之累乎!(619页)/由外入者,无主于中(天运)
S':Nth+Nt+V+Nrh(1)德人者,居无思,行无虑(天地)
S':Nrh+V(1)道不可有,有不可无(则阳)成玄英疏:夫至道不绝,非有非无,故执有执无,二俱不可也。(919页)
S':Nth+V(3)则万物莫不无(秋水)/知东西之相反而不可以相无(秋水)
非典型位置(13):
主语(1):未知有无之果孰有孰无也(齐物论)按,后"无"。
宾语(11):予能有无矣(知北游)
定语(1):孰知有无死生之一守者(庚桑楚)
说明:1. Nrh 无须介词,直接进入句法层面,充当宾语,原则上不可省略,亦不可移位;S'(Nth+V+PNrh)、S'(Nrh+V)、S'(Nth+V)均属特例。2. Nrh 以名词语充任为主(366例,约占总数的65%),也可以由动词语充任。充任 Nrh 的动词语转指,如《盗跕》例之"无见"犹"无所见"。3. S'(Nth+V)中,Nth 偶尔包含 Nrh,如《秋水》例之"东西",以"相"为标记。4. S'(Nth+V+Nrh+PNpl)中,Nth 为 V 的载体,Npl 为 V 的空间。

无²(79) wú　　1/70310
　　　　　　　　4/90363
没有,与"有²"相对(D)
二价:V(a,p)
双向:S:Na+V+Np(77)吾无粮(山木)/子孙无置锥之地(盗跖)/廷无忠臣(渔父)
S':Npl+Na+V+Np(1)夫寻常之沟,巨鱼无所还其体(庚桑楚)
非典型位置(1):
所字结构(1):因其所无而无之(秋水)按,前"无"。
说明:1.Na 指称的事物在语义上当能够"拥有"Np 指称的事物;V 是对"拥有"的否定。Na 原则上由指人名词语充任,如《山木》、《盗跖》例;偶尔由非指人名词语充任,如《渔父》例。2. S' 例,Npl 移至句首充当话题主语,以"夫"为标记。

仵(1) wǔ　　5/90930
同(Z)
二价:V(e,d)
单向:S:Ne+V+PNd(未出现)
非典型位置(1):
定语(1):以觭偶不仵之辞相应(天下)《释文》:仵,同也。(1080 页)

忤(1) wǔ　　5/60930
违逆(Z)
二价:V(e,d)
单向:S:Ne+V+PNd(参说明)
非典型位置(1):
所字结构(1):无所于忤(刻意)成玄英疏:忤,逆也。(543 页)
说明:《韩非子·难言》:"且至言忤于耳而倒于心。"

连(1) wǔ　　2/09930
违背(D)
二价:V(a,d)
双向:S:Na+V+Nd(1)连道而说者(天道)

舞(1) wǔ　　4/90354
舞蹈(D)
一价:V(a)
单向:S:Na+V(1)子路扢然执干而舞(让王)

儛(2) wǔ　　5/90957
同"舞",舞蹈(D)
一价:V(a)
单向:S:Na+V
S':Na+PNpl+V(1)再命而于车上儛(列御寇)
为……舞蹈(D)

准二价:V(a,d)
准双向:S:Na＋V＋Nd(1)鼓歌以儛之(在宥)

侮(2) wǔ　　5/90950
轻慢,侮辱(D)
二价:V(a,p)
双向:S:Na＋V＋Np(1)侮之而不怒者(庚桑楚)
S':Np＋V(1)见侮不辱(天下)
说明:Np 移至 V 前,以"见"为标记。

鋙(1) wù　　3/33774
违逆(D)
一价:V(a)
单向:S:Na＋V(1)而不敢鋙立(寓言)成玄英疏:不敢逆立。(954页)

骛(1) wù　　3/14222
奔驰(D)
一价:V(a)
单向:S:Na＋V(1)骛扬而奋鬐(外物)

寤(2) wù　　3/02282
睡醒(D)
一价:V(a)
单向:S:Na＋V(2)使骊龙而寤(列御寇)

悟(4) wù　　5/60782
省悟(D)
一价:V(a)
单向:S:Na＋V(2)莫觉莫悟(列御寇)
使省悟(D)
准二价:V(a,c)
准双向:S:Na＋V＋Nc(2)一悟万乘之主(列御寇)

恶²(40) wù　　3/77010
厌恶(D)
二价:V(a,p)
双向:S:Na＋V＋Np(17)全人恶天(庚桑楚)/子恶死乎(山木)/是以神人恶众至(徐无鬼)
S':Na＋V(2)鸟兽不恶(山木)
S':Na＋Np＋V(5)予何恶(至乐)
S':V＋PNp(2)所恶乎分者,其分也以备;所以恶乎备者,其有以备(庚桑楚)郭象注:所以恶分也……所以恶备也。(798－799页)
非典型位置(14):
主语(4):好恶者,德之失(刻意)
宾语(5):君将盈耆欲,长好恶(徐无鬼)
定语(3):理好恶之情(渔父)
所字结构(2):去其所恶(庚桑楚)
说明:1.Np 可以由名词语充任(15例),如《庚桑楚》例;也可以由动词语或小句充任(9例),如《山木》、《徐无鬼》例。充任 Np 的动词语或小句自指。2.移至 V 前的 Np 均由疑问代词（何、奚）充任。3.由"恶²"构成的联合结构充当主语、宾语、定语。4.据《庚桑楚》2 例及郭注，"所恶乎分"、"所以恶乎分"、"所以恶分"表达的意思基本相同，均转指"恶分"之原因。

务（6）wù　　5/12920
致力，努力从事(D)
二价:V(a,p)
双向:S:Na＋V＋Np(5)不务生之所无以为(达生)/犹务学以复补前行之恶(德充符)
非典型位置(1):
所字结构(1):非将至之所务也(知北游)
说明:Np 一般由动词语充任，自指，如《德充符》例。

兀（7）wù　　1/70210
古代刖刑砍掉一只脚叫兀(D)
二价:V(a,p)
双向:S:Na＋V＋Np(未出现)
非典型位置(7):
者字结构(7):鲁有兀者王骀(德充符)按，兀，被动用法。

X

息¹（3）xī　　3/28013
呼吸(D)
一价:V(a)
单向:S:Na＋V(1)以视听食息(应帝王)
S':Na＋V＋PNi(2)真人之息以踵，众人之息以喉(大宗师)

息²（7）xī　　3/28013
休息，止息(Z)
一价:V(e)
单向:S:Ne＋V(4)日出而作，日入而息(让王)/而爝火不息(逍遥游)
使消失，使止息(D)
准二价:V(a,c)
准双向:S:Na＋V＋Nc(1)处静以息迹(渔父)
S':Na＋V＋Nc＋PNi(2)息我以死(大宗师)

息³（5）xī　　5/01622
　　　　　　　　3/28013
增长，生息(Z)
一价:V(e)
单向:S:Ne＋V(3)消息盈虚(秋水)/蕃息畜藏(天下)
S':Ne＋PNd＋V(1)与时消息(盗跖)
使长出(D)
准二价:(a,c)
准双向:S:Na＋V＋Nc(1)庸讵知夫造物者之不息我黥而补我劓(大宗师)

吸（2）xī　　5/88741
吸入，与"呼"相反(D)
二价：V(a,p)
双向：S:Na＋V＋Np(1)吸风饮露
　（逍遥游）
非典型位置(1)：
者字结构(1)：吸者(齐物论)

析¹（2）xī　　5/36820
分析(D)
二价：V(a,p)
双向：S:Na＋V＋Np(2)析万物之
　理(天下)

析²（1）xī　　5/36820
使离散(D)
准二价：V(a,c)
准双向：S:Na＋V＋Nc(1)析交离
　亲谓之贼(渔父)
说明：析²本是一价单向动词，如
《论语·季氏》："邦分崩离析而
不能守也。"

希（2）xī　　3/40330
迎合(D)
二价：V(a,p)
双向：S:Na＋V＋Np(2)夫希世而
　行，比周而友(让王)

腊（1）xī　　5/82385
晾干，制成干肉(D)
二价：V(a,p)
双向：S:Na＋V＋Np(1)任公子得
　若鱼，离而腊之(外物)

惜¹（5）xī　　5/60383
可惜，痛惜(Z)
一价：V(e)
单向：S:Ne＋V(参说明2)
S':V＋Ne(5)惜乎惠施之才(天
　下)/惜哉！不仁之于人也，祸莫
　大焉，而由独擅之(渔父)
说明：1. S'中，V后均伴有语气
　词；Ne可以由名词语充任，如
　《天下》例；也可以由小句充任，
　如《渔父》例。S'由修辞所致。
　2.《左传·宣公二年》："惜也，越
　竟乃免。"

惜²（1）xī　　5/60383
爱惜(D)
二价：V(a,p)
双向：S:Na＋V＋Np(1)而天下乃
　始尊之惜之(在宥)

歙（1）xī　　5/92291
吸进(D)
二价：V(a,p)
双向：S:Na＋V＋Np(1)则呼张歙
　之(山木)

袭¹（1）xí　　3/01092
侵，触及(D)
一价：V(a)
单向：S:Na＋V(1)邪气不能袭(刻
　意)

说明:《春秋·襄公二十三年》:"齐侯袭莒。"据《春秋》,"袭¹"是二价双向动词:V(a,p)/S:Na+V+Np。

袭²(2) xí   3/01092
入(D)
二价:V(a,l)
双向:S:Na+V+Nl(1)以袭昆仑(大宗师)成玄英疏:袭,入也。(249页)
使……入(D)
准三价:V(a,c,l)
准双向:S:Na+V+Nc+PNl(1)其畏人也,而袭诸人间(山木)按,诸,"之于"的合音字。

袭³(1) xí   3/01092
因,根据(D)
二价:V(a,d)
双向:S:Na+V+Nd(1)仁贤不肖袭情(天道)王先谦《庄子集解》(《诸子集成》(三),中华书局):袭,因。(84页)

袭⁴(1) xí   3/01092
合(D)
二价:V(a,p)
双向:S:Na+V+Np(1)以袭气母(大宗师)成玄英疏:袭,合也。(248页)

席(1) xí   4/02331
以……为席(D)
准二价:V(a,y)
准双向:S:Na+V+Ny(1)席白茅(在宥)
说明:名词用作动词,意动用法。

喜¹(28) xǐ   3/37882
快乐,高兴(D)
一价:V(a)
单向:S:Na+V(15)故人喜(山木)
非典型位置(13):
主语(9):而喜怒为用(齐物论)
宾语(1):邴邴乎其似喜乎(大宗师)
定语(2):和喜怒之节(渔父)
者字结构(1):喜怒者道之过(刻意)

喜²(9) xǐ   3/37882
喜好(D)
二价:V(a,p)
双向:S:Na+V+Np(6)昔赵文王喜剑(说剑)/不喜求(齐物论)/皆喜人之同己(在宥)
S':Na+Ni+V(1)子何喜哉(山木)成玄英疏:子既圣哲,何为喜好声名者邪?(683页)
S':Np+V(1)其可喜也终无已(则阳)成玄英疏:故为人之所喜好也。(882页)
非典型位置(1):
宾语(1):欲绝王之喜好也(说剑)

说明：1. Np 一般由名词语充任（4例），如《说剑》例；也可以由动词语或小句充任，如《齐物论》、《在宥》例。由动词语充任的 Np 自指。2. Np 移至 V 前，V 用于被动，以助动词"可"为标记。

洗（2）xǐ　　5/01210
用水涤除污垢（D）
二价：V(a,p)
双向：S:Na＋V＋Np
S':Na＋V(1)洗而视之（则阳）
S':Na＋V＋Np PNi(1)不知先生之洗我以善邪（德充符）

徙（5）xǐ　　5/29290
迁移（D）
二价：V(a,l)
单向：S:Na＋V＋PNl(2)海运则将徙于南冥（逍遥游）
S':Na＋V(2)故三徙成都（徐无鬼）
非典型位置(1)：
定语(1)：汝将何以游夫遥荡恣睢转徙之涂乎（大宗师）

洒（2）xǐ　　5/01781
洗涤（D）
二价：V(a,p)
双向：S:Na＋V＋Np(1)洒心去欲（山木）
S':Na＋V(1)汝自洒濯（庚桑楚）

戏¹（1）xì　　5/71501
戏弄（D）
二价：V(a,p)
双向：S:Na＋V＋Np（参说明）
S':Na＋PNi＋V＋Np(1)而不以财戏人（盗跖）
说明：《国语·晋语九》："智襄子戏韩康子而侮段规。"

戏²（1）xì　　5/71501
角力（D）
二价：V(a,d)
单向：S:Na＋PNd＋V（参说明）
非典型位置(1)：
宾语(1)：待命令设戏请夫子（说剑）按，戏，转指角力之所。
说明：《左传·僖公二十八年》："请与君之士戏。"

系¹（2）xì　　3/54664
拴缚（D）
二价：V(a,p)
双向：S:Na＋V＋Np(1)似系马而止也（天道）
非典型位置(1)：
宾语(1)：汎若不系之舟（列御寇）

系²（1）xì　　3/54664
维系，依附（Z）
二价：V(e,d)
单向：S:Ne＋V＋PNd（未出现）
非典型位置(1)：

所字结构(1):夫体道者,天下之君子所系焉(知北游)

说明:"系²"价、向及基本式参考"系²"。

係¹(8) xì　　5/90260
拴缚,束缚(D)
二价:V(a,p)
双向:S:Na＋V＋Np(3)係其牛马(则阳)
S':Np＋Na＋V(2)胥易技係(应帝王)郭庆藩按:技係,谓为技所系也。(296页)
S':Np＋V(2)是故禽兽可係羁而游(马蹄)
S':Np＋V＋PNpl(1)而马係于前者(则阳)
说明:1.Np移至V前充当话题主语,V用于被动,有两种情况:(1)无标记,如《应帝王》、《则阳》例;(2)以助词"可"为标记,如《马蹄》例。2.S'(Np＋Na＋V)中,Na("技")实为工具,视为施事。

係²(2) xì　　5/90260
维系,联系(Z)
二价:V(e,d)
单向:S:Ne＋V＋PNd(1)係于末度(天下)
非典型位置(1):
所字结构(1):又况万物之所係(大宗师)

柙(1) xiá　　5/36854
装在匣中(D)
准一价:V(a)
准单向:S:Na＋V(1)柙而藏之(刻意)
说明:名词活用作动词。

下¹(12) xià　　1/70200
从高处到低处(D)
二价:V(a,l)
双向:S:Na＋V＋Nl(3)孔子下车而前(盗跖)
S':Na＋V(8)舌举而不下(秋水)
非典型位置(1):
者字结构(1):杂而下者不可胜数也(秋水)

下²(8) xià　　1/70200
屈从,谦恭对待(D)
二价:V(a,d)
双向:S:Na＋V＋Nd(3)行则下之(盗跖)
S':Na＋PNi＋V＋Nd(1)以贤下人(徐无鬼)
S':Na＋V(1)下则贵之(盗跖)
非典型位置(1):
者字结构(1):夫见下贵者(盗跖)按,见,被动标记。
使谦恭(D)
准二价:V(a,c)

准双向：S:Na＋V＋Nc(1)彼非至人,不能下人(渔父)成玄英疏：若非至德之人,则不能使人谦下。(1035页)
认为……卑下,鄙视(D)
准二价：V(a,y)
准双向：S:Na＋V＋Ny(未出现)
非典型位置(1)：
所字结构(1)：所下者,贫贱夭恶也(至乐)

先[1](14) xiān　　3/27210
先行,先做某事(D)
一价：V(a)
单向：S:Na＋V(10)君先而臣从(天道)
S′:Na＋PNi＋V(1)使人以币先焉(让王)
S′:Na＋V1＋V2(1)楚王使大夫二人往先焉(秋水)
非典型位置(2)：
所字结构(2)：而非所以先也(天道)
说明：1.《达生》篇有"养形必先之以物",成玄英疏云："夫颐养身形,先须用物。"(631页)据成疏,本词典将"之"视为助词,"以"视为动词,而将"先"视为形容词。
2.《徐无鬼》篇有"我必先之,彼故知之",王先谦《庄子集解》云："我名先著,彼乃知之。"(161页)据王说,本词典将"之"亦视为助词,而将该句归入S。

先[2](6) xiān　　3/27210
先于(Z)
二价：V(e,d)
双向：S:Ne＋V＋Nd(6)未尝先人(天下)

弦(7) xián　　5/12060/66060
弹奏弦乐器(D)
一价：V(a)
单向：S:Na＋V(7)匡坐而弦(让王)
说明："弦歌"连用5例。

间[2](1) xián　　2/82826
使空闲(D)
准二价：V(a,c)
准双向：S:Na＋V＋Nc(1)而一间其所施(则阳)

陷(2) xiàn　　5/82280
下沉(Z)
一价：V(e)
单向：S:Ne＋V(1)有甚忧两陷而无所逃(外物)
非典型位置(1)：
所字结构(1)：问天地所以不坠不陷,风雨雷霆之故(天下)

錎(1) xiàn　　5/97280
同"陷",下沉(Z)

一价:V(e)
单向:S:Ne+V(1)牵巨钩,錎没而下(外物)

献¹(3) xiàn　　5/72391
进献(D)
三价:V(a,p,d)
双向:S:Na+V+Np+PNd(1)则人莫不献之于其君(天运)
S':Na+V+Np(1)献若之龟(外物)
S':Np+V(1)使道而可献(天运)
说明:Np 移至 V 前,以助动词"可"为标记。

献²(1) xiàn　　5/72391
露出(Z)
一价:V(e)
　单向:S:Ne+V
S':N+V+Ne(1)献笑不及排(大宗师)
说明:N 与 Ne 具有广义的领属关系,《大宗师》例 N 省略,参考《左传·昭公二十七年》:"羞者献体改服于门外。"

见²(10) xiàn　　3/88213
显现(Z)
一价:V(e)
单向:S:Ne+V(7)捉衿而肘见(让王)
S':N+V+Ne(2)发乎天光者,人见其人,物见其物(庚桑楚)按,其人、其物,指人、物的自然本性。
非典型位置(1):
定语(1):然后成见鑗(达生)
说明:S' 中,N 与 Ne 具有广义的领属关系。

见³(4) xiàn　　3/88213
显示(D)
二价:V(a,p)
双向:S:Na+V+Np(4)栎社见梦曰(人间世)按,见梦,犹托梦。

养³(1) xiáng　　3/91392
通"翔",飞翔(D)
一价:V(a)
单向:S:Na+V
S':Na+V+PNpl(1)乘云气而养乎阴阳(天运)

享(2) xiǎng　　3/01831
享受,享有(D)
二价:V(a,p)
双向:S:Na+V+Np(2)我享其利(让王)

飨(1) xiǎng　　3/62994
用酒食款待(D)
二价:V(a,p)
双向:S:Na+V+Np(1)为具太牢以飨之(达生)

相¹(10) xiàng　　5/36883
仔细看,审察(D)
二价:V(a,d)
双向:S:Na＋V＋Nd(8)吾相马(徐无鬼)
S':Na＋PNi＋V＋Nd(1)为我相吾子(徐无鬼)
S':Na＋V(1)吾无得而相焉(应帝王)

相²(8) xiàng　　5/36883
帮助,辅佐(D)
二价:V(a,p)
双向:S:Na＋V＋Np(3)以卒相丘也(渔父)
S':Na＋V＋PNp(4)是相于技也(在宥)《释文》:相,助也。(368页)
非典型位置(1):
者字结构(1):王命相者趋射之(徐无鬼)

相³(2) xiàng　　5/36883
做国相(D)
准一价:V(a)
准单向:S:Na＋V(1)庄子来欲代子相(秋水)
S':Na＋V＋Npl(1)惠子相梁(秋水)
说明:名词活用作动词。

象¹(2) xiàng　　3/22862
效法,摹拟(D)
二价:V(a,p)
双向:S:Na＋V＋Np(参说明)
S':Na＋PNi＋V＋Np(1)以有形者象无形者而定矣(庚桑楚)
非典型位置(1):
宾语(1):体不待象而安(盗跖)
说明:《左传·桓公二年》:"百官象之。"

象²(1) xiàng　　3/22862
以……为虚象(D)
准二价:V(a,y)
准双向:S:Na＋V＋Ny(1)象耳目(德充符)
说明:名词活用作动词,意动用法。

向 (2) xiàng　　2/22881
朝向(Z)
二价:V(e,d)
双向:S:Ne＋V＋Nd(2)望洋向若而叹曰(秋水)

消(7) xiāo　　5/01622
消失,减少(Z)
一价:V(e)
单向:S:Ne＋V(4)其巧专而外骨消(达生)郭象注:性外之事去也。(659页)
S':Ne＋PNd＋V(1)与时消息(盗跖)
S':Ne＋Ni＋V(1)以言其日消也

(齐物论)
非典型位置(1):
宾语(1):相助消也(则阳)

销 (1) xiāo 5/97622
消失(Z)
一价:V(e)
单向:S;Ne＋V(1)其声销(则阳)

销亡 (1) xiāowáng 5/97622
消亡(Z)
一价:V(e)
单向:S;Ne＋V(1)天地乐而万事销亡(天地)

晓 (1) xiǎo 5/88312
使明白,晓示(D)
准二价:V(a,c)
准双向:S;Na＋V＋Nc(1)观于天下而晓辩者(天下)成玄英疏:观照天下,晓示辩人也。(1106页)

小 (3) xiǎo 1/60000
以……为小(D)
准二价:V(a,y)
准双向:S;Na＋V＋Ny(2)然则吾大天地而小毫末,可乎(秋水)
非典型位置(1):
所字结构(1):因其所小而小之(秋水)按,前"小"。
说明:形容词用作动词,意动用法。

笑[1](20) xiào 3/66290
笑(D)
一价:V(a)
单向:S;Na＋V(9)四人相视而笑(大宗师)
S';Na＋V1＋V2(8)庄子笑曰(山木)
非典型位置(3):
宾语(2):造适不及笑(大宗师)/献笑不及排(大宗师)
者字结构(1):其中开口而笑者(盗跖)
说明:S'(Na＋V1＋V2)中,"笑[1]"处在V1的位置,V2均为动词"曰"。

笑[2](11) xiào 3/66290
讥笑,嘲笑(D)
二价:V(a,p)
双向:S;Na＋V＋Np(8)斥鷃笑之(逍遥游)
S';Np＋PNa＋V(2)然卒为天下笑(盗跖)
S';Np＋V＋PNa(1)吾长见笑于大方之家(秋水)
说明:Np移至V前,充当受事主语,有两种情况:(1)以"为"作标记,引入施事,如《盗跖》例;(2)以"见"为标记,借助介词"于"引入施事,如《秋水》例。

效[1](2) xiào 5/04940
效法(D)

二价:V(a,p)
双向:S:Na+V+Np(2)人犹效之
 (大宗师)

效²(1) xiào　5/04940
犹"胜任"(Z)
准二价:V(e,d)
准双向:S:Ne+V+Nd(1)故夫知
 效一官(逍遥游)

挟(2) xié　5/50390
持,怀藏(D)
二价:V(a,p)
双向:S:Na+V+Np(2)则挟筴读
 书(骈拇)

絜¹(1) xié　3/52660
度量物体的周长(D)
二价:V(a,p)
双向:S:Na+V+Np
S':Na+V+Np+Nm(1)絜之百围
 (人间世)

协(1) xié　5/30320
符合,同(Z)
二价:V(e,d)
双向:S:Ne+V+Nd(1)埶协唐许
 (列御寇)郭象注:谁同于唐许之
 事也。(1057页)

噅(1) xié　5/88323
嘴合拢(D)
一价:V(a)

单向:S:Na+V(1)予口张而不能
 噅(天运)

侠(1) xié　5/90390
通"挟",持(D)
二价:V(a,p)
双向:S:Na+V+Np(1)侠人之勇
 力而以为威强(盗跖)《释文》:
 侠,音协。(1010页)

携(1) xié　5/50224
携带(D)
二价:V(a,p)
双向:S:Na+V+Np(1)携子以入
 于海(让王)

泄(3) xiè　5/01311
流,流动(Z)
一价:V(e)
单向:S:Ne+V(1)运物之泄也(山
 木)
S':Ne+V+PNpl(1)发泄乎太清
 (列御寇)
S':Npl+V+Ne(1)尾闾泄之(秋
 水)成玄英疏:尾闾者,泄海水
 之所也。(565页)

谢(2) xiè　5/08234
更替,改变(D)
二价:V(a,p)
双向:S:Na+V+Np(1)孔子谢之
 矣(寓言)
非典型位置(1):

宾语(1):是谓谢施(秋水)

訢(1) xīn　　5/08821

同"欣",喜悦,高兴(D)

一价:V(a)

单向:S:Na+V(1)其出不訢(大宗师)

信¹(17) xìn　　5/90081

相信,信任(D)

二价:V(a,p)

双向:S:Na+V+Np(3)而寡人信之(德充符)

S':Na+V(5)始吾弗信(秋水)

S':Np+V(9)夫子不言而信(田子方)成玄英疏:夫子不言而为人所信。(707页)

说明:Np 移至 V 前均无标记,V 用于被动。

信²(1) xìn　　5/90081

以……为信物(D)

准二价:V(a,y)

准双向:S:Na+V+Ny(1)为之符玺以信之(胠箧)

说明:名词用作动词,意动用法。

兴¹(2) xīng　　3/87901

兴起(D)

一价:V(a)

单向:S:Na+V(1)昔周之兴(让王)

非典型位置(1):

所字结构(1):帝之所兴(知北游)按,犹"所以兴"。

兴²(9) xīng　　3/87901

使兴盛,振兴(D)

二价:V(a,c)

双向:S:Na+V+Nc(5)招世之士兴朝(徐无鬼)

S':Na+PNi+V+PNc(4)道之人何由兴乎世(缮性)

说明:Nc 由介词"乎"引入,属特例;4例相连,均在《缮性》篇。

行¹(95) xíng　　5/29120

行走,离开,运行,传布(D)

一价:V(a)

单向:S:Na+V(50)子行矣(列御寇)/云行而雨施矣(天道)

S':Na+V+Npl(6)无行地难(人间世)郭象注:欲行而不践地,不可能也。(150页)/日月星辰行其迹(天运)

S':Npl1+V+Npl2(1)道,行之而成(齐物论)按,"道"是话题。

S':Na+V+PNpl(6)庄子行于山中(山木)

S':Na+Ni+V(8)士成绮雁行避影(天道)

S':Na+Npl+V(2)顺流而东行(秋水)

S':Na+Nt+V(1)夜行昼居(山木)

S′:Na+PNi+V(1)吾以众足行（秋水）

S′:Na+V+PNt(1)行以秋冬（说剑）

S′:Na+PNd+V(2)托生与民并行而不知其所之（天地）

S′:Na+V+Nm(2)行三十里而后愈（天地）/则没世不行寻常（天运）

非典型位置(15)：

定语(8)：车马有行色（盗跖）/孔子行年六十（寓言）

宾语(5)：且子独不闻夫寿陵余子之学行于邯郸与（秋水）/此虽免乎行（逍遥游）

判断句谓语(1)：是事之变、命之行也（德充符）

者字结构(1)：行者践其首脊（天运）

说明：1. Na 为有生名词时，V 一般为"行走"义；Na 为无生名词时，V 一般为"运行"义；其间并无泾渭分明的界限。2. Npl 可前移作话题(Npl1)，原位用"之"复指(Npl2)，见《齐物论》例。

行²(53) xíng　　5/29120

做，从事，施行(D)

二价：V(a,p)

双向：S:Na＋V＋Np(16)故圣人行不言之教（知北游）

S′:Na+V+Np+PNi(2)行之以礼义（天运）

S′:Na+V+PNp(2)券内者行乎无名（庚桑楚）

S′:Na+V+Np+PNpl(1)今蕲行周于鲁（天运）

S′:Na+V(15)夫子亦放德而行（天道）

S′:Np+V(3)道固不小行（缮性）/其不可行明矣（秋水）

S′:Na+PNi+Np+V(1)以此自行（天下）

非典型位置(13)：

主语(5)：夫言者，风波也；行者，实丧也（人间世）

宾语(1)：是之谓两行（齐物论）

所字结构(7)：何暇至于暴人之所行（人间世）

说明：1. Np 移至 V 前，充当话题主语，V 用于被动，有两种情况：(1)无标记，如《缮性》例；(2)以助动词"可"为标记，如《秋水》例。2. S′(Na＋V＋PNp)句，出自《庚桑楚》："券内者行乎无名，券外者志乎期费。行乎无名者，唯庸有光；志乎期费者，唯贾人也。"Np 用 P 引入，当属特例，是为了使句子音节整齐的缘故。3. 处在主、宾语位置上的"行²"自指。

形¹(7) xíng　　5/73221
显露出来(Z)
一价:V(e)
单向:S:Ne+V(5)油然不形而神
　　(知北游)
非典型位置(1):
者字结构(1):未形者有分(天地)
使表露(D)
准二价:V(a,c)
准双向:S:Na+V+Nc(1)容将形
　　之(人间世)
说明:除使动用法1例外,均为否
　　定形式"不(未)形"。

形²(1) xíng　　5/73221
形成(Z)
二价:V(e,r)
双向:S:Ne+V+Nr(1)知形形之
　　不形乎(知北游)按,第一个
　　"形"。

刑(4) xíng　　5/73221
惩罚,刑罚(D)
二价:V(a,p)
双向:S:Na+V+Np(1)天刑之
　　(德充符)
S':Np+V(3)则身刑而死(说剑)/
　　身为刑戮(人间世)
说明:Np 移至 V 前充当受事主
　　语,有两种情况:(1)无标记,如
　　《说剑》例;(2)以"为"作标记,如
　　《人间世》例。

省¹(1) xǐng　　4/62883
反省(D)
一价:V(a)
单向:S:Na+V
S':Na+Ni+V(1)故内省而不穷
　　于道(让王)
说明:《荀子·劝学》:"君子博学而
　　日参省乎己。"据《荀子》,"省"当
　　是二价单向动词。

修(29) xiū　　5/90220/90222
修养,研习(D)
二价:V(a,p)
双向:S:Na+V+Np(14)今子修
　　文武之道(盗跖)
S':Np+V+PNd(1)行修于内者
　　(让王)
S':Na+V+Np(1)夫何修焉(田子
　　方)
S':Np+V(1)性脩反德(天地)
S':Na+V+Np+Nt(1)故我修身
　　千二百岁矣(在宥)
S':Na+V+Np+Nd(1)今不修之
　　身而求之人(渔父)
S':Na+PNi+V+Np(1)以此修身
　　(天道)
S':Na+V(3)不修而物不能离焉
　　(田子方)
非典型位置(6):
宾语(4):为修而已矣(刻意)
判断句谓语(1):德者,成和之修也

(德充符)

者字结构(1):人有脩者(庚桑楚)

说明:1. Np 移至 V 前有两种情况:(1)Np 移至句首充当话题主语,V 用于被动,无标记,如《让王》、《天地》例;(2)Np 由疑问代词充任,为宾语前置,如《田子方》例。2. S' 中,Np 后的 Nt 为时段,补充说明 V。

休 (25) xiū　　5/90360

休息,停止(D)

一价:V(a)

单向:S:Na+V(9)夫子休(说剑)

S':Na+V+PNpl(5)而休乎天钧(齐物论)

S':Na+Nt+V(2)日夜不休(天下)

S':V+Na(1)归休乎!君(逍遥游)

非典型位置(3):

宾语(1):其死若休(刻意)

定语(1):使无休时(则阳)

所字结构(1):黄帝之所休(至乐)

使停止(D)

准二价:V(a,c)

准双向:S:Na+V+Nc(3)罢兵休卒(盗跖)

S':Na+V+Nc+Npl(1)盗跖乃方休卒徒大山之阳(盗跖)

非典型位置(1):

所字结构(1):以阒其所不休者(天运)成玄英疏:岂能窥见玄理而休心息智者乎。(521页)

说明:1.《逍遥游》"归休乎!君"一例,"君"由于修辞的原因而移至 V 后。2."休"的一般用法,所字结构转指 Npl;"休"的使动用法,所字结构转指致使者 Na。

羞 (7) xiū　　3/91372

感到羞愧(D)

二价:V(a,y)

双向:S:Na+V+Ny(3)圣人羞之(天地)/吾羞见之(让王)

S':Na+PNd+V+Ny(1)丘窃为先生羞之(盗跖)

S':Na+V(2)先生不羞而比之服役(渔父)

S':Ny+V(1)其行乃甚可羞也(盗跖)

说明:1. Ny 可以由代词"之"充任,如《天地》例;也可以由动词语充任,如《让王》例。2. Ny 移至 V 前,充当主语,以助动词"可"为标记,见《盗跖》例。

嗅 (1) xiù　　5/88294

用鼻子辨别气味(D)

二价:V(a,p)

双向:S:Na+V+Np(1)嗅之(人间世)

虚(2) xū　　3/70870
使……空(D)
准二价:V(a,c)
准双向:S:Na+V+Nc(2)人能虚
　己以游世(山木)

嘘(2) xū　　5/88771
缓缓地吐气(D)
一价:V(a)
单向:S:Na+V(2)仰天而嘘(齐物
　论)

嘘吸(1) xūxī　　5/88771
呼吸(D)
二价:V(a,p)
双向:S:Na+V+Np(1)孰嘘吸是
　(天运)

呴(2) xǔ　　5/88222
嘘气(D)
准二价:V(a,d)
准双向:S:Na+V+Nd(未出现)
S':Na/d+V+PNi(2)相呴以湿
　(大宗师)成玄英疏:呴气相湿。
　(242页)

呴俞(1) xǔyú　　5/88222
化育爱抚(D)
二价:V(a,p)
双向:S:Na+V+Np(1)呴俞仁义
　(骈拇)

许(3) xǔ　　5/08931
应允,称许(D)
二价:V(a,p)
双向:S:Na+V+Np(参说明2)
S':Na+Np+V(2)夫神者不自许
　也(徐无鬼)
S':Na+V(1)而老聃不许(天道)
说明:1."自"充任Np移至V前。
　2.《战国策·魏策四》:"寡人欲
　以五百里之地易安陵,安陵君其
　许寡人。"

畜¹(7) xù　　3/01684
畜养,养育(D)
二价:V(a,p)
双向:S:Na+V+Np(1)而恒民畜
　我也(盗跖)
S':Na+PNi+V+Np(3)以此畜下
　(天道)/天乐者,圣人之心以畜
　天下也(天道)郭象注:圣人之心
　所以畜天下者奚为哉?天乐而
　已。(464页)按,Ni("天乐")前
　移至句首充当话题,原位为零形
　式。
S':Np+V(1)万物畜而不知(知北
　游)
S':Np+V+PNpl(1)不蕲畜乎樊
　中(养生主)
S':V+Np(1)非上之所以畜下也
　(天道)
说明:Np移至V前,无标记,V用
　于被动。

畜²(1) xù　　3/01684
积聚,储藏(D)
一价:V(a)
单向:S:Na+V(1)蕃息畜藏,老弱孤寡为意(天下)

恤 (4) xù　　5/60273/27823
忧虑(D)
二价:V(a,d)
单向:S:Na+V+PNd(1)而恤于人(渔父)
S′:Na+V(1)寡人卹焉(德充符)
非典型位置(1):
宾语(1):若卹若失(徐无鬼)
说明:1."卹"2例与"恤"合。2.《左传·隐公五年》有"恤社稷之难",据《左传》,"恤"当是二价双向动词。

洫 (2) xù　　5/01273
败坏,迷乱(Z)
一价:V(e)
单向:S:Ne+V(2)所行之备而不洫(则阳)

续 (2) xù　　5/66396
接续(D)
二价:V(a,p)
双向:S:Na+V+Np(1)续之则忧（骈拇）
非典型位置(1):
所字结构(1):性短非所续(骈拇)

县¹(9) xuán　　5/26263
悬挂(Z)
一价:V(e)
单向:S:Ne+V
S′:V+Ne(1)高门县薄,无不走也（达生）
S′:V+Ne+Nm(1)县水三十仞（达生）
S′:Ne+V+PNpl(1)心若县于天地之间(外物)
S′:Ne+V+Npl(1)以十仞之台县众间者也(则阳)
非典型位置(4):
宾语(1):三月而成上下之县(山木)按,县,转指悬挂之物。
定语(3):离坚白若县寓(天地)
使高悬(D)
准二价:V(a,c)
准双向:S:Na+V+Nc(1)县跂仁义以慰天下之心(马蹄)成玄英疏:高悬仁义,令企慕以慰心灵。(341页)

县²(5) xuán　　5/26263
维系(Z)
二价:V(e,d)
双向:S:Ne+V+Nd
S′:V+Nd(1)可谓无所县其罪乎(寓言)郭象注:县,系也。《释文》:虽系禄无系于罪也。(955页)
S′:Ne+V(1)既已县矣(寓言)郭

象注：系于禄以养也。(955页)
非典型位置(3)：
主语(2)：古者谓是帝之县解（养生主）成玄英疏：为生死所系者为县。(129页)按，县，转指，犹"所县"。
所字结构(1)：夫无所县者（寓言）

旋 (4) xuán　　　5/02990
回旋，旋转(D)
一价：V(a)
单向：S：Na＋V(1)若羽之旋（天下）
S'：Na＋Ni＋V(1)左右旋中规（达生）
使旋转，掉转(D)
准二价：V(a,c)
准双向：S：Na＋V＋Nc(1)于是焉河伯始旋其面目（秋水）
S'：Na＋V(1)工倕旋而盖规矩，指与物化（达生）按，"旋"的宾语"指"探下省。
说明：Nc（《秋水》之"其面目"、《达生》之"指"）所指均为 Na 所指（《秋水》之"河伯"、《达生》之"工倕"）的一部分。

还⁵(5) xuán　　　2/09894
旋转(D)
一价：V(a)
单向：S：Na＋V(1)若飘风之还（天下）

使旋转，掉转(D)
准二价：V(a,c)
准双向：S：Na＋V＋Nc(3)颜渊端拱还目而窥之（山木）/颜渊还车（渔父）
S'：V＋Nc(1)夫寻常之沟，巨鱼无所还其体（庚桑楚）
说明：Nc 所指或为 Na 所指的一部分，如《山木》例；或与 Na 所指具有广义的领属关系，如《渔父》例。

选 (5) xuǎn　　　2/09893
选择，挑选(D)
二价：V(a,p)
双向：S：Na＋V＋Np(4)天选子之形（渔父）
S'：Na＋V(1)选则不偏（天下）

眩 (3) xuàn　　　5/88063
眼花(Z)
一价：V(e)
单向：S：Ne＋V(3)丘也眩与（田子方）

削 (10) xuē　　　5/62222
用刀刮削，除去，侵削(D)
二价：V(a,p)
双向：S：Na＋V＋Np(4)梓庆削木为鐻（达生）/削曾史之行（胠箧）
S'：Na＋V＋PNp(1)不削于人（天下）成玄英疏：故不侵削于人

也。(1098页)
S':Na＋V＋Np＋PNpl(5)削迹于卫(天运)

学(37) xué　　3/82030
学习(D)
三价:V(a,p,d)
双向:S:Na＋V＋Np＋PNd(1)朱漫学屠龙于支离益(列御寇)
S':Na＋V＋Np(10)吾学先王之道(山木)/吾闻祝肾学生(达生)
S':Na＋V＋Np＋PNpl(1)夫寿陵余子之学行于邯郸与(秋水)
S':Na＋V＋PNd(3)柏矩学于老聃(则阳)
S':Na＋V(6)学而不能行谓之病(让王)
S':Np＋V(2)操舟可学邪(达生)/道可得学邪(大宗师)
非典型位置(14):
主语(1):百家之学时或称而道之(天下)
宾语(5):心不待学而乐之(盗跖)
者字结构(5):后世之学者(天下)
所字结构(3):吾所学者(田子方)
说明:1.Np可以由名词语充任,如《山木》例;也可以由动词语充任,如《列御寇》、《达生》、《秋水》诸例。2.Np移到V前,充当话题主语,以助动词"可"为标记。3."学"处在主语位置时转指,如《天下》例;处在宾语位置自指,如《盗跖》例。

穴(2) xué　　3/02900
挖洞(D)
二价:V(a,p)
双向:S:Na＋V＋Np(1)日中穴阫(庚桑楚)
S':Na＋V＋PNpl(1)鼹鼠深穴乎神丘之下(应帝王)

雪(1) xuě　　3/73180
洗涤(D)
二价:V(a,p)
双向:S:Na＋V＋Np(1)澡雪而精神(知北游)成玄英疏:澡雪,犹精洁也。(741页)

熏(1) xūn　　3/27600
用烟熏(D)
二价:V(a,p)
双向:S:Na＋V＋Np(参说明)
非典型位置(1):
定语(1):以避熏凿之患(应帝王)
说明:《诗经·豳风·七月》:"穹窒熏鼠。"

薰[1](1) xūn　　3/33260
(气味)侵袭(D)
二价:V(a,p)
双向:S:Na＋V＋Np(1)三日五臭薰鼻(天地)

薰²(1) xūn　　3/33260
通"熏",用烟熏(D)
二价:V(a,p)
双向:S:Na+V+Np
S':Na+V+Np+PNi(1)越人薰之以艾(让王)

恂¹(1) xún　　5/60222
恐惧,害怕(D)
一价:V(a)
单向:S:Na+V(1)木处则惴慄恂惧(齐物论)

恂²(1) xún　　5/60222
畅通(Z)
一价:V(e)
单向:S:Ne+V(1)思虑恂达(知北游)

徇(1) xún　　5/29222
使(D)
二价:V(a,p)
双向:S:Na+V+Np(1)夫徇耳目内通而外于心知(人间世)成玄英疏:徇,使也。(151页)

循(15) xún　　5/29883
遵循,顺着(D)
二价:V(a,d)
双向:S:Na+V+Nd(7)循古而不摩(徐无鬼)/循道而趋(天道)
S':Na+V(5)其变也循(徐无鬼)
S':Na+V+PNd(1)循于道之谓备(天地)
非典型位置(2):
宾语(2):以德为循(大宗师)按,循,转指,犹"所循"。

寻(1) xún　　3/18731
引诱(D)
二价:V(a,p)
双向:S:Na+V+Np(1)寻擢吾性(则阳)成玄英疏:寻,引也。(900页)

殉(19) xùn　　5/72222
为追求某种事物而舍弃生命,追求(D)
二价:V(a,p)
双向:S:Na+V+Np(7)小人殉财(盗跖)
S':Na+V(2)天下尽殉也(骈拇)
S':Na+PNi+V+Np(4)小人则以身殉利(骈拇)
S':Na+PNd+V(1)与物皆殉(则阳)成玄英疏:殉者,逐也,求也。(886页)
非典型位置(5):
主语(1):其殉一也(骈拇)
宾语(2):其于伤性以身为殉(骈拇)/心之于殉也殆(徐无鬼)
所字结构(2):其所殉,货财也(骈拇)
说明:"殉"处在主、宾语位置,自指。

讯 (1) xùn　　5/08711
审讯(D)
二价:V(a,d)
双向:S:Na+V+Nd
S':Na+Ni+V+Nd(1)宵人之离
　外刑者,金木讯之(列御寇)
说明:S'中,Nd"宵人之离外刑者"
　移至句首充当话题,原位用"之"
　复指。

Y

厌¹ (1) yā　　4/12894
伏藏(Z)
一价:V(e)
单向:S:Ne+V(1)其厌也如缄(齐
　物论)成玄英疏:厌,没溺也。
　(54页)

轧 (2) yà　　5/50214
倾轧(D)
二价:V(a,p)
双向:S:Na+V+Np
S':Na/p+V(1)举贤则民相轧(庚
　桑楚)
非典型位置(1):
判断句谓语(1):名也者,相轧也
　(人间世)

御² (1) yà　　5/29920
迎接(D)
二价:V(a,p)

双向:S:Na+V+Np(参说明)
S':Na+V(1)鲁侯御而觞之于庙(至
　乐)成玄英疏:御,迎也。(622页)
说明:《诗经·召南·鹊巢》:"之子
　于归,百两御之。"

湮 (2) yān　　5/01774
堵塞(D)
二价:V(a,p)
双向:S:Na+V+Np(1)昔禹之湮
　洪水(天下)
非典型位置(1):
所字结构(1):唯循大变无所湮者
　(天运)

延¹ (1) yán　　2/14270
伸长(D)
准二价:V(a,c)
准双向:S:Na+V+Nc(1)今遂至
　使民延颈举踵曰(胠箧)

延² (1) yán　　2/14270
聘请(D)
二价:V(a,p)
双向:S:Na+V+Np
S':Na+PNd+V+Np+PNi(1)子
　綦为我延之以三旌之位(让王)
俞樾曰:"綦"字衍文。(975页)

延³ (1) yán　　2/14270
缓慢移行(D)
一价:V(a)
单向:S:Na+V

S':Na＋V＋Npl(1)延缘苇间(渔父)成玄英疏:延缘止芦苇之间。(1034页)

言¹(142) yán　3/01181
说,谈论(D)
二价:V(a,p)
双向:S:Na＋V＋Np(39)夫子言道(田子方)/病者能言其病(庚桑楚)/言人之不以好恶内伤其身(德充符)
S':Na＋PNd＋V＋Np(5)将为汝言其崖略(知北游)
S':Na＋PNd＋V(1)吾安得夫忘言之人而与之言哉(外物)按,后"言"。
S':Na＋PNt＋V(1)古之人乎,于此言已(徐无鬼)
S':Na＋PNt＋V＋Np(1)于此乎言之(徐无鬼)
S':Na＋Nt＋V(5)文侯傥然终日不言(田子方)
S':Na＋V(40)其口虽言(则阳)/则知者不言(天道)
S':Np＋V(8)道不可言(知北游)/夫道,窅然难言哉(知北游)/九变而赏罚可言也(天道)/何言哉(天运)/未之尝言(徐无鬼)
S':Na＋V1＋V2(5)子路子贡相与言曰(让王)
非典型位置(37):

主语(6):夫言非吹也(齐物论)
宾语(2):人不以善言为贤(徐无鬼)
定语(6):丘也闻不言之言矣(徐无鬼)按,前"言"。
判断句谓语(1):非言非默(则阳)
所字结构(16):非所言也(庚桑楚)
者字结构(6):言者不知(天道)
说明:1.Np既可由名词语充任,也可由动词语或小句充任。2.Np移至V前有四种情况:(1)移至句首充当话题主语,充当话题主语,V用于被动,以助动词"可"为标记(4例),如《知北游》前例;(2)移至句首充当话题主语,V用于被动,无标记(1例),见《知北游》后例;(3)疑问代词充任宾语Np(1例),见《天运》例;(4)否定句中,代词充任宾语Np(2例),如《徐无鬼》例。3."言¹"处在主、宾语位置自指。

言²(2) yán　3/01181
告诉(D)
三价:V(a,p,d)
双向:S:Na＋V＋Np＋PNd(2)夷节言之于王(则阳)

偃¹(1) yǎn　5/90812
仰(D)
一价:V(a)
单向:S:Na＋V(1)缘循,偃佒,困

畏不若人(列御寇)郭嵩焘曰:疑
"偃侠"当为"偃仰",犹言俯仰从
人也。(1059页)

偃²(3) yǎn　　5/90812
使止息(D)
准二价:V(a,c)
准双向:S:Na＋V＋Nc(3)君将恶
乎用夫偃兵哉(徐无鬼)

验 (1) yàn　　5/82995
查验(D)
二价:V(a,p)
双向:S:Na＋V＋Np(参说明)
非典型位置(1):
宾语(1):以参为验(天下)成玄英
疏:操验其行。(1067页)
说明:《吕氏春秋·知度》:"无职者
责其实以验其辞。"

厌²(6) yàn　　4/12894
厌恶,厌烦(D)
二价:V(a,p)
双向:S:Na＋V＋Np(1)不厌其天
(达生)
S':Na＋Nt＋V＋Np(1)千岁厌世
(天地)
S':Na＋V(3)散于万物而不厌(天
下)
S':Np＋Ni＋V(1)上下见厌而强
见也(天下)成玄英疏:虽复物皆
厌贱,犹自强见劝他,所谓被人
轻侮而不耻辱也。(1084页)
说明:Np移至句首充当话题主语,
　V用于被动,以"见"为标记。

厌³(4) yàn　　4/12894
饱足,饱食(D)
二价:V(a,p)
双向:S:Na＋V＋Np(3)厌葱韭
(徐无鬼)
非典型位置(1):
状语(1):弟子厌观之(人间世)

厌⁴(3) yàn　　4/12894
足,满足(D)
二价:V(a,y)
双向:S:Na＋V＋Ny(3)鱼鳖不厌
深(庚桑楚)

晏闲(1) yànxián　　3/88042
闲暇(Z)
一价:V(e)
单向:S:Ne＋V
S':Nt＋Ne＋V(1)今日晏闲(知北
游)

殃 (1) yāng　　5/72592
残害(D)
二价:V(a,p)
双向:S:Na＋V＋Np(参说明)
S':Np＋V(1)莫则传言者殃(人间
世)
说明:《孟子·告子下》:"谓之殃
民。"

说明:S'中,V用于被动。

扬¹(2) yáng　　5/50822
宣扬(D)
二价:V(a,p)
双向:S:Na＋V＋Np(1)扬行以说众(让王)
S':Np＋V(1):且夫二子者,又何足以称扬哉(庚桑楚)

扬²(1) yáng　　5/50822
飞扬(D)
一价:V(a)
单向:S:Na＋V
S':Na＋Ni＋V(1)鹜扬而奋鬐(外物)

炀(2) yáng　　5/69822
烘烤,烧火(D)
二价:V(a,p)
双向:S:Na＋V＋Np(1)冬则炀之(盗跖)
非典型位置(1):
者字结构(1):炀者避灶(寓言)成玄英疏:然火之者不敢当灶。(964页)
说明:《徐无鬼》尚有"抱德炀和"句,成玄英疏:"炀,温也。……抱守温和。"(866页)《淮南子·俶真训》"抱德炀和",高诱注:"炀,炙也。抱其志德,而炙于和气。"一说"炀"通"养"。三说高说近之,列于此以备考。

仰¹(7) yǎng　　5/90820
抬头,物体向上,与"俯"相对(D)
一价:V(a)
单向:S:Na＋V(6)仰而视之曰(秋水)/若向也俯而今也仰(寓言)
非典型位置(1):
定语(1):其疾俛仰之间(在宥)

仰²(8) yǎng　　5/90820
抬头望(D)
二价:V(a,p)
双向:S:Na＋V＋Np(7)孔子仰天而叹曰(盗跖)
S':Na＋V(1)仰而叹曰(庚桑楚)
说明:"仰¹"的词义中不包含义素"视",或出现在"仰而V(V为"视"类动词)"中,如《秋水》例;或俯仰连用、对举,如《在宥》、《寓言》例。"仰²"的词义中包含义素"视",出现在"仰天而V(非"视"类动词)"中,如《盗跖》例;"天"偶尔省,见《庚桑楚》例。

卬(1) yǎng　　5/81820
抬头(D)
一价:V(a)
单向:S:Na＋V(1)为圃者卬而视之曰(天地)

养¹(50) yǎng　　3/91392
养育,保养,培养(D)

二价:V(a,p)

双向:S:Na＋V＋Np(20)豹养其内而虎食其外(达生)

S':Na＋PNi＋V＋Np(12)以恬养知(缮性)/纪渻子为王养斗鸡(达生)/可以养亲(养生主)

S':Na＋V(1)天地之养也—(徐无鬼)

S':Np＋V(9)心养(在宥)成玄英疏:养心之术,列在下文。(390页)/此以己养养鸟也,非以鸟养养鸟也(至乐)按,"己养"、"鸟养"之"养"。

S':Na/p＋V(1)知与恬交相养(缮性)

S':V＋Np(2)是三者非所以养德也(天地)

非典型位置(6):

主语(2):穿池而养给(大宗师)俞樾曰:给,亦足也。(272页)

宾语(2):约养以持生(盗跖)/虽富贵不以养伤身(让王)

所字结构(2):不以所用养害所养(让王)

说明:1.Np移至V前有三种情况:(1)移至句首,充当话题主语,V用于被动,无标记(6例),如《在宥》例;(2)移至句首,与Na占据同一句法位置,以"相"为标记(1例),如《缮性》例;(3)代词"己"充任宾语Np(2例),如《至乐》例。2.Np移至V前无标记者,或是因强调Np而前移,如《在宥》之"心养";或是修辞的缘故,如《至乐》之"鸟养",以求与上句"己养"相对。

养² (1) yàng　　3/91392

通"恙",忧愁(D)

一价:V(a)

单向:S:Na＋V(1)若果养乎(至乐)

邀¹ (1) yāo　　2/09242

迎候(D)

一价:V(a)

单向:S:Na＋V

S':Na＋V＋PNpl(1)邀于郊(寓言)《释文》:邀,要也,遇也。(962页)

邀² (3) yāo　　2/09242

求 (D)

三价:V(a,p,d)

双向:S:Na＋V＋Np＋PNd

S':Na＋PNd1＋V＋Np＋PNd2(2)吾与之邀食于地(徐无鬼)

S':Na＋V＋Np(1)复往邀之(在宥)成玄英疏:重往请道。(381页)

说明:d包括与事、涉及对象。当与事(Nd1)、涉及对象(Nd2)在一个句子中共现时,Nd1在V

之前，Nd2 在 V 之后。

邀³(1) yāo　　2/09242
犹"顺"，顺应(Z)
二价：V(e,d)
单向：S：Ne＋V＋PNd(1)邀于此者(知北游)俞樾曰：邀于此者，犹言顺于此者。(742页)

交⁴(2) yāo　　3/01940
通"徼"，求取(D)
三价：V(a,p,d)
双向：S：Na＋V＋Np＋PNd(2)夫至人者，相与交食乎地(庚桑楚)俞樾曰："交"即"邀"也，古字只作"徼"。(789页)

要(7) yāo　　3/78344
求取(D)
二价：V(a,p)
双向：S：Na＋V＋Np(4)吾藉王倪以要之(天地)
S'：Na＋PNi＋V＋Np(1)非以要名誉也(盗跖)按，介词"以"的宾语承前省。
S'：Np＋V(1)将求名而能自要者(德充符)
非典型位置(1)：
所字结构(1)：则其所用者重而所要者轻也(让王)
说明："自"充任 Np，移至 V 前。

夭¹(10) yāo　　1/20390
夭折，短命(D)
一价：V(a)
单向：S：Na＋V(3)群生不夭(缮性)
S'：Na＋Nt＋V＋PNi(1)无中道夭于聋盲跛蹇(达生)
非典型位置(6)：
宾语(5)：不哀夭(天地)
判断句谓语(1)：贫贱夭恶也(至乐)

夭²(2) yāo　　1/20390
摧折(D)
二价：V(a,p)
双向：S：Na＋V＋Np(参说明2)
S'：Np＋V＋PNa(1)而中道之夭于斧斤(人间世)
S'：Np＋V＋Na(1)不夭斧斤(逍遥游)
说明：1.S'中，V 用于被动，"斧斤"实为工具，视为施事 Na。2.《管子·禁藏》："无伐木，无夭英。"

夭阏(1) yāo'è　　1/20390
阻拦，遏止(D)
二价：V(a,p)
双向：S：Na＋V＋Np(未出现)
S'：Na＋Np＋V(1)背负青天而莫之夭阏者(逍遥游)
说明：否定句中，代词"之"充任宾语 Np，移至 V 前。

姚佚(1) yáoyì　　5/34010
轻浮躁动(Z)
一价:V(e)
单向:S:Ne+V(未出现)
非典型位置(1):
主语(1):姚佚启态(齐物论)成玄英疏:姚则轻浮躁动,佚则奢华纵放。(54页)

摇(5) yáo　　5/50280
摇动(D)
二价:V(a,p)
双向:S:Na+V+Np(4)摇唇鼓舌(盗跖)
S':Na+V(1)复命摇作而以天为师(则阳)《释文》:摇,动也。(881页)

燿(1) yào　　5/69773
耀眼(Z)
一价:V(e)
单向:S:Ne+V(1)光矣而不燿(刻意)

曳(6) yè　　1/58004
牵引,拖(D)
二价:V(a,p)
双向:S:Na+V+Np(1)曳縰而歌《商颂》(让王)
S':Na+V(2)推而后行,曳而后往(天下)
S':Na+V+Np+PNpl(2)吾将曳尾于涂中(秋水)
S':Na+V+Np+Npl(1)宁生而曳尾涂中(秋水)

泄²(1) yè　　5/01311
通"抴",拽(D)
二价:V(a,p)
双向:S:Na+V+Np(未出现)
S':Np+V(1)小枝泄(人间世)俞樾曰:"泄"当读为"抴"。(173页)
说明:Np移至V前,无标记,V用于被动。

依(2) yī　　5/90090
依靠,依循(D)
二价:V(a,d)
双向:S:Na+V+Nd(参说明2)
S':Na+Nd+V(1)然则夫子何方之依(大宗师)
S':Na+V+PNd(1)依乎天理(养生主)
说明:1.宾语Nd移至V前,以助词"之"为标记。2.屈原《离骚》:"愿依彭咸之遗则。"

一¹(29) yī　　1/10000
同,齐一,专一(Z)
二价:V(e,d)
单向:S:Ne+V+PNd(参说明)
S':Ne+V(26)万物皆一也(德充符)

非典型位置(3)：
所字结构(3)：夫天下也者,万物之所一也(田子方)成玄英疏：夫天地万物,其体不二。(715页)
说明：《韩非子·解老》："一于其情,虽有可欲之类,神不为动。"

一²(8) yī　　1/10000
使统一,使专一(D)
二价：V(a,c)
双向：S:Na＋V＋Nc(6)故先圣不一其能,不同其事(至乐)/一汝视(知北游)
非典型位置(2)：
所字结构(2)：道之所一者,德不能同也(徐无鬼)
说明：《徐无鬼》"道之所一者"之"所一"转指被致使者 Nc；"一¹"中,《田子方》"万物之所一"之"所一"转指齐同之物 Nd。

挹(1) yī　　5/50813
通"揖",拱手行礼(D)
二价：(a,d)
双向：S:Na＋V＋Nd
　S':Na＋V＋PNpl(1)弟子无挹于前(山木)成玄英疏：故无揖让之礼。(686页)

壹(1) yī　　3/37011
使纯一(D)
准二价：V(a,c)

准双向：S:Na＋V＋Nc(1)壹其性(达生)

揖(4) yī　　5/50834
拱手行礼(D)
二价：(a,d)
双向：S:Na＋V＋Nd(1)揖御寇而进之(田子方)
　S':Na＋V(1)仲尼揖而退(外物)
非典型位置(2)：
宾语(2)：受揖而立(田子方)

遗¹(19) yí　　2/09595
遗失,遗漏,遗弃,遗留(D)
二价：V(a,p)
双向：S:Na＋V＋Np(10)遗其玄珠(天地)
　S':Na＋PNp＋V(1)夫道,于大不终,于小不遗(天道)
　S':Na＋PNd＋V(1)亦将不与之遗(德充符)
　S':Np＋V(2)事奚足弃而生奚足遗(达生)
非典型位置(5)：
定语(4)：七十二钻而无遗策(外物)
者字结构(1)：道则无遗者矣(天下)
说明：《天运》篇有"夫德遗尧舜而不为也","德遗尧舜"当是"遗尧舜德"之义,"德"移至句首充当话题,以"夫"为标记。

疑（9）yí　　5/79190
怀疑,犹豫(D)
二价：V(a,p)
双向：S：Na＋V＋Np(3)世疑之（天运）
S'：Na＋V(2)心疑,卜之(外物)
S'：Na/p＋V(1)于是乎喜怒相疑（在宥）
S'：V＋Np(1)器之所以疑神者其是与(达生)
非典型位置(2)：
宾语(1)：可不谓大疑乎(则阳)
定语(1)：疑之所假(则阳)

颐（1）yí　　5/87794
养（D）
二价：V(a,p)
双向：S：Na＋V＋Np(未出现)
S'：Np＋V(1)彼宜女与？予颐与（列御寇）郭象注：效彼非所以养己也。(1052页)

宜（14）yí　　3/02873
适合(Z)
二价：V(e,d)
双向：S：Ne＋V＋Nd(2)宋有荆氏者,宜楸柏桑(人间世)成玄英疏：宋国有荆氏之地,宜此楸柏桑之三木。(178页)
S'：Ne＋V(1)父子之宜(则阳)
S'：Ne＋Nd＋V(1)易之者,晪天宜(人间世)

非典型位置(10)：
宾语(6)：官事果乎众宜(外物)郭象注：众之所宜者不一,故官事立也。(943页)
所字结构(4)：且不知耳目之所宜（德充符）

移（8）yí　　5/26220
转移,变化(D)
二价：V(a,p)
双向：S：Na＋V＋Np(5)移是,今之人也(庚桑楚)郭象注：玄古之人,无是无非,何移之有。(808页)
S'：Na＋V(1)无时而不移(秋水)
S'：Na＋PNi＋V(1)夫不为倾久推移(秋水)
非典型位置(1)：
宾语(1)：是谓能移(达生)
说明：S中,5例均为"移是"。

贻（1）yí　　5/89684
赠送(D)
三价：V(a,p,d)
三向：S：Na＋V＋Nd＋Np(1)魏王贻我大瓠之种(逍遥游)

夷（1）yí　　1/50902
铲平(D)
二价：V(a,p)
双向：S：Na＋V＋Np(参说明2)
S'：Np＋V(1)丘夷而渊实(胠箧)
说明：1. S'中,Np前移至句首,充

当话题主语，V 用于被动。
2.《左传·襄公十四年》："塞井夷灶。"

踦(1) yǐ　　5/87322
以膝盖顶住(D)
二价：V(a,p)
双向：S:Na＋V＋Np(未出现)
非典型位置(1)：
所字结构(1)：膝之所踦(养生主)
说明：《养生主》中，"膝"实为工具，视为施事 Na。

已(45) yǐ　　1/18810
停止(D)
一价：V(a)
单向：S:Na＋V(32)斯已矣(逍遥游)/故君子不得已而临莅天下(至乐)
S′:Na＋V＋PNd(2)朕也不得已于民(在宥)/不得已于事也(大宗师)
S′:Na＋V＋Nd(1)马知已此矣(马蹄)成玄英疏：已，止也……而马之知解适尽于此。(339 页)
非典型位置(10)：
宾语(9)：其求实无已(人间世)/明之不如已也(天下)
所字结构(1)：固有所不得已(人间世)

倚(4) yǐ　　5/90321
斜靠(D)
二价：(a,d)
双向：S:Na＋V＋Nd(2)倚树而吟（德充符）
S′:Na＋V＋PNd(1)倚于槁梧而吟（天运）
非典型位置(1)：
所字结构(1)：肩之所倚（养生主）

以¹(18) yǐ　　5/27900
用，为，因(D)
二价：V(a,p)
双向：S:Na＋V＋Np(13)直者不以绳（骈拇）
非典型位置(5)：
所字结构(5)：吾请释吾之所有，而经子之所以（渔父）/予有而不知其所以（寓言）
说明：1.Np 由名词语充任。2."所"字结构一般转指 Np(4 例)，如《渔父》例，偶尔转指原因，如《寓言》例。

以²(2) yǐ　　5/27900
认为(D)
二价：V(a,p)
双向：S:Na＋V＋Np(2)吾以其来不可却也，其去不可止也（田子方）/自以比形于天地（秋水）
说明：Np 由动词语或小句充任。

以³(1) yǐ　　5/27900
通"已"，止(D)

一价:V(a)
单向:S:Na＋V
S':Na＋V＋Nd(1)民能以此矣(马蹄)

以为(53) yǐwéi　　5/27900
认为(D)
二价:V(a,p)
双向:S:Na＋V＋Np(53)自以为最贤(天下)/以为害于性(盗跖)/世之人以为养形足以存生。(达生)/始吾以为天下一人耳。(天地)
说明:Np 或由动词语、形容词语充任(45 例),如《天下》、《盗跖》例;或由小句充任(8 例),如《达生》、《天地》例。

衣 (9) yì　　3/01990
穿(衣)(D)
二价:V(a,p)
双向:S:Na＋V＋Np(4)庄子衣大布而补之(山木)
S':Na＋V＋PNp(2)今取猨狙而衣以周公之服(天运)
S':Na＋V(3)织而衣(马蹄)

易 (25) yì　　3/88222
改变,交换(D)
二价:V(a,p)
双向:S:Na＋V＋Np(13)则天地四方易位矣(天运)/大惑易性(骈拇)
S':Na＋PNi＋V＋Np(5)不以万物易蜩之翼(达生)
S':Na/p＋V(1)安危相易(则阳)
S':Np＋V(4)性不可易(天运)
非典型位置(2):
宾语(1):不物于易者也(徐无鬼)
定语(1):此不易之道也(天道)
说明:1.Na 可以由无生命的名词语或转指的动词语充任,如《天运》、《骈拇》例。2.Np 移至句首,V 用于被动,以助动词"可"为标记。

益¹(17) yì　　2/90173
增加,增长(D)
二价:V(a,p)
双向:S:Na＋V＋Np(5)若夫益之而不加益(知北游)按,前"益"。
S':Na＋V＋Np＋PNi(2)益之以博(缮性)
S':Na＋PNi＋V＋Np(1)我将以子之肝益昼餔之膳(盗跖)
S':Na＋V＋Np＋Nm(1)益车百乘(列御寇)
S':Na＋V(1)过度益也(人间世)
成玄英疏:无劳添益语言,过于本度也。(162 页)
S':Np＋V(2)夫不可损益(至乐)/人谓之不死,奚益(齐物论)
非典型位置(5):

宾语(5):无益损焉(天地)/求益而
　不止(盗跖)
说明:Np 移至 V 前有两种情况:
　(1)移至句首充当话题主语,V
　用于被动,以助动词"可"为标
　记,如《至乐》例;(2)疑问代词充
　任 Np,宾语前置,如《齐物论》
　例。

益²(7) yì　　　　2/90173
水涨,进益,骄溢(Z)
一价:V(e)
单向:S:Ne＋V(5)回益矣(大宗
　师)
S':Ne＋PNi＋V(1)十年九潦,而
　水弗为加益(秋水)
非典型位置(1):
宾语(1):有貌愿而益(列御寇)

役(3) yì　　　　5/29840
役使,驱使(D)
二价:V(a,p)
双向:S:Na＋V＋Np(2)此皆自勉
　以役其德者也(天运)
S':Np＋V＋Na(1)是役人之役(大
　宗师)按,前"役"。成玄英疏:斯乃
　被他驱使,何能役人。(234 页)
说明:S' 中,V 用于被动,无标记。

失³(2) yì　　　　1/25900
通"逸",逃走(D)
一价:V(a)

单向:S:Na＋V(2)自失而走(应帝
　王)

佚(4) yì　　　　5/90290
放纵,安逸(Z)
一价:V(e)
单向:S:Ne＋V(未出现)
非典型位置(2):
宾语(1):皆得佚乐(让王)
者字结构(1):非佚者之所未尝过
　而问焉(外物)
使安逸(D)
准二价:V(a,c)
准双向:S:Na＋V＋Nc
S':Na＋V＋Nc＋PNi(2)佚我以老
　(大宗师)

劓(2) yì　　　　5/22227
割去鼻子(D)
二价:V(a,p)
双向:S:Na＋V＋Np
S':Na＋V＋Np＋PNi(1)而劓汝以
　是非矣(大宗师)
非典型位置(1):
宾语(1):庸讵知夫造物者不息我
　黥而补我劓(大宗师)

掜(1) yì　　　　5/50810
拳曲(Z)
一价:V(e)
单向:S:Ne＋V(1)终日握而手不
　掜(庚桑楚)

溢(2) yì　　5/01973
漫出,超出实际(Z)
一价:V(e)
单向:S:Ne+V
S':Ne+V+PNi(2)德溢乎名(外物)郭嵩焘曰:言德所以洋溢,名为之也。(942页)

弋(1) yì　　1/30000
用带绳子的箭射(D)
一价:V(a)
单向:S:Na+V(1)田猎毕弋(则阳)

意(5) yì　　3/01912
猜测,料想(D)
二价:V(a,p)
双向:S:Na+V+Np(4)吾意善治天下者不然(马蹄)/夫妄意室中之藏(胠箧)
S':Np+V(1)可言可意(则阳)
说明:Np一般由动词语或小句充任(3例),如《马蹄》例;也可由名词语充任(1例),如《胠箧》例。

逸(3) yì　　2/09212
逃跑(D)
一价:V(a)
单向:S:Na+V(1)乃逸而走(秋水)
S':Na+V1V2(2)夫子奔逸绝尘(田子方)

议(11) yì　　5/08951
议论(D)
二价:V(a,p)
双向:S:Na+V+Np(参说明2)
S':Na+PNd+V+PNp(1)尝为汝议乎其将(田子方)
S':Np+V(1)尊则议(山木)成玄英疏:尊贵者又遭议疑。(669页)
S':Na+V(5)圣人议而不辩(齐物论)
非典型位置(4):
主语(2):议有所极(则阳)
定语(1):此议之所止(则阳)
者字结构(1):世之议者(秋水)
说明:1.S'(Np+V)中,Np前移至句首,充当话题主语,V用于被动。2.《韩非子·外储说左下》:"孔子议晏婴。"

艺(1) yì　　3/33360
表现(D)
准二价:V(a,p)
准双向:S:Na+V+Np(未出现)
非典型位置(1):
所字结构(1):能有所艺者,技也(天地)
说明:名词活用作动词。

施³(1) yì　　5/02910
延续(Z)
二价:V(e,d)

单向:S:Ne＋V＋PNd(1)夫施及三王(在宥)

说明:《尚书·君奭》:"施于我冲子。"

异¹(24) yì　　3/88395

与……不同(Z)

二价:V(e,d)

单向:S:Ne＋V＋PNd(15)既异乎我与若矣(齐物论)

S':Ne＋PNd＋V(3)彼其所保与众异(人间世)

S':Ne/d＋V(1)彼必相与异(至乐)

S':Ne＋V＋Nd(2)忽然无异骐骥之驰过隙也(盗跖)成玄英疏:何异乎骐骥驰走过隙穴也！(1000页)

S':V＋PNd(1)此有道者所以异乎俗者也(让王)

S':V＋Nd(1)所异彘者何也(达生)

S':Ne＋PNi＋V＋PNd(1)亦奚以异乎牧马者哉(徐无鬼)

说明:1.《达生》例之"所异彘者"转指 Ne。2. Nd 以介词引入句法层面为常,介词偶或可以不出现,如《盗跖》、《达生》例。3. S'(V＋PNd)、S'(V＋Nd)因构成"所"字结构,Ne 不能出现在句法层面。

异²(4) yì　　3/88395

以……为异,感到奇怪(D)

二价:V(a,y)

双向:S:Na＋V＋Ny(3)吾洒然异之(庚桑楚)

S':Na＋V＋PNy(1)弟子何异于予(庚桑楚)

说明:Ny 以直接进入句法层面为常,偶或用介词引入。

释³(1) yì　　5/26833

通"怿",喜悦(D)

一价:V(a)

单向:S:Na＋V

S':Na＋V＋PNi(1)吾是以不释于老聃之言(庚桑楚)

因 (33) yīn　　2/88390

顺应,依靠(Z)

二价:V(e,d)

双向:S:Ne＋V＋Nd(28)因其所大而大之(秋水)

S':Ne＋V＋PNd(2)因于物而不去(在宥)

S':Ne＋V(1)卑而不可不因者,民也(在宥)

非典型位置(2):

主语(2):因任已明(天道)

闉(1) yīn　　2/82778

屈曲(D)

一价:V(a)

单向:S:Na+V
S':Na+V+Npl(1)闉扼鸷曼(马蹄)《释文》:司马云:言曲颈于扼以抵突也(340页)

吟(2) yín 5/88921
吟咏(D)
一价:V(a)
单向:S:Na+V(2)倚于槁梧而吟(天运)

淫¹(4) yín 5/01270
沉湎(Z)
二价:V(e,d)
单向:S:Ne+V+PNd(3)是淫于色也(在宥)成玄英疏:淫,耽滞也。(368页)
非典型位置(1):
宾语(1):是相于淫也(在宥)

淫²(9) yín 5/01270
淫邪,淫滥(Z)
一价:V(e)
单向:S:Ne+V(2)百姓淫乱(渔父)
非典型位置(3):
宾语(1):是同为淫僻也(骈拇)
定语(2):彼将处乎不淫之度(达生)
使涌乱,使淫滥(D)
 准二价:V(a,c)
 准双向:S:Na+V+Nc(4)天下不淫其性(在宥)/淫六律(骈拇)

引(8) yǐn 5/12200
向后拉弓弦,牵引,引导(D)
二价:V(a,p)
双向:S:Na+V+Np(5)引之盈贯(田子方)
S':Na+V(1)引援而飞(山木)成玄英疏:飞必援引徒侣,不敢先起。(681页)
S':Na/e+V+PNi(1)相引以名(外物)
非典型位置(1):
所字结构(1):彼人之所引(天运)

饮(22) yǐn 5/91292
喝(D)
二价:V(a,p)
双向:S:Na+V+Np(13)龁草饮水(马蹄)
S':Na+V+Npl(1)偃鼠饮河(逍遥游)成玄英疏:好入河饮水。(25页)
S':Na+Np+V(1)岩居而水饮(达生)
S':Na+PNi+V+Np(1)以礼饮酒者(人间世)
S':Na+V(3)非醴泉不饮(秋水)
非典型位置(2):
定语(1):饮食之间(达生)
者字结构(1):饮者相捽也(列御寇)

使……喝(D)

准三价:V(a,c,p)

准双向:S:Na＋V＋Nc＋PNp(1) 故或不言而饮人以和(则阳)

说明:《达生》"水饮"例,"水"为"饮"的受事,在句中充当状语。

隐¹ (11) yǐn　5/82210

隐藏(Z)

二价:V(e,pl)

单向:S:Ne＋V＋PNpl(4) 道隐于小成(齐物论)

S':Ne＋V＋Npl(1) 其隐岩穴也(让王)

S':Ne＋PNpl＋V(2) 道恶乎隐而有真伪(齐物论)

S':Ne＋V(4) 圣人不隐(天运)

说明:PNpl 由"恶乎"充任时,移至 V 前。

隐² (1) yǐn　5/82210

隐藏(D)

二价:V(a,p)

双向:S:Na＋V＋Np

S':V＋Np(1) 巨兽无所隐其躯(庚桑楚)

隐³ (7) yìn　5/82210

凭倚,靠着(D)

二价:V(a,p)

双向:S:Na＋V＋Np(7) 公子牟隐机太息(秋水)

说明:7 例均为"隐机(几)"。

撄 (8) yīng　5/50846

扰乱,干扰(D)

二价:V(a,p)

双向:S:Na＋V＋Np(2) 女慎无撄人心(在宥)

S':Na＋PNi＋V＋Np(1) 始以仁义撄人之心(在宥)

S':Na/p＋PNi＋V(1) 不以人物利害相撄(庚桑楚)

S':Na＋PNi＋PNp＋V(1) 而不以物与之相撄(徐无鬼)

S':Na＋V(2) 以应天地之情而勿撄(徐无鬼)

非典型位置(1):

宾语(1):而河以为未始其撄也(徐无鬼)

说明:V 前一侧出现 PNi、PNp 两个介词短语属特例。

迎 (8) yíng　2/09820

与"送"相对,迎接(D)

二价:V(a,p)

双向:S:Na＋V＋Np(3) 遂迎臧丈人而授之政(田子方)/其送往而迎来(山木)

S':Na＋V(3) 不将不迎(应帝王)

S':Na＋PNp＋V(1) 为能与人相将迎(知北游)

非典型位置(1):

所字结构(1):无有所迎(知北游)

营¹(2) yíng　　3/69082
谋求,经营(D)
二价:V(a,p)
双向:S:Na＋V＋Np(2)今富人,耳营钟鼓管籥之声(盗跖)/视若营四海(外物)

营²(1) yíng　　3/69082
辩解(D)
二价:V(a,d)
双向:S:Na＋V＋Nd(1)口将营之(人间世)

荧(1) yíng　　3/69090
眩惑(Z)
一价:V(e)
单向:S:Ne＋V(1)而目将荧之(人间世)按,之,助词。

盈(9) yíng　　3/72873
充满,溢出(Z)
二价:V(e,d)
双向:S:Ne＋V＋Nd(1)引之盈贯(田子方)郭象注:盈贯,谓溢镝也。(724页)
S':Ne＋V＋PNd(1)内支盈于柴栅(天地)
S':Ne＋V(3)不知何时止而不盈(秋水)
非典型位置(3):
宾语(2):察乎盈虚(秋水)
判断句谓语(1):彼为盈虚非盈虚(知北游)按,后"盈"。
使充满(D)
准二价:V(a,c)
准双向:S:Na＋V＋Nc(1)君将盈耆欲(徐无鬼)

赢(2) yíng　　3/01216
背负(D)
二价:V(a,p)
双向:S:Na＋V＋Np(2)南荣趎赢粮(庚桑楚)

应¹(44) yìng　　4/02913
回答,回应,应和(D)
二价:V(a,d)
双向:S:Na＋V＋Nd(16)原宪应之曰(让王)
S':Na＋V＋Nd＋PNi(2)应之以自然(天运)
S':Na＋V(17)子路未应(渔父)
S':Na/d＋V(1)同声相应(渔父)
S':Na＋PNi＋V(1)以觭偶不仵之辞相应(天下)
S':Na＋PNi＋PNd＋V(1)辩者以此与惠施相应(天下)
S':Nd＋V(2)非不我应(知北游)/方且四顾而物应(天地)
S':Na＋V＋PNpl(1)雌应于下风而风化(天运)
非典型位置(3):
主语(2):其应若响(天下)
者字结构(1):异鹊无敢应者(达

生)

说明:Nd 移至 V 前有三种情况:(1)宾语前置,否定句中,代词充任 Nd,如《知北游》例;(2)宾语前置,无标记,如《天地》例;(3)用介词"与"引入句法层面,如《天下》例之"与惠施"。

应²(8) yìng　　4/02913
符合,适应,顺应(Z)
二价:V(e,d)
双向:S:Ne+V+Nd(5)直者应绳(马蹄)
S':Ne+V+PNd(3)应于礼而不讳(在宥)

壅(3) yōng　　3/01673
堵塞,阻塞(D)
二价:V(a,p)
双向:S:Na+V+Np(参说明 2)
S':Np+V(3)道不可壅(天运)/壅则哽(外物)

说明:1. Np 移至 V 前充当话题主语,V 用于被动,有两种情况:(1)以助动词"可"为标记,如《天运》例;(2)无标记,如《外物》例。
2.《国语·周语下》:"欲壅防百川。"

涌(1) yǒng　　5/01124
水向上喷出(D)
一价:V(a)

单向:S:Na+V(参说明)
非典型位置(1):
定语(1):心如涌泉(盗跖)
说明:司马相如《上林赋》:"醴泉涌于清室。"

踊跃(1) yǒngyuè　　5/87125
跳跃(D)
一价:V(a)
单向:S:Na+V(1)金踊跃曰(大宗师)

用(103) yòng　　2/82504
使用,任用(D)
二价:V(a,p)
双向:S:Na+V+Np(34)禹用力而汤用兵(天运)
S':Na+PNd+V+Np(1)君将恶乎用夫偃兵哉(徐无鬼)
S':Na+PNi+V(2)为是不用而寓诸庸(齐物论)
S':Na+V(2)不敢用也(刻意)
S':Np+V(11)漆可用(人间世)/精用而不已则劳(刻意)/侵人自用(渔父)
S':Np+PNa+V(2)有为也则为天下用而不足(天道)
S':Np+V+PNa(1)可用于天下(天道)
S':Np+V+PNd(1)其用于人理也(渔父)
S':V+Np(7)无所用之(马蹄)/此

吾所以用心已(天道)成玄英疏：我之用心,止尽于此。(475页)/闻太子所欲用周者(说剑)

非典型位置(42)：

主语(1)：用也者,通也(齐物论)

判断句谓语(1)：庸也者,用也(齐物论)

宾语(26)：以用为知,以不用为愚(庚桑楚)

所字结构(13)：人之所用容足耳(外物)/遭时有所用(徐无鬼)/无所可用(逍遥游)

者字结构(1)：是用之者假不用者也(知北游)按,后"用"。

说明：1. Np 一般由名词语充任,如《天运》"禹用力"例；偶尔由动词语充任,转指,如《徐无鬼》"用夫偃兵"例。2. Np 移至 V 前有两种情况：(1)移至句首充当话题主语,V 用于被动。或以助动词"可"为标记(2 例),如《人间世》例；或以介词"为"作标记(2 例),如《天道》"为天下用"例；或无标记(7 例),如《刻意》"精用"例；(2)宾语前置。Np 由代词"自"充任(1 例),如《渔父》"自用"例。3. "所"字结构中的动词用于主动,则该结构转指 Np,如《外物》例；"所"字结构中的动词用于被动,则该结构转指 Nd,如《徐无鬼》、《逍遥游》例。4. S'(V＋Np)均出现在"所"字结构之中,Na 不能出现。"所＋(V＋Np)"或转指对象,如《马蹄》例,或转指目的,如《说剑》例。

忧 (49) yōu　　3/72843

担忧,发愁(D)

二价：V(a,p)

双向：S:Na＋V＋Np(4)人忧其事(渔父)/执民之纪而忧其死(德充符)

S':Na＋V＋PNp(1)忧乎知(则阳)《释文》：王云：谓有为者以形智不至为忧也。(881页)

S':Na＋V(16)则贪者忧(徐无鬼)

S':Na＋PNi＋V(1)吾是以忧(山木)

S':Na＋V＋PNpl(1)而万乘之君忧慄乎庙堂之上(在宥)

非典型位置(26)：

主语(2)：则忧患不能入(刻意)

判断句谓语(4)：庶人之忧也(渔父)

宾语(10)：其于忧一也(骈拇)/可谓忧矣(盗跖)

定语(9)：孔子有忧色(至乐)/我适有幽忧之病(让王)

所字结构(1)：仁人之所忧(秋水)

忧戚(1) yōuqī　　3/72843

忧虑(D)

二价：V(a,p)
双向：S：Na＋V＋Np(1)君固愁身伤生以忧戚不得也(让王)
说明：Np由动词语充任，自指。

耰(1) yōu　　5/56743
用耰耕作(D)
二价：V(a,p)
双向：S：Na＋V＋Np(1)深其耕而熟耰之(则阳)

犹 (27) yóu　　5/42982
如同，好像(G)
二价：V(th,rh)
双向：S：Nth＋V＋Nrh(27)腹犹果然(逍遥游)/视丧其足，犹遗土也(德充符)/古犹今也(知北游)/吾在天地之间，犹小石小木之在大山也(秋水)/见者惊犹鬼神(达生)
说明：1. Nth可以由名词语充任，如《逍遥游》、《知北游》例；也可以由动词语或小句充任，如《德充符》、《秋水》例。Nrh亦然。
2. Nrh须与V共现，无一例外。
3. Nth原则上亦须与V共现，偶有省略者，如《达生》例。

游¹(10) yóu　　5/01030
游泳，游玩，游历(D)
二价：V(a,pl)
单向：S：Na＋V＋PNpl(3)被发行

歌而游于塘下(达生)/则阳游于楚(则阳)
S'：Na＋V＋Npl(2)见一丈夫游之(达生)
S'：Na＋PNd＋V(1)鯈与鱼游(齐物论)
S'：Na＋V(1)以此退居而闲游(天道)
非典型位置(3)：
者字结构(2)：善游者数能(达生)
所字结构(1)：鼋鼍鱼鳖之所不能·游也(达生)

游²(1) yóu　　5/01030
交往(D)
二价：V(a,d)
单向：S：Na＋PNd＋V(1)吾子与祝肾游(达生)

遊¹(80) yóu　　2/09030
遨游，游学，游动，游泳(D)
二价：V(a,pl)
单向：S：Na＋V＋PNpl(31)而遊于无极之野(山木)
S'：Na＋V＋Npl(18)以遊无极之野(在宥)
S'：Na＋PNd＋V＋PNpl(2)今子与我遊于形骸之内(德充符)
S'：Na＋V(12)鼓腹而遊(马蹄)/人而不能遊(外物)
非典型位置(10)：
主语(1)：遊居，学者之所好也(刻

意)
宾语(2):古者谓是采真之遊(天运)
定语(1):其于遊刃必有余地矣(养生主)
者字结构(3):遊者鞅掌(在宥)
所字结构(3):此所遊已(大宗师)/吾所与吾子遊者(徐无鬼)
使遨游(D)
准三价:V(a,c,pl)
准双向:S:Na+V+Nc+PNpl(5)吾遊心于物之初(田子方)
S':Na+V+Nc+Npl(1)宜栖之深林,遊之坛陆(至乐)
S':Na+V+Nc(1)且夫乘物以遊心(人间世)

遊² (3) yóu   2/09030
交往,结交(D)
二价:V(a,d)
单向:S:Na+PNd+V(2)上与造物者遊(天下)
S':Na+PNd+V+Nt(1)吾与夫子遊十九年矣(德充符)

遊³ (1) yóu   2/09030
游说(D)
二价:V(a,p)
 双向:S:Na+V+Np
S':Na+Npl+V+Np(1)我且南遊吴越之王(外物)

遊⁴ (6) yóu   2/09030
游历(D)
二价:V(a,l)
单向:S:Na+V+PNl(1)孔子遊于匡(秋水)
S':Na+Npl+V+PNl(3)子贡南遊于楚(天地)
S':Na+Npl+V(2)云将东遊(在宥)
说明:Npl表示V的方向,由单音节方位词充任。"遊¹"是遨游,为无运动方向的动作;"遊⁴"是到某处游历,为有运动方向的动作。

由 (6) yóu   1/58884
经由,遵循,凭借(Z)
二价:V(e,d)
双向:S:Ne+V+Nd(3)必由其名(天道)
S':Ne+V(1)是以圣人不由(齐物论)郭象注:故不由是非之涂而是非无患不当者。(67页)
非典型位置(2):
所字结构(2):且道者,万物之所由也(渔父)

有¹ (621) yǒu   4/30822
存在,与"无¹"相对(G)
二价:V(th,rh)
双向:S:Nth+V+Nrh(502)北冥有鱼(逍遥游)/上古有大椿者

(逍遥游)/天下有常然(骈拇)/子有杀父(庚桑楚)

S':Nth＋V1＋Nrh＋V2(40)郑有神巫曰季咸(应帝王)/昔者有鸟止于鲁郊(达生)/有渔父者,下船而来(渔父)/卫有恶人焉,曰哀骀它(德充符)/吾有不忘者存(田子方)

S':Nth＋V＋PNrh(7)故田成子有乎盗贼之名(胠箧)/万物有乎生而莫见其根,有乎出而莫见其门(则阳)郭象注:唯无其生亡其出者,唯能睹其门而测其根也。(906页)

S':V＋Nrh＋PNpl(11)有人于此(人间世)/有鱼焉(逍遥游)

S':Nt＋Nth＋V＋Nrh(2)昔者,吾有刺于子(天道)

S':V＋Nrh(1)彼,吾所以有待邪(寓言)

S':Nth＋Nrh＋V(11)天下未之有也(胠箧)/而游无何有之乡(应帝王)/则何惧之有(天地)

S':Nrh＋V(2)祸福有无,恶有人灾也(庚桑楚)按,前"有"。/道不可有(则阳)成玄英疏:夫至道不绝,非有非无,故执有执无,二俱不可也。(919页)

S':Nth＋V(6)桓公曰:然则有鬼乎?曰:有(达生)按,后"有"。/始无有(庚桑楚)

非典型位置(39):

主语(4):有不能以有为有(庚桑楚)按,第一个"有"。

宾语(25):有有也者(齐物论)按,后"有"。/故自无适有,以至于三(齐物论)

判断句谓语(10):天门者,无有也(庚桑楚)

说明:1.Nth 以指称时间、处所、范围为常,可省略;Nrh 原则上不可省略。偶尔省 Nrh 者,多在对话之中(4 例),如《达生》例。2. S'(Nth＋V1＋Nrh＋V2)中,"有¹"处在 V1 的位置,该句式的语义重心在"有¹"后的部分,"有¹"则起引进、介绍作用。Nth 不出现时,Nrh 是无定的,如《渔父》例之"渔父";Nth 出现时,Nrh 或是无定的,如《达生》例之"鸟",或是有定的,如《应帝王》例之"神巫"。Nrh 后有时出现停顿,以语气助词"者"、"焉"为标记,如《渔父》、《德充符》例。3. S'(V＋Nrh＋PNpl)中,Npl 为 V 的空间。当 PNpl 由"于此"充任时(5 例),该句并非实指,只是假设,如《人间世》例之"有人于此"。4. Nrh 移至 V 前属特例。有两种情况:一是宾语前置:(1)否定句中,Nrh由代词"之"充任(1例),如《胠箧》例之"未之有";(2)Nrh由疑问代词"何"充任(4例),如《应帝王》例之"何有";(3)以助词"之"为标记(6例),如《天地》例之"何惧之有"。二是移至句首充当话题主语,如《庚桑楚》例之"祸福"。
5. PNrh属特例。"乎"亦可视为音节助词,则该句式仍当是S。
6. Nrh一般由名词语充任,也有由动词语充任者,如《庚桑楚》例之"杀父"。充任Nrh的动词语指称化,"杀父"犹"杀父者"。

有²(147) yǒu　　4/30822
拥有,具有,与"无²"相对(D)
二价:V(a,p)
双向:S:Na+V+Np(121)尧舜有天下(盗跖)/臣有守也(知北游)
S':Nt+Na+V+Np(5)今大王有天子之位(说剑)
S':Npl+Na+V+Np(1)而天下始人有其巧矣(胠箧)
S':Na+PNi+V+Np(1)不益生何以有其身(德充符)
S':Np+V(3)功美不有(渔父)/道可得而有乎(知北游)
S':Np+V+PNa(2)故尧非有人,非见有于人也(山木)按,后"有"。/故有人者累,见有于人者忧(山木)按,后"有"。
S':Na+V(6)既以与人己愈有(田子方)/予有而不知其所以(寓言)

非典型位置(8):
宾语(2):今渔父之于道,可谓有矣(渔父)
定语(1):独有之人(在宥)
判断句谓语(2):汝身非汝有也(知北游)按,有,犹"所有"。
所字结构(3):吾请释吾之所有而经子之所以(渔父)
说明:1. Np原则上不可省略。
2. Np移至句首充当话题主语,V用于被动,有三种情况:(1)无标记,如《渔父》例;(2)以助动词"可"为标记(2例),如《知北游》例;(3)以"见"为标记,如《山木》例。

友 (7) yǒu　　4/30840
亲近,交友(D)
二价:V(a,d)
单向:S:Na+PNd+V(2)吾与之友矣(大宗师)
S':Na+V(2)君子不友(渔父)/诸侯不得友(让王)
S':Na/d+V(3)三人相与友(大宗师)
说明:1. Na/d以"相"、"相与"为标记。2."友"可以用"为友"代替,而表达的意思基本不变,如《盗跖》:"吾与之为友。"

宥 (2) yòu　　3/02322
宽容(D)
二价:V(a,p)
双向:S:Na＋V＋Np(2)闻在宥天下(在宥)郭庆藩按引司马云:在,察也。宥,宽也。(364页)

囿 (3) yòu　　2/88322
局限,拘泥(Z)
二价:V(e,d)
单向:S:Ne＋V＋PNd(1)皆囿于物者也(徐无鬼)
S':Ne＋V(1)从师而不囿(则阳)
非典型位置(1):
判断句谓语(1):辩者之囿也(天下)
说明:考察先秦《诗经》、《左传》、《论语》、《墨子》、《孟子》、《荀子》、《韩非子》、《吕氏春秋》等书,"囿"无作动词者。《吕氏春秋》中,"尤"通"囿",有"Ne＋V＋PNd"、"所V"二式,前者如《去尤》"彼以至美不如至恶,尤乎爱也",后者如《去尤》"世之听者,多有所尤"。又"宥"通"囿",有"所V",如《去宥》"此真大有所宥也"。

虞 (1) yú　　3/70892
思虑(D)
二价:V(a,p)
双向:S:Na＋V＋Np(参说明)
非典型位置(1):
宾语(1):藏不虞以生心(庚桑楚)郭象注:虞者,亿度之谓。(793页)
说明:《左传·僖公四年》:"不虞君之涉吾地也。"

揄 (1) yú　　5/50962
挥动(D)
二价:V(a,p)
双向:S:Na＋V＋Np(1)被发揄袂(渔父)

谀 (6) yú　　5/08891
奉承,讨好(D)
二价:V(a,p)
双向:S:Na＋V＋Np(3)孝子不谀其亲(天地)
非典型位置(3):
宾语(2):不择是非而言谓之谀(渔父)
定语(1):则不谓之道谀之人也(天地)

渝 (1) yú　　5/01962
改变(Z)
一价:V(e)
单向:S:Ne＋V(1)是以道不渝(天运)

渔(3) yú　　5/01264
捕鱼(D)
一价:V(a)
单向:S:Na＋V(参说明)
非典型位置(3):
主语(1):渔何得(外物)
者字结构(2):渔者余且得予(外物)
说明:《周易·系辞下》:"作结绳而为罔罟,以佃以渔。"

娱(4) yú　　5/34292
高兴,愉快(D)
一价:V(a)
单向:S:Na＋V(1)何夫子之娱也(秋水)
S':Na＋V＋PNpl(1)故许由娱于颍阳(让王)
非典型位置(1):
宾语(1):与之为娱矣(则阳)
使高兴(D)
准二价:V(a,c)
准双向:S:Na＋V＋Nc
S':Na＋Nc＋V(1)鼓琴足以自娱(让王)
说明:"自"充任宾语 Nc,移至 V 前。

喻³(1) yú　　5/88923
通"愉",愉快(D)
一价:V(a)
单向:S:Na＋V(1)自喻适志与(齐物论)

与¹(27) yǔ　　3/87900
给予(D)
三价:V(a,p,d)
三向:S:Na＋V＋Nd＋Np (11)尧与许由天下(外物)
S':Na＋PNp＋V＋Nd(5)还以物与人(渔父)
S':Na＋V＋Nd(5)汤与务光(外物)/夺彼与此(列御寇)
S':Na＋Nd＋V(1)公谁欲与(徐无鬼) 成玄英疏:国政欲与谁。(845 页)
S':Np＋V＋Nd(1)使道而可以与人(天运)
S':Na＋V(1)与而不求其报(山木)
非典型位置(3):
主语(2):怨恩取与谏教生杀八者,正之器也(天运)
宾语(1):人之貌有与也(养生主)
说明:1.疑问代词充任宾语 Nd,移至 V 前,见《徐无鬼》例。2. Np 移至句首充当话题主语,以"可以"为标记,见《天运》例。3. Np 在句中均与 Nd 共现;而 Nd 可以单独出现,如《外物》例之"与务光"。

与²(2) yǔ　　3/87900
结交,亲附(D)

二价：V(a,p)
双向：S：Na＋V＋Np(2)慎勿与之（渔父）

语¹(25) yǔ 5/08783
谈论，说(D)
二价：V(a,p)
双向：S：Na＋V＋Np(13)孔子见老聃而语仁义（天运）
S'：Nd＋P＋V＋PNp(3)曲士不可以语于道者（秋水）按，《广雅》："以，与也。"详见王引之《经传释词》6页（岳麓书社，1984年）
S'：Nd＋P＋V＋Np(1)尔将可与语大理矣（秋水）
S'：Na＋V(2)然且语而不舍（秋水）
S'：Na/d＋V(1)四人相与语曰（大宗师）
S'：Na＋PNd＋V(2)倚其户与之语曰（大宗师）/不可与庄语（天下）
S'：V＋Np(1)是所以语大义之方，论万物之理也（秋水）
非典型位置(2)：
主语(1)：瞋目而语难（说剑）
所字结构(1)：下世之所语（盗跖）
说明：1."语¹"只与"曰"连用，如《大宗师》例。2.Nd可以移至句首充当话题主语，如《秋水》例中的"曲士"、"尔"；原位有P为标记。3.《盗跖》之"所语"转指谈

论之事 Np；《秋水》之"所以语大义之方"转指谈论的方式（或凭借、工具）Ni。

语²(20) yǔ 5/08783
告诉(D)
三价：V(a,p,d)
三向：S：Na＋V＋Nd＋Np(4)吾语女至道（在宥）/尝语君吾相狗也（徐无鬼）
S'：Na＋PNp＋V＋Nd(1)日中始何以语女（应帝王）
S'：Na＋V＋Nd(15)吾语汝（天运）/无趾语老聃曰（德充符）
说明：1.Np可以由名词语充任，如《在宥》例；也可由动词语充任，如《徐无鬼》例。2.Np在句中须与Nd共现；而Nd可以自由单独出现，如《天运》例。

圉 (1) yù 2/88353
抵御(D)
二价：V(a,p)
双向：S：Na＋V＋Np(参说明 2)
S'：Np＋V(1)其来不可圉（缮性）
说明：1.Np移至句首充当话题主语，以"可"为标记。2.《管子·霸言》："圉暴止贪。"

伛¹(1) yǔ 5/90813
曲身，以示恭敬(D)
一价：V(a)

单向：S:Na＋V(1)正考父一命而伛(列御寇)

伛²(1)yǔ　　5/90813
通"妪",爱抚(D)
二价：V(a,p)
双向：S:Na＋V＋Np(1)是皆修其身以下伛拊人之民(人间世)成玄英疏：伛拊,犹爱养也。(139页)

雨(2)yù　　2/72000
下雨(Z)
一价：V(e)
单向：S:Ne＋V(1)云气不待族而雨(在宥)
非典型位置(1)：
所字结构(1)：问天地所以不坠不陷,风雨雷霆之故(天下)

与³(7)yù　　3/87900
参与,涉猎(D)
二价：V(a,d)
单向：S:Na＋V＋PNd(6)瞽者无以与乎文章之观(逍遥游)/愚者与有焉(齐物论)成玄英疏：愚痴之辈,先豫其中。(61页)
非典型位置(1)：
所字结构(1)：人之有所不得与(大宗师)

欲(8)yù　　5/98291
想要得到(D)
二价：V(a,p)
双向：S:Na＋V＋Np(2)子欲之乎(至乐)
S':Na＋V(3)夫子不欲乎(天地)
非典型位置(3)：
所字结构(3)：人之所欲也(天地)

誉(21)yù　　3/87981
称赞,赞美(D)
二价：V(a,p)
双向：S:Na＋V＋Np(6)亲父誉之(寓言)
S':Na＋PNi＋V＋Np(2)而以义誉之(人间世)
S':Na＋Ni＋V＋Np(1)好面誉人者(盗跖)
S':Na＋Np＋V(2)丘虽不吾誉(盗跖)
非典型位置(10)：
主语(3)：毁誉、饥渴、寒暑,是事之变命之行也(德充符)
宾语(5)：不敢怀非誉巧拙(达生)
所字结构(2)：尧舜,人之所誉也(则阳)
说明：否定句中,代词充任宾语Np,移至V前,如《盗跖》例之"不吾誉"。

御(3)yù　　3/22160
抵御,拒绝(D)
二价：V(a,p)
双向：S:Na＋V＋Np(1)是御福也(徐无鬼)

S':Ni+Na+P+V+Np(1)毛可以
   禦风寒(马蹄)
S':Np+Na+V(1)哀乐之来,吾不
   能禦(知北游)
说明:1. Ni 可移至句首充当话题,
   如《马蹄》例中的"毛";原位有 P
   为标记。2. Np 亦可移至句首充
   当话题,如《知北游》例中的"哀
   乐之来"。

御¹(6) yù   5/29920
驾御车马,驾御(D)
二价:V(a,p)
双向:S:Na+V+Np(3)夫列子御
   风而行(逍遥游)
S':Na+V(1)管仲御(达生)
非典型位置(2):
宾语(1):东野稷以御见庄公(达
   生)按,御,转指驾御之术。
所字结构(1):夫子所御杖长短何
   如(说剑)

遇 (25) yù   2/09824
遇到,特指遇明君受赏识(D)
二价:V(a,p)
双向:S:Na+V+Np(18)吾遇天
   难(在宥)
S':Na+Nt+V+Np(1)是旦暮遇
   之也(齐物论)
S':Na+V(1)今者丘得遇也(渔
   父)
S':Na+PNi+V(1)臣以神遇(养

生主)
S':Na+V+PNpl(1)儵与忽时相
   与遇于浑沌之地(应帝王)
S':Na+V+Np+PNpl(1)适遇苑
   风于东海之滨(天地)
非典型位置(2):
宾语(1):夫知遇而不知所不遇(知
   北游)按,前"遇"。
所字结构(1):夫知遇而不知所不
   遇(知北游)按,后"遇"。

愈¹(1) yù   2/90112
超过(Z)
二价:V(e,d)
单向:S:Ne+V+PNd(1)人特以
   有君为愈乎己(大宗师)

愈²(1) yù   2/90112
恢复(Z)
一价:V(e)
单向:S:Ne+V(1)行三十里而后
   愈(天地)

寓 (7) yù   3/02824
寄托,托付(D)
三价:V(a,p,l)
双向:S:Na+V+Np+PNl(4)故
   寓诸无竟(齐物论)/ 寓而政于
   臧丈人(田子方)
S':Na+V+PNl(1)一宅而寓于不
   得已(人间世)
S':Na+V+Nl(1)直寓六骸(德充

符)成玄英疏:寄精神于形内。
(195页)

S':Na+V(1)方矢复寓(田子方)
郭象注:箭方去未至的也,复寄杯于肘上。(724页)

说明:Np须与Nl共现,而Nl可以单独出现,如《人间世》例。

喻¹(4) yù　　5/88923
说明(D)
二价:V(a,p)
双向:S:Na+V+Np
S':Na+PNi+V+Np(4)以马喻马之非马(齐物论)

喻²(1) yù　　5/88923
告诉,晓谕(D)
三价:V(a,p,d)
双向:S:Na+PNp+V+Nd(1)臣不能以喻臣之子(天道)
说明:Np承上省略。

育(4) yù　　3/01622
养育(D)
二价:V(a,p)
双向:S:Na+V+Np(3)育万物(天下)
S':Np+V(1)地不长而万物育(天道)
说明:Np移至句首充当话题主语,V用于被动。

浴(2) yù　　5/01981
洗澡(D)
一价:V(a)
单向:S:Na+V(1)同滥而浴(则阳)
S':Na+Nt+V(1)夫鹄不日浴而白(天运)
说明:"日"为每日之义。

郁(3) yù　　3/36020
阻滞,蕴结(Z)
一价:V(e)
单向:S:Ne+V(3)郁而不发(天下)

鬻¹(5) yù　　3/12121
卖(D)
二价:V(a,p)
双向:S:Na+V+Np(3)彼故鬻之(徐无鬼)
S':Na+V+Np+PNd(1)于是乎刖而鬻之于齐(徐无鬼)
S':Na+Nt+V+Np+Nm(1)今一朝而鬻技百金(逍遥游)

鬻²(2) yù　　3/12121
生育,养(D)
一价:V(a)
单向:S:Na+V(2)天鬻者,天食也(德充符)《释文》:鬻,养也。(219页)

愈(1) yù　　2/90112
超过(Z)

二价:V(e,pl)
单向:S:Ne+V+PNpl(1)人特以有君为愈乎已(大宗师)

原¹(2) yuán　　4/12262
起源,本于(Z)
二价:V(e,d)
单向:S:Ne+V+PNd(2)君原于德而成于天(天地)成玄英疏:原,本也。(404页)

原²(2) yuán　　4/12262
推究(D)
二价:V(a,p)
双向:S:Na+V+Np(2)原天地之美(知北游)

原³(2) yuán　　4/12262
宽恕(D)
二价:V(a,p)
双向:S:Na+V+Np(参说明)
非典型位置(2):
主语(2):而原省次之(天道)成玄英疏:原者,恕免。(472页)
说明:先秦文献未见,《史记·高祖本纪》:"不骂者原之。"

缘¹(10) yuán　　5/66260
沿着,顺着(D)
二价:V(a,d)
双向:S:Na+V+Nd(4)缘督以为经(养生主)成玄英疏:缘,顺也。(117页)/而缘不得已(天下)/延

缘苇间(渔父)
S':Na+V+PNd(1)欲当则缘于不得已(庚桑楚)成玄英疏:缘,顺也。(817页)
S':Na+V(4)缘则不离(山木)
非典型位置(1):
宾语(1):形莫若缘(山木)
说明:Nd可以由名词语充任,如《养生主》例;也可以由动词语充任,如《天下》例。

缘²(2) yuán　　5/66260
攀缘,凭借(D)
二价:V(a,p)
双向:S:Na+V+Np(2)不缘道(齐物论)成玄英疏:固不以攀缘之心行乎虚通至道者也。(98页)

援(4) yuán　　5/50240
拉,牵引(D)
二价:V(a,p)
双向:S:Na+V+Np(2)王子搜援绥登车(让王)
S':Na+V(2)引援而飞(山木)

远¹(4) yuǎn　　2/09391
远离,疏远(D)
二价:V(a,d)
双向:S:Na+V+Nd(2)远我,昏乎(在宥)郭嵩焘曰:远我,背我而去(385页)/其妾之挈然仁者远之(庚桑楚)

S':Na＋PNd＋PNi＋V(1)物与物何以相远(达生)

S':Na＋PNt＋V(1)君自此远矣(山木)

远²(1) yuǎn　　2/09391
使空间距离增大,延长(D)
准二价:V(a,c)
准双向:S:Na＋V＋Nc(1)远其途而诛不至(则阳)

怨 (7) yuàn　　3/21010
抱怨,怨恨(D)
二价:V(a,p)
双向:S:Na＋V＋Np(1)虽有忮心者不怨飘瓦(达生)
S':Na＋Np＋V(1)又何暇乎天之怨哉(达生)
非典型位置(5):
主语(2):怨恩取与谏教生杀八者,正之器也(天运)
宾语(3):而足以造于怨也(徐无鬼)
说明:宾语 Np 前移至 V 前,以"之"为标记。

约¹(4) yuē　　5/66220
束缚,聚集(D)
二价:V(a,p)
双向:S:Na＋V＋Np(2)以约其外(天地)
S':Na＋V(1)可以约,可以散(知

北游)成玄英疏:约聚为生,分散为死。(757 页)
非典型位置(1):
主语(1):约束不以纆索(骈拇)

约²(1) yuē　　5/66220
订立盟约(D)
二价:V(a,d)
单向:S:Na＋PNd＋V(1)魏莹与田侯牟约(则阳)

约³(1) yuē　　5/66220
使简约(D)
准二价:V(a,c)
准双向:S:Na＋V＋Nc(1)约养以持生(盗跖)

曰¹(985) yuē　　1/88882
说 (D)
二价:V(a,p)
双向:S:Na＋V＋Np(754)弟子曰:"非夫子之友邪?"(养生主)/ 少焉楚王左右曰"凡亡"者三(田子方)
S':Na＋V1＋V2＋Np(231)惠子谓庄子曰:"人故无情乎?"(德充符)
说明:1.Np 不可省略。2.Np 以直接引语为常(972 例,约占总数的 98.7%),如《养生主》例;偶尔为间接引语(13 例),如《田子方》例。3."曰¹"与其他动词语连用,总是处在 V2 的位置,后接直接引语,如《德充符》例。

曰² (25) yuē 1/88882
叫,称作(G)
二价:V(th,rh)
双向:S:Nth＋V＋Nrh(25)其名曰意怠(山木)/一曰五色乱目(天地)/郑有神巫曰季咸(应帝王)
说明:Nrh 须与 V 共现。

说³ (27) yuè 5/08912
喜欢,喜悦(D)
二价:V(a,p)
双向:S:Na＋V＋Np(19)鲁君说之(达生)
S':Na＋V(5)被衣大说(知北游)
非典型位置(1):
宾语(1):子欲闻死之说乎(至乐)
使喜悦(D)
准二价:V(a,c)
准双向:S:Na＋V＋Nc(2)孰能说王之意(说剑)

悦 (14) yuè 5/60911
高兴,喜悦(D)
二价:V(a,p)
双向:S:Na＋V＋Np(11)百姓悦之(徐无鬼)
S':Na＋V(2)众狙皆悦(齐物论)
非典型位置(1):
宾语(1):共利之之谓悦(天地)

跃 (6) yuè 5/87774
向上跳(D)
一价:V(a)
单向:S:Na＋V(2)齧缺因跃而大喜(应帝王)
S':Na＋Ni＋V(3)鸿蒙拊脾雀跃不辍(在宥)
S':Na＋V＋Npl(1)东北方之下者,倍阿鲑蠪跃之(达生)

刖 (3) yuè 5/82222
砍掉脚(D)
二价:V(a,p)
双向:S:Na＋V＋Np(1)不若刖之则易(徐无鬼)
S':Na＋V(1)于是乎刖而鬻之于齐(徐无鬼)
非典型位置(1):
者字结构(1):刖者之屦(德充符)
按,刖,被动用法。

越 (1) yuè 2/39500
越过(D)
二价:V(a,d)
双向:S:Na＋V＋Nd(1)尸祝不越樽俎而代之矣(逍遥游)

爚 (1) yuè 5/69926
炫惑(D)
准二价:V(a,c)
准双向:S:Na＋V＋Nc
S':Na＋PNi＋V＋Nc(1)而以爚

乱天下者也（胠箧）

瀹（1）yuè　　5/01326
疏通(D)
二价：V(a,p)
双向：S:Na＋V＋Np(1)汝斋戒,疏瀹而心（知北游）

芸（1）yún　　3/33160
通"耘"，除草(D)
一价：V(a)
单向：S:Na＋V(1)芸而灭裂之（则阳）

云（1）yún　　3/11600
说(D)
二价：V(a,p)
双向：S:Na＋V＋Np(1)孔子云："夫受才乎大本，复灵以生。"（寓言）
说明：Np为直接引语。

运¹（11）yùn　　2/09054
运行，移动(D)
一价：V(a)
单向：S:Na＋V(9)眸子不运而风化（天运）
S':Na＋Ni＋V(1)海运则将徙于南冥（逍遥游）
非典型位置(1)：
主语(1)：其运无乎不在（天下）

运²（5）yùn　　2/09054
运用，使用(D)
二价：V(a,p)
双向：S:Na＋V＋Np(3)匠石运斤成风（徐无鬼）
S':Na＋Np＋V(2)须精神之运（天道）
说明：Np移至V前，以助词"之"为标记。

蕴（1）yùn　　3/33673
蓄藏(Z)
二价：V(e,d)
双向：S:Ne＋V＋Nd（参说明2）
S':Ne/d＋PNi＋V(1)而以是相蕴（齐物论）
说明：1. Ne/d以"相"为标记。2.《左传·昭公十年》："蕴利生孽。"

Z

杂¹（8）zá　　5/06973
混杂(Z)
一价：V(e)
单向：S:Ne＋V(4)水之性不杂则清（刻意）
非典型位置(2)：
者字结构(1)：杂而下者不可胜数也（秋水）
所字结构(1)：故素也者，谓其无所与杂也（刻意）
使混合，聚集(D)
准二价：V(a,c)

准双向:S:Na+V+Nc(2)而九杂天下之川(天下)

菑(4) zāi　3/33684
同"灾",祸害(D)
二价:V(a,p)
双向:S:Na+V+Np(3)菑人者,人必反菑之(人间世)
S':Np+PNa+V(1)若殆为人菑夫(人世间)
说明:Np 移至句首充当话题主语,V 用于被动,以"为"作标记。

宰(2) zǎi　3/02030
主宰,支配(D)
二价:V(a,p)
双向:S:Na+V+Np(未出现)
S':Np+V+PNa(1)宰乎神(列御寇)
S':Na+V(1)长而不宰(达生)
说明:Np 移至句首充当话题主语,V 用于被动。

载²(1) zǎi　2/35504
记载(D)
二价:V(a,p)
双向:S:Na+V+Np
S':Na+V+Np+Nt(1)故载之末年(齐物论)《释文》:崔云:书之于今也。(77页)

在¹(67) zài　4/39370
存在,处在(Z)
二价:V(e,pl)
双向:S:Ne+V+Npl(42)吾在天地之间(秋水)
S':Ne+V+PNpl(11)而虎豹在于囊槛(天地)
S':Ne+PNpl+V(3)所谓道恶乎在(知北游)
S':Ne+V(4)其运无乎不在(天下)
非典型位置(4):
所字结构(4):故道之所在,圣人尊之·渔父
使存在(D)
二价:V(a,c)
双向:S:Na+V+Nc
S':V+Nc(3)言者所以在意(外物)
说明:1.PNpl 由"恶乎"充任,移至V 前。2.《外物》"所以在意"转指工具 Ni。

在²(22) zài　4/39370
在于,决定于(Z)
二价:V(e,d)
双向:S:Ne+V+Nd(15)罪在撄人心(在宥)/古之君人者,以得为在民(则阳)
S':Ne+V+PNd(7)罪在于好知(在宥)/贵在于我而不失于变(田子方)郭象注:所贵者我也。(715页)

说明:Nd可以由名词语充任,也可以由动词语充任。

在³(3) zài 4/39370
观察,省视(D)
二价:V:(a,p)
双向:S:Na+V+Np(2)闻在宥天下(在宥)
S':Na+PNi+V+Np(1)君以意在四方上下有穷乎(则阳)成玄英疏:君以意测四方上下有极不?(892页)

载¹(15) zài 2/35504
承载(D)
二价:V:(a,p)
双向:S:Na+V+Np(5)地能载之而不能覆之(天下)
S':Na+V+Np+PNi(3)夫大块载我以形(大宗师)
S':Na+Np+V(1)福轻乎羽,莫之知载(人间世)
S':Np+V(1)道可载而与之俱也(天运)
S':Na+V(4)地无不载(德充符)
非典型位置(1):
所字结构(1):道之所不载也(天地)
说明:Np移至V前有两种情况:(1)宾语前置,否定句中,代词充任Np,如《人间世》例;(2)移至句首充当话题主语,V用于被动,以助动词"可"为标记。

藏²(1) zāng 3/33253
通"臧",使向善(D)
准二价:V:(a,c)
准双向:S:Na+V+Nc(1)安臧人心(在宥)

葬(9) zàng 3/33730
埋葬(D)
二价:V:(a,p)
双向:S:Na+V+Np(1)弟子欲厚葬之(列御寇)
S':Np+V(4)骨肉不葬(盗跖)
S':Na+V+PNpl(2)夫灵公也死,卜葬于故墓不吉(则阳)
非典型位置(2):
宾语(1):庄子送葬(徐无鬼)
定语(1):吾葬具岂不备邪(列御寇)
说明:Np移至句首充当话题主语,V用于被动,无标记。

遭(13) zāo 2/09589
逢,遇到(D)
二价:V:(a,p)
双向:S:Na+V+Np(12)圣人遭之而不违(知北游)
S':Na+V(1)达小命者遭(列御寇)成玄英疏:遭,遇也。(1061页)按,遭,这里有安于际遇的意思。

凿 (7) záo　　3/04970
凿开,挖掘(D)
二价:V(a,p)
双向:S:Na+V+Np(5)凿隧而入
　井(天地)/凿木为机(天地)
S':Na+Nt+V+Np(1)日凿一窍
　(应帝王)
非典型位置(1):
定语(1):以避熏凿之患(应帝王)
说明:Np包含受事和结果,前者如
　《天地》例之"木",后者如《应帝
　王》例之"窍"。

澡 (1) zǎo　　5/01863
洗涤(D)
二价:V(a,p)
双向:S:Na+V+Np(1)澡雪而精
　神(知北游)成玄英疏:澡雪,犹
　精洁也。(741页)

造¹ (7) zào　　2/09281
至,到……去(D)
二价:(a,l)
双向:S:Na+V+Nl(3)造适不及
　笑(大宗师)成玄英疏:造,至也。
　(278页)
S':Na+V+PNl(4)鱼相造乎水
　(大宗师)成玄英疏:造,诣也。
　(272页)

造² (8) zào　　2/09281
制造(D)

二价:(a,p)
双向:S:Na+V+Np(3)尔作言造
　语(盗跖)
S':Na+Nt+V+Np(1)吾能冬爨
　鼎而夏造冰矣(徐无鬼)
S':Na+PNd+V+Np+Nm(1)使
　为将军造大城数百里(盗跖)
S':Na+V+PNp(1)而足以造于怨
　也(徐无鬼)
S':Np+V+PNa(1)则物之造乎不
　形(达生)成玄英疏:夫不色不
　形,故能造形色者也。(635页)
非典型位置(1):
所字结构(1):以通乎物之所造(达
　生)

责¹ (1) zé　　3/57893
尽责(D)
一价:V(a)
单向:S:Na+V(1)则任事者责矣
　(天道)郭象注:则群才万品,各
　任其事而自当其责矣。(460页)

责² (6) zé　　3/57893
责备(D)
二价:V(a,p)
单向:S:Na+V+PNp(2)是故无
　责于人,人亦无责焉(山木)成玄
　英疏:我既不遣于人,故人亦无
　责于我。(683页)
S':Na+PNp+V(1)于谁责而可
　乎(则阳)郭象注:当责上也。

(904页)
S': Na＋Np＋V(1)退而自责(则阳)
非典型位置(2)：
宾语(2)：仁义多责(列御寇)
说明：1. PNp 移至 V 前属特例。2. "自"充任宾语 Np 移至V前。

择（10）zé　　5/50833
挑选,区别(D)
二价：V(a,p)
双向：S：Na＋V＋Np(9)彼且择日而登假(德充符)/不择善否(渔父)
非典型位置(1)：
宾语(1)：于物无择(天下)
说明：Np 均与 V 共现。

贼（3）zéi　　5/89503
害,残害(D)
二价：V(a,p)
双向：S：Na＋V＋Np(2)非阴阳贼之(庚桑楚)
S'：Na＋V(1)禽兽弗能贼(秋水)

诈（1）zhà　　5/08971
欺骗(D)
二价：V(a,p)
双向：S：Na＋V＋Np(参说明)
非典型位置(3)：
宾语(1)：称誉诈伪以败恶人谓之慝(渔父)

定语(2)：知诈渐毒颉滑坚白解垢同异之变多(胠箧)
说明：《左传·宣公十五年》："我无尔诈。"

齐（10）zhāi　　3/01771
斋戒,后作"斋"(D)
一价：V(a)
单向：S：Na＋V(5)子之先生不齐(应帝王)
S'：Na＋V＋Nt(3)齐五日(达生)
S'：Na＋Nt＋V(1)三日齐(达生)
非典型位置(1)：
宾语(1)：试齐(应帝王)
说明：1. V 前、V 后的 Nt 均表时段。2.《庄子》中,另有"斋"字(5例),均见《人间世》；5 例均处在非典型位置(其中宾语 2 例,判断句谓语 3 例)。

柴（2）zhài　　3/21360
堵塞,关闭(D)
二价：V(a,p)
双向：Na＋V＋Np(1)以柴其内(天地)
非典型位置(1)：
主语(1)：柴生乎守(外物)郭象注：柴,塞也。(942页)

占（2）zhān　　3/70881
察看兆象,推算吉凶(D)
二价：V(a,p)

双向:S:Na+V+Np(1)梦之中又占其梦焉(齐物论)
S':Na+V1+Np1+V2+Np2(1)使人占之(外物)
说明:S'中,V1为致使动词,Np1为兼语。

沾 (2) zhān　　5/01781
浸湿(D)
二价:(e,d)
双向:Ne+V+Nd(2)涕泣沾襟(齐物论)

瞻 (1) zhān　　5/88284
向上或向前看(D)
二价:V(a,p)
双向:S:Na+V+Np(1)瞻彼阕者(人间世)

展 (1) zhǎn　　4/82392
伸开(D)
二价:V(a,p)
双向:S:Na+V+Np(1)两展其足(盗跖)

斩 (5) zhǎn　　5/50824
砍,杀(D)
二价:V(a,p)
双向:S:Na+V+Np(3)求狙猴之杙者斩之(人间世)
S':Na+Npl+V+Np(1)上斩颈领(说剑)
S':Nt+Np+V(1)昔者龙逢斩(胠箧)
说明:1.未见Np省略。2.Np移至V前无标记。

战 (12) zhàn　　5/85506
作战(D)
二价:V(a,d)
单向:S:Na+PNd+V
S':Na+PNd+Npl+V(1)与越人水战(逍遥游)
S':Na+PNd+V+PNpl(1)与蚩尤战于涿鹿之野(盗跖)
S':Na/d+V+PNpl(1)则是言行之情悖战于胸中也(盗跖)
S':Na+V+Npl(1)而战涿鹿之野(盗跖)
S':Na/d+V(2)时相与争地而战(则阳)
非典型位置(6):
主语(1):其战不知孰善(徐无鬼)
宾语(3):无以战胜人(徐无鬼)/兵革之士乐战(徐无鬼)
定语(1):而无攻战之乱(达生)
者字结构(1):战而死者(德充符)
说明:Na/d或无标记,如《盗跖》之"言行之情";或以"相与"为标记,如《则阳》例。

张[1] (4) zhāng　　5/12890
施,陈,设(D)
二价:V(a,p)
双向:S:Na+V+Np(1)孰主张是

（天运）
S':Na＋V＋Np＋PNpl(1)帝张咸池之乐于洞庭之野（天运）
S':Na＋V＋Np＋Npl(1)张之洞庭之野（至乐）
S':Np＋V(1)天机不张（天运）
说明：Np 移至句首充当话题主语，V 用于被动，无标记。

张²(2) zhāng　　　5/12890
开（D）
一价：V(a)
单向：S:Na＋V(1)予口张而不能嗋（天运）
使撑开（D）
准二价：V(a,c)
准双向：S:Na＋V＋Nc(1)则呼张歙之（山木）《释文》：张，开也。（676 页）

长³(11) zhǎng　　　3/87290
生长，生育（13）
一价：V(a)
单向：S:Na＋V(3)草木遂长（庚桑楚）/地不长而万物育（天道）
S':Na＋V＋PNt(3)长于上古而不为老（大宗师）
S':Na＋V＋PNpl(3)长于水而安于水（达生）
使生长，使增长（D）
准二价：V(a,c)
准双向：S:Na＋V＋Nc(2)长子老

身（至乐）
长⁴(3) zhǎng　　　3/87290
做长官（D）
准一价：V(a)
准单向：S:Na＋V(1)长而不宰（达生）
非典型位置（2）：
者字结构（2）：长官者不成德（田子方）

掌（1）zhǎng　　　3/60051
掌管（D）
二价：V(a,p)
双向：S:Na＋V＋Np(1)掌天下之辩（盗跖）

招¹(2) zhāo　　　5/50781
打手势呼人，招致（D）
二价：V(a,p)
双向：S:Na＋V＋Np(2)而招子贡子路（渔父）

召（15）zhào　　　3/72881
召唤，招致（D）
二价：V(a,p)
双向：S:Na＋V＋Np(8)秦王有病召医（列御寇）
S':Na＋PNi＋V＋Np(2)是直以阳召阳（徐无鬼）
S':Na＋V(4)公即召而问以国事（田子方）
S':Na/p＋V(1) 二类相召也（山

木)

照 (7) zhào　　3/88603
照射,照耀(D)
二价:V(a,p)
双向:S:Na+V+Np(1)监照下土
（天运）
S':Na+V+Np+PNi(1)而照之于
　天(齐物论)成玄英疏:照以自然
　之智。(67页)
S':Np+V(1)昔者十日并出,万物
　皆照(齐物论)
S':Na+V(1)日月照而四时行(天
　道）
S':Na/p+V(1)阴阳相照,相盖,
　相治(则阳)
非典型位置(2):
宾语(2):此谓照旷(天地)
说明:Na/p以"相"为标记。

诏 (5) zhào　　5/08782
告诫,教诲(D)
二价:V(a,p)
双向:S:Na+V+Np(3)若父不能
　诏其子(盗跖)
非典型位置(2):
宾语(2):若子不听父之诏(盗跖)

折 (6) zhé　　5/50820
折断(D)
二价:V(a,p)
双向:S:Na+V+Np(4)掊斗折衡

（胠箧）
S':Np+V(1)大枝折(人间世)
S':Na+V(1)族庖月更刀,折也
（养生主）
说明:Np移至句首充当话题主语,
　V用于被动。

磔 (1) zhé　　5/78262
肢解(Z)
一价:V(e)
单向:S:Ne+V(参说明2)
非典型位置(1):
定语(1):无异于磔犬流豕(盗跖)
说明:1. Ne为被肢解者。2.《荀
　子·宥坐》:"吴子胥不磔姑苏东
　门外乎?"

謫² (1) zhé　　5/87022
通"谪",怒责(D)
二价:V(a,p)
双向:S:Na+V+Np(1)楚人寄而
　謫閽者(徐无鬼)俞樾曰:謫当读
　"谪"。谓寄居人家,而怒责其閽
　者也。(842页)

诊 (1) zhěn　　5/08921
通"畛",告诉(D)
二价:V(a,p)
双向:S:Na+V+Np(1)匠石觉而
　诊其梦(人间世)

镇 (2) zhèn　　5/97794
抑制,镇服(D)

二价:V(a,p)

双向:S:Na+V+Np

S':Na+PNi+V+Np(1)以外镇人心(列御寇)成玄英疏:用此外形,镇服人物。(1038页)

S':Na/p+V+PNi(1)相镇以声(徐无鬼)

枕(2) zhěn　　5/36310

以头枕物(D)

二价:V(a,p)

双向:S:Na+V+Np(参说明)

S':Na+V(1)援髊髅枕而卧(至乐)

S':Na/p+V(1)今世殊死者相枕也(在宥)

说明:《论语·述而》:"曲肱而枕之。"

振¹(2) zhèn　　5/50890

摇动,感动(D)

二价:V(a,p)

双向:S:Na+V+Np(2)疾雷破山风振海而不能惊(齐物论)/是必有以振我也(田子方)成玄英疏:振,动也。(705页)

振²(1) zhèn　　5/50890

畅通(Z)

一价:V(e)

单向:S:Ne+V

S':Ne+V+PNpl(1)振于无竟(齐物论)成玄英疏:振,畅也。(110页)

振动(1) zhèndòng　　5/50890

颤抖(Z)

一价:V(e)

单向:S:Ne+V(1)振动悼栗(山木)

震(2) zhèn　　3/73890

震动(Z)

一价:V(e)

单向:S:Ne+V(2)萌乎不震不正(应帝王)

震荡(1) zhèndàng　　3/73890

震动摇荡(Z)

一价:V(e)

单向:S:Ne+V(1)海水震荡(外物)

争¹(23) zhēng　　3/22752

争夺,争斗(D)

三价:V(a,p,d)

双向:S:Na+PNd+V+Np(3)舍者与之争席矣(寓言)

S':Na/d+V+Np(4)争四处而不自以为贪(盗跖)/韩魏相与争侵地(让王)

S':Na/d+V+PNp(1)日月其争于所乎(天运)郭象注:不争所而自代谢也。(494页)

S':Na/d+V(5)捂斗折衡,而民不

争(胠箧)
S':Np+V(1)货财弗争(秋水)
非典型位置(9):
宾语(3):有竞有争(齐物论)
定语(2):知也者,争之器也(人间世)
所字结构(4):三王之所争(秋水)
说明:1. Na/d 或有标记"相与",如《让王》例;或无标记,如《天运》、《胠箧》例。 2. "争¹"处在宾语、定语位置上,自指。

争² (3) zhèng 3/22752
谏净(D)
二价:(a,p)
双向:S:Na+V+Np(1)故夫子胥争之以残其形(至乐)成玄英疏:子胥忠谏,以遭残戮。(611页)
S':Na+V(2)不争,名亦不成(至乐)成玄英疏:若不谏净,忠名不成。(611页)

徵¹ (1) zhēng 5/29240
召,求(D)
二价:V(a,p)
双向:S:Na+V+Np(1)上徵武士(人间世)

徵² (9) zhēng 5/29240
感应,验证(D)
二价:V(a,d)
双向:S:Na+V+Nd(1)神者徵之(列御寇)
S':Na+V+Nd+PNi(1)徵之以天(天运)
S':Na+PNi+V(1)以不徵徵(列御寇)按,后"徵"。郭象注:徵,应也。(1064页)
S':Na+V(1)其徵也不徵(列御寇)按,后"徵"。
非典型位置(5):
主语(3):九徵至(列御寇)
宾语(1):以不徵徵(列御寇)按,前"徵"。
判断句谓语(1):此比干之见剖心徵也夫(山木)

徵³ (1) zhēng 5/29240
取信(Z)
二价:V(e,d)
双向:S:Ne+V+Nd(1)德合一君,而徵一国者(逍遥游)《释文》:徵,司马云:信也。(17页)

拯 (1) zhěng 5/50110
救(D)
二价:V(a,p)
双向:S:Na+V+Np(1)使弟子并流而拯之(达生)

承² (1) zhěng 1/18590
通"拯",粘取(D)
二价:V(a,p)
双向:S:Na+V+Np(1)见痀偻者

承蜩(达生)郭庆藩按:承,读为"拯",谓引取之也。(639页)

整(1) zhěng　　3/54772
使整齐(D)
准二价:V(a,c)
准双向:S:Na+V+Nc(1)整之齐之(马蹄)

正(24) zhèng　　1/70700
使……正,匡正(D)
二价:V(a,c)
双向:S:Na+V+Nc(20)若正汝形(知北游)
S':Na+V(1)正而后行(应帝王)郭象注:各正性命之分也。(291页)
非典型位置(3):
判断句谓语(1):正者,正也(天地)按,后"正"。
定语(1):八者,正之器也(天运)成玄英疏:此八者治正之器。(521页)
所字结构(1):有所正者有所差(则阳)

证[1](1) zhèng　　5/08112
告发(D)
二价:V(a,p)
双向:S:Na+V+Np(1)直躬证父(盗跖)

证[2](1) zhèng　　5/08112
验证(D)
二价:V(a,d)
双向:S:Na+V+Nd(1)证曏今故(秋水)
说明:一说"曏"犹"于"也;"证曏今故"犹言验于今古也。

知[1](444) zhī　　5/99881
知道,了解(D)
二价:V(a,p)
双向:S:Na+V+Np(339)予知之(知北游)/唯达者知通为一(齐物论)
S':Na+V+PNp(1)内不知乎太初(知北游)
S':Na+V+Np+Npl(1)我知之濠上也(秋水)
S':Na+V(34)吾弗知(在宥)
S':Na+PNd+V(2)吾与若不能相知也(齐物论)
S':Na+PNi+V+Np(9)何以知其然邪(骈拇)
S':PNi+V(2)闻以有知知者矣(人间世)按,后"知"。
S':Na+PNpl+V+Np(7)吾恶乎知之(齐物论)/予恶乎知夫死者不悔其始之蕲生乎(齐物论)
S':Na+Np+V(7)莫之知避(人间世)/之二虫又何知(逍遥游)/而唯蜩翼之知(达生)/自知则知之(齐物论)按,前"知"。

S':Np+V(4)未可知也(大宗师)
非典型位置(38):
主语(4):知者,接也(庚桑楚)
判断句谓语(4):非不知邪(齐物论)
宾语(5):知不知(天下)按,后"知"。
定语(1):孰知不知之知(知北游)按,中间的"知"。
所字结构(21):心无所知(在宥)
者字结构(3):知者不言(天道)
说明:1.Np既可以由名词语充任,也可以由动词语或小句充任。2.Np移至V前有两种情况:(1)宾语前置。或否定句中,代词充任宾语Np(2例),如《人间世》例;或疑问代词充任宾语Np(2例),如《逍遥游》例;或以助词"之"为标记(1例),见《达生》例;或"自"充任宾语Np(2例),如《齐物论》例。(2)Np移至句首充当话题主语,V用于被动,以"可"为标记(4例),如《大宗师》例。3.V前PNpl均为"恶乎"。

知²(2) zhī　　　5/99881
用智(D)
准一价:V(a)
　准单向:S:Na+V(2)不知乎? 人谓我朱愚。知乎? 反愁我躯(庚桑楚)成玄英疏:若使运智人间,更致危身之祸。(782页)

之(23) zhī　　　1/08900
到……去(D)
二价:V(a,l)
双向:S:Na+V+Nl(9)匠石之齐(人间世)/奚以之九万里而南为(逍遥游)
S':Na+Npl+V+Nl(3)谆芒将东之大壑(天地)
S':Na+Nl+V(4)子将奚之(徐无鬼)
S':V+Nl(2)所以之天也(列御寇)成玄英疏:故诣于自然之境。(1046页)
非典型位置(5):
所字结构(5):而不知其所之(天地)/凡圣人之动作也,必察其所以之(让王)
说明:1.Nl指称位移终点,须与V共现。2.V前Npl由方位词充任,表示位移方向,如《天地》例中之"东"。3.Nl由疑问代词充任,移至V前。4."所"字结构中,"所之"、"所以之"转指Nl;前者为具体的目的地,后者为抽象的目标。5.S'(V+Nl)均出现在"所"字结构之中,Na不能出现在句法层面。"所+(V+Nl)"转指方式。

织(4) zhī　　　5/66052

编织,纺织(D)
二价:V(a,p)
双向:S:Na＋V＋Np(1)困窘织屦
（列御寇）
S':Na＋V(3)织而衣(马蹄)

支 (1) zhī　　3/30840
堵塞(D)
二价:V(a,p)
双向:S:Na＋V＋Np(未出现)
S':Np＋V＋PNa(1)内支盈于柴栅
（天地）成玄英疏:支,塞也……
夫以取舍塞满于内府,故方柴
栅。(455页)

枝 (7) zhī　　5/36340
歧出(Z)
二价:V(e,d)
单向:S:Ne＋V＋PNd(4)枝于手
者(骈拇)成玄英疏:枝生于手指
者。(313页)
非典型位置(3):
定语(2):骈拇枝指出乎性哉（骈
拇）/故此皆多骈旁枝之道（骈
拇）
者字结构(1):而枝者不为跂（骈
拇）

值 (1) zhí　　5/90374
遇到(D)
一价:V(a)
单向:S:Na＋V(1)明见无值（知

北游）成玄英疏:值,会遇也。
(749页)

殖¹ (1) zhí　　5/72313
种植(D)
二价:V(a,p)
双向:S:Na＋V＋Np(1)将妄凿垣
墙而殖蓬蒿也（庚桑楚）

殖² (1) zhí　　5/72313
繁殖,生长(D)
一价:V(a)
单向:S:Na＋V
S':Na＋PNd＋V(1)万物职职,皆
从无为殖（至乐）

植 (1) zhí　　5/36374
生长(D)
一价:V(a)
单向:S:Na＋V(参说明)
非典型位置(1):
者字结构(1):草木之到植者过半
（外物）成玄英疏:植,生也。
(943页)
说明:《淮南子·主术训》:"甘雨时
降,五谷蕃植。"

直 (2) zhí　　3/30274
向前伸(D)
准二价:V(a,c)
准双向:S:Na＋V＋Nc(2)此剑,直
之无前（说剑）

蹢[1](1) zhí 5/87022

投弃(D)

三价:V(a,p,l)

双向:S;Na+V+Np+PNl(1)齐人蹢子于宋者(徐无鬼)郭象注:投之异国。《释文》:蹢,投也。(841页)

执[1](20) zhí 5/33310

握,持,捉,取(D)

二价:V(a,p)

双向:S;Na+V+Np(19)妻执巾栉(寓言)

S';Na+V(1)狙执死(徐无鬼)成玄英疏:于是狙抱树而死。(847页)

说明:"狙执死",《释文》:司马云:"见执而死也。"(847页)如依司马说,则该句句式为Np+V。

执[2](2) zhí 5/33310

固执己见(Z)

一价:V(e)

单向:S;Ne+V(2)有主而不执(则阳)

指(9) zhǐ 5/50782

指向,指挥(D)

二价:V(a,p)

双向:S;Na+V+Np(6)客指孔子曰(渔父)

S';Na+PNi+V+Np(1)用锥指地

也(秋水)

S';Nt+V+Np(1)今指马之百体而不得马(则阳)

S';Na+Ni+V(1)手挠颐指(天地)成玄英疏:言用颐指挥。(441页)

止[1](60) zhǐ 1/27700

停止,止息(D)

一价:V(a)

单向:S;Na+V(32)官知止而神欲行(养生主)/我先出则子止(德充符)

S';Na+V+PNpl(10)昔者有鸟止于鲁郊(达生)

S';Na+V+Npl(2)伐木者止其旁而不取也(山木)

S';Na+PNi+V(1)视为止(养生主)

非典型位置(15):

主语(1):唯止能止众止(德充符)按,第一个"止"。

谓语(1):其动,止也(天地)

宾语(8):其有止也若之何(则阳)

定语(3):而鉴于止水(德充符)/而有不行不止之时(天下)

所字结构(2):此议之所止(则阳)

止[2](16) zhǐ 1/27700

使停止,阻止(D)

二价:V(a,c)

双向:S;Na+V+Nc(6)孔丘能止

暴禁非(盗跖)
S':Na+Nc+V(1)莫之能止(齐物论)
S':Nc+V(8)时不可止(天运)/来者勿禁,往者勿止(山木)
S':Na+V+Nc+PNpl(1)吾止之于无穷(天运)
说明:Nc移至V前有两种情况:(1)宾语前置,否定句中,代词充任Nc,见《齐物论》例;(2)Nc移至句首,充当话题,或以"可"为标记(6例),如《天运》例;或无标记(2例),如《山木》例。

栉(2) zhì 5/36622
梳头(D)
一价:V(a)
单向:S:Na+V(1)简发而栉(庚桑楚)
S':Na+V+Ni(1)栉疾风(天下)
成玄英疏:假疾风而梳头。(1078页)

至¹(40) zhì 3/76370
到达(D)
 二价:V(a,l)
双向:S:Na+V+Nl(9)至齐(则阳)
S':Na+Nt+V+Nl(1)七日七夜至老子之所(庚桑楚)
S':Na+V+PNl(11)至于齐(田子方)
S':Na+Npl+V+PNl(1)二子北至于首阳之山(让王)
S':Na+PNd+V+PNl(1)言其与有足者至于丘也(大宗师)
S':Na+V(14)然而巨盗至(胠箧)
S':Na+Nt+V(1)秋水时至(秋水)
非典型位置(2):
所字结构(2):无往焉,而不知其所至(知北游)
说明:1."至¹"为位移动词,Na通过"至¹"而位移至Nl。Na一般由指称人的有生名词充任,偶或由可移动物体(如"秋水")充任;Nl由指称处所的名词语充任。
2."其远而无所至极邪"(逍遥游),本词典将"极"视为动词,"所至极"转指Nl。

至²(62) zhì 3/76370
及,达到(Z)
二价:V(e,l)
双向:S:Ne+V+Nl(9)技何至此乎(养生主)/民至老死不相往来(胠箧)
S':Ne+V+PNl(21)虽未至乎道(让王)/不至乎期年(德充符)/何暇至于悦生而恶死(人间世)/大至于不可围(则阳)
S':Ne+V(19)祸亦不至(庚桑楚)
S':Ne+PNl+V(2)恶乎至(齐物

论)
S':Nl+V(3)恶至而倪贵贱(秋水)/德不可至(知北游)
S':Ne+PNi+V+PNl(1)请问何以至于此(达生)
S':Ne+PNpl+V+Nl(1)何从至此哉(知北游)
S':Ne+PNd+V+PNl(1)与之至于妙道(渔父)
非典型位置(5):
定语(1):非将至之所务也(知北游)按,将至,转指,犹"将至者"。
所字结构(4):意有所至(人间世)
说明:1."至²"为状态动词。Nl为Ne所达到的程度或所涉及的事物。Ne可以由有生名词充任,如《胠箧》例之"民",也可以由无生名词充任,如《养生主》之"技";Nl可以由名词语充任,如《让王》例之"道",也可以由动词语充任,如《胠箧》例之"老死"。2.移至V前的PNl均为"恶乎"。3.Nl移至V前有两种情况:(1)宾语前置,Nl由疑问代词"恶"充任(2例),如《秋水》例;(2)Nl移至句首充当话题主语,以"可"为标记,见《知北游》例。

致¹(3) zhì　　5/77940
送达,让给(D)
　二价:V(a,p)
　双向:S:Na+V+Np(3)使者致币(让王)
　说明:"致¹"外向转移,Na通过V,把Np转移出去。

致²(9) zhì　　5/77940
招致,求取,获得(D)
　二价:V(a,p)
　双向:S:Na+V+Np(6)黄帝不能致德(盗跖)
　S':Np+PNi+V(1)可以意致者(秋水)
　S':Np+V(1)道不可致(知北游)
非典型位置(1):
所字结构(1):意之所不能察致者(秋水)
说明:"致²"内向转移,Na通过V,把Np转移进来。

致³(2) zhì　　5/77940
到达(D)
　二价:V(a,l)
　双向:S:Na+V+Nl(1)然则厕足而垫之致黄泉(外物)
　S':Nl+V(1)所适者犹可致也(天地)
说明:Nl移至句首充当话题主语,以"可"为标记。

致⁴(1) zhì　　5/77940
穷尽(Z)
　二价:V(e,d)

双向:S:Ne＋V＋Nd(1)致命尽情（天地)成玄英疏:穷性命之致,尽生化之情。(443页)

治(86) zhì　　　5/01681
治理,泛指处理、进行某种工作(D)
二价:V(a,p)
双向:S:Na＋V＋Np(53)尧治天下(天地)
S':Nt＋Na＋V＋Np(6)昔尧治天下(天地)
S':Na＋V＋Np＋Nt(1)治剑服三日(说剑)
S':Na＋PNi＋V＋Np(3)以此治物(天道)
S':Na＋V(4)夫圣人之治也,治外乎(应帝王)按,前"治"。
S':Na/p＋V(2)阴阳相照,相盖,相治(则阳)
S':Na＋Np＋V(2)孔氏者何治也(渔父)/而身之不能治,而何暇治天下乎(天地)按,前"治"。
非典型位置(15):
主语(2):治成德备(天运)
宾语(6):有治在人(天地)
定语(4):治之末也(天道)
所字结构(3):此孔氏之所治也(渔父)
说明:1.Nt在Na前,指称时点;在V后,指称时段。2.Np原则上与V共现。3.Na/p以"相"为标记。4.宾语Np移至V前有两种情况:(1)疑问代词充任Np,如《渔父》例;(2)以助词"之"为标记,如《天地》例。

置¹(6) zhì　　　3/88316
放置,建立,置备(D)
二价:V(a,p)
双向:S:Na＋V＋Np(4)置万国(天下)
S':Na＋V＋Np＋PNpl(1)置杯焉则胶(逍遥游)
非典型位置(1):
定语(1):谓之倒置之民(缮性)

置²(1) zhì　　　3/88316
任凭(Z)
二价:V(e,d)
双向:S:Ne＋V＋Nd(1)置其滑涽(齐物论)成玄英疏:置,任也。莫若滑乱昏杂,随而任之。(101页)

忮(4) zhì　　　5/60340
违逆,忌恨(D)
二价:V(a,d)
单向:S:Na＋V＋PNd(1)不忮于众(天下)郭象注:忮,逆也。(1082页)
S':Na＋V(2)大勇不忮(齐物论)成玄英疏:忮,逆也。(87页)
非典型位置(1):

製　制　稚　志¹　志²　室　545

定语(1):虽有忮心者不怨飘瓦(达生)

製(1) zhì　3/22090
做(D)
二价:V(a,p)
双向:S:Na＋V＋Np
S':Na＋Nt＋V＋Np(1)十年不製衣(让王)

制(6) zhì　5/25220
裁决,控制(D)
二价:V(a,p)
双向:S:Na＋V＋Np
S':Na＋PNi＋V＋Np(1)是以一人之断制利天下(徐无鬼)
S':Na＋V＋PNi(1)制以五行(说剑)
S':Na＋Ni＋V(1)于是乎釿锯制焉(在宥)
S':Na＋Np＋V(1)子之剑何能禁制(说剑)
S':Np＋V(1)謷乎其未可制也(大宗师)
非典型位置(1):
所字结构(1):吾命有所制矣(秋水)
说明:1. Np 移至 V 前有两种情况:(1)宾语前置,Np 由疑问代词充任,见《说剑》例;(2)Np 移至句首充当话题主语,以助动词"可"为标记,见《大宗师》例。2.

Ni 在句中有三种情况,分别见《徐无鬼》、《说剑》、《在宥》诸例。

稚(1) zhì　5/26852
骄矜(D)
二价:V(a,d)
双向:S:Na＋V＋Nd(1)以其十乘骄稚庄子(列御寇)郭庆藩按:稚亦骄也。(1061页)

志¹(2) zhì　3/37010
有志(D)
二价:V(a,d)
单向:S:Na＋V＋PNd(2)券外者志乎期费(庚桑楚)

志²(3) zhì　3/37010
记住,记述(D)
二价:V(a,p)
双向:S:Na＋V＋Np(2)弟子志之(山木)
S':Np＋V(1)此名实之可纪,精微之可志也(则阳)
说明:宾语 Np 移至 V 前,以"之"为标记。

室(2) zhì　3/02970
堵塞,阻碍(D)
二价:V(a,p)
双向:S:Na＋V＋Np
S':Ni＋P＋V＋Np(1)梁丽可以冲城,而不可以室穴(秋水)
S':Np＋V(1)至人潜行不室(达

生)成玄英疏:不为物境障碍。(633页)

说明:1.《秋水》例"梁丽"为Ni,移至句首充当话题,P后原位为空位。2.Np移至句首充当话题主语,V用于被动。

桎(2) zhì　　5/36770
窒碍(Z)
一价:V(e)
单向:S:Ne＋V(2)故其灵台一而不桎(达生)

摘(1) zhì　　5/51091
掷,抛弃(D)
二价:V(a,p)
双向:S:Na＋V＋Np(1)摘玉毁珠(胠箧)

终¹(33) zhōng　　5/66210
结束,完结(Z)
一价:V(e)
单向:S:Ne＋V(8)然食肉而终(徐无鬼)
S':Ne＋PNi＋V(2)而其子又以文之纶终(齐物论)
S':Ne＋PNd＋V(2)与物终始(则阳)/夫道,于大不终(天道)成玄英疏:终,穷也。(486页)
非典型位置(21):
主语(5):而死生终始将为昼夜(田子方)

宾语(6):而人皆以为有终(在宥)
所字结构(10):焉知其所终(山木)

终²(7) zhōng　　5/66210
使完结(D)
准二价:V(a,c)
准双向:S:Na＋V＋Nc(7)以终其身(徐无鬼)

忠(2) zhōng　　3/50012
对……尽心竭力,表示忠诚(D)
二价:V(a,d)
双向:S:Na＋V＋PNd(1)上以忠于世主(渔父)
S':Na＋V＋Nd＋PNi(1)远则必忠之以言(人间世)成玄英疏:相去遥远,则以言表忠诚。(157页)

中⁴(1) zhōng　　1/58082
认为得当(D)
准二价:V(a,y)
准双向:S:Na＋V＋Ny(1)老聃中其说(天道)成玄英疏:中其说者,许其有理也。(478页)

踵(1) zhǒng　　5/87275
至,到(D)
二价:V(a,l)
双向:S:Na＋V＋Nl(1)踵门而诧子扁庆子曰(达生)

重¹(7) zhòng　　1/20704
重视,看重(D)

二价:V(a,y)
双向:S:Na+V+Ny(6)众人重利（刻意）
S':Ny+V(1)凡外重者内拙（达生）成玄英疏:只为贵重黄金,故内心昏拙。(644页)

重²(1) zhòng　　1/20704
增,加上(D)
二价:V(a,c)
双向:S:Na+V+Nc(参说明)
S':Na+V+PNc(1)而重以燧人神农之言（至乐）
说明:《荀子·富国》:"重田野之税以夺之食。"

中¹(16) zhòng　　1/58082
符合(Z)
二价:V(e,d)
双向:S:Ne+V+Nd(16)圆中规（徐无鬼）

中²(6) zhòng　　1/58082
射中(D)
二价:V(a,p)
双向:S:Na+V+Np(2)羿工乎中微（庚桑楚）
S':Na+V(2)射者非前期而中谓之善射（徐无鬼）
非典型位置(2):
宾语(1):尔于中也殆矣夫（田子方）

定语(1):中央者,中地也（德充符）按,后"中"。

中³(1) zhòng　　1/58082
遭受(Z)
二价:V(e,d)
单向:S:Ne+V+PNd(1)中于机辟（逍遥游）

周¹(2) zhōu　　2/82581
环绕(D)
二价:V(a,d)
单向:Na+V+PNd(1)观室者周于寝庙（庚桑楚）
使环绕(D)
准二价:V(a,c)
准双向:S:Na+V+Nc(1)内周楼疏（盗跖）

周²(2) zhōu　　2/82581
亲密,契合(Z)
一价:V(e)
单向:S:Ne+V(2)不比而周（田子方）

骤 (2) zhòu　　5/82766
奔跑(D)
一价:V(a)
单向:S:Na+V(参说明)
非典型位置(1):
宾语(1):若骤若驰（秋水）
使奔跑(D)
准二价:V(a,c)

准双向:S:Na＋V＋Nc(1)驰之骤
之(马蹄)
说明:《诗经·小雅·四牡》:"载骤
骎骎。"

诛 (8) zhū　　5/08261
谴责,惩罚,杀戮(D)
二价:V(a,p)
双向:S:Na＋V＋Np(2)人得而诛
之(庚桑楚)
S':Np＋V(2)故龙逢诛,比干戮
(外物)
S':Na＋V(1)小国不敢非,大国不
敢诛(胠箧)
非典型位置(3):
主语(1):远其途而诛不至(则阳)
宾语(2):故不敢伏其诛(让王)

逐 (12) zhú　　2/09760
追赶:驱赶(D)
二价:V(a,p)
双向:S:Na＋V＋Np(4)逐万物而
不反(天下)
S':Np＋V＋PNa(6)夫子再逐于鲁
(让王)
非典型位置(2):
宾语(1):故若混逐丛生(天运)
所字结构(1):力屈乎所欲逐(天
运)
说明:Np 移至句首充当话题主
语,V 用于被动。

烛 (2) zhú　　5/69825
照,照耀(D)
二价:V(a,p)
双向:S:Na＋V＋Np(1)水静则明
烛须眉(天道)
S':Na＋V＋Np＋PNi(1)烛之以日
月之明(天运)

主¹ (4) zhǔ　　3/01370
主宰,掌管,执守(D)
二价:V(a,p)
双向:S:Na＋V＋Np(3)不主故常
(天运)成玄英疏:岂守固而执
常。(505 页)
S':Na＋V＋Np＋PNi(1)主之以太
一(天下)

主² (1) zhǔ　　3/01370
合乎君道(Z)
准一价:V(e)
准单向:S:Ne＋V(1)上与下同道
则不主(天道)
说明:名词活用作动词。

属¹ (3) zhǔ　　4/82126
连接,连系(Z)
二价:V(e,d)
双向:S:Ne＋V＋Nd(1)连属其乡
(马蹄)
S':Ne＋PNi＋V(2)此以天属也
(山木)郭庆藩按:司马云:连也。
(685 页)

属²(6) zhǔ　　　4/82126
寄托,托付,嘱托(D)
三价:V(a,p,d)
双向:S;Na＋V＋Np＋PNd(4)属
　　其性乎五声(骈拇)
S';Na＋V＋Np＋Nd(1)于是且而
　　属之大夫曰(田子方)
S';Na＋PNd＋V＋Np(1)则寡人
　　恶乎属国而可(徐无鬼)
说明:1. Np 由代词"之"充任,P
可省略,如《田子方》例。2."恶
乎"充任 PNd,移至 V 前。

祝 (2) zhù　　　5/06811
用言语向鬼神祈祷(D)
二价:V(a,d)
双向:S;Na＋V＋Nd(2)请祝圣人
　　(天地)

助 (7) zhù　　　5/87323
帮助(D)
二价:V(a,p)
双向:S;Na＋V＋Np(3)天助之
　　(庚桑楚)/ 相助消也(则阳)
S';Na＋PNi＋V＋Np(1)不以人助
　　天(大宗师)
S';Na＋V＋PNi(1)非相助以德
　　(则阳)
S';Na＋V(1)故圣人观于天而不
　　助(在宥)
非典型位置(1):
所字结构(1):天之所助(庚桑楚)

柱 (1) zhù　　　5/36070
直立高耸(Z)
一价:V(e)
单向:S;Ne＋V
S';Ne＋V＋PNpl(1)藜藋柱乎鼪
　　鼬之迳(徐无鬼)

著¹(1) zhù　　　3/33382
显露(Z)
一价:V(e)
单向:S;Ne＋V(1)形物自著(天
　　下)

著²(3) zhù　　　3/33382
明了(D)
二价:V(a,d)
单向:S;Na＋V＋PNd(2)彼知丘
　　之著于己也(则阳)郭象注:著,
　　明也。(897 页)
非典型位置(1):
所字结构(1):女殆著乎吾所以著
　　也(田子方)按,后"著"。

筑 (2) zhù　　　3/66760
建造(D)
二价:V(a,p)
双向:S;Na＋V＋Np(2)筑十仞之
　　城(则阳)

注¹(2) zhù　　　5/01070
灌入水(D)
二价:V(a,l)
单向:S;Na＋V＋PNl(2)注焉而不

满(齐物论)

注²(3) zhù　　5/01070
投,下注(D)
二价:V(a,i)
单向:S:Na+PNi+V(3)以瓦注者巧(达生)成玄英疏:注,射也。用瓦器贱物而戏赌射者,既心无矜惜,故巧而中也。(643页)

铸(2) zhù　　5/97331
铸造,造就(D)
二价:V(a,p)
双向:S:Na+V+Np(2)今之大冶铸金(大宗师)/是其尘垢粃糠将犹陶铸尧舜者也(逍遥游)

专(1) zhuān　　3/56304
专擅(D)
二价:V(a,p)
双向:S:Na+V+Np(1)专知擅事(渔父)

转²(1) zhuān　　5/50538
通"专",专擅(D)
二价:V(a,p)
双向:S:Na+V+Np(1)无转而行(盗跖)王念孙曰:转,读为"专"。(1006页)

转¹(3) zhuǎn　　5/50538
变化(Z)
一价:V(e)

单向:S:Ne+V(2)千转万变而不穷(田子方)
非典型位置(1):
定语(1):汝将何以游夫遥荡恣睢转徙之涂乎(大宗师)成玄英疏:转徙,变化也。(279页)

状(2) zhuàng　　5/27390
陈述(D)
二价:V(a,p)
双向:S:Na+V+Np(2)自状其过以不当亡者众(德充符)

追(3) zhuī　　2/09282
追赶(D)
二价:V(a,p)
双向:S:Na+V+Np(2)列子追之不及(应帝王)
S':Np+V(1)往世不可追也(人间世)
说明:Np移至句首充当话题主语,以助动词"可"为标记。

坠(8) zhuì　　3/86370
落,掉下(D)
一价:V(a)
单向:S:Na+V(6)虽天地覆坠(德充符)
S':Na+V+Npl(1)夫醉者之坠车(达生)
非典型位置(1):
所字结构(1):问天地所以不坠不

陷,风雨雷霆之故(天下)
说明:S'中,Npl指称"坠"的源点。
按,《左传·庄公八年》:"公惧,队于车。"(队,"坠"的古字。)又《吕氏春秋·察今》:"其剑自舟中坠于水。"《庄子》中,位移动词"坠"只涉及位移源点,未如《吕氏春秋》例涉及位移终点。

惴 (1) zhuì　　　5/60220
恐惧(D)
一价:V(a)
单向:S:Na＋V(1)木处则惴慄恂惧(齐物论)

準 (1) zhǔn　　　5/78033
通"准",以……为准则(D)
准二价:V(a,y)
准双向:S:Na＋V＋Ny(1)準天地,育万物(天地)

捉¹ (1) zhuō　　　5/50891
持,握(D)
二价:V(a,p)
双向:S:Na＋V＋Np(1)捉衿而肘见(让王)

捉² (2) zhuō　　　5/50891
同"促",迫促(Z)
一价:V(e)
单向:S:Ne＋V(2)夫外韄者不可繁而捉(庚桑楚)

斲 (7) zhuó　　　5/87820
砍,削(D)
二价:V(a,p)
双向:S:Na＋V＋Np(4)臣则尝能斲之(徐无鬼)
S':Na＋V＋Np＋PNpl(1)轮扁斲轮于堂下(天道)
S':Na＋V(1)不斲,恶用胶(德充符)
S':Na＋V1＋Np1＋V2＋Np2(1)使匠石斲之(徐无鬼)
说明:V1为使令动词,Np1为兼语。

擢 (4) zhuó　　　5/50773
拔取(D)
二价:V(a,p)
双向:S:Na＋V＋Np(4)擢德塞性以收名声(则阳)《释文》:擢,司马云:拔也。(315页)

濯 (1) zhuó　　　5/01773
洗涤(D)
二价:V(a,p)
双向:S:Na＋V＋Np(参说明)
S':Na＋V(1)汝自洒濯,熟哉(庚桑楚)
说明:屈原《渔父》:"沧浪之水浊兮,可以濯吾足。"

浊 (1) zhuó　　　5/01825
使污秽(D)

准二价:V(a,c)
准双向:S:Na＋V＋Nc(1)四日五味浊口(天地)
说明:致使者为物"五味"。

酌 (1) zhuó　　5/78222
舀取(D)
二价:V(a,p)
双向:S:Na＋V＋Np(参说明)
S':Na＋V＋PNpl(1)酌焉而不竭(天地)
说明:《吕氏春秋·情欲》:"非徒万物酌之也。"

琢 (2) zhuó　　5/77790
雕刻玉石(D)
二价:V(a,p)
双向:S:Na＋V＋Np(参说明)
S':Np＋V(2)既雕既琢(山木)
说明:《荀子·大略》:"玉人琢之。"

啄 (1) zhuó　　5/88791
鸟用嘴取食(D)
一价:V(a)
单向:S:Na＋V
S':Na＋Ni＋V(1)泽雉十步一啄(养生主)

资¹ (1) zī　　3/19893
贩卖(D)
 二价:V(a,p)
双向:S:Na＋V＋Np(1)宋人资章甫而适诸越(逍遥游)成玄英疏:资,货也。(33页)

资² (1) zī　　3/19893
资助(D)
三价:V(a,p,d)
双向:S:Na＋PNp＋V＋Nd(1)尧何以资汝(大宗师)郭象注:资者,给济之谓也。(278页)

资³ (2) zī　　3/19893
凭借,取用(D)
二价:V(a,p)
单向:S:Na＋V＋PNp(2)物孰不资焉(知北游)

訾 (3) zǐ　　3/21081
诋毁,批评(D)
二价:V(a,p)
双向:S:Na＋V＋Np(未出现)
S':Na＋V(1)外合而内不訾(人间世)成玄英疏:内心顺从,不敢訾毁。(142页)
S':Na/p＋PNi＋V(1)以坚白同异之辩相訾(天下)
非典型位置(1):
宾语(1):无誉无訾(山木)

子 (1) zǐ　　1/18300
养育(D)
准二价:V(a,p)
准双向:S:Na＋V＋Np(未出现)
非典型位置(1):
所字结构(1):皆天之所子(人间

世）

说明：名词活用作动词。

恣（1）zì　　3/19010
放任(D)
一价：V(a)
单向：S:Na＋V(1)时恣纵而不傥（天下）

偬（1）zōng　　5/60240
壅塞(Z)
一价：V(e)
单向：S:Ne＋V(1)困偬中颡（天地）成玄英疏：偬，塞也。（454页）

总（2）zǒng　　5/66210
持,统属(D)
二价：V(a,p)
双向：S:Na＋V＋Np(1)总德而立矣（天运）
S':Np＋V＋PNa(1)故德总乎道之所一（徐无鬼）

纵（3）zòng　　5/66290
放纵(D)
二价：V(a,p)
双向：S:Na＋V＋Np(1)纵舍盗贼（胠箧）
S':Na＋V(2)纵脱无行（天下）

走¹（26）zǒu　　3/37790
跑,逃跑(D)

一价：V(a)
单向：S:Na＋V(19)屠羊说走而从于昭王(让王)
S':Na＋V1＋V2(7)疾走归(盗跖)

走²（1）zǒu　　3/37790
趋,奔赴(D)
二价：V(a,l)
双向：S:Na＋V＋Nl(参说明2)
S':Nl＋Na＋V(1)有张毅者,高门县薄,无不走也（达生）成玄英疏：高门甲第,朱门垂帘,莫不驰骤参谒,趋走庆吊。（646页）
说明：1. S'中,Nl移至句首充当话题主语。2.《淮南子·说林训》："渔者走渊。"

奏¹（1）zòu　　2/59790
使向前移动(D)
准二价：V(a,c)
准双向：S:Na＋V＋Nc(1)奏刀騞然（养生主）

奏²（7）zòu　　2/59790
进言陈事;演奏(D)
二价：V(a,p)
双向：S:Na＋V＋Np(3)奏曲未半（渔父）
S':Np＋Na＋V(1)剑事已毕奏矣（说剑）
S':Na＋V＋Np＋PNi(3)吾奏之以人（天运）

说明:V 的词汇意义依语境而定。Np 指称乐曲、乐器时,V 为演奏义,如《渔父》例。

菹(2) zū　　3/33073
剁成肉酱(D)
二价:V(a,p)
双向:S:Na+V+Np(参说明2)
S':Np+V+PNpl(1)身菹于卫东门之上(盗跖)成玄英疏:身遭菹醢。(997页)
S':Na+V1+Nc+V2(1)子教子路菹(盗跖)
说明:1.《庄子》中,"菹"均为被动用法。2.《淮南子·俶真训》:"菹梅伯之骸。"

卒[1](9) zú　　3/01930
终、尽(Z)
一价:V(e)
单向:S:Ne+V(2)言未卒(知北游)
S':Ne+V+PNpl(3)常卒乎阴(人间世)
非典型位置(3):
主语(1):始卒若环(寓言)
判断句谓语(2):无始而非卒也(山木)
使……终(D)
准二价:V(a,c)
准双向:S:Na+V+Nc
S':Na+V+Nc+PNpl(1)卒之于

惑(天运)

阻(1) zǔ　　5/82873
仗恃(D)
二价:V(a,p)
双向:S:Na+V+Np(1)阻兵而保威(让王)

徂(1) zǔ　　5/29873
通"阻",阻止(D)
二价:V(a,p)
双向:S:Na+V+Np(未出现)
S':Np+V(1)已死不可徂(则阳)《释文》:徂,一本作"阻"。(918页)
说明:Np 移至句首充当话题主语,V 用于被动,以"可"为标记。

俎(1) zǔ　　5/99873
奉祀(D)
准二价:V(a,p)
准双向:S:Na+V+Np
S':Na+V+Np+PNpl(1)今以畏垒之细民,而窃窃焉欲俎豆予于贤人之间(庚桑楚)《释文》:崔云:俎豆,食我于众人间。(772页)
说明:名词活用作动词。

醉(3) zuì　　5/78032
饮酒过量而神志不清(Z)
一价:V(e)
单向:S:Ne+V(1)列子见之而心醉(应帝王)
非典型位置(1):

者字结构(1):夫醉者之坠车(达生)
使喝醉(D)
准二价:V(a,c)
准双向:S:Na+V+Nc
S':Na+V+Nc+PNi(1)醉之以酒(列御寇)

罪¹(2) zuì　　3/88773
得罪,归罪(D)
二价:V(a,d)
单向:S:Na+V+PNd(2)则胡罪乎天哉(达生)

罪²(2) zuì　　3/88773
惩罚(D)
二价:V(a,p)
双向:S:Na+V+Np(2)至其罪我也(让王)

最 (1) zuì　　3/88745
聚集(D)
二价:V(a,pl)
双向:S:Na+V+Npl
S':Na+PNi+V+Npl(1)物何为最之哉(德充符)成玄英疏:最,聚也。(193页)

尊 (15) zūn　　2/90732
尊重,重视(D)
二价:V(a,y)
双向:S:Na+V+Ny(13)吾敬鬼尊贤(山木)

S':Na+V(1)见贤不尊(渔父)
非典型位置(1):
所字结构(1):夫天下之所尊者(至乐)
说明:Ny原则上与V共现。

捽(1) zuó　　5/50030
揪住头发(D)
二价:V(a,p)
双向:S:Na+V+Np(参说明)
S':Na/p+V(1)齐人之井饮者相捽也(列御寇)《释文》:言穿井之人,为已有造泉之功而捽饮者。(1044页)
说明:《吕氏春秋·忠廉》:"王子庆忌捽之,投之于江。"

佐 (1) zuǒ　　5/90370
帮助(D)
二价:V(a,p)
双向:S:Na+V+Np(1)以佐五谷(在宥)

怍 (2) zuò　　5/60970
惭愧(Z)
一价:V(e)
单向:S:Ne+V(1)无位而不怍(让王)
非典型位置(1):
定语(1):则有怍色(盗跖)

作¹(14) zuò　　5/90970
兴起,劳作(D)

一价:V(a)
单向:S:Na+V(13)尧舜作(盗跖)
非典型位置(1):
宾语(1):知作而不知藏(山木)

作²(12) zuò　　5/90970
制作,发动,改变(D)
二价:V(a,p)
双向:S:Na+V+Np(11)武王周公作《武》(天下)/其卒民果作难(让王)/庄周忿然作色曰(外物)
S':Na+Np+V(1)何作为报也(人间世)
说明:疑问代词充任Np,移至V前。

坐¹(20) zuò　　1/99700
古人铺席于地,双膝跪地,臀部靠在脚后跟上,谓之坐(D)
一价:V(a)
单向:S:Na+V(11)向也坐而今也起(寓言)
S':Nt+Na+V(1)曩子坐(齐物论)

S':Na+V+PNpl(2)坐乎少广(大宗师)
S':Na+PNd+V(2)楚王与凡君坐(田子方)
S':Na+V+Nt(1)扁子入坐有间(达生)
非典型位置(3):
宾语(3):何谓坐忘(大宗师)

坐²(1) zuò　　1/99700
连坐,归罪(Z)
二价:V(e,d)
双向:S:Ne+V+Nd(参说明2)
S':Ne/d+V(1)是终始本末不相坐(天地)成玄英疏:故不相罪坐也。(448页)
说明:1.Ne/d以"相"为标记。2.《韩非子·八说》:"下必坐上。"

挫²(1) zuò　　5/50970
捏起,持(D)
二价:V(a,p)
双向:S:Na+V+Np(1)挫鍼治繲(人间世)

表格索引

表 2-1：一价动作动词的句式概况 …………………………… 36
表 2-2：一价状态动词的句式概况 …………………………… 46
表 3-1：二价单向动作动词的句式概况 ……………………… 65
表 3-2：二价单向动作动词及其非配价语义角色 …………… 67
表 3-3："处置"类二价双向动作动词诸句式及其派生手段 … 75
表 3-4："处置"类二价双向动作动词 S'9 式中的前置宾语 …… 77
表 3-5："处置"类二价双向动作动词 S'4、S'5、S'6 和 S'8 的比较 …… 78
表 3-6："处置"类二价双向动作动词 S"1 和 S"2 的比较 …… 83
表 3-7："涉及"类二价双向动作动词的语义角色及介词标记 …… 89
表 3-8：二价双向动作动词诸次类 S、S' 的对比 …………… 101
表 3-9：二价双向动作动词诸次类 S" 的比较 ……………… 103
表 3-10：二价单向状态动词的句式概况 …………………… 116
表 3-11：二价双向状态动词的句式概况 …………………… 126
表 3-12：判断动词的句式概况 ……………………………… 138
表 4-1：外向转移动词与内向转移动词的句式比较 ………… 164
表 5-1：各类准价动词及其来源 ……………………………… 203
表 6-1："所"字结构的指称形式及转指对象 ………………… 219
表 7-1：《庄子》动词概况 …………………………………… 230
表 7-2：动词一级语义特征与价向的关系 …………………… 232
表 7-3：V^2_D 二级语义特征与价向的关系 ………………… 233
表 7-4：《庄子》各次类动词的基本句式 …………………… 234
表 7-5：V^2、V^3 客事的省略情况 ……………………… 236
表 7-6：V^3 客事的省略情况 ……………………………… 238
表 7-7：各次类动词客事添删介词标记的情况 ……………… 240

表 7-8:两个补事共现的情况 …………………………………… 242
表 7-9:《庄子》准价动词增价、变价概况 …………………………… 247

主要参考文献

戴浩一 1988 《时间顺序和汉语的语序》,《国外语言学》,第1期。
范 晓 1996 《动词的配价与句子的生成》,《汉语学习》,第1期。
胡明扬 1991 《语言学论文选》,中国人民大学出版社,北京。
胡裕树等 1995 《动词研究》,河南大学出版社,开封。
林杏光 1999 《词汇语义和计算语言学》,语文出版社,北京。
廖秋忠 1984 《现代汉语中动词支配成分的省略》,《中国语文》,第4期。
陆俭明 1998 《〈现代汉语配价语法研究(第二辑)〉序》,北京大学出版社,北京。
—— 2003 《现代汉语语法研究教程》,北京大学出版社,北京。
吕叔湘 1942 《中国文法要略》,商务印书馆,北京,1982。
马建忠 1898 《马氏文通》,商务印书馆,北京,1983。
邵敬敏 1996 《"语义价"、"句法向"及其相互关系》,《汉语学习》,第4期。
沈家煊 1999 《不对称和标记论》,江西教育出版社,南昌。
—— 2000 《句式和配价》,《中国语文》,第2期。
沈 阳 1994 《现代汉语空语类研究》,山东教育出版社,济南。
沈阳、郑定欧主编 1996 《现代汉语配价语法研究》,北京大学出版社,北京。
沈阳主编 2000 《配价理论与汉语语法研究》,语文出版社,北京。
王 力 1956 《汉语史稿》,中华书局,北京,1980。
—— 1982 《中国语法理论》,商务印书馆,北京。
王 宁 1994 《先秦汉语实词的词汇意义与语法分类》,《第一届国际先秦汉语语法研讨会论文集》,岳麓书社,长沙。

魏培泉 1982 《庄子语法研究》,国立台湾师范大学国文研究所硕士论文。
吴为章 1993 《动词的"向"札记》,《中国语文》,第 3 期。
徐 杰 2004 《普遍语法原则与汉语语法现象》,北京大学出版社,北京。
杨伯峻、何乐士 2001 《古汉语语法及其发展》(修订本),语文出版社,北京。
杨荣祥 2005 《语义特征分析在语法史研究中的作用》,《北京大学学报》(哲学社会科学版),第 2 期。
殷国光 1997 《吕氏春秋词类研究》,华夏出版社,北京。
—— 2002 《上古汉语语法研究》,中国大百科全书出版社,北京。
袁毓林 1993 《准双向动词研究》,《现代汉语祈使句研究》,北京大学出版社,北京。
—— 1998 《汉语动词的配价研究》,江西教育出版社,南昌。
—— 2004 《论元结构和句式结构互动的动因、机制和条件》,语言研究,第 4 期。
袁毓林、郭锐主编 1998 《现代汉语配价语法研究(第二辑)》,北京大学出版社,北京。
周法高 1990 《中国古代语法·称代编》,中华书局,北京。
—— 1990 《中国古代语法·造句编(上)》,中华书局,北京。
朱德熙 1978 《"的"字结构和判断句》,《中国语文》,第 1、2 期。
—— 1980 《现代汉语语法研究》,商务印书馆,北京。
—— 1982 《语法讲义》,商务印书馆,北京。
—— 1983 《自指和转指》,《方言》,第 1 期。
朱晓亚 2001 《现代汉语句模研究》,北京大学出版社,北京。
C. J. 菲尔墨 1968 《"格"辨》,胡明扬译,商务印书馆,北京,2002。

英文目录

Contents

PART ONE:

Studies on the valence of verbs in Zhuangzi

  I. Introduction to the studies on the valence of verbs in Zhuangzi

  1. Summarization of the studies on the valence of verbs

  1.1 The valence theory and the Case grammar

  1.2 The studies on the valence of verbs in Mandarin Chinese

  2. Basic concepts

  2.1 Semantic character

  2.2 Semantic features of verbs

  2.3 The valence of verbs

  2.4 Lexical term

  2.5 Descriptions of the valence of verbs in Zhuangzi

  II. A survey of one-valence verbs and relative sentence patterns in Zhuangzi

  1. Introduction

  2. One-valence active-verbs and relative sentence patterns

in Zhuangzi

   3. One-valence state-verbs and relative sentence patterns in Zhuangzi

   4. Differences between one-valence active-verbs and state-verbs

   5. Temporary valence increasing of one-valence action-verbs

   Appendix of one-valence active-verbs

   Appendix of one-valence state-verbs

  III. Two valence verbs and relative sentence patterns in Zhuangzi

   i. Two-semantic-one-syntactic-valence active-verbs and relative sentence patterns in Zhuangzi

    1. Introduction

    2. The active-verbs of 'disposal'

    3. The active-verbs of 'refer'

    4. The active-verbs of 'repose'

    5. The active-verbs of 'displace'

    6. Active-verbs of 'zhu'

    7. Conclusions

   ii. Two-semantic-two-syntactic-valence active-verbs and relative sentence patterns in Zhuangzi

    1. Introduction

    2. The active-verbs of 'disposal'

3. The active-verbs of 'refer'
4. The active-verbs of 'causative'
5. The active-verbs of 'conceive'
6. The active-verbs of 'repose'
7. The active-verbs of 'displace'
8. Conclusions

iii. Two-semantic-valence state-verbs and relative sentence patterns in Zhuangzi

1. Introduction
2. Two-semantic-one-syntactic-valence state-verbs and relative sentence patterns in Zhuangzi
3. Two-semantic-two-syntactic-valence state-verbs and relative sentence patterns in Zhuangzi
4. Conclusions

iv. Relational verbs and relative sentence patterns in Zhuangzi

1. Introduction to the Studies on relational verbs in Zhuangzi
2. Studies of the classification of relational verbs in Zhuangzi
3. Conclusions

Appendix of two-semantic-one-syntactic-valence active-verbs

Appendix of two-semantic-two-syntactic-valence active-verbs

Appendix of two-semantic-one-syntactic-valence state-verbs

Appendix of two-semantic-two-syntactic-valence state-verbs

Appendix of relational verbs

IV. Three-valence verbs and relative sentence patterns in Zhuangzi

i. The "Transfer" verbs and the relative sentence patterns in Zhuangzi

1. Introduction
2. "Transfer-out" Verbs
3. "Transfer-in" Verbs
4. Differences between "Transfer-out" Verbs and "Transfer-in" Verbs
5. Discussions

ii. A survey of the other three-valence verbs and the relative sentence patterns in Zhuangzi

1. Introduction
2. The 'denominate' verbs
3. The 'deposit' verbs
4. The 'cooperate' verbs
5. The 'comparison' verbs
6. The 'conceive' verbs

    7. The 'causative' verbs

    8. Conclusions

Appendix of the "Transfer" verbs

Appendix of the other three valence verbs

V. Temporary valence verbs and relative sentence patterns in Zhuangzi

    1. Temporary valence and temporary valence verbs

    2. Temporary one-valence verbs

    3. Temporary two-valence verbs

    4. Temporary three-valence verbs

    5. Conclusions

Appendix of temporary one-valence verbs

Appendix of temporary two-valence verbs

Appendix of temporary three-valence verbs

VI. The objects referred by Suo-structures and the valences of verbs in Zhuangzi

    1. Introduction

    2. A survey of the Suo-structures in Zhuangzi

    3. Questions and reflections

    4. Conclusions

VII. Summary of the Studies on the Valence of Verbs in Zhuangzi

    1. The outline of the verbs in Zhuangzi

    2. Semantic features and the valence of verbs

3. The valence of verbs and the sentence patterns

4. The common syntactic allocation of the semantic characters

5. Temporary valence verbs and temporary valence

6. Further discussions

PART TWO:

Dictionary of the Valence of Verbs in Zhuangzi

I. A short guide to the dictionary

II. Dictionary A-Z

Index of figures

References

Postscript

后　记

关于配价语法,众所周知,是法国著名的语言学家泰尼埃尔(Lucien Tesniere,亦翻译为特思尼耶尔)在上个世纪50年代创立的。

在我国,率先将"价"的概念引入汉语语法研究的是朱德熙先生(当时他用的是"向"这个术语)。朱先生于1978年发表的《"的"字结构和判断句》一文中第一次运用配价理论发现并总结出了"动词性成分＋的"形成的"的"字结构的歧义指数……为汉语语法研究开拓了一个新的领域。[1]

自上个世纪80年代以来,运用配价语法理论研究现代汉语成为汉语学界的热点之一。然而,在古代汉语语法研究领域却很难见到谈论配价的文章。原因显而易见。现代汉语与古代汉语,二者性质不同。现代汉语是正在使用的活的语言,而古代汉语则是一种已经死去了的古代文献语言。运用配价语法理论研究古代汉语至少有以下两重困难:

---

[1] 近来,有学者指出,类似配价的概念,我国在20世纪40年代就有了。吕叔湘先生在1946年发表的《从主语宾语的分别谈国语句子的分析》一文中提出"系"的概念,大致相当于特思尼耶尔所说的"关联";提出动词可分"双系"与"单系",大致相当于我们现在所说的"二价"和"一价"。(见陆俭明《配价理论与汉语语法研究·序》,语文出版社,2000年)

1. 我们缺乏语感。因此,在诸多问题上,例如,如何确定语义自足,如何确定动词支配的语义角色,如何确定古代汉语中语义角色的类型、数量,如何确定支配语义角色和说明语义角色,如何确定动词的基本句式和派生句式等等,都遇到困难。研究古代汉语不像研究现代汉语那样,可以采用"内省"的方式,自由地构拟例句,并采用移位、添加、删略、替代等规则作各种各样的变换,研究古代汉语只能根据文献语言已经实现的分布进行归纳。

2. 语料的限制。尽管我们常说,我国的古籍浩如烟海,但真正做起研究,就会发现同一时代的语言材料极其有限,而考察范围又不可能无限地扩大,因为那样,又产生了新的矛盾,即语料内部时代与地域的差异;总之,语料的限制给古代汉语的配价研究带来了相当的难度。

既然如此困难重重,为什么还要用配价语法理论研究古代一部专书呢?主要是想尝试一下。

我以为,古代汉语至今还没有建立起一个独立的语法体系。研究古代汉语的语法理论、方法基本上是从现代汉语语法(包括国外的现代语言学理论)研究中借鉴过来的,当然,借鉴不是照搬,需要改造。

古代汉语语法研究最基础的工作是描写语言事实;而语言事实描写得好与不好,与理论框架有着直接的关系。许多学界前辈都主张语言理论的多元化,认为任何一种理论都不能包打天下。我的导师胡明扬先生经常说,各种语法理论既然存在,而且被一部分人接受,就都有它存在的道理。这里没有绝对的对与错之分,只有相对的好与不好之别。那么,配价语法理论是否适合于古代汉语的研究?是否比其他理论好一些?总得有人尝试一下,即使失败了,也可以作为前车之鉴。至于上面所说的两重困难,其实细想起来,在古代汉语语法研究中,运用什么理论,上述两重困难会不存在呢?

现在流行的语法理论很多,有传统的,有结构的,有功能的,有生成的,有认知的,有语义的,等等,为什么选中配价语法呢?这与配价语法的特点有关系。

关于配价的性质,现代汉语学界众说纷纭,大体有三派意见:一派认为"价"应该属于"语义平面";一派认为"价"应该属于"句法平面";一派认为"价"应该属于"语义—句法层面"。至今没有定论。

我觉得上述三家都有道理,而且他们有一点是相通的:即主张"价"应该属于"语义平面"的学者承认,确定动词的配价离不开句法层面;而主张"价"应该属于"句法平面"的学者承认,确定动词的配价离不开语义层面。也就是说,确定动词的配价,要兼顾语义、句法两个层面。这就是配价语法的特点。

那我们究竟采用哪一家呢?我的学长邵敬敏先生提出了"语义价"、"句法向"的主张,即将动词的配价一分为二,语义层面的称之为"语义价",句法层面的称之为"句法向"。"语义价"是"句法向"的基础。邵学长的主张在现代汉语学界或许不那么正宗,但深得我心;因为采用邵学长的主张就不需要再为配价的性质伤脑筋了,而且,这种一分为二也便于我们从语义、句法两个层面去观察、描写。[1]

我们改造了泰尼埃尔的配价语法理论,并吸收了菲尔墨格语法的合理内核,在此基础上建立起本书的基本理论框架。基本理论框架确立之后,需要不断地根据《庄子》语料中出现的问题加以修正;每次修正之后,都要再用对《庄子》动词的描写、分析所获得的结论加以验证;几经反复,至今尚不能说这一过程已经最后完成。因此,目前呈现给学界的只能说是这一研究的阶段性成果。正如我们在本书的结尾所说:"由于受到《庄子》语料的限制,本项研究成果中有些动词的配价和句式表现尚很难描写到位,而本项研究依据《庄子》所归纳出的各项原则、结论,还需要在更大的语料范围内进行验证。"

本课题的研究从2000年初开始启动,至2006年底基本告一段落,几经曲折,历时7年。本课题得以完成,首先要感谢胡明扬、陆俭明、何乐士、王宁、鲁国尧等诸位前辈,他们始终关注着本课题的研究,并给予了多方面的支持和鼓励。诸位前辈的谆谆教诲,是对我的莫大鼓励和鞭策,我将永远铭记在心。尤其是胡明扬、陆俭明二位恩师在百忙中为本书赐序,关爱之情,溢于言表,令我终生难忘。

其次要感谢我的学生魏巧、黄真顺、仝春建、吕春花、吕鑫、贾建华、郭丽、王素芳、廖胜慧、华建光、郑路等,他们先后参加了本课题的研究,他们的工作为本课题的研究奠定了基础;尤其是魏

---

[1] 袁毓林先生《汉语动词的配价研究》中,把单一的价的概念分化为由联、向、位、元四个平面构成的配价层级,我以为与邵敬敏先生的主张异曲同工。

巧、黄真顺和仝春建，他们三位是第一批课题小组成员，从卡片做起，日以继夜，草创之功功不可没；华建光和郑路参与了本课题研究成果的最后定稿工作；应该说，本书凝聚了他们的智慧与辛劳。

诚挚感谢刘丹青、吴福祥二位先生，审阅了本书的"总结"部分，为本书如何进一步加强理论方面的阐述，提出了极其宝贵的修改意见。

本课题的研究和本书的出版获得国家社会科学基金、中国人民大学985工程的资助，谨在此致以诚挚的谢意。

最后，诚挚感谢商务印书馆对本书的出版所给予的支持，感谢本书的责任编辑宿娟女士所付出的一切辛劳；没有他们的支持，本书的问世是不可能的。

本书在出版时，采纳了部分专家学者的建议，对已发表的关于"《庄子》动词配价研究"系列论文中的术语符号做了调整，以期尽可能接近于国际使用的惯例，由此而给一直关注本课题研究的同仁们的阅读带来了诸多不便，敬祈予以谅解。

笔者希望本书在古代汉语语法研究的理论框架方面所做的尝试能够引起学界同仁的关注。果真如此，于愿足矣。由于采用配价语法研究古代专书尚无可资借鉴的先例，更由于笔者的学识有限，本书的不完备、不成熟原在意料之中，错误和疏漏固在所难免，恳切希望得到学界前辈和同仁的批评指正。

殷国光
2008年1月
于中国人民大学